遣唐使と入唐僧の研究

附 校訂『入唐五家伝』

佐藤長門 編

高志書院刊

はじめに

本書は國學院大學大学院において、鈴木靖民先生の指導を受けた大学院生たちが、単位レポートを元に活字化した論考などを集め、それを遣唐使、交通、入唐僧の三部構成に編成したものである。また巻末には、授業の参考資料として院生たちが収集した『入唐求法巡礼行記』関係文献目録(稿)と、校訂『入唐五家伝』を収録している。

前年度の中国留学から帰国した鈴木先生が、はじめて大学院の授業を持たれたのは一九八八年のことで、奇しくもそれは編者が大学院(博士課程前期)に入学した年でもあった。一年目の授業は首長制に関する講義で、ノートを元にご自身の見解を滔々と述べる先生のお話を、満足な理解もできないまま、一言も聞き漏らすまいと、ただひたすら書き写すことだけに全精力を集中していた記憶がある。この講義内容は、のちに「歴史学と民族学(文化人類学)—日本古代史における首長制社会論の試み」(『日本民俗研究大系一〇　国学と民俗学』所収、國學院大學、一九九〇年)や「日本古代国家形成史の諸段階—首長制社会論の視角から」(『國學院雑誌』九四—一二、一九九三年)として公表されている(ともに『倭国史の展開と東アジア』所収、岩波書店、二〇一二年)。先生は当初から、円仁の『入唐求法巡礼行記』(以下『巡礼行記』と表記)をテキストとして使用する意図をお持ちだったようであるが、院生の力量等に配慮されたのだろうか、二年目の前期は『入唐記』、後期は『入唐五家伝』をテキストに選定し、九世紀前半の入唐僧に関する基礎知識を習得させたのち、ようやく三年目にあたる一九九〇年から『巡礼行記』の講読をはじめられた。

鈴木先生の大学院における授業は昨年度まで続いたが、結局『巡礼行記』全四巻を読了するには至らず、輪読は二巻目で終わったようである。しかしその間、大学院生たちは遣唐使や古代交通、入唐僧についての論考を折にふれて発表してきた。彼らの研究テーマがすべて外交史や交通史、仏教史であったわけではなく、したがってなかには習作に近いものも含まれているかもしれないが、本書に収めた諸論考は院生たちがまじめに授業に取り組み、常々「複数の研究テーマを持ちなさい」とおっしゃっていた先生の〝教え〟を実践しようとした、彼らなりの研鑽の成果であることには違いない。

第1部は遣唐使関係の論文を集めたもので、富井修論文(原載『史学研究集録』一八、一九九三年)は遣唐使にも官位相当制が適用されたこと、遣唐使と唐側との連絡文書には上下の統属関係が不明確な官司間に使われる「牒」が用いられたことなどから、遣唐使を臨時官司ととらえるべきことを主張する。立花真直論文(原載『史学研究集録』三〇、二〇〇五年)は遣唐使官人による外国官兼帯の目的を公廨稲に代表される国司収入の獲得とみなし、留守家族への給与保証の側面があったとし、公卿など京官の兼帯とは支給規模や実施時期等に違いが存在したことを述べる。西村健太郎論文(原載『史学研究集録』三九、二〇一四年)は第二次遣唐使の大使に渡来(高句麗)系の高田根麻呂が任命されると、同氏と地縁的紐帯を有し外交祭祀にも関与していた掃守小麻呂を副使に推挙したと想定し、かかる背景には令制以前の族制的選定が続いていたことがあるとする。山﨑雅稔論文(原載『史海』五七、二〇一〇年)は赤山法花院の八月十五日節をとりあげ、それは中秋節や秋夕に関連した祭礼ではなく、唐と新羅が協力して勝利した高句麗戦の祝祭的行事を反映したもので、両国通交の要衝であった山東半島登州で催された可能性を説く。

第2部は唐代の交通について論じたもので、馬一虹論文(原題「円仁入唐求法之旅山東路綫考述―乳山至蓬莱段―」『〝空海と東亜国際文化交流〃国際学術討論会論文集』所収、上海復旦大学出版会、二〇〇四年、のち『復旦史学専刊』第一輯〈二〇〇五年〉に加筆訂正して再録）は現地調査にもとづいて、山東半島における乳山から蓬莱までの円仁の巡礼行程の復元を試みる。山岸健二論文（原載『史学研究集録』二一、一九九六年）は『巡礼行記』にみえる過所・公験を分析し、円仁は公験のみで唐国内を移動しており、それは節度使・観察使の管轄内でのみ通用したこと、公験発給の権限は節度使にあり、勅許を経る必要はなかったことなどを指摘する。中大輔論文（原載『『入唐求法巡礼行記』に関する文献校定および基礎的研究』平成十三年度~平成十六年度科学研究費補助金（基礎研究C（2））研究成果報告書、二〇〇五年）は公験を定まった様式・機能を有さない公的証明書、過所を律令上に規定された通行証明書と整理し、円仁が入手した公験は過所とその申請・発給過程の文書であり、在唐新羅人を保証人とすることで公験発給が可能になったとする。河野保博論文（原載『古代東アジアの道路と交通』所収、勉誠出版、二〇一一年）は長安と洛陽を結ぶ二路のうちの南路について、従来明確でなかった山間部の陜州から三郷までの行程を新出の「臨泉駅」銘石刻から復元する。

第3部は入唐僧に関して検討したもので、田中史生論文（原載『史学研究集録』一八、一九九三年）は入唐僧（生）には延喜大蔵省式の規定以外に砂金等の禄物が支給されていたこと、唐による入唐僧への行動規制は仏教統制策と思われる太和年間の勅にもとづいていたこと、別請益生は遣唐使の官職を有しながら請益活動を兼務していたことなどを論じる。小林聖論文（原載『史学研究集録』二六、二〇〇一年）は遣唐僧（入唐僧）による請来目録の作成を国費留学生としての責務ととらえ、成果報告書の意味合いがあったことを明らかにする。溝口優樹論文（新稿）は円仁の行者であった丁雄万の氏名、出身地と出身氏族、身分表記について、それぞれ実証的に迫る。佐藤長門論文は常暁と円行について言及したもので、前者（原載『史学研究集録』一六、一九九一年）では太元帥法の請来とその後の展開をトレースし、常暁と二代目の寵寿以降では太元帥法のとらえ方が異なっていたことを述べ、後者（原載『国史学』一五三、一九九四年）

では現存する五種類の関係史料から、円行が入唐した経緯、入唐後の行動、請来目録の内容について考究する。

以上の諸論考は、原則として初出時のまま再録しており、修正は誤字脱字や一部の表現にとどめている。また論考間で意見の相違もみられるが、調整等の作業は一切おこなっていない。前述のように、巻末の『入唐求法巡礼行記』関係文献目録(稿)は授業の参考資料として大学院生たちが収集してきたもので、重要な見落とし・遺漏があるかもしれず、諸外国の研究は特に不十分であるが、現時点における未完稿と考えていただければ幸いである。また『入唐五家伝』の校訂は、現役の大学院生に割り振って、昨年の後期から急遽はじめたもので、諸本の校訂作業は今年七月まで続いた。写本の写真掲載には本来、底本として用いた東寺観智院所蔵本が最良であろうが、諸般の事情から断念せざるを得ず、代わりに観智院本の書写本として最も古い宮内庁書陵部所蔵『続群書類従』本を載せることにした。同じ『続群書類従』本でも、現行刊本と多くの点で異同があることは、案外知られていない。この点も含め、幾ばくかでも学界に寄与できれば望外の喜びである。

おわりに、本書の出版をこころよく引き受けてくださった高志書院の濱久年氏と、編集・校訂作業を中心的に補佐してくれた國學院大學大学院生の三輪仁美氏、栁田甫氏に感謝の意を表したい。

二〇一五年八月六日

編者　佐藤　長門

遣唐使と入唐僧の研究　目次

目次

目　次

目　次

第1部　遣唐使

「臨時官司」としての遣唐使について

富井　修

はじめに

これまでの遣唐使についての研究は、日本律令制国家の対外関係において遣唐使が果たしてきた役割や、文化史における唐文化の移入者として遣唐使が果たしてきた役割について考察したものがほとんどであった(1)。これらの研究の進展によって、遣唐使が日唐関係におよぼした意義、その経過と展開、さらには様々な文物の伝来等の具体的な様相が明らかになったことは贅言を要しない。もちろん、遣唐使という制度の変遷も明らかにされてきた。しかし、一つの機構としての遣唐使の実像に関しては、これまで等閑視されてきた感はいなめない。国家成立以前から対外関係は存在し、一つの集団から他の集団へ使者が派遣される行為は繰り返されてきた。しかし、体系的な法整備が行なわれた以前と以後では、同じ「遣唐使」という名称を持つとはいえ、その組織が一貫して同一の性格を保持していたと、果たしていえるであろうか。本稿では、このような疑問を解くための一つの試みとして、律令制成立時期以後の遣唐使の機構について考察したい。具体的には、遣唐使の「官司」としての性格について考えてみることにする。遣唐使に任命されたのは律令制官人であり、その人的構成は、律令制導入後ではあるが、四等官制という官司内における人的階統制秩序(2)によって成立している。このような律令官司制・官人制という視点から遣唐使を考察した研究は、従来ほとんどなかったように思われる。本稿では、かかる研究史上の不備を補うため、遣唐使の「官司」としての性格と、そうした官司の実務としての文書行政について、主として円仁の『入唐求法巡礼行記』(以下、『巡礼行記』と略称)を材料として考察していく。

1　遣唐使の「官司」的性格

最初に、遣唐使の官司としての性格について、その人的構成から考えてみたい。「はじめに」でも述べたように、遣唐使は四等官制を採用していたが、それは次の『続日本紀』大宝元年(七〇一)正月丁酉(二十三日)条から明らかなごとく、律令制導入と軌を一にしていた。

以㆓守民部尚書直大弐粟田朝臣真人㆒為㆓遣唐執節使㆒。左大弁直広参高橋朝臣笠間為㆓大使㆒。右兵衛率直広肆坂合部宿禰大分為㆓副使㆒。参河守務大肆許勢朝臣祖父為㆓大位㆒。刑部判事進大壱鴨朝臣吉備麻呂為㆓中位㆒。山代国相楽郡令追広肆掃守宿禰阿賀流為㆓小位㆒。進大参錦部連道麻呂為㆓大録㆒。進大肆白猪史阿麻留・无位山於億良為㆓小録㆒。

周知のように、ここにみえる三等官を表す「位」や四等官を表す「録」は後世に継受されることはなく、三等官は「判官」、四等官は「録事」と称されることになる(3)。遣唐使の四等官に任命された官人の官位については、大使は四位クラス、副使は五位クラス、判官・録事は六・七位クラスであったことが明らかにされており(4)、官位相当制的な要素が遣唐使にも適用されていたことがわかる。またすでに先学が指摘している通り(5)、寛平六年の遣唐使に任命された大使菅原道真・副使紀長谷雄の場合、派遣停止後も菅原道真は権大納言になる寛平九年(八九七)六月十九日まで「遣唐大使」と位置し、[6]紀長谷雄は参議になる延喜二年(九〇二)正月二十六日まで「遣唐副使」と位置している。[7]ただし、遣唐大使・副使には「行・守」は冠せられておらず、位階の上に職名が署される「捧物」であったことは留意すべきであろう。

それでは、遣唐使の「官衙」についてはどうであろうか。遣唐使が任命され、大使が節刀を受け、唐に向けて出発するまでは官内のどこかに設置されていた可能性はあるだろう。出発までの間にあっても、様々な事務作業が存在していたことは想像に難くないからである。しかし、遣唐使は移動することが自明の存在である。この場合、遣唐大使の居所そのものが遣唐使の「官衙」だったのではなかろうか。『巡礼行記』開成三年(承和五・八三八)八月一日条には「使衙」という表記があり、また同年十二月二日条において、円仁が承和の遣唐使の揚州残留組を「本国留後官」と表現し、「使衙」と区別していることにも注目すべきである。このように、遣唐使は移動することを前提にした「官衙」であったと思われるが、これは遣唐使が大使を頂点とする人的階統制秩序[8]によって機能するならば、特定の区域に官衙を設定しなくとも任務遂行に何ら差障がなかったことを示している。また任務を遂行する期間が限定され、それが終了した時点で「解散」することが前提となっていたこととも無関係ではあるまい。こうした任務遂行期間が限定された官司は、ほかにも存在したと考えられる。そうした官司のなかから、以下では節度使・征夷使を取りあげ、遣唐使と比較をしてみたい。

天平四年[9](七三二)と天平宝字五年[10](七六一)の二度にわたって設置された節度使は、対外的緊張への対応として置かれたものとされ、[11]多くの研究がある。[12]その官員構成についてみると、天平四年の場合は節度使・判官・主典、天平宝字五年の場合は節度使・副(使)・判官・録事であった。また天平四年設置の節度使のうち、山陰道節度使については、天平五・六年(七三三・七三四)に発給した文書の送付・逓送などの実態が「出雲国計会帳[13]」によって知られてい

る。山陰道節度使の鎮所については諸説あるが、本稿では詳細は省くものの、石見国に存在したとする説に従う。(14)

このように節度使は遣唐使とは異なり、その「官衙」は定置していたが、必要に応じて停廃・再置される点では遣唐使と共通性を有する、任務遂行期間が限定された官司の一つであった。しかも、その官員構成は人的階統制秩序が貫徹されており、また文書発給も確認されている。

蝦夷征討に派遣された征夷使の場合、遣唐使と同じく任命の後に節刀が授けられ、「外」へと赴く存在であった。征夷使は遣唐使とともに、日本の律令制国家の「威信」を保持したまま、域外へ赴いたのであり、そのことは左の史料にみえる通りである。

「養老軍防令」18節刀条

凡大将出レ征。皆授二節刀一。辞訖。不レ得三反宿二於家一。其家在レ京者。毎レ月一遣二内舎人一存問。若有二疾病一者。給二医薬一。凱旋之日。奏遣レ使郊労。

『続日本紀』宝亀八年(七七七)四月癸卯(二十二日)条

(前略)是日。遣唐大使佐伯宿禰今毛人輿レ病進レ途。到二摂津職一。積レ日不レ損。勅二副使石根一。持レ節先発。行二大使事一。即得二順風一。不レ可二相待一。遣二右中弁従四位下石川朝臣豊人一宣二詔使下一曰。判官已下犯二死罪一者。聴二持節使頭専恣科決一。

『続日本紀』延暦七年(七八八)十二月庚辰(七日)条

征東大将軍紀朝臣古佐美辞見。詔召昇二殿上一賜二節刀一。因賜二勅書一曰。(中略)宜副将軍有レ犯二死罪一。禁レ身奏上。軍監以下依レ法斬決。(後略)

養老軍防令の規定では、出征する大将に節刀が与えられる規定であった。遣唐大使に節刀が与えられるのは、その援用である。ただ『続日本紀』の記事にみられるように、節刀の授与だけで権限が分与されるのではなく、節刀とともに与えられる勅書（あるいは勅宣）に三等官以下の生殺与奪権を委任する内容が記されていることが権限分与の証であった。将軍や遣唐大使に節刀・勅書（あるいは勅宣）が授けられることについては、通説では天皇大権の分与と解釈されているが[15]、その内実は決裁権と司法権の部分的分与にすぎない。しかしそれこそが、後述のように遣唐使が「（遣唐）使牒」という文書を日本律令制国家の域外である唐の地で、唐の官司に対して発給することができた、日本側の法的根拠と考えられる。また遣唐使随員の行動、その他に対する日本側の最終決裁が「（遣唐）使判」であったことも、同様の根拠にもとづいていたと考えられるのである。

以上の考察により、本稿では大宝官員令に規定がないまま設置されたものの、官員構成において人的階統制秩序が貫徹し、文書行政が存在したことが認められ、さらに必要に応じて停廃・再置される官司を「臨時官司」と呼称する。そして、そのような官司を「令外官」の一つの形態としてとらえたい。「令外官」については、補任方法の違いから（A）類―官位相当がある―「除目官」と（B）類―官位相当がない―「宣旨職」に分類されているが[16]、常置を前提として設置された「常置的令外官」と、必要に応じてというより、一つの事業を遂行期間を限定して行なうことで、設置・廃止が繰り返される「臨時的令外官」という、存在形態の相違による分類も可能ではないだろうか。例えば班田使などは、後者の範疇に含まれるだろう。

2 「臨時官司」としての遣唐使の実務――その文書行政について――

次に、官司の実務としての文書行政について考えてみたい。律令制下では、行政上のすべての案件事項は文書によって処理される。それゆえ日本古代官僚制研究では、「文書処理」・「文書行政」・「文書主義」などの語が使用されている。[17] また、文書による案件事項処理は、律令制に規定される官司においては例外なく行なわれていたと考えられる。

（1）「使牒」について

牒とは下達文書・上申文書・平行文書のいずれとしても用いられている文書様式であるが、本稿で検討する「使牒」は統属関係が不明な、言い換えれば所属が明らかではない官司が他の官司に対して提出する文書の範疇に入る。[18] 本稿では「使牒」の語義を、遣唐使が発給する「牒」の意味で使用する。それでは具体的に、『続日本紀』と『巡礼行記』にみえる「使牒」について考察していく。

『続日本紀』宝亀八年(七七七)六月辛巳朔条

勅二遣唐副使従五位上小野朝臣石根。従五位下大神朝臣末足等一。大使今毛人。身病弥重。不レ堪レ進レ途。宜レ知二此状一。到レ唐下レ牒之日。如借三問無二大使一者。量レ事分疏。其石根者著レ紫。猶称二副使一。其持レ節行レ事。一如二前勅一。

この条には「遣唐大使佐伯今毛人が病気のため、副使小野石根等に大使がいないことを唐側に説明せよ、大使の事は副使が代りに行え」という勅が出されたことが記されている。注目すべきは、この勅文には「唐に到りて牒を下すの日」という文言があり、奈良時代の遣唐使が「使牒」を唐側との連絡に用いていたことがわかる点である。それを勅では「牒を下す」と表記していることが興味深い。次に『巡礼行記』のケースをみてみると、開成三年(八三八)八月一日、遣唐大使藤原常嗣が揚州都督の李徳裕と会見したのち、八月三日に遣唐使から「使牒」が揚州都督府へ出されている。

請下令二請益僧等一向二台州一之状上。使牒達二揚府一了。為レ画二造妙見菩薩・四王像一、令三画師向二寺裏一。而有二所由一。
制不レ許三外国人濫入二寺家一。三綱等不レ令レ画二造件像一。仍使牒達二相公一。未レ有二報牒一。

この記事にみえる「使牒」は二通ある。一つは円仁・円載を台州国清寺へ行かせてほしいと請願したもので、これは八月一日に円仁・円載が遣唐使に対して牒を上申して請うていた(①)。もう一つは大使の発願により妙見菩薩等を画きたいということと、それを画かせるために俗人である絵師を寺に入れるようにして欲しいと請願したものである(②)。①の「使牒」の経過について少し述べてみたい。

八月四日に揚州都督府から円仁・円載の目的について覆問書が届き、円仁・円載はそれぞれその目的とするところを答書にしたためて揚州都督府に送った。八月九日には勾当日本国使王友真に台州行きについて相談し、翌十日、王友真が来ていうには「揚州都督李徳裕は円仁・円載の希望について文宗皇帝に奏上したので、文宗皇帝からの勅を待って台州に赴くように」ということであった。それに対して大使藤原常嗣は「円載は揚州に留めるが、円仁だけでも文宗皇帝の勅を待つ事なく台州に向かわせてほしい」という「使牒」を揚州都督府に出したが、その後に届いた揚州都督李徳裕の報牒は、「文宗皇帝の勅を待たずに台州に向かうことは許可しないので、勅の来るまでどこかの寺にて待て」という内容であった。その結果、円仁・円載は開元寺に仮住いすることになったのである。[19] この問題は、その後も『巡礼行記』中にみえるのだが、遣唐使の文書行政とは無関係なので省略する。

②の「使牒」については、八月九日に揚州都督府李徳裕が開元寺に仏画を写すことを許可する牒を発給したことで一段落した。以上の事例によって、遣唐使が唐の地方官司との連絡文書として「牒」を用い、唐側の官司も「牒」を連絡文書としていたことがわかる。かかるケースで「牒」が使用された理由は、それが上下の統属関係がはっきりしない官司間の連絡文書であったことが大きかったと考えられる。もっとも「牒」という文書様式は、唐制でも日本の

律令制でも上申・下達・平行いずれの場合にも用いられる比較的自由な様式だったので、外国使節とのやりとりで使用された側面もあるだろう。ともかく、以上の文書の流れを図化すると、左のようになる。

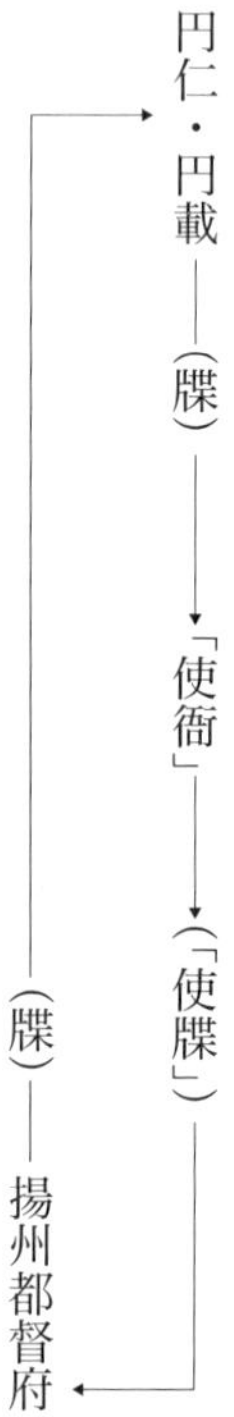

また、こうした公文書には公印が捺されていなければならないが[20]、遣唐使が「遣唐使印」を携え、使用したという事例は貞元二十一年（延暦二十四・八〇五）の最澄の請来目録[21]に「遣唐使印」が捺されていることがよく知られている程度で、その他の遣唐使の「遣唐使印」については不明な点が多い。しかし前例がある以上は、承和の遣唐使も「遣唐使印」を携えていったことは十分推測される。少なくとも、本稿で取りあげた「使牒」に「遣唐使印」が捺されていた可能性はあるだろう。しかしながら、唐側は一貫して遣唐使のことを「日本国使」と呼称している[22]にもかかわらず、延暦の遣唐使の印はあくまで「遣唐使印」であり「日本国使印」ではなかった。日本から唐への使節を「遣唐使」と表記するのは当然のことではあるが、その表現はあくまで日本側の意識によるものであった。したがって、唐側が「遣唐使印」をどのように認識していたのかについては、後考を俟つことにしたい。

遣唐使と唐の地方官司（揚州都督府）との文書のやりとり、つまり外部の官司との連絡については以上のごとくである。そこから窺われることは、遣唐使の文書発給の在り方も、「官司」の文書発給の範疇に納まるということである。

(2)「使判」について

それでは、遣唐使による文書決裁についてはどうだったであろうか。「判」とは官司における決裁を意味する。(23) 遣唐使の場合は、それを「使判」と称することがあった。『巡礼行記』開成三年(八三八)八月条には、次の史料がみられる。

十六日。辰時、両僧與二無常咒願一。但命未レ絶。暮際。勾当日本国使王友真。共二相公使一人一至二官店一。勘二録金成随身物一。

十七日。(中略)入レ夜、比レ及二丑時一病者金成死亡。

十八日。早朝押官等来検二校此事一。據二本国使判一。金成随身物依レ数令レ受二傔従井俅替一。未時。押官等勾当買レ棺。葬去。

すなわち八月十六日、病床にあった船師佐伯金成の容体が悪くなったので、金成の随身物を点検・記録するために揚州都督府から勾当日本国使王友真と相公の使が宿所にやってきた。佐伯金成は翌十七日に亡くなり、八月十八日に葬儀が行なわれたが、その日の早朝に揚州都督府の押官等が江南官店にやってきて、十六日に作成した目録にもとづいて金成の随身物を再点検し、遣唐使は再点検された目録に「使判」を加え、その目録の物品数にもとづいて金成の随身物を従者に預けたのである。

この例では、唐の官人の作成した文書に遣唐使が「判」を加えたことと、決裁の内容が物品に関わるものであったことがわかる。さらにこれは、遣唐使の文書処理の実例としてもあげられる。こうした文書処理は、ほかの遣唐使でもみられるものであろうか。前出の最澄の請来目録の作成過程について考えてみたい。

最澄の請来目録は、貞元二十一年(延暦二十四・八〇五)二月十九日作成の「台州録(24)」と五月十三日作成の「越州録(25)」

に大きく分けられるが、これらの作成過程は共通した点が多い。その作成過程は、①最澄が請来しようとしている経典・仏具の目録が作られ、最澄等が署名したうえで、②その目録に唐の地方官司の長官(「台州録」では台州刺史陸淳、「越州録」では明州刺史鄭審則)が最澄等の讃を書く[26]。③そして遣唐使官人が位階姓名を署名・捺印するというものである。同じく物品に関する文書処理とはいえ、死亡した遣唐使船師の随身物の目録と、経典・仏具の請来目録とでは性格が異なっている。しかしその点を考慮しても、物品について目録を作成し、それを唐の官司が点検・認定し、遣唐使が「判」を加えているという点では、両者は共通するのではないか。

なお、円載・円珍が帰国する際に、請来目録に唐の地方長官(刺史)の「判」が容易に得られなかった例を引き、最澄がその請来目録に陸淳・鄭審則の「判」を得たことについて、唐では地方官司の長官が求法の証明を書くことは一般的に行なわれていなかったとの見解がある[27]。しかし、唐の刺史の「判」は果たして求法の証明だったのであろうか。手続き上の問題からすれば、それは唐からの物品持ち出しに関する事務手続きにすぎなかったのではないだろうか。しかも、最澄の請来目録には遣唐使の「判」が加えられており、最澄自身も遣唐使に随行して帰国しているのに対し、円載・円珍は遣唐使に随行して帰国したわけではなかった。最澄が請来目録に唐の地方長官(刺史)の「判」を得られたのは、最澄が遣唐使に随行して帰国したことや、遣唐使と唐の地方官司との間の事務手続きによるものと考えられるのではないか。ところが円珍たちは、先師である最澄が唐の刺史から受けた「判」の内容が最澄を讃える内容であったことからか[28]、これら唐の刺史の「判」が求法の証明になると誤解した可能性が極めて高い。唐側がこうした円珍たちの誤解による「判」給の請求に戸惑いをみせていたことは、円珍の関係文書からも窺われる[29]。それゆえに円珍は、唐の刺史の「判」が求法の証明だからこそ、容易に得られないのではないかとさらに誤解を重ね、粘り強く自身の請来目録に「判」を給うことを陳情し続けたのではなかったか。

結びにかえて

以上、遣唐使の官司としての性格について、四等官制の採用、「官衙」の存在、ほかの「臨時官司」との比較、文書行政の存在という視点から考察してきた。まず、四等官制の採用については、大宝律令制定と軌を同じくして採用されており、大使・副使・判官・録事それぞれに官位相当的な側面があったことを指摘した。次に「官衙」の存在については、遣唐大使の居所そのものが遣唐使の「官衙」と認識され、「使衙」と呼称される場合があったこと、長安へ入京する大使と別れたほかの遣唐使を「本国留後官」と呼称していることからも、「使衙」という語が大使の居所を意味していたこと、遣唐使は特定の区域に官衙を設定しなくても何らの支障もなかったことを明らかにした。

遣唐使の官司制における位置については、「令外官」の一つの形態として、必要に応じて設置・停廃・再置される「臨時官司」と定義づけた。そうした前提に立脚しつつ、節度使や征夷使との比較を行ない、節度使との比較では両者とも任務遂行期間が限定される存在であり、また文書発給が確認されることを指摘し、征夷使との比較では両者とも任命後に節刀と、それに伴う勅書(または勅宣)を下賜されるが、それこそが文書行政の法的根拠と考えられることなどを述べた。さらに遣唐使の文書行政について、①発給文書としての「使牒」、②文書処理としての「使判」の二つの事柄について検討した。

検討の結果みえてきたものは、遣唐使もまた律令制下の「官司」的な性格をもっていたということである。しかし本稿では、官司制における遣唐使の検討に終始し、官人制からみた遣唐使についてはほとんど触れずじまいであった。すでに指摘されていることではあるが[30]、延喜式部式遣唐使条にみえる遣唐使の特例授位の意味、官人の昇進手段としての判官・録事クラスの遣唐使の任命の意味などについても検討すべきであろう。さらに大宝律令制定以前の遣唐使について、『日本書紀』では「大使」・「副使」・「判官」[31]という語が使人たちに冠せられているが、これを『日本書紀』編纂時の潤色とみなすか、実態を示すものととらえるかについても未検討に終わった。残された課題は多いが、大方の御教示を仰ぎたい。

註

（1）木宮泰彦『日華文化交流史』（冨山房、一九五五年）、森克己『遣唐使』（日本歴史新書、至文堂、一九五五年）、龍粛「寛平の遣唐使」（『平安時代』所収、春秋社、一九六二年）、佐伯有清『最後の遣唐使』（講談社現代新書、一九七八年）、山尾幸久「遣唐使」（『東アジア世界からみた日本古代史講座』六所収、学生社、一九八二年）、鈴木靖民『古代対外関係史の研究』（吉川弘文館、一九八五年）、増村宏『遣唐使の研究』（同朋舎、一九八九年）、東野治之『遣唐使と正倉院』（岩波書店、一九九二年）など。

（2）吉川真司「律令官僚制の基本構造」（『律令官僚制の研究』所収、塙書房、一九九八年、初出は一九八九年）。同「律令官司制論」（『日本歴史』五七七、一九九六年）。

（3）新日本古典文学大系『続日本紀』一（岩波書店、一九八九年）の二七頁脚注一六、三四頁脚注一七などを参照のこと。

（4）加藤順一「律令官人と遣唐使—叙位と経歴に関する検討を中心に—」（『法史学の諸問題』所収、慶応通信、一九八七年）。

（5）鈴木靖民「遣唐使の停止に関する基礎的研究」（前掲註(1)書所収、初出は一九七五年）、石井正敏「いわゆる遣唐使の停止について—『日本紀略』停止記事の検討—」（『中央大学文学部紀要』史学科三五、一九九〇年）。

（6）『政事要略』巻六〇所載、寛平九年五月二十六日付太政官符、『公卿補任』寛平八年・九年段。

（7）『大日本古文書』家わけ編一八、東南院文書之一所載、延喜元年十月二十八日付太政官牒、『公卿補任』延喜二年段。

（8）吉川真司「律令官僚制の基本構造」（前掲註(2)論文）は日本律令制下の四等官制について、長官を頂点として単線的に構成され、職務責任も連帯責任の性格が強いことから、官司内の階統制は唐のそれと較べ未熟な段階と評価した。それでも、日本の律令制官司は長官を頂点とする秩序を前提として行政処理が執行されていく構造であることを重視する立場から、本稿では官司内の階統制秩序を「人的階統制秩序」と捉え、遣唐使の人的構成秩序もまた、その範疇に含まれるものと考える。

(9) 『続日本紀』天平四年(七三二)八月丁亥(十七日)条。
(10) 『続日本紀』天平宝字五年(七六一)十一月丁酉(十七日)条。
(11) 鈴木靖民「日本律令制の成立・展開と対外関係」(前掲註(1)書所収、初出は一九七四年)。
(12) 坂本太郎「正倉院文書出雲国計会帳に見えた節度使と四度使」(『日本古代史の基礎的研究』下所収、東京大学出版会、一九六四年、初出は一九三二年)、村尾次郎「出雲国風土記の勘造と節度使」(『律令財政史の研究』所収、吉川弘文館、一九六一年、初出は一九五三年)、早川庄八「天平六年出雲国計会帳の研究」(『日本古代の文書と典籍』所収、吉川弘文館、一九九七年、初出は一九六二年)。北啓太「天平四年の節度使」(『奈良平安時代史論集』上所収、吉川弘文館、一九八四年)など。
(13) 『大日本古文書』一、五八六～六〇四(正集三〇:続々修三五―五・三五―六)。その配列・校訂に関しては、平川南「出雲国計会帳・解部の復原」(『漆紙文書の研究』所収、吉川弘文館、一九八九年、初出は一九八四年)を参照。
(14) 山陰道節度使の鎮所について、坂本太郎「正倉院文書出雲国計会帳に見えた節度使と四度使」(前掲註(11)論文)は正確な所在地は不明とし、村尾次郎「出雲国風土記の勘造と節度使」(前掲註(11)論文)は因幡国とする一方、早川庄八「天平六年出雲国計会帳の研究」(前掲註(11)論文)は「出雲国計会帳」移部に記載された節度使符の逓送経路の検討から、石見国としている。
(15) 滝川政次郎「節刀考」(『国学院大学政経論叢』五―一、一九五六年)。なお、儀式書における遣唐使の節刀に関する記述は、『儀式』巻一〇の「賜遣唐使節刀儀」・「遣唐使進節刀儀」を最後にみられなくなる。現存する『儀式』が『貞観儀式』であるならば、承和の遣唐使が実質的な最後の遣唐使となったことと、儀式書における遣唐使の節刀に関する記述が『儀式』を最後にみられなくなることは、無関係ではないだろう。

(16) 今江広道「『令外官』の一考察」(『続日本古代史論集』下所収、吉川弘文館、一九七二年)。

(17) 早川庄八「前期難波宮と古代官僚制」(『日本古代官僚制の研究』所収、岩波書店、一九八六年、初出は一九八三年)、鎌田元一「律令制と文書行政」(『律令国家史の研究』所収、塙書房、二〇〇八年、初出は一九八六年)。

(18) 「牒」という文書について略述しておく。「公式令」牒式条によると、「牒」は本来は内外の官人の主典以上が諸司に申上する時に使用する文書形式であった。また僧綱・三綱に官司から文書を発給する場合も「牒」と称したが、これは「移式準用の牒」と呼ばれている。また佐藤進一『古文書学入門』(法政大学出版局、一九七一年)は、上下の統属関係が明確でない官司相互に交わされる文書であるとし、平安時代になると令外の官から発給される下達文書も「牒」と称したとしている。さらに結文が「故牒」である場合は下達文書、「謹牒」である場合は上申文書であり、これは唐の「公式令」がそうなっていたために、それを準用していたのではないかとしている。それは「敦煌発見開元公式令残巻」(P二八一九v)の牒式条の結文が「故牒」、『唐令拾遺』所収「司馬氏書儀」所引の公式令牒式条の結文が「謹牒」、さらに「司馬氏書儀」の地の文に下達の場合は「故牒」、上申の場合は「牒上」と書き分けがされていることによる(日本思想大系『律令』公式令補注、岩波書店、一九七六年)。文書木簡の例では、一九九〇年に藤原宮跡東方官衙の西を限る南北溝SD八五〇から出土した、中務省から留□(守)省へ宛てた牒がある(『飛鳥・藤原宮発掘調査出土木簡概報』一〇〈奈良国立文化財研究所、一九九一年〉、『木簡研究』一三〈一九九一年〉)。一方「牒」は、外交文書としても使われている。著名な例としては、承和八年(八四一)十二月二十二日に来朝した渤海使のもたらした中台省牒があり(酒寄雅志「渤海国中台省牒の基礎的研究」〈『渤海と古代の日本』所収、校倉書房、二〇〇一年、初出は一九八五年〉)、『本朝文粋』巻十二に「贈渤海国中台省牒」が載せられていることから、日本も渤海に対し牒を提出していたことがわかる。

(19) 『巡礼行記』開成三年八月二十四日条。

(20) 「公式令」天子神璽条、「同」行公文皆印条。なお、荻野三七彦『印章』(日本歴史叢書、吉川弘文館、一九六六年)によれば、遣唐使印の残存する真正は延暦の遣唐使のもののみであるという。

(21) 『平安遺文』巻八、一四三一〇〜一四三一三号、および『伝教大師全集』四。

(22) 例えば前述したように、承和の遣唐使を応接した揚州都督府の担当官王友真は「勾当日本国使」と称している。『巡礼行記』開成三年八月九日条を参照のこと。

(23)「判」について略述しておく。律令に「判」という言葉がみえるのは、「選叙令」内外五位条と「公式令」判綬位記式条である。この両条文とも、太政官の決裁によって位階を授与する過程での、太政官の決裁そのものを「判」と称している。その他の公文書にみえる「判」については、上申文書である「解」に郡判・国判・職判を署印し、決裁文書として効力を持たせた土地の売券文が顕著な例である（加藤友康「八・九世紀における売券について」〈『奈良平安時代史論集』上所収、吉川弘文館、一九八四年〉）。こうしてみると、「判」は提出内容を決裁をした証に、その提出文書の奥に「口判……」と書き、決裁した官司の四等官が位階官職姓名を署し、官司の印を捺したものと考えてよい。このほかに、帳簿を勘検した官人が署印をした事を示している例としては「正倉院文書」中の写経所の帳簿群に決裁を意味する「判」（ただし署名のみ）がみられるほか、寛平五年（八九三）三月十六日太政官符（『類聚三代格』巻一八）に国司と牧監が諸牧帳に署印をしていたことが記されており、これも「判」と考えられる。しかし唐における「判」が、「三判制」といって同一官司内において判官・通判官・長官の三者それぞれの「判辞」が必要であったのに対し、日本における「判」は文書の奥に四等官全員が署して、それが「判」になるという違いがあった。吉川真司「奈良時代の宣」（前掲註（2）書所収、初出は一九八八年）によると、それは唐と日本の文書による案件事項の処理方法の違いに起因するという。

(24)『平安遺文』巻三、一四三一〇号、および『伝教大師全集』四。なお「台州録」の原本は現存していないが、東寺観智院所蔵の寛治五年（一〇九一）写本などから採った、文政四年（一八二一）版『伝教大師将来目録』（延暦寺浄土院）が「遣唐使印」も含めて翻刻している。

(25)『平安遺文』巻八、一四三一一号、および『伝教大師全集』四。なお「越州録」は原本が現存し、『伝教大師真蹟集成』（法蔵館、一九七九年）に一部カラー写真（印面のみ）と解説が載せられている。

(26)かかる署名は、日本への経典類の持ち出しを認めるためのものであるが、「判」の一種と考えてよいと思われる。その一部が最澄たちを讃える内容になっているのは、唐において「判」が名文の例として文学上の一ジャンルであったためではないかと思われる。なお、市原亨吉「唐代の『判』について」（『東方学報』三三、一九六三年）を参照のこと。

(27)坂上早魚「日本・唐・新羅における授戒制度について」（『史論』四四、一九九一年）。

(28)「台州録」の「判」を著した台州刺史陸淳は、最澄の求法を援けるために書手と紙を提供し、経典の書写を行なわせている(『巡礼行記』開成五年五月十六日条)。こうした彼の行動と、「台州録」の「判」の内容とは無関係ではあるまい。しかし、そうした陸淳の行動のみに、この問題を帰結することはできない。明州刺史の鄭審則も陸淳と同じく最澄の請来目録に「判」を加えているからである。おそらく鄭審則は、陸淳が「判」を著したからこそ、同じように刺史として「判」を署したのではないだろうか。なお、最澄は『顕戒論縁起』に求法の傍証として、請来目録の唐の刺史の「判」と遣唐使判を引用したが、このことも円珍たちが唐の刺史の「判」を求法の証明と誤解した要因ではなかろうか。

(29)坂上早魚「日本・唐・新羅における授戒制度について」(前掲註(26)論文)が指摘しているように、『平安遺文』巻一、一二二四～一二二七号の「円珍牒」(『園城寺』〈講談社、一九七一年〉に写真と解説がある)によれば、円珍は大中十二年(天安二・八五八)閏二月・三月・四月にわたって台州刺史厳修睦に対し、「貞元年中陸郎中判印」に倣い「印信」を請うた。こうした円珍の請求に対し、厳修睦は四月八日に至って承諾した旨の「牒」(『平安遺文』巻九、四四七八号)を円珍に送り、円珍も厳修睦に対して翌四月九日に礼状を「牒」(『平安遺文』巻九、四四七九号)として送った。こうした経過からも、厳修睦が円珍の請求に困惑していたことが窺われる。なお、佐伯有清『人物叢書　円珍』(吉川弘文館、一九九〇年)は、この問題について円珍が自らを「入唐求法僧」であることを名実ともに確実なものとしたいがための行動であったとみている。

(30)加藤順一「律令官人と遣唐使―叙位と経歴に関する検討を中心に―」(前掲註(4)論文)は、判官・録事クラスに任命される六・七位クラスの官人について、比較的「位低くして門卑しき」者がその地歩を高めるために遣唐使に多くの利益を期待し、中級以下の官人層にとっては出世の糸口であり、その制度の維持を望んだと結論づけている。たしかに遣唐使として任命された後、さらに帰国後に特例の叙位を受けているのは事実である。しかし本当に、彼ら下級官人すべてが遣唐使に任命されることを出世の糸口と考えていたのかについては疑問がある。承和の遣唐使に際しては、有名な小野篁以外にも遣唐使船への乗船を拒否したことで、流罪にされた者がいる。『続日本後紀』承和六年(八三九)三月丁酉(十六日)条によれば、知乗船事従七位上伴有仁ら四人が遣唐使船への乗船を拒否したことにより、死一等を減じられ佐渡国へ流罪になったという。こうした事例からも、彼ら下級官人にとって遣唐使への任命が出世の糸口とのみ認識されていたわけではないことは明らかである。乗船を拒否することが身に帯びている官位を放棄することを意味するのであれば、彼ら下級官人にとってそれはまさにそれまでの「功労」を無にすることにほかならない。彼らが遣唐使として帰国後に特別に叙位され、彼らの出世の糸口となったとしても、それはあくまで結果であって、はじめから目的であったとはいえないのではなかろうか。下級官人にとって遣唐使に任命されることは、一つの「官司」に「出仕」し、そこで「功労」を積むことによって「昇進」するという、官人としての一般的な在り方の延長線上にあるものにすぎず、たまたま遣唐使の性格が「域外」へ赴くものであり、危険を伴うものであったため、一般の官司に出仕するよりも特別な叙位がなされたのではないだろうか。

(31)　「大使」・「副使」については『日本書紀』白雉四年(六五三)五月壬戌(十二日)条にみえ、「判官」については『日本書紀』白雉五年(六五四)二月条にみえる。ともに孝徳紀の記事であり、律令制の語彙による潤色の可能性に留意すべきであろう。なお、遣隋使の場合には「大使」・「小使」と表記されている(『日本書紀』推古十六年〈六〇八〉九月辛巳〈十一日〉条)。

遣唐使官人の外国官兼帯

立花 真直

はじめに

日本古代には、遣唐使に任命された官人を、しばしば地方官（外国官）に任命する記事がみられる。もちろん、遣唐使は唐に赴くのがその最大の職掌であるから、それを差し置いて地方に赴任するのはまったく不可能であり、この外国官任命は現地に赴任しない遙任であったことは明らかである。とするならば、この遣唐使官人に対する外国官任命には、地方支配の執務のためではない意味づけが存在したと考えられる。そこで本稿では、このような遣唐使官人に対する外国官兼帯の目的について、当時の遙任の実態と関わらせつつ考察していくことにする。(1)

1 遣唐使官人に対する外国官兼帯事例

遣唐使官人を外国官に任命することは、天平宝字五年（七六一）の遣唐使を初例とし、それ以降の遣唐使において散見される。遣唐使は『延喜式』の規定によると、大使・副使・判官・録事からなる四等官をはじめとした構成になっており、[2] 史料から窺い得る外国官任命記事は、基本的に以上の上級官人に対するものが中心である。しかし、それ以外の官人への任命も存在する。以下、天平宝字から寛平までの五回の実例を検討してみたい。

①天平宝字の遣唐使

まず、天平宝字五年（七六一）の遣唐使に対する外国官兼帯であるが、これは遣唐大使任命記事に併存している。

〈史料一〉『続日本紀』天平宝字五年十月癸酉（二十二日）条

以㆓右虎賁衛督従四位下仲真人石伴㆒為㆓遣唐大使㆒。上総守従五位上石上朝臣宅嗣為㆓副使㆒。以㆓武蔵介従五位下高麗朝臣大山㆒為㆓遣高麗使㆒。又以㆓従四位下藤原恵美朝臣朝獦㆒為㆓仁部卿㆒。陸奥出羽按察使如㆑故。従四位下和気王為㆓節部卿㆒。従五位下藤原恵美朝臣辛加知為㆓左虎賁衛督㆒。従四位下仲真人石伴為㆓播磨守㆒。

史料一では、遣唐大使仲石伴が播磨守を兼任したことが確認できる。このたびの遣唐使は、派遣前に副使が更

表　遣唐使の外国官兼帯

任官年月日	人物	遣唐使の職掌	外官の兼任	史料
天平宝字五（761）、十、二十二	仲石伴	遣唐大使	播磨守	『続日本紀』
宝亀八（777）、正、三	小野石根	遣唐副使	播磨守	『続日本紀』
宝亀年中	甘南備高直	遣唐判官	播磨大掾	『続日本後紀』
延暦二十（801）、八、十	藤原葛野麿	遣唐大使	越前守	『公卿補任』
延暦二十一（802）	菅原清公	遣唐判官	近江権掾	『続日本後紀』
承和元（834）、五、十三	藤原常嗣	遣唐大使	備中権守	『続日本後紀』
同	「九人」	判官 録事 知乗船事	外任	『続日本後記』
承和元（834）、七、一	藤原常嗣	遣唐大使	近江権守	『続日本後紀』
承和元（834）、八、十四	「一人」	准録事	外国介	『続日本後紀』
承和之初	良岑長松	遣唐准判官	伊予掾	『日本三代実録』
承和之初	菅原善主	遣唐判官	播磨権大掾	『日本文徳天皇実録』
承和二（835）、正、十一	小野篁	遣唐副使	備前権守	『続日本後紀』
承和二（835）、五、十三	長岑高名	遣唐判官	美作権介	『日本文徳天皇実録』
承和二年（835）	藤原貞敏	遣唐使准判宮	美作掾	『日本三代実録』
承和三（836）、閏五、十三	紀春主	遣唐訳語	但馬権掾	『続日本後紀』
承和四（837）、二、十三	藤原常嗣	遣唐大使	大宰権帥	『続日本後紀』
承和年間	伴須賀雄	録事	備後権掾	『続日本後紀』 『入唐求法巡礼行記』
	丹墀高主	准録事	讃岐権掾	
承和年間	粟田家継	大使傔従	近江権博士	『入唐求法巡礼行記』
寛平七年（895）、正、十一	菅原道真	遣唐大使	近江守	『公卿補任』

送され、[3] 遣唐使船が曳航中に破損したことで使人・船数を削減し、遣唐判官中臣鷹主を「使」として派遣するという[4]ように、混乱続きのなかでの発遣であった。このときの外国官兼帯は、大使仲石伴への任播磨守しか確認できず、[5]かかる兼帯がどの程度行なわれていたかは不明であるが、これ以前に同様の任命記事がみられないことからすれば、本例が遣唐使官人への外国官兼帯の初例であった可能性も考えられよう。

②宝亀の遣唐使

宝亀八年(七七七)の遣唐使への外国官兼帯事例としては、副使小野石根に対する任播磨守があげられる。

〈史料二〉『続日本紀』宝亀八年正月丙辰(三日)条

(前略)遣唐副使左中弁従五位上小野朝臣石根為二兼播磨守一。

宝亀の遣唐使もまた、混乱続きの発遣であった。まず宝亀六年(七七五)に遣唐大使に佐伯今毛人、副使に大伴益立・藤原鷹取の任命がなされたが、[6] 後に副使大伴益立が罷免され、後任に小野石根・大神末足が任じられている。[7] さらに一度出発に失敗した大使佐伯今毛人は、一時帰京して以後京を離れることはなく、副使二人を事実上の大使として出発したものの、帰路についた小野石根は唐使趙宝英とともに遭難してしまう。[8] ともかくこのたびについては、大使佐伯今毛人、副使大伴益立・藤原鷹取・大神末足への外国官兼帯はみえないが、副使小野石根への任播磨守と判官甘南備高直への任播磨大掾[9]の例が確認できる。[10] 判官以下の外国官兼帯がみられるのは宝亀の遣唐使からであり、後述するように外国官兼帯という観点からすれば、宝亀の遣唐使が画期と考えられる。

③延暦の遣唐使

延暦の遣唐使における事例としては、遣唐大使藤原葛野麻呂が越前守を、遣唐判官菅原清公が近江権掾を兼帯した事例がみられる。

〈史料三〉『公卿補任』大同元年(八〇六)段、藤原葛野麿条

権参議　従三位　同(藤原)葛野麿〈三月十八日任。四月十八日転㆓参議㆒。〉

故大納言小黒麿一男。従五位下鳥養孫也。母従四位下秦島麿女。

勝宝元年乙未生。(中略)同(延暦)廿年八庚子拝㆓遣唐大使㆒。同日兼㆓右大弁・越前守㆒。(後略)

〈史料四〉『続日本後紀』承和九年(八四二)十月丁丑(十七日)条

文章博士従三位菅原朝臣清公薨。(中略)(延暦)廿一年任㆓遣唐判官㆒。兼㆓近江権掾㆒。廿三年七月渡海到㆑唐。与㆓大使㆒倶謁㆓天子㆒。得㆑蒙㆓顧眄㆒。廿四年七月帰朝。(後略)

延暦の遣唐使は、延暦二十年(八〇一)に遣唐大使藤原葛野麻呂、副使石川道益を任命し、[11]延暦二十三年(八〇三)に渡海している。遣唐官人として確認できる人物としては、大使藤原葛野麻呂、副使石川道益、判官菅原清公らがいるが、石川道益への任命こそ確認できないものの、大使・判官に外国官兼帯がなされていることを考えると、宝亀の遣唐使と同様、延暦の遣唐使においても引き続き遣唐官人に対する外国官兼帯は行なわれていたととらえることができよう。

④承和の遣唐使

承和の遣唐使は、実際に唐に派遣された最後の遣唐使であるが、[12]このときの外国官兼帯の事例は非常に多い。まず大使藤原常嗣は、承和元年(八三四)の大使任命以降、[13]備中権守(史料五)・近江権守[14]・大宰権帥[15]などを兼帯しており、副使小野篁も備前権守を兼任していた(史料六)。

〈史料五〉『続日本後紀』承和元年(八三四)五月癸亥(十三日)条

以㆓遣唐大使参議従四位上藤原朝臣常嗣㆒為㆓備中権守㆒。右大弁如㆑故。(後略)

〈史料六〉『続日本後紀』承和二年(八三五)正月丁巳(十一日)条

(中略)従五位上小野朝臣篁為二備前権守一。遣唐副使弾正少弼如レ故。(後略)

また、判官以下の外国官兼帯の事例としては、判官長岑高名・判官菅原善主・准判官良岑長松・准判官藤原貞敏・准録事伴須賀雄・准録事丹墀高主・遣唐訳語紀春主・大使傔従粟田家継などの事例が確認され、また人名は不明だが、判官・録事・知乗船事などが外国官を兼帯した例もみられる[16]。特に遣唐録事以下への外国官任命記事は、それ以前にはまったくみえないことから、史書による記載基準・方針の違いも考えなければならないが、これ以前の遣唐使と比べて承和の遣唐使ではかなり大規模な外国官兼帯が行なわれたということがいえるだろう。なお承和の遣唐使も、大使任命から出発までかなりの紆余曲折を経ており、唐到着後にも様々な困難を経て帰国したことはすでに指摘されている[17]。

⑤寛平の遣唐使

寛平の遣唐使は、結局唐へ派遣されずに停止されており[18]、遣唐使としての具体的事例は明確ではないが、遣唐大使菅原道真が近江守を兼帯する事例がみられる。

〈史料七〉『公卿補任』寛平七年(八九五)段、菅原道真条

参議　従四位下　菅道真〔左大弁。式部大輔。春宮亮。勘解由長官。遣唐大使。正月十一日兼二近江守一〈止二長官一。余官如レ元〉。(後略)〕

以上のように、遣唐使官人の外国官兼帯は、天平宝字年間以降散見され、特に宝亀・延暦・承和の遣唐使においてその例が顕著にみられるようになる。また承和の遣唐使の例からわかるように、かかる事例は四等官にとどまらず、比較的下位の官人層にまでおよんでいた[19]。このような外国官兼帯が意味するものは何かを考える場合、遣唐使以外の

官人が外国官を兼帯する状況を検討することは、きわめて有効であると考えられる。そこで次に、遣唐使のような臨時官司以外の官人の外国官兼帯事例について検討してみたい。

2　遥任外国官とその意味

通常、官人が本官のほかに外国官を兼帯する場合、多くは現地に赴任しない遥任となると思われる。もちろん、現地に赴任しない地方官が本質的にイレギュラーな存在であることは言を俟たないが、実はこのような遥任の外国官は天平宝字年間頃から比較的顕著にみられるようになる。その理由として考えられることは、国司としての収入が官人に加算されることがあげられよう。その具体例が、国司に対する公廨稲配分である。そもそも公廨稲とは、天平十七年(七四五)に制度化されたものである。

〈史料八〉『続日本紀』天平十七年(七四五)十一月庚辰(二十七日)条

制。諸国公廨。大国卌万束。上国卅万束。中国廿万束。就レ中。大隅薩摩両国各四万束。下国十万束。就レ中。飛騨。隠伎。淡路三国各三万束。志摩国。壱岐島各一万束。若有二正税数少。及民不レ肯レ挙者一。不三必満レ限。其官物欠負未納之類。以レ茲令レ塡。不レ許二更申一。又令三諸国停二止仕丁之廝一。

〈史料九〉『延暦交替式』三十三条　天平十七年(七四五)十一月二十七日太政官奏

公廨
大国肆拾万束
上国参拾万束

中国弐拾万束〔就レ中大隅、薩摩両国各四万束〕
下国壱拾万束〔就レ中飛驒、隠伎、淡路三国各三万束、志摩国、壱岐島各一万束〕
太政官奏、諸国司等割二留正税一、出挙之式、請依二前件一、以為二公廨之料一、若有二正税数少、及民不レ肯レ挙者一、不二必満レ限、其官物欠負未納之類、以レ茲令レ塡、不レ許二更申一、
天平十七年十一月廿七日

この公廨稲については、従来基本的には官物の損失補塡に充てるとされているが[20]、後にこの一部を国司に分配させる法令が出されている。

〈史料一〇〉『続日本紀』天平宝字元年(七五七)十月乙卯(十一日)条

太政官処分。比年諸国司等交替之日。各貪二公廨一。競起二争論一。自失二上下之序一。既虧二清廉之風一。於レ理商量。不レ合レ如レ此。今故立レ式。凡国司処二分公廨一式者。惣二計当年所レ出公廨一。先塡二官物之欠負未納一。次割二国内之儲物一。後以二見残一。作レ差処分。其法者長官六分。次官四分。判官三分。主典二分。史生一分。其博士医師准二史生例一。員外官者各准二当色一。

これは、公廨のなかから官物の欠負未納補塡分と国内の儲物に充当する分を差し引いた残りを、国司らに分配することを認めた法令である。宮原武夫・薗田香融両氏などは、この公廨稲分配制度を、それ以前の国司借貸制度の延長線上にある制度と位置づけ、公廨稲の導入に国司としての収入増加の意味合いも含めている[21]。そう考えれば、少なくとも天平宝字元年に国司の公廨稲配分比率が規定されて以降、公廨稲の一部が国司の収入として認められたと考えられよう。それは即ち従来と比して、国司の収入が増加したことを意味するものであり、かかる状況のなかで京官の外国官兼帯が増加したことは、このような国司収入の増加を求めた結果であると考えられよう。そこで問題になるのが、

この公廨稲配分の範囲であるが、史料一〇の規定では長官(守)・次官(介)・判官(掾)・主典(目)の四等官はもちろん、史生・博士・医師といった下級官人にも公廨稲配分が認められており、令制下における地方官人すべてに公廨稲が分配される制度であったことがわかる。また俣野好治氏の研究によれば、員外官や権官に対しても正官と同様に支給されたようである[22]。員外官や権官は現地に赴任しない例も多く、彼らに対しても公廨稲が分配されていることは、遙任官に対しても同様に公廨稲分配が認められていたと想定できるのではないだろうか[23]。特に京官の兼国が公廨稲分配を受けていたことは、次の史料からも窺うことが可能である。

〈史料一一〉『続日本紀』延暦元年(七八二)十二月壬子(四日)条

(前略)。又詔曰。公廨之設。先補二欠負一。次割二国儲一。然後作レ差処分。如レ聞。諸国曽不二遵行一。所レ有公廨。且以費用。至レ進二税帳一。詐注二未納一。因レ茲。前人滞二於解由一。後人煩二於受領一。於レ事商量。甚乖二道理一。又其四位已上者。冠蓋既貴。栄禄亦重。授以二兼国一。佇聞二善政一。今乃苟貪二公廨一。徴求以甚。至二于遷替一。多無二解由一。如レ此不レ責。豈曰二皇憲一。自今以後。遷替国司。満二百廿日一。未レ得二解由一者。宜下奪二位禄食封一以懲中将来上。

右の史料一一から、この当時京官の兼国が横行していたこと、そしてそれが国司交替に際して問題化していたことがわかるが[24]、逆にいえば、実態として京官が兼国によって公廨稲を獲得していたことこそが、兼国の最大の目的であったと推測できるのではないかと思われる。

そのような外国官の兼帯する国々については、すでに土田直鎮氏が『公卿補任』にみえる公卿の外国官兼帯を調査した結果、公卿の兼国として多いのは近江・播磨・伊予・備前の国々であり、それに続いて讃岐・備中・美作などの国々が多く見受けられることを指摘している[25]。これらの国々は、弘仁主税式・延喜主税式から、播磨国が四四万束、近江国が四〇万束、備前国が三八万一一五〇束、讃岐国が三五万束、美作国が三三万束、伊予国・備中国が三〇万束[26]

と、公廨稲の論定数がほかの国々と比して多量であることが指摘されており[27]、国司として「実入りの良い」国々であった。従って前記の国々は、「実入りの良い」兼任対象国として、少なくとも平安時代初期以降は明確に意識されていたと考えられるのである。

現地に赴任しない地方官という、本来イレギュラーな存在である遙任外国官が存在するためには、その存在を可能にする地方行政組織の変化[28]と、その存在を容認するメリットとが不可欠である。地方行政組織の変化については本稿の目的ではないので言及しないが、遙任国司の存在を容認するメリットとしては、今まで述べてきたような「国司収入」の増加があげられよう。つまり国司による公廨稲分配制度の確立などによって、外国官が経済的に安定した地位として認識されるようになったのである。それゆえ公卿をはじめとする京官の外国官兼帯が増加したのであり、特にそのなかで「実入りの良い」国々が兼帯対象国として意識されていくようになったと思われるのである。

以上のように、京官などの官人の外国官兼帯は、経済的要因にもとづいていたことがわかったが、では遣唐使官人に対する外国官兼帯は、それらと同様の理由によるものだったのだろうか。

3　遣唐使官人の外国官兼帯とその意味

遣唐使官人の外国官兼帯について考えるうえで、重要であると思われる法令が、承和年間にいくつか出されている。

〈史料一二〉『類聚三代格』巻六　事力并交替丁事

太政官符

応レ給二遣唐使等兼国事力一事

右検二案内一。太政官去延暦廿一年六月廿七日下二民部省一符偁。太政官去宝亀七年九月十五日下二同省一符偁。使人兼レ国。為レ優二其身一。宜下給二職田一以助中家業上。但事力徴レ功。於レ事不レ穏。身不レ直レ国。不レ可二宛行一者。右大臣宣。件人等奉二使絶域一。遙渉二滄波一。推二其嶮難一。事須二優賞一。宜下給二事力一同中見任上者。今被二右大臣宣一偁。宜下准二延暦例一給上レ之。

承和元年八月廿日

〈史料一三〉『類聚三代格』巻一五　職田位田公廨田事

太政官符

応レ給二遣唐使等兼国職田一事

右被二右大臣宣一偁。件人等奉レ使入レ唐。事須二優給一。宜下准二去延暦廿一年十一月廿四日符一行上レ之。

承和元年八月廿日

これらによると、まず宝亀七年(七七六)九月十五日官符によって、遣唐使官人の兼国に対して国司としての職田を支給すること、但し事力は支給しない旨を規定し、後に延暦二十一年(八〇二)六月二十七日官符によって、事力をも支給するようになったことがわかる。承和元年(八三四)八月二十日官符は延暦二十一年官符を追認したもので、遣唐使官人に対して兼帯する外国官に支給される職田・事力を支給することを定めている。職田・事力は、国司が当国内において支給される田と人である。

〈史料一四〉『類聚三代格』巻六　事力并交替丁事

太政官符

可レ停レ給二国司已下到レ任之後留レ京者事力・公廨田一事

右造式所起請云。頃年国司到㆓任所㆒後。未㆓勘知㆒前。中㆓請官符㆒規㆓要留㆑京。量㆓基本情㆒無㆑有㆓他計㆒。為㆑貪㆓事力及公廨田㆒。徒損㆓公家㆒。還潤㆓私門㆒。論㆓之政途㆒。甚無㆑謂。伏望。如㆑此之輩永停㆓充給㆒。以絶㆓好慮㆒。但別有㆓仰事㆒暫被㆓徴召㆒。未㆑経㆓一年㆒。帰㆓於国㆒者。不㆑在㆓此限㆒者。従三位大納言兼左近衛大将陸奥出羽按察使藤原朝臣基経宣。奉㆑勅。依㆑請。

貞観十二年十二月廿五日

それでは、遣唐使以外の官人の外国官兼帯に対する職田・事力の支給は、どのように規定されていたのだろうか。この点については、右の史料一四に関連規定がみられる。それによると、貞観十二年以降、原則として遙任の外国官に対する職田（公廨田）や事力の支給は認められなくなった。これ以前の支給に関しては、法令上どの時点から行なわれていたかは明確でないものの、宝亀七年格で遣唐使にのみ認められたのであれば、それは例外的措置であったことになるし、一方で貞観十二年格で禁止されている以上、実態として例外措置が継続していたことになる。よって宝亀七年以降貞観十二年以前においては、遙任外国官が行なわれていたものの、法令上は明確に認められてはいなかったことが窺える[29]。その場合、遣唐使官人の外国官兼帯に対して、宝亀七年の時点ですでに特例として認められたことは極めて注目に値しよう。また公廨稲の取得については、法令として明確化してはいない。しかし前述したように、遙任外国官兼帯に対して公廨稲が分配されている以上、遣唐使官人に対してのみ公廨稲の分配が行なわれていないとは考えがたく、やはり公廨稲の分配は遣唐使官人の外国官兼帯にも及んでいたと解釈すべきではないか。以上の理由から本稿では、遣唐使官人の外国官兼帯は収入増加の手段として行なわれていたと考えたい。

さて、遣唐使の兼帯国は、播磨・越前・近江・備中・伊予・備前・美作・但馬などの国々に集中していることが表から窺える。これは、前節で述べた、公卿の兼国の多い国にほぼ合致するものであり、このことから、遣唐使官人に対する外国官兼帯は、公卿の兼帯に準じて行なわれたことがわかる。ただし木内基容子氏によれば、公卿の外国官兼帯において、このような兼国の傾向がみられるようになるのは、貞観年間以降であるとされ、それに先行する遣唐使官人の外国官兼帯は、一時的な褒章という意味合いの強いものであり、権官の外国官兼帯のなかでも特異な存在とされる(30)。とするならば、このような遣唐使官人の外国官兼帯における兼国の固定化は、公卿の外国官兼帯における兼国の固定化に先行する形で行なわれたことになり、同氏が一時的な褒章と位置づけた遣唐使官人の外国官兼帯こそが、「兼国」固定化の画期であったととらえることができよう。いずれにせよこれは、遣唐使官人の外国官兼帯が、京官の兼帯と同様、兼国における公廨稲に代表される国司収入の獲得を目的としたものであったと理解できるのではないだろうか。

さて、ここで一つ考えておかなければならないのは、遣唐使官人に対する本来の給与に関してである。この点についてはすでに『延喜式』の規定から、東野治之氏が言及しているが(31)、改めて検討してみたい。

〈史料一五〉『延喜式』巻三〇、大蔵式入唐大使条

入唐大使。〔絁六十疋。綿一百五十屯。布一百五十端。〕副使。〔絁卌疋。綿一百屯。布一百端。〕判官。〔各絁十疋。綿六十屯。布卌端。〕録事。〔各絁六疋。綿卌屯。布廿端。〕知乗船事。訳語。請益生。主神。医師。陰陽師。画師。〔各五疋。綿卌屯。布十六端。〕史生。射手。船師。音声長。新羅。奄美等訳語。卜部。留学生。学問僧。傔従。〔各絁四疋。綿廿屯。布十三端。〕雑使。音声生。玉生。鍛生。鋳生。細工生。船匠。柂師。〔各施三疋。綿十五屯。布八端。〕傔人。挟杪。〔各絁二疋。綿十二屯。布四端。〕留学生。学問僧。〔各絁卌疋。綿一百屯。布八十端。〕還学僧。〔絁廿疋。綿六十屯。布卌端。已上布各三分之一給二上総布一。〕水手長。〔絁一疋。綿四屯。布二端。〕水手。〔各綿四屯。布二端。〕柂師。挟杪。水手長及水手。〔各給二帷頭巾。巾子。腰帯。貲

布黄衫。著綿帛襖子。袴及汗衫。褌。貲布半臂一。〕其渤海。新羅水手等。時当二熱序一者。停二綿襖子袴一。宜レ給二細布袴一。並使収掌。臨二入京一給。其別賜。大使。〔彩帛一百十七疋。貲布廿端。〕副使。〔彩帛七十八疋。貲布十端。〕判官。〔各彩帛十五疋。貲布六端。〕録事。〔各彩帛十疋。貲布四端。〕知乗船事。訳語。〔各彩帛五疋。貲布二端。〕学問僧。還学僧。〔各彩帛十疋。〕

ここに規定された支給品は、明確な規定はないものの、恐らく官庫から与えられ、入唐にともなう準備金の性格があったと考えられる。天平宝字年間以降の京官による外国官兼帯の本質的な理由として、土田氏は中央財政の悪化をあげており(32)、それに従うならば、『延喜式』にみえるような遣唐使への給与支給が困難になったため、外国官を兼帯させることでそれを充当させたと解釈することもできるが、果たしてそれは妥当な解釈といえるだろうか。

遣唐使の場合には、史料一二に「宜しく職田を給ひ以て家業を助くべし」とあるように、「家業」の補助として外国官の給与支給がなされていたことが明確に見出せる。「家業」には、「家の財産」という意味合いもあり(33)、「家業を助く」という場合には遣唐使官人の家庭財政への補助という意味を含むことになる。そうなると、遣唐使の場合には、『延喜式』にみえる給与は遣唐使として派遣される本人への給与、兼帯する外国官としての給与は留守家族への手当てとしてあてられた可能性が高いのではあるまいか。それはいうまでもなく、京官等の外国官兼帯とは異なる意義づけであり、遣唐使官人の外国官兼帯の特殊性を示すものであると思われる。

遣唐使官人に対する外国官兼帯は、その他の外国官兼帯にみられるような、官人給与の地方委託という意味合いを持つものではなく、むしろ遣唐使官人が出発した際の留守家族への手当てという目的により支給されたものであった。木内氏が述べるような、公卿等の外国官兼帯と出現時期が異なる理由も、まさに支給目的の違いにあったということができよう。『続日本紀』宝亀十年(七七九)五月丙寅(二十六日)条には、留学生として唐で客死した阿倍仲麻呂の家族に対して「東絁一百疋・白綿三百屯」を与える記事がみえるが[34]、遣唐官人の外国官兼帯は、このような留守家族への手当てとして充当させるためのものであったと考えられるのである[35]。

おわりに

遣唐使官人の外国官兼帯は、天平宝字年間にその初例が確認されるが、法制面の整備を含めた本格的な運用は宝亀年間以降であったと思われる。その実態としては、京官等の外国官兼帯に類似しながらも、給与の規模やその実施時期などの違いが存在した。遣唐使官人への外国官兼帯の目的は、職田や公廨稲に代表される国司の収入を、遣唐使が出発した後に残される家族への保障に充当させることにあったと考えられる。このような遣唐使官人への保障は、他の官司においては確認することができず、国家プロジェクトとして入唐する官人への優遇措置としてとらえられる。また、遣唐使官人に対して用いられた兼国の固定化といった様相が、のちの公卿兼国などに踏襲されていることは、かかる外国官兼帯という財政優遇措置が実態的機能を持ち続けたことを意味していよう。

本稿では、遣唐使官人の外国官兼帯の持つ意味について考察してきた。この制度の実態面については未だに解析が不十分であるが、今後の課題としたい。

註

(1)　八世紀以後には、遣唐使以外にも遣新羅使・遣渤海使などの対外派遣使節が存在した。しかし、これらの使節が外国官を兼帯した事例は、少なくとも六国史において確認することはできない。そのような理由から本稿では、考察対象を遣唐使に限定した。

（2）『延喜式』巻三〇、大蔵省式蕃使条。
（3）『続日本紀』天平宝字六年（七六二）三月庚辰朔条。それによれば、遣唐副使石上宅嗣が罷免され、後任に藤原田麻呂が任じられている。
（4）『続日本紀』天平宝字六年（七六二）四月丙寅（十七日）条。
（5）副使石上宅嗣は任命当時上総守であったが、遣唐副使任命後の上総守兼帯が確認できないため、兼帯の例から省いた。
（6）『続日本紀』宝亀六年（七七五）六月辛巳（十九日）条。なお、藤原鷹取については、その後の遣唐使関連記事に名前がみえなくなる。
（7）『続日本紀』宝亀七年（七七六）十二月丁酉（十四日）条。
（8）『続日本紀』宝亀八年（七七七）六月辛巳朔条、『同』宝亀九年（七七八）十一月乙卯（十三日）条など。なお、角田文衛『人物叢書　佐伯今毛人』（吉川弘文館、一九六三年）を参照。
（9）『続日本紀』宝亀八年（七七七）正月丙辰（三日）条。
（10）『続日本後紀』承和三年（八三六）四月丙戌（十八日）条。
（11）『日本紀略』延暦二十年（八〇一）八月庚子（十日）条。
（12）佐伯有清『最後の遣唐使』（講談社現代新書、一九七八年）。
（13）『続日本後紀』承和元年（八三四）正月庚午（十九日）条。
（14）『続日本後紀』承和元年（八三四）七月庚戌朔条。
（15）『続日本後紀』承和四年（八三七）二月丙午（十三日）条。
（16）判官長岑高名は美作権介に（『続日本後紀』承和二年〈八三五〉五月丁巳〈十三日〉条）、判官菅原善主は播磨権大掾に（『日本文徳天皇実録』仁寿二年〈八五二〉十一月己亥〈七日〉条）、准判官良岑長松は伊予掾に（『日本三代実録』元慶三年〈八七九〉十一月十日乙丑条）、准判官藤原貞敏は美作掾に（『日本三代実録』貞観九年〈八六七〉十月四日己巳条）、准録事伴須賀雄・同丹墀高主はそれぞれ備後権掾・讃岐権掾に（『続日本後紀』承和六年〈八三九〉八月甲戌〈二十五日〉条）、遣唐訳語紀春主は但馬権掾に（『続日本後紀』承和三年〈八三六〉閏五月辛巳〈十三日〉条）、大使傔従粟田家継は近江権博士

になっていた(『入唐求法巡礼行記』開成四年〈八三九〉七月二十一日条)ことが確認できる。また人名不詳の例としては、判官・録事・知乗船事などが外国官を兼帯した『続日本後紀』承和元年(八三四)五月発亥(十三日)条や、『続日本後紀』承和元年(八三四)八月壬辰(十四日)条などがある。

(17)　佐伯有清『最後の遣唐使』(前掲註(12)論文)。

(18)　寛平遣唐使については、鈴木靖民「遣唐使の停止に関する基礎的研究」(『古代対外関係史の研究』所収、吉川弘文館、一九八五年、初出は一九七五年)、石井正敏「いわゆる遣唐使の停止について―『日本紀略』停止記事の検討」(『中央大学文学部紀要』史学科三五、一九九〇年)などの先行研究があるが、本稿では基本的に鈴木氏の理解に従う。

(19)　遣唐使への外国官兼帯を考える場合、遣唐使に関係する官職を有するものの、実際には入唐を想定されていない遣唐都匠などへの外国官兼帯事例(『続日本後紀』承和元年〈八三四〉八月壬辰〈十四日〉条にみえる、遣唐都匠外従五位下三島公島継への任阿波権掾の例など)についても考える必要があるが、これについては別に考察したい。

(20)　早川庄八「公廨稲制度の成立」(『日本古代の財政制度』所収、名著刊行会、二〇〇〇年、初出は一九六〇年)、宮原武夫「公廨稲出挙制の成立」(『日本古代の国家と農民』所収、法政大学出版局、一九七三年、初出は一九六二年)、薗田香融「公廨稲の設置と変遷」(『日本古代財政史の研究』所収、塙書房、一九八一年)、山里純一「公廨稲の設置とその機能」(『律令地方財政史の研究』所収、吉川弘文館、一九九一年)、小倉真紀子「公廨稲運用の構造―「越前国雑物収納帳」を素材として―」(『日本史研究』五〇六、二〇〇四年)。

(21)　宮原武夫「公廨稲出挙制の成立」(前掲註(20)論文)、薗田香融「公廨稲の設置と変遷」(前掲註(20)論文)。

(22)　保野好治「権任国司の任命をめぐって」(『ヒストリア』一二二、一九八九年)。

(23)　公廨稲制度は、延暦十七年(七九八)に一度廃止され(『類聚国史』巻八四、公廨国儲、延暦十七年〈七九八〉正月甲辰〈二十三日〉条)、延暦十九年(八〇〇)に再び設けられている(『類聚国史』巻八四、公廨、延暦十九年〈八〇〇〉九月丁酉〈二日〉条)。ただし、本稿の対象とする期間においては、公廨稲は一貫して設けられている。

(24)　林陸朗「員外官の停廃をめぐって」(『桓武朝論』所収、雄山閣出版、一九九四年、初出は一九七九年)、高田淳「桓武朝における兼官についての一考察」(『史学研究集録』六、一九八一年)。

(25)土田直鎮「公卿補任を通して見た諸国の格付け」(『奈良平安時代史研究』所収、吉川弘文館、一九九二年、初出は一九七五年)。
(26)かかる数字は、『延喜主税式』による。
(27)俣野好治「権任国司の任命をめぐって」(前掲註(22)論文)。
(28)具体的には、国衙における官僚機能の整備など、地方官が赴任しなくても行政を遂行し得る環境の確立を指す。
(29)このことは、律令が本質的に遙任外国官の存在を想定してはいないこと、現存する律令法令にこの規定が見られないことからも傍証できる。
(30)木内基容子「遥授国司制の成立について―「公卿国司」を中心として―」(『研究と資料』三、一九八八年)。
(31)東野治之「『延喜式』にみえる遣外使節の構成」(『遣唐使と正倉院』所収、岩波書店、一九九二年、初出は一九九二年)。
(32)土田直鎮「兼官と位季禄」(『奈良平安時代史研究』所収、吉川弘文館、一九九二年、初出は一九五二年)。
(33)諸橋轍次『大漢和辞典』(大修館書店、一九五六年)によれば、「家業」には「家の職業」という意味と、「家の財産」という意味がある。
(34)この記事については、日本の家族とする説と、在唐の家族とする説があるが、唐での生活費用は唐朝によってまかなわれるので、前者であろう。
(35)ただし、天平宝字年間以降の遣唐使は、それ以前と比して、任命から発遣に至るまでの期間が数年に及ぶようになっており、遣唐官人が発遣に至るまでどのように生活していたかはまったく不明である。あるいは、以上に述べた遣唐使官人の外国官兼帯は、彼らの在国時の経費として用いられた可能性も指摘できるだろう。

白雉四年の第二次遣唐使選定をめぐって

西村 健太郎

はじめに

周知のように、遣唐使は唐文化の摂取や先進的な知識・文物の移入を目的として派遣された。その主要な任務は唐との交渉にあったため、選定に際してはそれに相応する能力と学識が求められたと考えられている(1)。

律令制以前の使節の顔ぶれを概観すると、第一次・三次の薬師恵日と第三次の高向玄理は遣隋留学生の経験があり、その学識によって選定されたと考えられる。また、第二次・五次には新羅系の渡来系氏族吉士氏、第二次には高句麗系の渡来系氏族高田首根麻呂がおり、彼らは言語などの外交に適する能力を買われて起用されたと推察される。

このほか同族の人物、あるいは関係者による推挙も、選定における重要な要素のひとつであった。第二次の留学僧定恵は中臣連鎌足、安達は中臣連渠毎の息子であった。また、第三次の河辺臣麻呂は蘇我氏と関係を有する豪族、中臣間人連老と田辺史鳥は中臣連鎌足と関係を有する氏族を出自としていたと推測されている。彼らは国政の中枢にある同族の人物、あるいは関係者の推挙により選定されたのではないだろうか。

律令制下における遣唐使の選定に関しては、第八次の山上憶良について佐伯有清氏が、彼の同族に大使粟田朝臣真人がおり、その推挙によって選定されたと想定した。[2]同様に第九次の阿倍仲麻呂に関しても、大使阿倍安麻呂ら同族の推挙によるものと推測されており、[3]大使が下僚に同族の人物を推挙するというケースが考えられている。最近では、こうした見解を援用した鈴木靖民氏が、養老元年(七一七)に入唐した井真成を河内国志紀郡出身の井上忌寸真成とし、当時の押使丹比真人県守と縁故のある多治比連の本拠地が志紀郡に隣接する丹比郡であることから、真成は県守との地縁的な関係によって留学生に抜擢されたと推定している。[4]

以上みたように、従来遣唐使選定の経緯や背景については、個人の資質や同族関係、あるいは地縁をもつ縁故者による推挙などが想定されてきた。[5]しかしこの問題に関する専論はほとんどなく、遣唐使関係の論考においても簡単に触れられているのみである。また、根拠となる史料が乏しいためか、詳細な検討が加えられておらず、どの見解も臆測の域を出ていないのが現状である。そこで本稿では、白雉四年(六五三)の第二次遣唐使を素材として、遣唐使選定の経緯とその背景の一端を検討していきたいと思う。

1　第二次遣唐使の概要

まずは、第二次遣唐使についての概要を示しておこう。

史料1　『日本書紀』白雉四年(六五三)五月壬戌(十二日)条

発㆓遣大唐㆒大使小山上吉士長丹、副使小乙上吉士駒〈駒、更名糸〉、学問僧道厳・道通・道光・恵施・覚勝・弁正・恵照・僧忍・知聡・道昭・定恵〈定恵、内大臣之長子也〉、安達〈安達、中臣渠毎連之子〉、道観〈道観、春日粟田臣百済之子〉、学生巨勢臣薬〈薬、豊足臣之子〉、氷連老人〈老人、真玉之子。或本、以㆓学問僧知弁、義徳、学生坂合部連磐積二而増焉。〉并一百二十一人。倶乗二一船一。以二室原首御田一為二送使一。又大使大山下高田首根麻呂〈更名、八掬脛〉、副使小乙上掃守連小麻呂、学問僧道福、義向、并一百二十人。倶乗二一船一。以二土師連八手一為二送使一。

第二次遣唐使は、第一次からおよそ四半世紀を経た白雉四年に実施された。史料1によると、使節は二隻で渡唐したが、第一船には大使吉士長丹、副使吉士駒をはじめとする一二一人が、第二船には大使高田首根麻呂、副使掃守連小麻呂をはじめとする一二〇人が乗船したという。このうち第一船は翌年帰国し、大使吉士長丹には小華下が授与されるとともに二百戸が賜与され、副使吉士駒には小山下が授与された(6)。当船は唐の天子より褒美を与えられ、数多くの文書や宝物を持ち帰ったとされており(7)、この点から第二次遣唐使は前年の難波長柄豊碕宮の完成をうけ、孝徳朝の改革が軌道にのろうとする段階で、知識・文物を唐に求めたものと考えられている(8)。

史料2　『日本書紀』白雉四年(六五三)秋七月条

被レ遣二大唐一使人高田根麻呂等、於二薩麻之曲、竹島之間一合レ船没死。唯有二五人一、繋二胸一板一流二遇竹島一。不レ知二所計一。五人之中、門部金採レ竹為レ筏、泊二于神島一。凡此五人経二六日六夜一、而全不レ食レ飯。於レ是、褒二美金一進レ位給レ禄。

これに対して第二船は、右の史料2によれば渡唐中に薩摩沖で漂没し、一二〇名の乗船者のうち、わずかに生存者は五名のみであったという。当船が漂没した地域の「薩麻の曲、竹島の間」というのは、現在の薩摩半島の南、硫黄島の西竹島付近にあたり、当船は南島路を開拓する目的があったと考えられている(9)。

さて本稿で特に注目するのは、この第二船において大使と副使という重要なポストを担った高田首根麻呂と掃守連小麻呂である。彼らは選定時、それぞれ大山下(六位相当)と小乙上(八位相当)という位階を帯びていた。

根麻呂が務めた遣唐大使には、大船団の人員を統率し得る能力をもった人物が任命されていたと思われる。律令制下における遣唐使は「臨時官司」としての性格をもち、四等官制により大使には四位、副使には五位の人物が任命されていた。また大使は任命に際して、天皇より節刀が賜与されるとともに、三等官以下の生殺与奪権が与えられており、遣唐使は大使を頂点とする人的階統制秩序によって機能していた(10)。すなわち律令制下の大使には、大船団を指揮することのできる資質・能力を見込まれた人物が、天皇より任命されていたのである。かかる遣唐大使の性格が、律令制以前のそれをおおかた継受したものであったならば、根麻呂はそれに相応しい能力をもつ人物として大使に任命されたと推察される。根麻呂の出身氏族高田首氏は、後掲史料3『新撰姓氏録』右京諸蕃下によると高句麗系渡来人を祖としており、彼の遣唐使選定は対外交渉に長じた渡来系氏族出身であったことも大きな要因であったろう。

これに対して副使の小麻呂は、宮中の清掃を掌る伴造氏族掃守氏の出身であり、一見外交には縁がないように思われる。また上僚の根麻呂とは同族関係になく、彼が遣唐使に選定された理由は不明といわざるを得ない。推古期より官僚体制が導入されると、多くの伴造氏族は古い職能を捨て、一個人として律令制に適応していくために新たな職能を獲得する傾向にあったが、仮に小麻呂がかような志向を有していたとしても、副使という重要なポストに任じられるのには、それ相応の理由を想定しなければならないだろう。

律令制下における遣唐使は官僚制的性格を持っていたが、諸官司の次官が長官と職掌を同じくしていることから推察すれば、遣唐副使には大使を身近な距離で補佐するに相応しい人物が選ばれたと考えられるのではなかろうか。このことをふまえると、大使根麻呂と副使小麻呂の間には人格的関係が結ばれていたことが想定されるが、ひとまずここでは推測にとどめておきたい。

以上のことを念頭に置きながら、次節以降では双方の氏族的特質を検討し、その遣唐使選定の経緯や背景を明らかにしていきたい。

2　高田首氏と南山城の渡来系氏族

(1)　高田首氏の本貫地について

まず、根麻呂の出身氏族である高田首氏の本貫地を明らかにする。

史料3　『新撰姓氏録』右京諸蕃下

高田首　同国人(高麗国)多高子使主之後也。

史料3によると、高田首氏は平安時代初期には右京に移貫していたことがわかる。さらに、高田首氏の氏寺と推察される高田寺の関連木簡が平城宮跡より出土している点[11]や、白雉四年の段階で一族のなかから遣唐使を輩出している点をふまえると、高田首氏は白雉四年当時から、畿内、およびその周辺を本貫地としていたと推察される。

氏族のウジ名には居住地の地名を冠するものが多いが、ここでは「高田」というウジ名から京に移貫する前の本貫地を推断する。現在地名に残っているものとしては、奈良県大和郡山市高田町・同県大和高田市高田・同県桜井市高田・京都府木津川市加茂町高田が、古地名としては山城国葛野郡高田郷がその候補地となろう。

この点に関して『日本古代人名辞典』では、「高田の氏の名は大和国の地名に由来する」としている。また佐伯有清氏は、『日本書紀』武烈天皇三年十一月条の「百済意多郎卒す。高田丘上に葬る」という記述から、奈良県大和高田市の地名にもとづくと推測した[12]。さらに『桜井市史』は桜井市大字高田字寺谷にある寺跡について、「高田集落の西南方の谷間にある畑地で、谷の奥には、塔跡と考えられる土壇がわずかに残る。付近には、破壊された礎石らしいものがみられるほか、古瓦片が散布している」とし、この寺跡をその氏寺である高田寺に比定した。一方『郡山町史』は、『七大寺巡礼私記』所引の「寛仁二年七月或人巡礼記」に、唐招提寺の講堂に安置されていた弥勒三尊金銅像が寛仁二年以前に高田寺破壊の後に唐招提寺へ移されていたという記述があることから、「高田寺は唐招提寺にあまり遠くない地に求めるのが妥当」とし、この地を本貫地に比定している。このように辞典類や県史・町史では、大和国のいずれかの候補地をその本貫地に比定しているのである。

それに対して白井伊佐牟氏は、高田首氏が高句麗系の渡来系氏族であるという点を考慮し、高田寺の所在地を高田首氏が多く居住していた京都府相楽郡加茂町高田村に比定するとともに、本貫地を当地に求めた[13]。

この相楽郡を中心とする南山城地域は大和国の北部に位置し、椿井大塚古墳・七ツ古墳などの古墳や高麗寺・蟹満寺などの寺院があり、歴史的に渡来人文化の発達した地域であった[14]。そこを流れる木津川は奈良時代、平城京の官営や諸大寺の造営用の材木を運ぶために利用された重要な水路であり、水運の便も発達していた[15]。それゆえに渡来系氏族、殊に高句麗系のそれと関係の深い土地であり、それは諸史料からうかがうことができる。

『和名類聚抄』によると、相楽郡には「相楽・水泉・賀茂・大狛・蟹幡・祝園・下狛」という七つの郷があったことがしられるが、そのうち下狛・大狛郷を本貫地としていたものとして狛造氏[16]・大狛造氏・山背狛氏が想定される[17]。また上記の狛氏以外にも、『新撰姓氏録』には山城国を本貫地とする高句麗系の渡来系氏族として、黄文連・桑原史・高井造・八坂造氏がみられる[18]。このように相楽には、多くの高句麗系の渡来系氏族が居住していた[19]。

『続日本紀』天平宝字七年(七六三)十月丁酉(二十八日)条には、高田毘登足人が寺の僧殺害に坐せられ獄に入れられたため、祖父が壬申の乱の功によって賜った封戸を没収されたという記事があるが、この祖父とは壬申の乱において大海人側に加担した高田首新家に推定される[20]。これと関連して、天武期に大狛造百枝・足坏、山背狛烏賊麻呂が連姓を賜与され、[21]のちに大狛造氏が連姓を賜与されていること、[22]持統期に至って百枝に直広肆が追贈されていることなどをふまえると、[23]大狛造氏・山背狛氏も高田首氏と同様に大海人側に加担していたと推測される。上記の三氏がともに壬申の乱で大海人側に加担していたということは、推測をたくましくすれば、高田首氏と相楽周縁の渡来系氏族とが地縁的結合関係をもっていたことを示しているのかもしれない。以上のことから、本稿では白井説に左袒し、高田首氏の本貫地を相楽郡に比定したい。

（2） 南山城の渡来系氏族の淵源

ところで、南山城地域と渡来系氏族との関係は、いつ頃まで遡及させることができるのであろうか。次に掲げる史料によれば、それは欽明期を画期としているようである。

史料4 『日本書紀』欽明二十六年（五六五）五月条

高麗人頭霧唎耶陛等投二化於筑紫一、置二山背国一。今畝原、奈羅、山村高麗人之先祖也。

史料4によると、欽明二十六年に「高麗人頭霧唎耶陛」らが筑紫国に「投化」し、その後山城国に置かれたという。ここにみえる奈羅とは、久世郡那羅郷のことであろう。山村については、『新撰姓氏録』山城国皇別条の曰佐氏の譜文に、その祖が欽明天皇の御世に同族四人を率いて帰化したとあり、その後裔として「山代国相楽郡山村曰佐」をあげていることから、相楽郡に所在した土地と推察される。

史料5 『日本書紀』欽明三十一年（五七〇）四月甲申朔条

幸二泊瀬柴籬宮一。越人江渟臣裾代詣レ京奏曰、高麗使人辛二苦風浪一迷二失浦津一。任レ水漂流。忽到二着岸一。郡司隠匿。故臣顕奏。詔曰、朕承二帝業一、若干年。高麗迷レ路、始到二越岸一。雖レ苦二漂溺一、尚全二性命一。豈非二徽猷広被、至徳魏魏、仁化傍通、洪恩蕩蕩一者哉。有司宜於二山背国相楽郡一、起レ館浄治、厚相資養。

史料6　『日本書紀』欽明三十一年（五七〇）七月是月条

遣二許勢臣猿与二吉士赤鳩一、発レ自二難波津一、控二引船於狭狭波山一。而装二飾船一、乃往迎二於近江北山一、遂引二入山背高槭館一。則遣二東漢坂上直子麻呂、錦部首大石一以為二守護一。更饗二高麗使者於相楽館一。

史料5によると、欽明三十一年四月に越に漂着した高麗使を、有司に命じて相楽郡に施設を造り資養させたという。また史料6によると、同年七月、この高麗使は許勢臣猿と吉士赤鳩の先導で「高槭館」に引き入れられ、東漢坂上直子麻呂と錦部首大石の守護のもと、「相楽館」において饗応されたとある。使節は敏達元年（五七二）五月頃までは相楽館に安置されていたようであるが(24)、同年七月に帰途についた(25)。

史料7　『三代実録』貞観三年（八六一）八月庚申（十九日）条

謹稽二家諜一、伴大田宿祢同祖、金村大連公第三男狭手彦之後也。狭手彦、宣化天皇世、奉二使任那一、征二新羅一復二任那一、兼助二百済一。欽明天皇世、百済以二高麗之冦一、遣レ使乞レ救。狭手彦復為二大將軍一、伐二高麗一、其王踰レ城而遁。乗レ勝入レ宮、盡得二珍宝貨賂一。以獻レ之。磯城嶋天皇世、還来獻二高麗之囚一。今山城国狛人是也。

『日本書紀』欽明二十三年（五六二）八月条には、大伴狭手彦が高麗をうち王宮に入り、珍宝貨賂を得たという記事があるが、史料7によると、その際献じた高麗の囚の後裔が今の山城狛人にあたるという。以上みたように、欽明期以降、相楽と高句麗系の渡来系氏族との関係が顕在化していく。それでは何故、かような現象が生じたのだろうか。

『日本書紀』には、欽明期から敏達期にかけて、高句麗使節が越に漂着したとする記事が散見される。まず欽明天皇三十一年には、加賀の道君が高麗使人の漂着を隠匿して天皇に知らせず、みずからを大王と詐称し、調を受け取っていたといい(26)、敏達二年（五七三）には、高麗使人が越海岸に漂着したが、破船して溺死するものが多かったという(27)。

また翌三年にも、高麗使人が越に漂着したとされる。[28] 前述の相楽館が当該期に客館として機能していたとするならば、上記の一連の使節はそこに安置されていたと推察される。

当時の朝鮮半島の政治情勢は、高句麗・百済・新羅の三国による各地の帰属をめぐる激しい抗争が続いていた時期に該当しており、かような高句麗使節の来航は、高句麗が新羅の勃興を前に、外交と軍事力による利権の確保や威信の確立に腐心していた際に行なわれたものと考えられている。[29] すなわち高句麗は、自国の情勢悪化を背景に使節を派遣していたのである。

欽明期以降、相楽と渡来系氏族との関係が顕在化するのは、当該期に上記の使節が相次いで来着していることと無関係ではあるまい。臆測を強めれば、かかる使節が相楽の地に安置され、そのまま定住したことがひとつの背景になっていると思われる。事実、使節は帰途についたとされているが、当時の国外情勢を考慮すると、使節の一部が定住したことは充分に想定できよう。史料4・7によれば、欽明期にはこの南山城地域に高句麗系の渡来人が投下しており、渡来人が居住することが可能な環境が整っていたと推察される。したがって当該地域における渡来人文化は、上記の使節や投下・定住した渡来系氏族によってもたらされたものと考えられるのである。

さて高田首氏は、『新撰姓氏録』右京諸蕃下によると、「高麗多高子使主」なる人物を祖としている。この「高子」は「越」のことと推定され、ここからは高田首氏の出自と越との関係がうかがわれる。前掲史料1によると、根麻呂の更名を「八掬脛」としているが、[30]『釈日本紀』所引『越後国風土記』逸文には「越後の国の風土記に曰はく、美麻紀の天皇の御世、越の国に人あり、八掬脛と名づく。其の脛の長さは八掬、力多く太だ強し。是は土雲の後なり。其の属類多し」とある。これについて日本古典文学大系『風土記』の当該条文頭註は「ツカとは、長さの単位であり、脛の異常に長い足長男の故に名としたもの。異種族の身体的特徴を異常とみて誇張したもの」と解している。佐伯有清氏は、これと前掲史料4にみえる「高麗人頭霧唎耶陛」や『新撰姓氏録』山城国諸蕃条の長背連が欽明期に衆を率いて投化し、背が高いという理由から長背王の名を賜ったという伝承とが同一の事柄を示していると指摘し、高句麗系渡来人の長身という身体的特徴を表したものと考えている。[31] これが美麻紀天皇の御世(崇神紀)の史実とは信じがたいが、高田首氏が越に淵源をもつ高句麗系渡来人であったという点は認めてよかろう。すなわち根麻呂は、祖の越との関係にもとづいて、「八掬脛」を更名としたと思われる。つまり、高田首氏の祖は欽明期に越に漂着し、相楽で安置されそのまま定住した高句麗使節であったと推察されるのである。

以上を要するに、欽明期以降に相楽と渡来系氏族との関係が顕在化するのは、当該期に渡来系氏族や高句麗使節が移住したことを背景とし、かかる高句麗使節が高田首氏の祖であり、以降相楽を本貫地としたと考えられるのである。

3　掃守氏の職能と地域的特質

次に掃守連小麻呂の出身氏族の職能と、その地域的特質を明らかにする。

掃守氏は『新撰姓氏録』によれば、左京に掃守連氏と無姓の掃守氏、[32] 河内国に掃守宿祢・掃守連・掃守造、[33] 和泉国に掃守首が居住していた。[34] また畿外では、遠江国に掃守宿祢、[35] 近江国に掃守連、[36] 出雲国に掃守首が居住していた。[37]

その職能については、『新撰姓氏録』和泉国神別の掃守首の譜文に、雄略期に「掃除事」を掌ることによって掃守連姓が賜姓されたとみえ、また天平十七年付の「内掃部司解」に掃守連がみえることから、掃除を掌る伴造氏族であったことは確実とみられる。[38] その本流は天武期に宿祢姓を賜与され、律令制下には大蔵省掃部司・宮内省内掃部司・

後宮掃司の伴部に負名氏として奉仕していたと推察される。

かような掃守氏の伴造としての性格は従前より指摘されていたが、これに対して黛弘道氏は、後掲史料8の「掃守」を「蟹守」の転訛したものとする記載が、「カニモリと訓まれている事実とカニに引かれて構想された説話」であるとし、その原義を「神守」に求めた。また、令の条文に大蔵省掃部司・宮内省内掃部司の職掌として、薦や蓆などの神事に関わる料物の調達があげられていることから、掃守氏が神祇祭祀と関係が深く、祭場の舗設を担当していたことを明らかにした(39)。氏が指摘する、掃守氏が神祇祭祀に関わったことを直接に示す史料は少ないが、次に掲げる掃守氏の由来譚からは、それをうかがうことができる。

史料8『古語拾遺』

天祖彦火尊、娉海神之女豊玉姫命、生彦瀲尊、誕育之日、海浜立室。于レ時、掃守連遠祖天忍人命、供奉陪侍。作レ箒掃レ蟹、仍、常鋪設、遂以為レ職。号曰二蟹守一。〈今俗謂之借守者、彼詞之転也。〉

史料8によると、その遠祖天忍人命は豊玉姫命の出産に際して、箒で蟹を掃き出したことにより、舗設をその職掌として「蟹守」と名乗ったという。この史料の解釈については諸説あるが、「蟹」や「箒」が持つ意味などから、六世紀末葉までには掃守氏が祭場や産屋などの舗設や清掃を担っていたと考えられている(40)。また古代において、清掃という行為は空間・場の穢を解除し、清浄性を保持するという意味があったことも指摘されている(41)。これらのことをふまえると、掃守氏は宮中掃除のほか、祭場の舗設・清掃といった神祇祭祀にも関わる氏族であったと考えられるのである。

ところでこの掃守氏は、記紀には小麻呂を含めて三名しかあらわれない。ひとりは大化五年(六四九)に遣新羅使に任命された大山上掃部連角麻呂であり(42)、もうひとりは大宝度の遣唐使に任命された山代国相楽郡令掃守宿祢阿賀流である。[43]ここで注目したいのは、この三名が共通して外交を担っていたことである。

大宝度の遣唐使である掃守宿祢阿賀流は、遣唐使に選定された当時「山代国相楽郡令」であったとされるが、これは遣唐使に地方官人が選定された唯一の例であったという。[44]このことは、相楽という特定地域の外交的特質を想起させる。

大同三年(八〇八)に勅撰された医書である『大同類聚方』には、「寿田薬」について「山代国相楽郡令追広肆掃守宿祢の家に世々伝ふる所の方なり」とあるが、[45]ここにみえる追広肆は阿賀流の位階と一致しており、掃守宿祢は阿賀流を指していると想定される。この『大同類聚方』なる書物は、旧国造・県主など有力氏族に伝来する古医方を収集して記したものであり、掃守氏は少なくとも令制以前から相楽に勢力を持っていたと考えられる。これらのことから鈴木靖民氏は、角麻呂・小麻呂を阿賀流の血縁者に比定し、相楽の有力氏族掃守氏が高樾館・相楽館の管理・運営を担い、周辺の渡来系氏族と接触をもつ過程で外交的性格を得たと考えた。[46]すなわち小麻呂は、地域的特質によって外交に関わるようになった、相楽の有力氏族掃守氏の出身と考えられるのである。律令制下における郡司氏族がもつ在地豪族と下級官人という二面性を考慮すると、[47]小麻呂は相楽を本貫としながら王権に奉仕していたと推察される。

以上を要するに、掃守氏は宮中掃除のほか、祭場の舗設・清掃といった神祇祭祀にも関わる氏族であった。また小麻呂は、地域的特質によって外交的性格を獲得した、相楽の有力氏族掃守氏の出身だったと想定されるのである。

4　第二次遣唐使選定の経緯とその背景

前節までの見解をふまえたうえで結論を先に述べると、大使根麻呂と副使小麻呂は相楽に地縁があり、そのことが白雉四年の遣唐使選定の背景となっていると想定される。本節では両者の地縁的関係を具体的にみていくことにする。

前掲史料5によれば、有司に命じて相楽郡に客館を造り、漂着した高句麗使節を資養させるとしているが、史料6にはその施設として「高椸館」と「相楽館」の二つをあげている。相楽にかような施設が設けられたのは、この地域が越と大和国の途次に位置していたためであろう。上記の二つの施設に関する詳細は不明であるが、従来は両者を同一の建物とみなすことが多かった。[48] 確かに両者は相楽に所在していたとみられるため、[49] そのようにとらえるのは不自然なことではない。しかし、詳細な検討なしに推断するのは早計であろう。本稿では、両施設を同一視することはできないと考えるが、以下にその根拠を示す。

前掲史料5では、相楽に施設を建設し、高句麗使節を安置させるとあるが、史料6と『日本書紀』敏達元年(五七二)五月壬寅朔条によれば、実際に使節が相楽館に安置されていたことがわかる。すなわち、相楽館には対外使節を饗応し、滞在させる客館としての機能が想定されるのであり、いわば鴻臚館に類する施設であったと推察されるのである。

一方、高椸館については、史料6に使節を「引き入れ」たとの記述があるのみで、客館としての機能をうかがうことはできない。しかし、『釈日本紀』所引私記に「案ずるに、仮名日本紀高麗斐乃多知に作る」とあるように、[50]「高」は高麗のことであり、高句麗使節のために設けられたものであることは確かなようである。名称の語義に注目すると「椸」は、『説文解字』(第六編・上)に「椸、䙝器也从木威聲」とあるように、便器のことを指す語句であり、日本古典文学大系『日本書紀』当該条文頭註においても、これを「厠中の大小便を受ける器」と解している。[51] かりに高椸館が単なる客館としての機能しかもち得ていなかったとするならば、名称にこのような字を付す理由はなかっただろう。

つまり、これには客館とは異なる機能が想定されるのである。それでは高槭館はいかなる機能をもっていたのだろうか。

前述したように「槭」は便器を指す語句であるが、これは糞尿との関係を想起させる。古代において糞尿は「汚穢」と表現され[52]、ケガレ・不浄のものと認識されていた。このことをふまえると、渡来人を糞尿のようなケガレ・不浄のもの、それを迎え入れる施設を便器に見立てて、その名称に「槭」の字を付したと推測されるのである。

これと関連して注目されるのは、前掲史料5の「館を起てて浄治し、厚く相資け養ふべし」という一文の「浄治」という部分に「キヨメハラフ」という和訓が付されていることである[53]。この一文については、「浄（キヨメ）」を清掃のこととらえ、高句麗使節を迎えるために施設の完成後、清掃を行なったとする指摘があるが[54]、ここでは「治」に「ハラフ」という和訓が付されている点に注目したい。『字通』によると、「治」には「治禳」という熟語がみられ、この点からは祓との関係が想起される。祓とは罪・穢・病気・災厄などをはらい除く神事である[55]。前述の高槭館の性格をふまえると、高槭館において来着した渡来人に祓を施し、その後客館である相楽館に安置させたという推測がなされる。すなわち高槭館には、渡来人の身についているケガレを祓によって除去する祭祀施設としての機能が想定できるのである。

古代において、対外使節は「蕃神」を伴って来着するものと認識されており、その来着にあたっては祓儀礼が行なわれていたようである。八世紀後半から九世紀にかけて数多の渤海使が来航した能登国には、気多大社の関連遺跡、寺家遺跡なる祭祀・宗教遺跡が存在するが、この祭祀地区からは焼土遺構や粘土面、炉跡が検出されており、鎮火祭などが行なわれたことが想定されている[56]。かかる祭祀は、『延喜式』に載せる対外使節入京の際に、畿内の境に迎え、外国使節に付着してきた「送神」を「祭却」する「蕃客送堺神祭」に相当するものだろう[57]。つまり寺家遺跡においては、渤海使節の来着の際に、その身につく「蕃神」を除去することを目的とする祓が行なわれていたと考えられるのである。以上のことをふまえると、相楽においてもこれに類する祭祀が行なわれていたのではないだろうか。すなわち、高句麗使節の身に付着した「蕃神」を高槭館で祓を行なって除去し、その後客館の相楽館において接遇したと考えられるのである。

論はやや脇道にそれたが、以上のことをふまえたうえで、根麻呂と小麻呂の関係について言及したい。まず、この高槭館における祭祀に関与した氏族に、当該地域の有力氏族である掃守氏を比定する。すなわち高槭館の完成後、掃守氏の職能が祓儀礼の遂行に必要とされたと考えるのである。『延喜式』の記載によれば、かかる祭祀には獣皮・薦・藁などの祭料が必要であったとされ、また祭場を清掃し、ケガレを除去することも必要であっただろう。以上のことから、掃守氏が高槭館の祭場において、舗設や清掃に供奉していたと考えるのである。そしてこれ以降、高句麗系の渡来系氏族が相楽に居住するようになると、彼らと漸次地縁による紐帯を深めていき、掃守氏の氏人のなかには副次的に外交的性格を獲得するものがあらわれたと考えられるのである。

そのなかでも、高田首氏は欽明期の高句麗使節を祖としたが、掃守氏とは高槭館における祭祀を結合の契機とし、それ以降両氏の間に地縁的関係が醸成されていったと想定される。こうした歴史的関係を前提として、白稚四年の遣唐使選定に際して、根麻呂が対外交渉に長じた人物、あるいは大船団を統制し得る資質をもつ人物として大使に任命されると、彼によって小麻呂が下僚の副使に推挙されたと考えられるのである。以上の検討から、地縁を媒介とした氏族間の結合関係、換言すれば族制原理にもとづく人格的関係が、律令制以前の遣唐使選定の一つの背景となっていたことが認められると思われるのである。

むすびにかえて

本稿では、これまで詳細な検討がなされてこなかった遣唐使選定の経緯や背景について、第二次遣唐使を中心に論じてきた。得られた結論は以下の通りである。

①欽明期以降、相楽を中心とする南山城地域と渡来人との関係が顕在化するが、それは当該期に渡来系氏族や高句麗使節が移住したことを背景としていた。また、この高句麗使節は高田首氏の祖であり、それ以降はこの地を本貫とした。

②掃守氏は宮中掃除のほか、祭場の舗設・清掃といった神祇祭祀にも関わる氏族であったが、掃守連小麻呂は地域的特質によって外交的性格を獲得した相楽の有力氏族掃守氏の出身だった。

③相楽の掃守氏は、高椷館における高句麗使節に対する祭祀に関与したが、これが高田首氏との結合の契機となり、それ以降地縁によって濃厚な結合関係が醸成されていった。こうした歴史的関係を前提として、白稚四年に高田首根麻呂が大使に任命されると、彼によって小麻呂が副使に推挙された。

律令制下における遣唐使は官僚制的性格をもっており、それに選定され任務を遂行することは、官司に出仕し、功労を積むことと同義であった。それゆえに、その選定に際しては、個人の能力・資質が重視されたと考えられる。ところが先行研究が指摘するように、同族、あるいは氏族間で地縁をもつ人物による推挙、すなわち族制的原理にもとづく選定の事例も少なからず存在していたのである。これは本稿で明らかにしたような、令制以前の選定背景・経緯の性格を継受していたからなのではなかろうか。以上推論の多い考察に終始したが、ひとまず擱筆し、他例の考察は後日に期したいと思う。

註

（1）遣唐使の選定経緯や背景に関しては、森克己『遣唐使』（至文堂、一九五五年）、森公章『遣唐使と古代日本の対外政策』（吉川弘文館、二〇〇八年）、同『遣唐使の光芒』（角川学芸出版、二〇一〇年）などで簡単にふれられている。

（2）佐伯有清「山上氏の出自と性格」（『古代東アジア論集』下所収、吉川弘文館、一九七八年）。

（3）井上薫「阿倍仲麻呂・鑑真」（『日本人物史体系』第一巻、朝倉書房、一九六一年）。加藤謙吉「日本の遣唐留学生と渡来人」（専修大学社会知性開発所センター『東アジア世界史研究センター年報』一、二〇〇八年）は、その出自を和安部氏に求め、遣唐留学生としての才能と資質は、小野氏・粟田氏などを同族に擁する氏族的環境のなかで醸成されたと考えている。

（4）鈴木靖民「遣唐留学生井真成とその出自」（『遣唐使の見た中国と日本』所収、朝日選書、二〇〇五年）。

（5）入唐僧の選定経緯にふれているものとしては、佐藤長門「入唐僧円行に関する基礎的考察」（『国史学』一五三、一九九四年）などがあげられる。

（6）『日本書紀』白雉五年（六五四）七月是月条、『同』白雉五年（六五四）七月丁酉（二十四日）条。

（7）『日本書紀』白雉五年（六五四）七月是月条。

（8）森公章『遣唐使と古代日本の対外政策』（前掲註（1）書）。

（9）森公章『遣唐使と古代日本の対外政策』（前掲註（1）書）。

（10）富井修「臨時官司としての遣唐使」（本書第1部所収、初出は一九九三年）。

（11）『平城宮木簡』一。

（12）佐伯有清『新撰姓氏録の研究』考証編（吉川弘文館、一九八三年）。

（13）白井伊佐牟「高田寺の所在地について」（『日本宗教文化史研究』二、一九九八年）。

（14）同志社大学歴史資料館『南山城の古代寺院』（同志社大学歴史資料館、二〇一〇年）。

(15) 南山城村史編纂委員会『南山城村史』本文編(南山城村、二〇〇五年)。
(16)『新撰姓氏録』山城国諸蕃条。
(17)『日本書紀』天武十年(六八一)四月庚戌(十二日)条。このほかの狛氏に関しては、『続日本紀』和銅四年(七一一)七月戊寅(五日)条に「相楽郡狛部宿祢奈売」、「仕丁送文」(『正倉院文書』天平勝宝五年六月十五日)に山背国相楽郡戸主「狛人麻島」とその戸口の「狛人黒麻呂」などがみられる。
(18)『新撰姓氏録』山城国諸蕃条。
(19) 当該地域の渡来系氏族については、今井啓一「南山城における帰化人とその文化」(『日本歴史』一二一、一九五八年)、井上満郎「古代南山城と渡来人」(『京都府埋蔵文化財論集』第六集、二〇一〇年)などを参照した。
(20)『日本書紀』天武元年(六七二)六月甲申(二十四日)条。
(21)『日本書紀』天武十年(六八一)四月庚戌(十二日)条。
(22)『日本書紀』天武十二年(六八三)九月丁未(二十三日)条。
(23)『日本書紀』持統十年(六九六)五月甲寅(十三日)条。
(24)『日本書紀』敏達元年(五七二)五月壬寅朔条。
(25)『日本書紀』敏達元年(五七二)秋七月条。
(26)『日本書紀』欽明三十一年(五七〇)夏四月甲申朔条。
(27)『日本書紀』敏達二年(五七三)五月戊辰(三日)条。
(28)『日本書紀』敏達三年(五七四)五月甲子(五日)条。
(29) 小林昌二「古代日本海地域と高志の城柵」(『日本海域歴史体系』古代編、清文堂出版、二〇〇五年)。
(30) この更名については、拙稿「「またの名」攷—古代人名に関する一試論—」(『続日本紀研究』四〇五、二〇一三年)において詳述した。
(31) 佐伯有清『新撰姓氏録の研究』考証編(前掲註(12)書)。なお土雲(土蜘蛛)は、通説では倭王権の統治下に容易に入らなかった先住勢力とされているが、それは『風土記』越後国逸文のほか、摂津国逸文や常陸国にもみえる。特に後者では、都知久母と夜都賀波岐を同一視している。
(32)『新撰姓氏録』左京神別中。
(33)『新撰姓氏録』河内国神別。
(34)『新撰姓氏録』和泉国神別。なお、いずれもが振魂命四世孫・天忍人命を祖とする。
(35)天平十二年「遠江国浜名郡輸租帳」(『大日本古文書』二―二七一)。
(36)仁寿四年十二月二十一日付「近江国大国郷墾田売券」(『平安遺文』九九)。
(37)天平十一年「出雲国大税賜給歴名帳」(『大日本古文書』二―二〇五)。
(38)天平十七年付「内掃部司解」(『大日本古文書』二―四〇八)。
(39)黛弘道「古代史雑考二題」(『学習院大学文学部　研究年報』四一、一九九五年)。
(40)後藤正明「古代祭祀と氏族伝承との関わりについて」(『神道宗教』二二四、二〇一一年)。
(41)岡森福彦「古代の清掃と掃守氏」(『八色の姓と古代氏族』所収、岡森福彦君遺稿集刊行委員会、二〇〇九年)。
(42)『日本書紀』大化五年(六四九)五月癸卯朔条。
(43)『続日本紀』大宝元年(七〇一)正月丁酉(二十三日)条。
(44)鈴木靖民「掃守氏と相楽神社」(『古代対外関係史の研究』所収、吉川弘文館、一九八五年、初出は一九六六年)。
(45)『大同類聚方』四〇、「寿田薬」。
(46)鈴木靖民「掃守氏と相楽神社」(前掲註(44)論文)。
(47)森公章「額田部氏の研究」(『国立歴史民俗博物館研究報告』八八、二〇〇一年)。
(48)鈴木靖民「掃守氏と相楽神社」(前掲註(44)論文)。
(49)近世に成立した『山城志』によれば、その古跡は上狛村にあるとしている。
(50)『釈日本紀』巻一三、述義九。
(51)この字に関して岩波文庫『日本書紀』当該条文註は、「池の水を流すために堤に通した樋」と解している。
(52)『類聚三代格』弘仁十年(八一九)十一月五日太政官符、同貞観四年十二月五日太政官符など。

(53) 日本古典文学大系『日本書紀』、岩波文庫『日本書紀』当該条文。
(54) 岡森福彦「古代の清掃と掃守氏」(前掲註(41)論文)。
(55) 祓に関しては、青木紀元『日本神話の基礎的研究』(風間書房、一九七〇年)、三宅和朗「古代大祓儀の基礎的考察」(『古代国家の神祇と祭祀』所収、一九九五年)、矢野建一「天下(四方)大祓の成立と公民意識」(『歴史学研究』六二〇、一九九一年)などを参照した。
(56) 羽咋市教育委員会編『寺家遺跡　発掘調査報告書　総括編』(羽咋市教育委員会、二〇一〇年)。
(57)『延喜式』巻三、神祇、臨時祭。

唐代登州赤山法花院の八月十五日節

山﨑　雅稔

はじめに

円仁の『入唐求法巡礼行記』（以下『行記』とする）には、唐に居留していた新羅人のコミュニティに関する貴重な記録が散見する[1]。本論で取り上げる赤山法花院（以下赤山院とする）の記事もその一つである。

赤山院は、山東半島の東端に程近い登州文登県青寧郷の赤山村（現在の山東省栄城市石島鎮）にあった寺院である。円仁が記すところによれば、張宝高によって建立されたが、彼は新羅から唐への移住者で、のちに本国に帰国して海上活動を通して力を発揮し、神武王・文聖王二代の新羅王権にも深く関わった人物である。寺院の創建時期を具体的に伝える史料はなく、八二〇年代以降に創建され、唐と新羅、日本を結ぶ海上交通を背景にして発展をみたと考えられる。しかし、張宝高の没後、武宗による廃仏政策の影響を受けて、寺院内の施設は損壊を被ったことが知られ[2]、これを機に寺院の経営は衰退し、やがてその歴史的役割を終えていったとみられる。

寺院については、交易を前提に建立されたとする指摘がある[3]。また、在唐新羅人の信仰や交易活動に光が当てられ、寺院創建の背景や目的、居留地における信仰のあり方、新羅海商の交易活動との関係など、さまざまな視点から詳細に論じられてきた。(4) いまこれらの研究史を整理する紙幅はないが、寺院が新羅系移民の精神的支柱であり、同族的紐帯を促す場として社会的に機能したことは、つとに指摘されるところである。(5) その一端を示す基本史料として取り上げられてきたのが、本論で検討する八月十五日節の記事である。

陰暦の八月十五日を期して行なわれるこの祭礼については、中秋節や朝鮮の秋夕(チュソク)との関係が指摘されている。(6) しかし、これらとの関係は節日を同じくするという点を措けば、よく分かっていない。一方、中国・朝鮮史料を紐解けば、新羅においては、比較的早い時期から八月十五日を節日とする独自の行事が行なわれていたことが知られる。本論では、この事実をふまえて、赤山院で行なわれた八月十五日節の性格に迫ることにし、赤山院と登州文登県界の新羅人居留地の特質を理解する手がかりを得たいと思う。

1　八月十五日節に関する記事

円仁は赤山法花院滞在中に見聞した仏教行事として、冬と夏に行なわれる講説をあげている。冬季の法華経講(法華会)と夏季の八巻金光明経講のことであり、前者については、『行記』開成四年(八三九)十一月十六日条に、その概要が書き留められている。

山院起二首講法花経一。限二来年正月十五日一為二其期一。十方衆僧及有縁施主、皆来会見。就中聖琳和尚、是講経法主、
更有二論義二人僧頓証・僧常寂一。男女道俗、同集二院裏一、白日聴講、夜頭礼懺。聴経及次第、僧等其数卌来人也。
其講経礼懺、皆拠二新羅風俗一。但黄昏寅朝二時礼懺、且依二唐風一。自余並依二新羅語音一。其集会、道俗老少尊卑、
惣是新羅人。但三僧及行者一人、日本国人耳。

開成四年の法華経講は十一月十六日にはじまって、翌年の正月十五日まで二か月におよぶ行事であり、法主に選ばれた聖琳とともに、頓証・常寂が論義を勾当して催行された。聖琳は五台山で学んだ新羅僧である。記事にみえるように、日々行なわれる白昼の聴講と晩刻の礼懺とは、一部を除いて、新羅風の儀式を採用して行なわれることを常とした。また、新羅の語音を用いて催され、参会する人々も貴賤を問わず、老若男女はすべて新羅人であったという。『行記』開成五年(八四〇)正月十五日条には、「此日山院法花会畢。集会男女、昨日二百五十人、今日二百来人」とあって、その規模を窺うことができる。これらの記事は、法華経講が文登県界に居留する新羅人のために行なわれる行事であったと同時に、赤山院が新羅系移民の信仰の場であったことをよく伝えている。

新羅の伝統的な風俗の名残を伝える赤山院のもう一つの行事が八月十五日節である。これについては、『行記』開成五年八月十五日条に次のようにみえる。

寺家設二餺飥・餅食等一、作二八月十五日之節一。斯節諸国未レ有、唯新羅国独有二此節一。老僧等語云、新羅国昔與二渤海一相戦之時、以二是日一得レ勝矣。仍作二節楽一而喜舞。永代相続不レ息。設二百種飲食、歌舞管絃一、以レ昼続レ夜、三箇日便休。今此山院追二慕郷国一、今日作レ節。其渤海為二新羅一罰、纔有二一千人一向レ北逃去。向後却来、依レ旧為レ国。今喚二渤海国一之者是也。

寺家が「餺飥」(うどんの類)や「餅食」を用意して行なう八月十五日の祭礼は、諸国にない新羅独自の習わしであるという。そして赤山院に寄住する老僧の語るところによれば、それは次のような背景や性格を持っていた。

①かつて新羅が渤海と戦ってこの日勝利したことを記念してはじまったものである。新羅においては、②諸々の飲食・歌舞・管絃を設け、昼夜を分かたず三日にわたって催される祭礼であって、③停止されることなく長らく継承されてきた。これに対して赤山院の祭礼は、④「郷国」たる新羅の「追慕」を目的にしてはじまったものであるという。

また、①に関説して、渤海国の建国にまつわる逸話が書き添えられている。すなわち、⑤新羅に敗れた「渤海」の残兵が北に逃げ延びて再び戻ってきて国を興した。これが渤海国であるという。このように赤山院における八月十五日の祭礼は、さまざまな要素を取り込みながら成立したことが分かる。

異郷の地に暮らすディアスポラ(離散民)は、父祖の生まれた祖国について共通の記憶や神話を持ち、祖国への回帰意識を媒介にして、同族集団としてのまとまりを維持した。(7)④は登州文登県界の居留社会において、赤山院がそうした場を提供していたことを伝えるものである。祭礼は、新羅を去って唐に新天地を求めた移民たちの同族的結合を再確認する格好の機会であり、郷国における出身地の別、渡唐時期の新旧、あるいは社会的身分や生業の違いを越えて、移民同士を繋いでいく役割を果たす行事の一つであったと考えられる。(8)

祭礼については、小野勝年氏の「高句麗の滅亡を古い朝鮮の民族行事であった中秋節がたまたま重なりあったもの」、(9)塩入良道氏の「新羅が渤海との戦争に勝利した記念日であり、それが中秋の名月を楽しむ行事と重なったもの」(10)とする理解がある。いずれも老僧の語りをふまえた見解である。しかし、小野氏も疑義を提示しているように、祭礼と中秋節や秋夕、新羅の対高句麗・渤海戦争との関連性を直ちに認めることには躊躇が必要であろう。以下、これらの問題点を確認しておきたい。

陰暦の八月十五日は中秋にあたる。秋季の真ん中であり、古くから月祭りや月を愛でる翫月(賞月)の風習が行なわれてきた。(11)この日は神々の宿る場所と観念され、信仰の対象となってきた月が満ちる一日であり、満月を祭る行事が行なわれる日であった。

中秋の語はすでに『周礼』にみえるが、梁の宗懍撰『荊楚歳時記』や唐の玄宗の勅撰により徐堅が編纂した類書『初学記』歳時部などには、中秋節を節日とする記事は見当たらない。唐代における中秋は、翫月の日として詩文に詠まれているものの、節日としてはまだ定着していなかったとみられている。中秋が節日として定着するのは宋代になってからのことと考えられ[12]、宋の風俗を描いた孟元老『東京夢華録』巻八や呉自牧『夢粱録』巻四には、中秋節の項目が立てられている。これらの文献には、北宋の都開封や南宋の都臨安において、中秋節の晩に翫月や酒宴を楽しむ富貴、家族の団欒の一時を過ごす庶民の姿、夜通し賑わう市中の様子が描出されている。赤山院で「餅食」が出されている点などは、「月餅」など後代の中秋節の食べ物との関連性が想起される。

なお、唐代の八月十五日の行事については、『大唐六典』巻二・尚書吏部・吏部郎中員外郎職掌の「内外官吏則有仮寧之節」の細註に、

元正・冬至、各給假七日。節前三日、節後三日。寒食通清明四日。八月十五日・夏至及臘、各三日。節前一日、節後一日。

とあって、八月十五日を三日間の休暇とする節日規定がみえる。しかし、条文は、具体的に何の節日であるかについてふれていない。中村裕一氏[13]は、天一閣所蔵『天聖令』の仮寧令との対比から、条文が開成二十五年(七三七)仮寧令の取意文であったことを指摘するとともに、「八月十五日」とあるのは「八月五日」の誤りであると指摘している。八月五日は玄宗の降誕日であり、開元十七年(七二九)に定められた千秋節にあたる。この誤記は南宋本『大唐六典』以来のものであるという。こうした成果からも、八月十五日節を直ちに唐代の祭礼・行事と関わりを持つものとして考えるには慎重を要する。

秋夕は、朝鮮社会における伝統行事の一つである。『高麗史』巻八十四・志三十八・刑法一・禁刑に、「俗節、元正・上元・寒食・上巳・端午・重九・冬至・八関・秋夕」とみえるのが文献上の初見であり、高麗時代にはすでに民衆に広がっていたことが知られる。その起源に関しては、後述する新羅の「嘉俳」に求める見解[14]もあるが、節日を同

じくするのみである。史料的には、秋夕の展開は新羅に遡りうるものではない。本来は、秋の月を夕る行事であったと考えられる。

秋夕については、民俗事例をふまえた依田千百子氏の研究(15)がある。依田氏の研究を簡潔に整理すれば、秋夕は、秋夕茶礼・八月薦新・満月祭とも呼ばれ、祖霊祭を基本的な要素として、新米・新穀、あるいは里芋・蔬菜類などの畑作物や果物を供物・共食物として用いて行なわれる行事であった。地域によっては、満月祭や火祭り的要素、歌舞祭宴、仮装訪問、物乞いの慣行、年占い的行事、来訪神観念の残存がみられ、さらに子ども組・青年組・女性組などの集団行事としての特徴がみられる。これらの事例の多くは、朝鮮半島の中南部以南の全羅道・慶尚道地域に分布するという。供物や祭礼としての慣行を比較すれば、宋代以降、中国に展開した中秋節との類似性を見出すこともできよう。

秋夕は祖霊祭祀を媒介にして家族や共同体のつながりを再確認する行事であって、八月十五日節はこれに底通する要素を有しているといえるかもしれない。しかし、秋夕は基本的に、戦勝記念の行事や戦争の記憶を含みながら慣行されてきたものではない。この点において両者の性格は異なる。

①と⑤にみえる対高句麗・渤海戦争との関係については、八月十五日を期して戦勝記念とする根拠を他に見出すことができない。⑤の渤海国が「渤海」の残兵によって樹立されたとする記述が、文脈的にも矛盾をふくんでいることは明らかであり、事実関係としては、「渤海」は高句麗を指すとみてよい。この記事は、高句麗の敗残兵が北に逃れて渤海を建国したことを伝えようとしたもので、祭礼は高句麗戦争における勝利を記念してはじまったものと観念されている。

新羅が高句麗を討ち滅ぼしたのは、七世紀半ばの武烈王・文武王の時代である。高句麗・百済の攻勢に対抗するために唐との連携を模索し、これに成功した新羅は、顕慶五年(六六〇)に泗沘城を攻めて百済を滅ぼし、その翌年、平壌城を包囲した。唐・新羅両軍は高句麗の抵抗と武烈王の死去により撤退を余儀なくされるが、乾封元年(六六六)の淵蓋蘇文の死去をきっかけにして起こった高句麗の内紛に乗じて再度平壌城を攻略、同国を滅ぼした。新羅が高句麗の戦勝を記念するに最もふさわしい出来事と考えられるが、これは総章元年(六六八)九月のことであり、八月十五日とする老僧の語りはこの事実と齟齬する。

新羅と渤海との戦争について一瞥しておけば、両国は渤海の建国初期から滅亡までおよそ敵対関係にあった。その間、軍事行動をともなう緊迫した状況が招来されたのは、八世紀前半の渤海の登州攻撃に端を発した一件に限られる。大武芸の時代、北方の黒水靺鞨との関係をめぐって唐との対立を深めた渤海は、開元二十年(七三二)九月、将軍張文休に命じて登州を攻撃し、登州刺史の韋俊を殺害した。この事態に対処すべく、唐の皇帝玄宗は太僕員外卿金思蘭を新羅に帰国させて、聖徳王に開府儀同三司・寧海軍使の称号を加授して出兵を命じ、南側から渤海を攻撃させたのである。

聖徳王は玄宗の要請に応じて出兵するが、『三国史記』新羅本紀・聖徳王三十二年(七三三)七月条に、

> 唐玄宗以渤海靺鞨越レ海入二寇登州一、遣二太僕員外卿金思蘭一帰国。仍加二授王一為二開府儀同三司寧海軍使一、発レ兵撃二靺鞨南鄙一。会二大雪丈余一、山路阻隘、士卒死者過半。無レ功而還。

とあるように、「靺鞨」南辺への進撃を試みた新羅軍は、険しい山間の道筋で大雪に阻まれて、過半の兵士を失い退却を余儀なくされた。「無レ功而還」と端的に伝えられるように、行軍は失敗であり、勝利にほど遠いものであって、渤海の兵と遭遇することもなかったとみられる。ただ新羅は出軍の実績を認められ、浿江(大同江)以南の領有を唐に承認され、これを機に唐の信用を回復していく。だが、右のような事実を念頭におけば、渤海との戦争を背景にして、

その戦勝を記念する行事が創設される妥当性はどこにも見当たらない。

以上、粗略ながら中秋節や秋夕、高句麗・渤海戦争との関係をみてきたが、八月十五日節の展開はこれらと直接的に結びつけて理解できない側面を持つ。もっとも、祭礼を新羅独自の行事とする点や高句麗人の渤海建国に関する言説は、中国正史の東夷伝や朝鮮史料にもみられる内容である。これらの史料から、あらためて赤山院の祭礼のあり方を捉え直すことができる。次節ではこの点について考察することにしたい。

2　中国・朝鮮史料にみえる八月十五日の行事

中国正史の東夷伝は、高句麗の祭天儀礼、百済の蘇塗信仰など諸国の習俗を伝えており、これらに並ぶ行事として、新羅の八月十五日の行事を載せている。それらを掲出すれば次の通りである。

『北史』列伝第八十二

八月十五日、設レ楽、令二官人射一。賞以二馬・布一。

『隋書』列伝第四十六

至八月十五日、設レ楽、令二官人射一、賞以二馬・布一。

『旧唐書』列伝第一百四十九上

重八月十五日設レ楽飲宴。決二群臣一、射二其庭一。

『新唐書』列伝一百九十四下

八月望日、大宴。決二官史一。

『北史』『隋書』の記事は同文であり、他の二史料とともにほぼ同じ内容を伝える。またいずれも唐代以降に編纂された史書である。これらは断片的な記事であり、行事がいつまで遡りうるものなのか、新羅独自の行事としてよいか判断しかねる部分もあるが、この日、新羅では酒食や音楽を設けて宴会を開催し、群臣・官吏に対する功過の評定、あるいは官人による射礼を行ない、禄として馬・布を賜与する行事が催されたようである。これは、平安時代に年中行事として宮中で行なわれた射礼によく似た行事である。射礼は、豊楽院や建礼門前に親王以下五位以上の殿上人、六衛府舎人が参集して行なわれ、天皇が臨席して弓技を披露するものであり、終了後には宴会があり、参加者は賜禄に与った。新羅の場合も同様に、王の出御のもとで行なわれたのであろう。射礼は王に対する群臣の軍事的仕奉を象徴し、王権を主体とする行事として展開したと考えられる。

『三国史記』にも、八月十五日に執り行なわれた行事に関する記事が散見する。新羅本紀第一・儒理尼師今九年条には次のようにみえる。

改二六部之名一、仍賜レ姓。楊山部為二梁部一。姓李。高墟部為二沙梁部一。姓崔。大樹部為二漸梁部一云牟梁一。姓孫。干珍部為二本彼部一。姓鄭。加利部為二漢祇部一。姓裴。明活部為二習比部一。姓薛。又設レ官有十七等。一伊伐飡、二伊尺飡、三迊飡、四波珍飡、五大阿飡、六阿飡、七一吉飡、八沙飡、九級伐飡、十大奈麻、十一奈麻、十二大舎、十三小舎、十四吉士、十五大烏、十六小烏、十七造位。王既定二六部一、中分為レ二、使下王女二人一各率中部内女子上、分レ朋造レ党。自二秋七月既望一、毎日早集二大部之庭一、績二麻乙一夜而罷。至二八月十五日一、考二其功之多小一、負者置二酒食一、以謝二勝者一。於レ是、歌舞百戯皆作。謂二之嘉俳一。是時、負家一女子、起レ舞歎曰会蘇、会蘇。其音哀雅。後人、因二其声一而作レ歌、名二会蘇曲一。

右は秋夕の起源とされる「嘉俳」に関する記事である。引用したように、新羅六部の改賜姓、十七官等制の制定に続く記事で、年代に信憑性の問題はあるが、新羅の国制を特徴づける諸制度の起源とともに記されている点で注目される。

史料によれば、新羅では六部の女性を二組に分け、王女二人にそれぞれ一組ずつ率いさせ、七月既望（十六日）から一か月を期して、毎日朝から晩まで女性たちを大部の庭に集めて麻を紡がせた。そして八月十五日をもって成果の優劣を判定し、敗者は酒食をもって勝者を称えた。この宴席において歌舞・百戯が披露されたが、歌舞のことを嘉俳といったとある。

新羅の支配層の母体をなす六部（慶州地域の六つの共同体）出身女性の共同作業による紡績は、収穫期を迎えた麻の刈り取りにはじまる一連の行事であって、それは収穫祭としての意味合いを持ち、同時に王権による六部の人々の包摂と支配を表象するものであったと考えられる。東夷伝にみられる射礼など男性中心の儀礼と対照をなしているが、功過の評定、宴会の開催など共通の要素も有している。

『三国史記』儒理尼師今九年条は、八月十五日の行事が古い時代から行なわれてきた、新羅の伝統的な行事であったことを伝えるものである。これは、八月十五日節について老僧が語った「永代相続不㆑息」という認識や、「百種飲食」「歌舞管絃」による祝祭的性格とも一致する。東夷伝の記事をあわせて考えるならば、一連の行事が在地社会における民間の祭礼としてではなく、群臣や六部出身の女性を動員した王権の儀礼として展開されていたことは注目してよい。

『三国史記』雑志一・祭祀条には、「一年六祭五廟、謂正月二日・五日、五月五日、七月上旬、八月一日・十五日」とあり、八月十五日が五廟祭祀を行なう一日として規定されていたことが知られる。この日が奉祭日とされるのは、上述の行事が同日に行なわれていたこととも関係するのであろう。

新羅の宗廟祭祀は、五・六世紀段階の始祖廟・神宮祭祀から発展したものであり、恵恭王代に定められ、未鄒王と太宗武烈王・文武王の二王を代々不変の祖宗とし、これに祖父・父の二廟を加えて五廟として成立した(16)。皇帝が七廟を祭るのに対し、五廟を祭るのは諸侯の例にならったものである。未鄒王を奉祭対象とするのは、金姓王の「始祖」であることによるものであり、武烈王・文武王に対する奉祭は、「平二百済・高句麗一、有二大功徳一」という理由による(17)。両王への祭祀に、ひとまず対高句麗戦争との関係を見出すことができる。

以上にあげた史料より、八月十五日が新羅の王権儀礼のなかで重要な一日として位置づけられていたことが確認されよう。前節において、老僧の語りが史実と齟齬することを指摘したが、これについては高句麗討滅後、この日行なわれる行事のなかに戦勝記念的な祭宴の要素が組み込まれていったことが予想される。

関連史料として、『三国史記』列伝三・金庾信伝下を掲げる。記事は金允中にまつわる挿話である。

時属二仲秋之望一、王登二月城岑頭一眺レ望。乃與二侍従官一置レ酒以娯、命喚二允中一。有二諫者一曰、今宗室戚里。豈無二好人一。而独召二疎遠之臣一。豈所謂親親者乎。王曰、今寡人與二卿等一、安平無事者、允中祖之徳也。若如二公言一忘二棄之一、則非二善善及子孫之義一也。遂賜二允中密坐一、言及二其祖平生一、日晩告レ退。賜二絶影山馬一匹一。群臣觖レ望而已。

金允中は庾信の嫡孫にあたり、聖徳王に重用されて大阿湌に昇った人物である。この起用を妬む者も少なくなかったが、仲秋の日、聖徳王は月城岑で宴を催し、そこに允中を召そうとした。時に王の周囲には允中召喚に異論を唱える者がいた。しかし、王は允中が国家安泰のために献身した庾信の子孫であることをあげて異論を制し、允中を召したという。

この挿話には、金允中が渤海の登州攻撃に際して、唐の要請に応じて皇帝のもとに宿衛し、庾信同様、新羅のために尽くしたという後日談が続いており、仲秋の宴は、王と功臣の主従関係を再確認する場として設定されている。允中が宴を辞去するにあたり、絶影島産の馬が賜与されている点は、東夷伝の記事と重なる要素である。

『三国史記』列伝二・金庾信伝中には、八月十五日にかかるもう一つの記事が存在する。百済の滅亡にともない、高句麗攻略が本格化する龍朔元年（六六一）にかかる挿話である。

庾信嘗以二中秋夜頭一、子弟立二大門外一。有レ人従レ西来。庾信知二高句麗諜者一、呼二使之前一曰、而国有二底事一乎。其人俯而不レ敢レ対。庾信曰、無レ畏也。但以レ実告。又不レ言。庾信告レ之曰、吾国王、上不レ違二天意一。下不レ失二人心一。百姓欣然、皆楽二其業一。今爾見レ之。往告二而国人一。遂慰送レ之。麗人聞レ之曰、新羅雖二小国一、庾信為レ相。不レ可レ軽也。

これによると、かつて金庾信は中秋の晩に子弟を大門の外に立たせたことがあった。その際、高句麗の間諜を発見したという。本文には間諜とのやり取りが語られる。間諜の帰国後、庾信を宰相とする新羅を侮ることはできないと高句麗人が噂しあったという。前後の脈絡からはその意図を量りかねるが、金庾信は百済・高句麗討滅戦争に将軍として参戦し、三韓一統に大きな功績をあげた人物である。これら金庾信伝における仲秋の夜の逸話には、新羅の国家的安寧が高句麗との対峙・対決によってもたらされたというコンテクストが前提に存在しているとみなければならない。

ところで、高句麗の残兵により渤海国が建国されたという認識は、新羅の「公定的」な歴史観であった。これについては石井正敏氏の指摘がある。すなわち、『三国遺事』靺鞨渤海条所引の新羅古記に、「高麗旧将祚栄、姓大氏、聚二残兵一、立二国於大伯山南一。国号二渤海一」とあるように、高句麗の旧将であった大祚栄が残兵を集めて「大伯山」（太白山）の南に渤海国を建てたという言説が存在した。

そして、こうした認識は新羅下代まで保持されていたことも知られる。すなわち、『三国史記』崔致遠伝所引の唐大師侍中宛文書の一節に、

総章元年、命二英公徐勣一、破二高句麗一、置二安東都督府一。至二儀鳳三年一、徙二其人於河南隴右一。高句麗残孽類聚、北依二太白山下一。国号為二渤海一。開元二十年、怨恨二天朝一、将兵掩襲二登州一、殺二刺史韋俊一。於レ是明皇帝大怒、命二内史高品何行成・太僕卿金思蘭一、発レ兵過レ海攻討。

とみえるのをはじめ、『東文選』所収の新羅王与唐江西高大夫湘状に、「惟彼句麗、今為二渤海一」とあり、また、同・与礼部裴尚書瓚状にも「則知昔之句麗、則是今之渤海」とある。これらはいずれも唐との交流のなかで論じられている点で注目される。

右に掲げた崔致遠の唐大師侍中宛文書においては、唐による高句麗討滅、渤海による登州攻撃に際して、新羅が唐に協力して兵を発したことが述べられており、高句麗・渤海が唐および新羅にとって共通の敵対国であることが説かれている。これについて、石井氏は「唐がかつて莫大な犠牲を払って征服した高句麗が、渤海と名を改めて再興し、今日に至っているのであると述べ、唐に対する悪感情を抱かせ、逆に新羅の唐に対する忠節を縷述して自国を有利に導こうとする、いわば意図的なキャンペーンであることが看取される[18]」と指摘する。首肯すべき見解である。

共同体の共通の記憶として、こうした歴史意識が新羅国内でどのように維持・発揚されていたのかについては、分からない点も多い。また、諸行事に戦勝を記念する性格を明確に見出すこともできないが、金庾信伝の記事などからすれば、八月十五日の諸行事はその一つの機会であったのではないかと考えられる。問題は、それが新羅を離れて唐代の登州赤山院で行なわれた八月十五日節に見出されるという事実であろう。この点については、赤山院が唐と新羅を結ぶ山東半島の突端に位置し、同地が両国の通交において重要な役割を担っていた事実を鑑みつつ、その意義を探

ってみる余地があるように思う。

3　唐・新羅間の交通と赤山院

冒頭でも触れたように、赤山院に関しては、新羅人の交易活動との関連性が早くから指摘されてきたところである。例えば、『行記』開成四年六月二十七日条に「張大使交関船二隻到二旦山浦一」とあり、同六月二十八日条に「夜頭、張宝高遣大唐売物使崔兵馬司来レ寺問慰」とみえているように、張宝高の交易船の来着、崔兵馬司（崔暈）の来院が知られる。また、会昌五年（八四五）九月二十二日条に「新羅人還俗僧季信恵、弘仁末歳到二日本国大宰府一、住八年。須井宮為二筑前国太守之一時、哀二恤斯人等一。張大使天長元年到二日本国一、廻時付レ船、却二帰唐国一。今見居在二寺荘一。解二日本国語一、便為二通事一。大使処分客中事一切委令二勾当一」とあり、天長元年（八二四）、大宰府を訪れた「張大使」が滞在していた新羅僧信恵を連れ帰って寺荘に置き、通事としたことが分かる。

これらの記事はいずれも、赤山院の交易との関係を窺わせる史料として提示されてきたが、崔暈の交易において赤山浦にいかなる理由で寄港したのかはみえてこないし、また還俗僧信恵に関する記事も、勾当新羅所押衙の張詠宅に起居していた円仁が赤山院で一冬を過ごしたい旨を請い、これに応じて一坊を手配されたことを伝える記事に続く一節で、日本への滞在経験があり、日本語をよく知る信恵に円仁の身の回りの世話をさせたことを伝えるものとみるべきであろう。実のところ、円仁は海商の活動についてはほとんど記録していないのであり、『行記』からみえてくる赤山の交易の具体相はこの程度に過ぎない。

むしろ考慮すべきは、その公的な側面である。ここで提起しておきたいのは、赤山院の呼称に関する問題である。「赤山法花院」と通称されるこの寺院には、もう一つ「赤山新羅院」という呼称が存在した。しかも、前者が所在・創建・経営について記した初出記事、および常住する僧侶・沙弥の名前を列記した記事の二例[19]にとどまるのに対し、後者の「赤山新羅院」あるいはそれを略記した「新羅院」の使用例は延べ七例[20]を数える。『行記』は多くの箇所で、「(赤)山院」「寺」「院」と略記しており、この限りではない。しかし、「赤山新羅院」の用例は、一般的に使用された一、二例を除けば、文登県家など役所からの文書の写しや通交許可を求めた文書、および公験において使用されている点に特徴を持っており、この点で「赤山法花院」の呼称例とは性格を異にする。

右の相違は、意図的な区別によって生じたものであり、唐国内の公的な文書では、「赤山新羅院」と記載するのが通例であったとみられる[21]。一例として、『行記』開成五年二月二十四日条にみえる文登県牒の写しをあげれば、次の通りである。

登州都督府　文登県牒
日本国客僧円仁等肆人
僧円仁、弟子僧惟正、惟暁、行者丁雄萬并随身衣鉢等
牒、検二案内一得二前件僧状一、去開成四年六月、因下随二本国朝貢船一到中文登県青寧郷赤山新羅院上寄住、今蒙レ放二任東西一。今欲下往二諸処一巡礼上、恐所在州県、関津、口鋪、路次不レ練二行由一。伏乞賜二公験一為レ憑。請二処分一者。依下検二前客僧一未上有三准レ状給二公験一、請二処分一者。准二前状一給二公験一為レ憑者。謹牒。
開成五年二月廿三日
典王佐牒
主簿判尉胡君直

ここには、円仁らが開成四年六月に文登県青寧郷に至り、「赤山新羅院」に寄住したことがみえる。これを「赤山院」と記す文書もあるが、「赤山法花院」と明記した文書はない。同年七月二十八日条所引の青寧郷宛文登県牒によれば、外国僧の来着に際しては、赤山村の板頭、赤山院の綱維・知事僧の責任により、県家にその事由等を報告することになっていた。

このことは、赤山院が唐国境領域の地方行政の末端において、出入国する僧侶の管理・監督を担っていたことを示している。寺院の性格は、文登県における新羅人の活動の場、信仰対象としてだけでなく、こうした側面を含めて理解すべきであろう。

さらに関連してその性格を捉えるならば、眼下に位置した赤山浦や勾当新羅所と結びついて、唐と新羅の通交上、これを補助する役割を果たしていたことが注目される。

例えば『行記』開成四年六月二十八日条に、「大唐天子差二人新羅一、慰二問新即位王一之使青州兵馬使呉子陳・崔副使・王判官等卅余人、登二来寺裏一相看」と、唐が派遣した新羅新王の慰問使が赤山院に到来したことがみえ、新羅に向かう唐使の宿泊施設となったことが知られる。同七月二十六日条に、「便見二州使四人一。先来在レ院。運二日本国朝貢使糧七十石米一着。今於二当村一。朝貢使已発、不レ得二領過一、便報二県家一去」とあるのは日本の遣唐使の例になるが、登州に申請した過海料を赤山浦に運んだ州使が赤山院に来院したことを伝えている。新羅使の往来の場合も同様に扱われたものと予測される。

また、『行記』会昌七年閏三月十日条にも「問入新羅告哀兼予祭冊立等副使試太子通事舎人賜緋魚袋金簡中・判官王朴等、到二当州牟平県南界乳山浦一、上レ船過海」とあり、新羅に向かう唐の告哀使兼予祭冊立使の一行が西隣の牟平県乳山浦から赤山浦を経て渡海を図ったことがみえる。この時、円仁帰国のために造船を命じていた勾当新羅所押衙の張詠に対して、「遣二国章一、擬レ発二送遠国人一、貪造レ舟、不レ来レ迎二接天使一」と讒言する者があり、そのために円仁は赤山浦からの帰国を断念している。讒言が示すように、赤山院の経営に関わっていた張詠の活動は、自らの公的な職掌によって制約を受けたのである。

唐・羅間交通における赤山院の役割は、寺院の創建や経営、さらに張宝高の登州との関わり、彼の台頭条件を理解する上でも重要な意味を持つと考えられるが、本論の課題に戻れば、八月十五日節もこうした寺院の性格をふまえて理解すべきかもしれない。唐・新羅の結節点をなす登州は、両国間の通交の窓口としての役割を担っており、新羅人が集住する赤山村や新羅人が運営する赤山院もその一端を負っていた。

八月十五日節は「郷国」の追慕を目的として行なわれた民間の行事であるが、その前提となる新羅での祭礼には王権・国家の関与が顕著であった。別稿でふれたように、(22)赤山院が創建されたとみられる八二〇年代には山東地域において大きな情勢の変化があり、これに前後して、新羅政府は唐政府や山東地域を支配する平盧軍節度使への働きかけにより、当面の外交課題であった海上交通・国際貿易の安定を模索していく。その過程において、新羅王権と独自の関係を切り結び、海上活動を展開した張宝高が赤山院を創建したのである。

こうした創建の背景をふまえるならば、対高句麗戦争における勝利の記憶を織り込んだ祝祭的行事としての性格を帯びた八月十五日節は、居留する新羅人の間で自然発生的にはじまったのではなく、新羅の対唐交通を背景にして両国の密接な関係を強調するといった目的をもって挙行されるようになったのではないかと考えられる。両国を結ぶ海上交通の安定は、居留民や交易従事者の生活に関わる重要な問題でもあった。赤山院はそうした新羅人の結集する場として機能し、寺院で行なわれる諸行事は新羅人同士の新しいつながりを生み出す機会を提供したのであろう。それゆえに八月十五日節は恒例の行事として居留社会に定着し得たのであり、やがて円仁の見聞するところとなったのであろう。

おわりに

史料的な制約もあって不十分な論証が多く、推論を重ねながら論点を提示するにとどまった嫌いがあるが、これまでみてきたように、『行記』に記された登州赤山院における八月十五日節の前提には、中国正史の東夷伝や『三国史記』新羅本紀・儒理尼師今九年条にみえる同日の宴会を起源とする古い歴史を持つ新羅独自の行事が存在した。それは高句麗やその継承国とされる渤海に対する敵対意識を内包するものであり、唐と新羅の関係においても高句麗・渤海を共通の敵とする認識が主張されることもあった。こうした対外意識は、新羅の政治的な営み、あるいは対唐外交上の戦略的な営みとして理解しうるものである。

老僧の話を手がかりにすれば、八月十五日節は中秋節や秋夕との関係ではなく、新羅で行なわれる行事のこうした性格を反映して開催された可能性をみておく必要がある。唐・新羅の親密な関係の必要性を明らかにするべく、右のような対外意識が両国間の交通の要衝で宣揚されたことも考えられる。赤山は、まさしくそうした地理的条件を備えた土地柄であり、両国の外交使節などの往還とも無関係ではなかった。八月十五日の祭礼は、本来こうした背景を持ちながら催行されるようになったのではないかと推測できるのである。もっとも、登州など新羅との通交を担う地域においては、赤山院での催行に遡って、高句麗・渤海を敵とする類似の行事が展開されていた可能性を考えるべきかもしれないが、現時点では推論の域を出ない。両国の結節点における交流史の痕跡を丁寧に追って、その具体相を解明していくことが今後の課題となろう。

本論は、唐の新羅系移民の交易ネットワークの特質を考察する糸口として、八月十五日節からみえてくる赤山院の性格に迫ろうとしたものである。その全体像については他日を期したい。

註

（1）唐に居留地を形成した新羅人に関する日本での研究としては、今西竜「慈覚大師入唐求法巡礼行記を読みて」（『新羅史研究』所収、国書刊行会、一九七〇年、初出は一九二七年）、内藤雋輔「新羅人の海上活動について」（『朝鮮史研究』所収、東洋史研究会、一九六一年）、森克己「慈覚大師と新羅人」（『慈覚大師研究』所収、早稲田大学出版会、一九六四年）、堀敏一「唐代新羅人居留地と日本僧円仁入唐の由来」（『古代文化』五〇―五、一九九八年）、同「在唐新羅人の活動と入唐交通」（『東アジアの中の古代文化』研文出版、一九九八年）、新川登亀男「入唐求法の諸相」（『日本古代の対外交渉と仏教―アジアの中の政治文化』所収、吉川弘文館、一九九九年）などがある。

（2）『行記』会昌五年九月二十二日条に、「本意擬レ住二赤山院一、縁二州県准レ勅毀拆尽一、無二房舎可レ居」とある。

（3）蒲生京子「新羅末期の張保皐の台頭と反乱」（『朝鮮史研究会論文集』一六、一九七九年）。

（4）金文経『唐代の社会と宗教』（崇実大学校出版部、一九八四年）、同『在唐新羅人社会と仏教』（『アジア遊学』第二六号、二〇〇一年）。李炳魯「九世紀初期における『環シナ海貿易圏』の考察―張保皐と対日交易を中心として―」（『神戸大学史学年報』第八号、一九九三年）など。近年の研究としては、曺凡煥「張保皐と赤山法花院」（『対外文物交流研究』所収、海上王張保皐紀念事業会、二〇〇二年）、権悳永『在唐新羅人研究』（一潮閣、二〇〇五年）などがある。また日本人の研究として近藤浩一「赤山法花院と平盧軍節度使」（『韓国古代史研究』第二八号、二〇〇二年）がある。韓国における研究成果は権悳永氏の研究を参照されたい。

（5）例えば、権悳永氏前掲書（註4）は、赤山院の社会的機能として、新羅僑民の教導、航海安全の祈願、僑民結束の媒介の三つの点をあげている。

（6）小野勝年『入唐求法巡礼行記の研究』第一巻（法藏館、一九六九年）、足立喜六訳注・塩入良道補注解説『入唐求法巡礼行記』第一巻(平凡社東洋文庫、一九七〇年)。

(7) ロビン・コーエン「ディアスポラの古典的概念」(駒井洋監訳・角谷多佳子訳『グローバル・ディアスポラ』明石書店、二〇〇一年)参照。

(8) 在唐新羅人社会論においては、中国沿岸部に点在した各居留地のネットワークを均一的に捉える傾向がある。しかし、本国を離れた時期やその背景、出身地の違いによってその緊密度に濃淡があったことが『行記』より読み取れる。この点については別稿で論じる。

(9) 小野勝年『入唐求法巡礼行記の研究』第一巻(法藏館、一九六九年)。

(10) 足立喜六訳注・塩入良道補注解説『入唐求法巡礼行記』第一巻(平凡社東洋文庫、一九七〇年)。

(11) 中村喬「八月十五日中秋節」(『続中国の年中行事』所収、平凡社、一九九〇年)。

(12) 近年の中秋に関する文献学的研究としては、以下の二篇が挙げられる。曺述燮「中秋節の来歴とその慣習」(『愛知淑徳大学論集』文化創造学部・文化創造研究科篇、第一〇号、二〇一〇年)、時穎紅「中秋節を巡る日中文化の比較」(『南山大学大学院国際地域文化研究』第九号、二〇一四年)。本稿も両氏の論考に拠って整理している。

(13) 中村裕一『中国古代の年中行事』第三冊・秋(汲古書院、二〇一〇年)。

(14) 羅喜羅「宗廟制の受容と意味」(『新羅の国家祭祀』所収、知識産業社、二〇〇三年)。後掲する『三国史記』新羅本紀第一・儒理尼師今九年条にみえる「嘉俳」は、史料の文脈を重視すれば、ハレの日の拝舞のことであり、さまざまな要素をふくむ秋夕を包括的に捉えた言葉ではない。

(15) 依田千百子「秋夕考」(『朝鮮民俗文化の研究』所収、瑠璃書房、一九八五年)。

(16) 『三国史記』雑志一・祭祀条に「至二第三十六代恵恭王一、始定二五廟一、以三味鄒王為二姓始祖一、以下太宗大王・文武大王平二百済・高句麗一有中大功徳上。並為二世世不レ毀之宗一、兼親二廟二一為二五廟一」とある。新羅の宗廟制の展開については、羅喜羅氏前掲註(14)論文を参照されたい。

(17) 『三国史記』雑志一・祭祀条。註(22)参照。

(18) 石井正敏「朝鮮における渤海観」(『日本渤海関係史の研究』所収、吉川弘文館、二〇〇一年)。

(19)『行記』開成四年六月七日条に「山裏有レ寺。名赤山法花院。本張宝高初所レ建也」、開成五年正月十五日条に「赤山法花院常住僧衆沙弥等名(下略)」とある二例である。

(20) 後掲史料のほか、『行記』開成四年七月二十八日条所引同二十四日付青寧郷宛文登県牒の写しに、「右検二案内一得二前件板頭状報一、其船今月十五日発訖。抛却三人、見二在赤山新羅寺院一」、同十一月二十九日条に「晩頭、此新羅院仏堂経蔵点燈供養」、同五年二月十九日条に「斎後、出二赤山新羅院一」とある。また、同五年三月二日条にみえる登州城で提示した行歴中に、「(上略)六月七日到二文登県青寧郷一、寄二住赤山新羅院一、過二一冬一、今年二月十九日、従二赤山院一発。云々」、同三月五日条にみえる公験申請にかかる行歴中に「日本国求法僧円仁状上、請下賜レ公験、往二赴五台等名山及諸方処巡礼聖跡一、尋中師学法上。(中略)去開成四年六月内、到二文登県青寧郷赤山新羅院一。云々」とあるのがその例である。開成五年三月十一日条にみえる記事は、同五日条の再録であり、合計七例となる。

(21) 赤山のほかに青州龍興寺、緇州長山県醴泉寺内の附属施設として新羅院の存在が知られる。いずれも五台山・長安に至る道筋にあって求法僧の宿坊として利用されたが、赤山新羅院は求法・巡礼の起点としての性格を持ちつつも、これらとは基本的に目的を異にするものであったと考えられる。

(22) 拙稿「唐における新羅人居留地と交易」(『國學院大學紀要』第五三号、二〇一五年)。なお、近藤浩一氏前掲註(4)論文など、赤山院の創建時期について論じた論考は少なくない。

第2部　交通

円仁入唐求法の山東行程に関する考察
――乳山から蓬莱まで――

馬　一虹

はじめに

円仁は日本古代の高名な僧侶であり、天台宗の第三代座主である。八三八年(唐・開成三年／日本・承和五年)、円仁は実質的に最後となる日本の遣唐使とともに入唐した。遣唐使が帰国する際、円仁は自身の求法の使命が実現していなかったため、弟子の唯正、唯暁および傔従の丁雄万(丁雄満)とともに遣唐使一行から離れ、独自に天台山での求法に向かおうとした。円仁一行は揚州から出発し、「ねんごろに留らんとするの謀」(苦心して留まろうとする企て)を図り、山東半島の赤山法華院に到ったのち、ようやく唐滞在の宿願を叶えることができた。ここで円仁は、現地の僧侶の勧めに従い、五台山を巡礼することに計画を変更した。翌年に山東を離れて五台山へ行くまで、円仁は一年間山東で過ごした。円仁は五台山から転々としながら長安に到り、そこで五年を過ごしたが、その間に「武宗の廃仏」に遭い、還俗して帰国するよう迫られた。彼は楚州から海を渡って日本へ帰るつもりだったが、楚州県司は「登州地極之処」(登州の地のはてのところ)で船に乗り帰国しなければならないと命じた。仕方なく、円仁はふたたび長い道のりを歩いて山東に戻ることとなる。

唐の大中二年(八四七)九月に赤山から帰国するまで、円仁はすでに山東(主に赤山法華院)で二年あまりを過ごしていた。すなわち、円仁が唐に滞在していた九年七ヵ月のうち、実に三年以上を山東で過ごしたことになるのである。この期間に円仁は、登州が唐代における対外関係の窓口であった実態を自らの眼で観察するとともに、在唐新羅人の生活や文化のあり方を目のあたりにし、唐代の地方行政の具体的な運用情況を、官署による新羅・渤海の使者に対する接遇、管理などを含めて記録している。これらの見聞は帰国後に著わされた『入唐求法巡礼行記』(以下『巡礼行記』と略称)に記録されている。『巡礼行記』は唐玄奘の『大唐西域記』とマルコ・ポーロの『東方見聞録』とともに、「世界三大旅行記」と称されている。

円仁の入唐巡礼のおおよその行程については、現在刊行されているいくつかの『巡礼行記』中に示されている。(1)『巡礼行記』の注釈書としては、小野勝年の四冊からなる研究書があり、(2)そのほかアメリカのライシャワー博士(3)や中国の研究者(4)もみな相前後して校訂と注釈を作成し、あるいはそれぞれの主題にもとづいて研究を行なっている。(5)しかし、遣唐使の具体的な上陸地点や、経由した県、郷、村などについての研究は極めて少ない。(6)円仁が山東で通過した州県郷村の具体的位置についても、同様に明らかではないのである。本稿では、過去二年間の現地調査(7)にもとづき、文献史料や古今の地図を参考し、また胶東地区の郷土研究成果をあわせて、円仁の乳山から蓬莱までの路程を整理することを目的とする。(8)主として従来の研究ではほとんど言及されておらず、確実な解釈が得られていない内容を検討対象とし、筆者の見解を提示することによって、『巡礼行記』および古代中日間の文化交流に関する研究を深め、推進しようとするものである。

円仁の山東半島における行程を検討することができるのは、前述した赤山法華院旧跡の発見からもたらされた情報によるところが大きいだろう。

一九二三年、日本人の大宮権平と松平穆堂は青島に「慈覚大師山東遍路図碑」を立てた。図には山東半島の東南端に「石島」と記された部分があり、円仁が幾度となく往来した行程が記され、石島の北面には「赤山」という文字がある。図碑には円仁の入唐の業績を称え、彼が三度も赤山浦を往来した艱難辛苦を偲ぶ文章もある。大宮権平ののちには、牛場真武と塩入良道の二人が赤山の位置比定に力を尽くし、概ね現在の斥山が赤山に相当することを推定したが、法華院の位置についてはまったく明らかにすることができなかった。

一九八〇年代の中期、栄成市の郷土史研究者は「島を以て方向を定める」「方向を以て寺を探す」「寺を以て山を定める」「山を以て浦を望む」の原則にもとづいて赤山と法華院の位置を確認した。(9) 円仁は『巡礼行記』のなかで二度も莫耶（鏌鋣）島に言及しており、赤山の東南にあることを指摘している。そうすると、法華院の位置する赤山は必ずその島の西北にあることになる。莫耶島は現在も存在している。西車脚河村の文物博物研究者は『巡礼行記』中の法華院周辺の記述を根拠に法華院の位置を推定し、そこで唐代の蓮花瓦当の完形品を一つ発見した。法華院遺址の最終的な確定は、法華院の石碑の開幕式当日に、法華院再建の工地のうち、現在の法華院の大殿の東北隅で遺物包含層を発見したことによる。第一層は地表土と瓦片、第二層は部材用土、第三層は生土層であった。

それに比べると、赤山の確認は紆余曲折を経たものであった。この地域は斥山山脈（南北方向に約四キロメートル）と西側の槎山山脈(東西方向に約五キロメートル)が連なり、漢代以前は斥山と呼ばれていたが、唐代の頃に赤山とも呼ばれるようになった。元代の地方誌『斉乗』において、はじめて両山が区別して記述され、西側が槎山、東側が赤山と呼ばれるようになった。円仁が『巡礼行記』開成四年(八三九)六月五日条に「午後、赤山の西辺に到る。潮の逆なればしばしばし停まる」と記した赤山は槎山であり、斥山ではない。すなわち法華院の位置している赤山に相当する。『巡礼行記』によれば、円仁は赤山から遣唐使の乗った九隻の船が停泊しているのを眺めている。筆者の実地調査によれば、赤山院の大殿後方の石段を登って東を望み、俯瞰すると、石島湾(すなわち赤山浦)に停泊する船を余すことなく一望することができた。

赤山法華院は唐代に建てられ、武宗の廃仏の期間に破壊された。そして、その後の千年間、世に出ることはなかった。改めて法華院の旧跡が発見、かつ確認されたという情報は日本にも伝えられ、直ちに大きな話題になった。一九八七年六月二十五日付『朝日新聞』夕刊には、「幻の赤山院見つけた」との題で報道されている。長い間にわたり、日本では赤山と法華院の存在は虚構であると思われていた。一九八七年七月、総勢一七人の日本「山東半島歴史紀行団」が石島へ調査に訪れた。団長は奈良女子大学教授(当時)の千田稔で、団員には『朝日新聞』記者の高橋徹などがいた。その後このために「赤山法華研究会」が結成され、千田が会長を務め、顧問に小野勝年、牧田諦亮が就いた。会員のなかには、中国の地方誌に精通している京都大学助教授(当時)の田中淡や著名な考古学者である奈良県立橿原考古学研究所主任研究員(当時)の前園実知雄なども含まれていた。翌年の秋、研究会は日本の住友生命労働組合の賛助で、二ヵ月も立たずに法華院跡地に文字を刻んだ大きな石碑を立て、正面に「赤山法華院跡」と記し、背面に中国語と日本語によって円仁の法華院に滞在する経緯を記述して、古代の中・日・韓の民間の友好的な往来の歴史を追憶している。

法華院は、円仁が山東を通過し、滞在した期間の中枢となり、またこの前後の条文に円仁が記録したさまざまな地名は、山東の地方誌に明確に記載されているものも曖昧なものもある。本稿では、乳山から蓬莱までのいくつかの地名および比定地について、初歩的な考察や整理を行ないたいと思う。

2　乳山地域における県郷村・山・寺

①邵村浦・陶村

開成四年(八三九)四月十七日、円仁は「登州牟平県唐陽陶村の南、県を去ること百六十里、州を去ること三百里」に到った。唐代の地方行政地理に照らせば、唐陽は郷の名称で、陶村は現在の乳山市白沙灘の小陶家・大陶家村の南辺である。[10]白沙灘の付近には「仙人橋」と呼ばれるところがあり、また和尚洞とも呼ばれている。かかる地名に関して、当地の漁民に一つの伝説がある。それは円仁和尚が海上から来る姿を、この地の漁民が偶然みたので和尚洞と呼んだというものである。しかし、この伝説がいつ作られたものであるかは不明である。

円仁の乗った船は十九日の午後、「邵村浦西南」に到着した。邵村は現在の海陽市海陽所鎮にある三甲疃である。『乳山市誌』の記事によれば、唐の時代に邵姓の人々がここに村を建てて邵家埠と名づけたが、元代末に移転したという。[11]『巡礼行記』開成四年四月十九日条には、「申の時、邵村浦に到り、碇を下ろして系住す。陶村の西南に当たれり。澳に入らんと擬るも、逆潮の溢り流れて、進行することあたはず」とある。

②莱明盧山[12]

上海本の通りであれば、遣唐使の大船団は莱州に到着していた。「盧山」についていえば、山東省の諸城市・黄県などに同名の山がある。ただし、どれも内陸にあって海に面しておらず、唐代の管轄区域も異なっている。そのなかで海岸に比較的近く、上述の条件に合うのは牟平県の東約一〇キロメートルにある蘆山である。「廬」と「蘆」は同音異字であり、かつ黄海の側に位置している。『巡礼行記』開成四年二月二十七日条には、牟平県の東側、半里ばかりの地に廬山寺があると記されているが、この廬山寺の名前は廬山から名づけられたか、何らかの関係があると考えてよいだろう。しかし、この地の廬山は登州の管轄であり、莱州とは関係がない。「莱州廬山」については、今後の考察を俟ちたい。

③望海村・桑島

開成四年五月四日辰の時に、船は「泊口より西南四五里ばかり行き、望海村の東浦の桑島の北辺にて纜を結」んだ。泊口とは、円仁らが乳山口内に船を停泊させたところである。桑島は円仁にとって特別な意味を持っている。円仁はかつて桑島に一ヵ月滞在した。船は嵐と雷に襲われ、船の人々の危険は旦夕に迫っていた。そこで円仁は神霊の助けを求め、「帰国すれば、神社を建てて永く祭る」と発願した。桑島の位置については郷土史研究者のいくつかの見解があり、大きく分けると栄成張家埠説と乳山一帯説になる。

桑島の位置について、もっとも早く意見を提示した田正祥は赤山の西、靖海湾内の張家埠であると主張した。[13] その主な根拠は三つある。一つ目は「望海村」の相対的な位置によるもので、二つ目は現地の人々の話により、いわゆる「桑島」を現在の「三島」とするものである。確かに、張家埠の港湾内では特定の時間に三つの突出した岩礁をみることができる。三つ目は望海村により「東浦」の所在地を確認できることである。これに対して、ある意見では桑島は乳山の南の海中にあり、その位置は不明であるとし、[14] 別の意見では桑島は現在の海陽市の大辛家村の草島嘴であり、桑島の名前は「桑泉」（頽甘井子）にちなむとする。[15]

筆者は『巡礼行記』の記載によって、以下のように考える。すなわち四月五日に「桑島の北で錨を下ろし」、六月三日に邵村浦から「遥かに赤山に向けて」出発した一ヵ月の間に、円仁らは乳山の付近で活動しており、乳山を離れて現在の靖海湾一帯に到着したことはない。故に、桑島は乳山一帯で探すべきではないだろうか。そのほか、「望海村」という名前は山東沿海地域にはよくある地名であり、筆者の現地調査でも、少なくとも乳山から蓬莱までの間に望海村という地名がいくつかあり、張家埠鎮に独特なものではなかった。したがって、「望海村」を桑島の位置比定の参考とすることはできないと思うのである。

それに対して「乳山口」「乳山西口」の所在地は、桑島の位置比定にとって参考になる。『寧海州志』巻二の「山水」「乳山口」の記事には、「もと安家西港に船泊まりの湖があった。水は浅く、大潮でなければ出入りできず、後に旗杆石に移された。のちにまた乳山西口の英石山の下に船泊まりを移し、西口と呼ばれた。だが水の激しいことは、乳山口の水の波が立たず凪いでいるのと比べものにならない。乳山郷はもと寧海に属したが、雍正年間に海陽県の管轄に移された」とある。(16) しかし今のところ、乳山西口、旗杆石などの地名を確認するすべはない。よって桑島の位置の推定と確認については、さらに詳細な調査と考察が必要である。

3　文登地域における県郷村・寺・館

①恵聚寺

開成五年(八四〇)二月二十一日、円仁一行は文登県に到着したのち、「早朝に恵聚寺に入り、斎の時に恵海寺の極楽閣梨院に赴いて断中(食事)」した。『巡礼行記』同年二月二十三日条には、「秦皇の御宇、この地に駕幸して遊賞したまい、因りて仏寺を立て、これを「恵聚」と号せり。今、県の南にあり」とある。

文登市史誌事務所の見解によれば、恵聚寺と恵海寺はともに千年の間に記録が埋没してしまい、遺跡を考察するすべはないとのことであった。しかし、旧県誌の記載によれば、広教寺という寺院が県城の南の一キロメートルのところにあるが、いつ建てられたかは不明であるという。明の正徳年間には流賊の巣窟となり、生員（科挙の最初の試験に合格した書生）の鞠鉞と妻の于氏がこの地で殉じた。天啓年間に知県の解啓衷が寺を改めて文山書院としたが、のちに廃れた。現在は瓦のかけらも存在しない。しかし、その地はいまだに南寺と呼ばれている。この南寺というのは、現在の河南村にあたるだろう。恵聚寺もあるいは広教寺、つまり現在の南寺という地名と関連があるかもしれない。[17]

②招賢館

『巡礼行記』開成五年二月二十五日条には、「（文登）県の西に行くこと三十里、招賢館に到り宿す」とある。招賢館は文登と牟平の間にあり、「三十里」離れていることから、現在の文登県の西北に位置する三十里鋪に比定することができるだろう。『文登県志』「管山都」条には「三十里鋪」の地名が記載されている。[18]また、現在の文登県の地図にも付近に一村があり、三十里鋪と記されている。ただし、この三十里鋪は古い三十里鋪ではない。一九五八年に現地政府が米山ダムを建設し、それにより村全体が別のところに移転させられたという。三十里鋪の元の位置は米山ダムの北、烟墩（烽火台）から二里離れたところにあり（旧三十里鋪は龍泉村から四〇里の距離で、二〇〇二年十月訪問時の現地の人の話では三〇里の距離であるという）、まさに古代官道の交差するところで、文登から煙台へ向かう道、牟平から石島へ向かう道、威海から葛家に向かう道の三つの旧官道があったところである。

③龍泉村

『巡礼行記』には、「（二月）二十六日、開明、早朝、招賢館を出でて行くこと三十里、龍泉村の斜山館に到りて断中す」とある。龍泉村は上述の三十里鋪の西北約三〇里のところにあり、清代以来、今に至るまで「龍泉鎮」「龍泉湯」などの地名が残っている。(19)

④斜山館

地方郷土史家は、龍泉村の東南にある臥龍堡にあたると推定している。ただし、示された根拠は弱く、後考を俟ちたい。

『唐六典』巻五「兵部尚書」によれば、「およそ三十里に一駅、天下におよそ一千六百三十有九所」という。ただし、実際の駅間の距離は一〇里から三〇里と一様ではない。杜佑『通典』巻三三「郷官」条には、「(駅)其れ大路を通途するにあらざるをすなわち館という」とあり、それに対して主要幹線道路に作られたものを「駅」といった。例えば円仁が莱州を通過したのち、『巡礼行記』には駅の名がよく現れるが、これは莱州から長安までの道は渤海・新羅の朝貢使が入朝する幹線道路、いわゆる「通途大路」にあったためである。幹線道路上にない施設を「館」というが、以上によればほぼ三〇里ごとに一館を設けるが、一〇数里間隔で設ける場合もあったようである。

『周礼』遺人(巻一三)には「およそ国野の道、十里に廬あり。廬に飲食あり」(国野の道には一〇里ごとに廬がある。廬では飲食することができる)とある。『巡礼行記』に出てくる館にも、宿泊や飲食の器具などが備えられていた。であるならば、かかる「館」は『周礼』にみえる「廬」であったといえるだろう。『巡礼行記』において、赤山から登州に至るまでの日記中に出てくるのは、いずれも「館」であった。よってこの間、円仁は主要幹線道路を通らなかったと判断できる。円仁は登州に到達したのち、感慨を込めて「あるいは山坂を行き、踏みて脚を破る。杖に策りて、膝歩して行く」(すなわち山坂を行き、歩き通して足を痛めた。杖にすがりながら、脚をいざりながら進んだ)と述べている。また、「赤山より登州に到る行路は、人家は希にして惣てこれ山野なり」と述べているが、このような道路にも、里数を示す標識が設けられていた。

円仁の記載によれば、唐代の行旅には「行くこと五里にして一候子を立て、行くこと十里にして二候子を立つ。土堆をば築き、四角にして上は狭く、下は闊し。高さ四尺あるいは五尺・六尺にして定まらず。曰くこれを喚びて「里隔柱」となすと」[20]（五里行くごとに一つの土盛りを築き、一〇里ごとに二つの土盛りを築く。土盛りは四角の盛り土で築かれて、上は狭く下は広い。高さは四尺あるいは五尺・六尺であり、決まっていない。これを里隔柱と呼んでいる）とある。これについては、唐代の詩文にも関連した記載が伝えられている。韓愈『昌黎集』巻六「路傍堠」には「堆堆路傍堠、一双又一隻」とあり、五代の羅隠『甲乙集』巻五にも「終日路歧傍、前程亦可量」、「只是恨方頭」などの語句がみえ、記された堠子が四角形（方頭）であることは円仁の記述と一致する。円仁が里数を記録する際にはおそらくこの「里隔柱」を参考にし、「五里」を基本の単位としたのであろう。一つの典型例として、開成五年三月十七日に一行が誤って密州への道に入ったとき、「行くこと五里」のところで道を尋ね、道を誤ったことに気がついたことがあげられる。

現在、文登市から六〇里ほどのところにある臥龍堡には、路傍に一つの土塁がある。原型はすでに分からず、また年代も不明である。現地の人の話によると、おそらくこれは里隔柱の遺構であろう。ただし、乳山からこの地点までの数百里の間に、かかる遺構はこれのみであり、たやすく断定することはできない。後考を俟つ。

4　栄成地域における県郷村・浦

①清寧郷・勾当新羅所

赤山法華院についてはすでに述べたので、ここでは省略する。

さて、院前村から約一里離れた西北の山の斜面上に望漿寺という寺院があるが、『文登県誌』には「創建時期は不明である。しかし、北宋・天聖五年（一〇二七）に「望漿院」と勅賜されている」とあることからすれば、望漿院の創建は少なくとも宋代以前に遡り、唐代にすでに存在していた可能性は排除しきれない。また望漿院遺跡の東北約半里ばかりのところ、すなわち現在の上庄鎮林という場所に官堂があったという伝説がある。官堂とは官府のことである。さらに『巡礼行記』開成五年（八四〇）二月二十日条によれば、勾当新羅所より「北に向いて行くこと二十里、望海村に到り、王家にて断中せり。斎の後、北行すること五十里、夜に文登県に到る」とある。当地の古老の追憶では、昔、近道して小道を行けば現在の望海初家まで確かに二〇里であり、文登県まで五〇里で至るとのことであった。これは『巡礼行記』の記載とほぼ一致する。

院前村から村の西方に到着する。村の西北には、確かに三座の山が並んでいる。太師椅子と同じように、中間の一座が比較的大きく椅子の背のような山である。両側の山はそれぞれ前に伸びる比較的小さい山であり、太師椅子の肘置きのようになっており、風水の宝地といえる。そのほか、文登旧県誌によれば、文登県城は望漿寺から七〇里の距離であり、寺には井戸があるという（現在もある）。望漿寺の付近には元代に黄華関が設置され、南北に往来する船の運輸を管理していた。このように、この地は歴史的に水陸交通の要衝であった。

②青山浦(21)

『巡礼行記』開成四年七月二十二日条には、「赤山の東北のかた海を去ること百里ばかり、遥かに山を見る。喚びて青山となす。三峰ならび連るも、遥かにして炳然たらず。これすなわち秦の始皇が海上において橋を修めしのところ。始皇はまたこの山において東に向いて蓬莱山・瀛山・胡山を見たり。すなわちここにおいて死す」とある。また八月十三日条には、「相公已下九隻の船は青山浦にあり、さらに渤海の交関船あり、同じく彼の浦に泊まる。彼より人の来ることありて県家に報ぜんとて去くと。いまだ虚実を明らかにせず」とある。この九隻の船は赤山浦から北に向けて出発し、成山頭の付近から大洋に出て、帰国した。民国版『文登県誌』巻一「山川」条には、「元代の海運は、成山の風や波の危険を避けて、船を港につけ、陸路で北海に運び、再び海船で大海に出でて界河口に至る」とある。[22]

青山浦の推定地は栄成市の成山頭(成山角にも作る)で、半島が海上に伸びているようである。ここでは南北で、二種類のまったく異なる波浪の景観を呈する。南側は今の落風漁港を中心とする栄成湾一帯で、風は穏やかで浪は静かであり、船を泊めるのに最良の場所である。しかし、北側は礼村・西霞口方面に向かい、風が激しく浪が強いため、船を泊めることができない。ただし、西霞口からふたたび西へ行くと龍眼口港と馬蘭湾があり、いずれも船を泊めるのに適している。そのうち龍眼港は馬蘭湾より大きく、水深が深い。現在は主に、貨物運輸に使われる国際港として発展している。遣唐使の主船団が青山浦に停泊している時、たまたま渤海の交関船に出会ったというのは興味深い話である。しかし、成山頭一帯のなかで船を泊めることができる港は一箇所にとどまらないので、遣唐使船が帰国のために出航した地点はなお確定できない。この地はまた、唐初に幾度となく行なわれた対高句麗戦において、軍隊が何度も出発したところでもある。

5　煙台地域における県郷村・館

①牟平県

開成五年二月二十七日、円仁一行は「海に沿ひて行くこと七里」であった。

牟平県は清代、登州府寧海州に属していた。唐の麟徳二年(六六五)にはじめて県が設置された。中華民国一〇万分の一の地図によると、牟平県の東の約一〇里に蘆山がある。蘆と廬は音が同じである。

②仵台村(館)

『巡礼行記』には、「伐壹村」「臺館」などと記されている。小野勝年の考証によれば、牟平県には「五台集」という地名が存在するので[23]、これは仵台村(館)とすべきであろう。

③芝陽館

芝陽館は、現在の煙台市管轄下の福山県(現在の福山区)にある。城南一里ほどに芝陽村が存在する[24]。芝陽の名称は、その近辺にある芝陽山と関係があるだろう。『大清一統志』巻一三七「登州府」によれば、福山県は金の天会年間(一一二三〜一一三七)に建てられたという。二〇〇二年十二月の調査の際にこの地を訪れたが、何ら有意義な情報を得ることはできなかった。

④牟城村

『大清一統志』巻一三七によれば、「牟城。福山県の西北にあり。応劭風俗通に、牟子国は、祝融の後。魏書地形志に、東牟郡牟平県に牟城あり。明一統志に、牟城は福山県西北三十里にあり」とある。『巡礼行記』開成五年二月二十九日条には、円仁が芝陽館を出発して二〇里で牟城村に到着したとある。顧祖禹は両書に一〇里の差があることについて、『大清一統志』に疑義があるとしている[25]。円仁は自ら歩いていることから、記す距離はほぼ正確であると思われる。

しかし『巡礼行記』中においても、この例と同じく二つの地点の里数記載に差異が生じている場合がある。例えば、開成四年九月一日条の法華院新羅僧諒賢の口述では、赤山村から登州は「五百里」の距離だとあるが、開成五年三月二日条をみると「登州、赤山浦を去ること四百里」とあるごとくである。両者の里数には結局一〇〇里の差がある。よって、一〇里の差というのも免れ難いところである。ただし、「五百里」が聞いた数字であるのに対し、「四百里」は円仁本人が実際に踏破したあとの記述であり、もし「四」が「五」の誤記でなければ、「四百里」のほうをより信用すべきであろう。しかし、牟城村と福山県の間の距離は、あるいは福山と「故県館」の間の里数を参照して訂正することができるかもしれない。

⑤故県館

民国の二〇万分の一の地図によれば、福山県の西北に「固現」という地名がある。また『福山県誌稿』巻一「星野」には、福山県全域地図のなかの黄海側に「古現区」という地名がある。円仁は芝陽館を出発して二〇里行き、牟城村に到着したと記し、次の日また牟城を出発して一〇里行き、故県館に到着した。(26) もし円仁が官道に沿って歩いていれば、福山県から故県館の間はちょうど三〇里である。この推定を支持する根拠の一つとして、現在の故県鎮の付近には「三十里鋪」と呼ばれる地名がある。まさにこれは、福山県から出発した距離と一致する。(27)

円仁は『巡礼行記』に、牟平県から登州に到る際、北海に沿って進んだと記している。「北海浦」はおそらく具体的な場所ではないのだろう。牟平県から現在の煙台と芝罘の間の海岸線を指すと思われる。現在の道路も海岸線に沿って西北に伸びている。

6　蓬莱地域における県郷村・館

①望仙郷(28)

『巡礼行記』開成五年三月一日条には、故県館から出発し、竪泰の孫花茂宅において断中をしたのち、「西北を望みて行くこと三十里、蓬莱県管内の望仙郷王庭村の寺に到りて宿す」とある。望仙郷については史誌に記載がないが、『蓬莱県誌』巻二「地理・古跡」条には「蓬莱の古跡枚挙すべからず。古の封国と称するところ及び秦碑李斯篆、此疑うべきなきなり。望仙門に至るに、相伝えて漢武の遺跡となす。理においてあるいはこれあり。また参駕疃あり、父老相訛（いつわ）り、皆以て唐太宗駐蹕の処となす」とある。ただし、望仙門がどこにあるのか、史誌には記載されていない。もともと蓬莱城は「漢武帝、ここにおいて海中に蓬莱山を望む為に、因りて城を築きもって名とす」というものであった。蓬莱山は伝説上の海中にある三つの仙山の一つで、蓬莱城はまた望仙の城ということもできる。上記の地方誌に特に取りあげられているように、この門がすこぶる有名なのも当然である。参駕疃は現在所在不明であり、蓬莱城内にはない。文脈からすれば、望仙門は必ずしも城内にあるとは限らない。『蓬莱県誌』を通覧しても、「望仙門」の場所はみつけられなかった。しかし、蓬莱山を望む望仙であるので、それは必ず海に近いはずである。円仁も牟平県から登州に至るには、「北海の側を行く」と明確に書き記している。

②安香村

『巡礼行記』開成五年三月一日条には、「（牟平県より）西北に行くこと三十里、蓬莱県管内望仙郷王庭の村寺に宿す」とあり、二日条には、「行くこと二十里、安香村の庭（一作「遅」）彦の宅に到りて斎す。行くこと二十里、登州に到り、開元寺に入りて宿す」とある。古登州博物館の展示品のなかには、隋の開皇五年（五八五）の石経幢や数点の安香寺出土の仏頭と仏身の残体があった。

『蓬莱県志』巻二「地理」には、「安香河、城東に馬児山から源を発し、安香村を経て海に入る」とある。また『増修登州府志』巻二「山川」には、「安香河、城東二十里にあり、馬山から源を発す。北流して楊頭河・龍山店河・張仙河の諸水と合流し、安香店の西を経て海に入る」とある。小野勝年の著述では、民国一〇万分の一の地図に蓬莱県城の東南二〇里のところに安香店という地名があるという。[29]『巡礼行記』には安香村は登州から二〇里と記されている。二〇〇二年の調査では、現在の安香村は蓬莱市から九キロメートルの距離にあり、円仁の記述とほぼ符合する。[30]

③登州都督府・蓬莱県署

これについては、『蓬莱県誌』などの記載によって比較的容易に確認することができる。登州都督府は蓬莱市鼓楼西街にあり、現在は警備司令部になっている。また蓬莱県署は現在、蓬莱市委・市政府になっている。

④開元寺

『巡礼行記』開成五年三月二日条には、「登州都督府城は東(東西)一里、南北一里。城の西南界に開元寺あり」とある。開元寺は、『巡礼行記』の記載によれば城の西南にある。遺跡の推定地は現在の戚継光故里小区にあたり、現地の人々は西大寺と呼んでいる。『蓬莱県志』巻二「地理・井泉」には「玉寒井、開元寺にあり、味甘冽にして、他水より重し」とある。この井戸は一九六〇年代初頭にはまだ存在していた。[31]二〇〇二年三月の調査の際にも、十数年前までここには古井戸があり、後世の人々が使っていた轆轤があったということを聞いたが、その時には関連する遺跡をみつけることはできなかった。

⑤新羅館・渤海館

「花市弄」を推定地とする。ここは幅三メートル程度の路地で、両側の家屋が比較的高いので、路地は深くて狭い印象である。片側にある灰瓦の家屋を眺めると、長い年月を経ていると思わせる空間であった。旧跡は路地の奥一五メートルほどのところにある。新羅館・渤海館がこの地であると推定する理由は、一つに『巡礼行記』には両館が登州府の東南、県治の南にあるとあり、その方位が符合する点であり、二つにはここに歴史ある蓬莱賓館というホテルが存在している点である。後者については若干の説明が必要になるが、この地域には建物を建て替える際に、もともとの土地に新館を建てるという伝統がある。蓬莱賓館もこの伝統にしたがっているのみならず、現在の蓬莱警備司令部がもともと登州都督府の所在地であり、蓬莱市委・蓬莱市政府も蓬莱県署の旧跡に建てられていることを勘案すれば、両館がこの地に所在したと考えるのも、あながち間違いにはならないだろう。

おわりに

本稿の脱稿時点まで、国学院大学入唐求法巡礼行記研究会は、山東沿海地域について三回の現地調査を行なった。時間と資料の制約のため、円仁が『巡礼行記』中で記録していたほかの多くの登州都督府管轄下の郷・村・館・寺などの名称については、いかなる手がかりもないため、それらは暫時、または永久に歴史の煙海のなかに埋没してしまうであろう。しかし我々は、今後もこれらの研究調査を続けていきたいと願っている。文物博物部門や地方史研究機関と協同して、今後も威海や煙台・蓬莱地域において辛抱強く綿密な調査を進め、同時に絶えず地方史誌の記録も発掘して、この研究課題の促進と深化を目指していきたい。

註

（1）本稿では顧承甫・何泉達点校本『入唐求法巡礼行記』（上海古籍出版社、一九八六年）を用いる。以下、「上海本」と略称。
（2）小野勝年『入唐求法巡礼行記の研究』（財団法人鈴木学術財団、一九六四・一九六六・一九六七・一九六九年）。
（3）E・ライシャワー著／田村完誓訳『世界史上の円仁〈日本語版〉』（実業日本社、一九六三年）。
（4）白化文等校注『入唐求法巡礼行記校注』（花山文芸出版社、一九九二年）。

(5) 董志翹『「入唐求法巡礼行記」詞彙研究』(中国社会科学出版社、二〇〇〇年)。
(6) 管見の限りでは、徐冬昌「圓仁従日本到揚州的一段旅程―入唐求法巡礼行記読後」(『東南文化』一九八九年第二期)、徐琛「圓仁入唐求法山東通如之旅路線考」(『東南文化』一九九五年第四期)、林士民「日本遣唐使入明州地点考」(『浙東文化論叢』、上海古籍出版社、二〇〇四年)がある。
(7) 二〇〇二年三月の調査(第一次)の情況については、拙稿「圓仁入唐求法山東之旅路線調査記」(『唐代史研究』第六号、二〇〇三年、一二三～一二九頁)を参照のこと。
(8) 会昌三年(八四七)武宗の廃仏当時、円仁も弾圧の累がおよび、帰国の決意を迫られた。相前後して楚州、海州から渡海しようとしたが認められず、再び登州に行かねばならなかった。陸路にて莒県・密州・高密県・即墨県・昌陽県を経て、八月十六日に登州に到着した。そして、牟平県を経て文登県清寧郷に至った。以上の地域はまだ現地調査を実施していないため、本稿の検討対象とはしていない。
(9) 田正祥『圓仁三赴赤山―慈覚大師千年足跡考察録―』(山東友誼出版社、一九九八年、一〇～一五頁)。
(10) 現在、威海市管轄下の県級の市となっている。
(11) 斉魯書社、一九九八年版、八一頁。
(12) 『巡礼行記』開成四年四月二十四日条。大日本仏教全書本は「明」を「州」に作る。上海本の註五(一〇九頁)をみよ。白化文本は「萊州廬山」に作る(一五四頁)。
(13) 田正祥『圓仁三赴赤山―慈覚大師千年足跡考察録―』(前掲註(9)書)、四六～五五頁。
(14) 筆者は現地調査の際に、文登市の郷土史家田正祥氏の観点に対して疑義を提出したが、まだ文章化していない。
(15) 『大辛家村志』第二章「雑記」(山東省海陽市大辛村志編纂委員会編、辛岳州等主編、二〇〇〇年、内部発行)、二八九頁。この説の論の展開はくだくだしく、また確実な史料の根拠がなく、牽強付会の嫌いを免れない。
(16) 清・舒孔安修、王厚階纂『重修寧海州志』(清同治三年刊行本)。
(17) 唐代の文登県は現在の文登市・栄成市と威海市環翠区の一部分とを含み、登州に属していた。本稿のこの節で扱う「文登」は、現在の文登市域を指す。

(18) 清・欧文修、林汝謨纂『文登県志』巻三上「都里」(道光十九年刊行本)。
(19) 清・于清泮等纂『牟平県志』巻三「地理志」(民国二十五年鉛印本)。
(20) 『巡礼行記』開成五年三月一日条。
(21) 『巡礼行記』開成四年七月二十三日・八月十三日条。小野勝年『入唐求法巡礼行記の研究』第二巻(前掲註(2)書)、七三～七六頁。白化文本、一七三頁。
(22) 中国民国二十二年(一九二三)七月文登県籌印県誌委員会、煙台東華裕印刷局代印、三三頁、「千歩港」条。
(23) 小野勝年『入唐求法巡礼行記の研究』第二巻(前掲註(2)書)、二三〇～二三二頁。そのほか抄本には、「仵臺館(村)」と作るものもある。
(24) 康鴻逵修、于宗潼等纂『福山県誌稿』「城区」(民国二十年排印本、煙台福裕東書局)。
(25) 『読史方輿紀要』巻三六。
(26) 『巡礼行記』開成五年三月一日条。
(27) 『福山県誌稿』巻一「星野」の「古現図」分図。
(28) 本節で取りあげる場所は蓬莱市に属しており、蓬莱市は煙台市内の一級行政区であるが、数が多いため煙台とは別立てにした。
(29) 小野勝年『入唐求法巡礼行記の研究』第二巻(前掲註(2)書)、二五一頁。
(30) 安香寺は道路の南一〇〇メートルほどのところにある。現在は一つの廃棄された灰磚の建物だけあり、道路に向く一面を除いた三面はほかの建物に囲まれていた。周囲の建物と同じく壊れ果てており、住む人も居なかった。建物の後側には一段の塀があり、灰色の磚または石の年代はとても古そうだったが、どの時代に遡るか分からなかった。ここでは、布目瓦と思われる瓦片を拾うことができた。明清を遡るものであることは確実であるが、唐代のものかどうかは鑑定が必要であろう。しかし、すでに隋代の経幢が出土しているので、円仁が安香村を経由した際には、すでに寺院が存在していたことは疑いない。しかもなお、登州博物館に展示された安香寺出土の漢白玉の仏頭や仏身の大きさなどからみて、寺院の規模は小規模ではありえない。興味深いのは、円仁がこれについて何らふれていないことである。

(31)　小野勝年『入唐求法巡礼行記の研究』第二巻(前掲註(2)書)、二五二頁。

(訳：河野保博)

『入唐求法巡礼行記』にみえる過所・公験

山岸健二

はじめに

中国唐代の交通に関する研究は、日本においても青山定雄氏[1]をはじめとする研究の蓄積がある。一国の交通政策は、それのみが独立した制度であるわけではなく、他の政治・経済・文化など様々な要素と密接に関わっており、当時の社会様相をみるうえで重要であるとともに有効な視点である。こうした交通史の一分野に、通行証明書、通行許可書である過所・公験についての研究がある。

唐代の過所・公験については、礪波護氏により、中国での研究も含めた詳細な研究史の整理が行なわれている。[2]それとともに、日本に現存する唐代の過所・公験、中国の敦煌、吐魯番から出土した唐代の過所・公験が網羅されている。[3]また、現存する過所・公験については、すべての写真版を掲載していることも極めて有益である。本稿でも、研究史の整理等については、礪波氏の論稿に譲ることにしたい。

しかし、礪波氏自身断っているように、論考では過所・公験そのものを考察の対象にしているため、同時代の記録に残されている写しについては捨象している。この点については、従来の諸研究も同様の傾向である。また申請から発給までの過程についても、律令や『大唐六典』、『旧唐書』、『新唐書』、『唐会要』、『冊府元亀』、『資治通鑑』等に記されている制度面と現存する過所・公験の内容からの研究が主であり、注釈書を除いて、本稿で検討を加える『入唐求法巡礼行記』（以下、『行記』と略す）の記述についてはほとんど触れられていないのが現状である。(4)

そこで本稿では、事実上の最後の遣唐使となった承和の遣唐使の一員として入唐した天台請益僧である円仁の記した『行記』にみえる唐代の過所・公験についての記述を取りあげ、考察を加えることにする。

1　唐代の過所・公験

まず、制度上の規定から概観する。(5) 唐代の通行には、通行を証明する公文書を必要としており、旅行に際しては官からの旅行証明書が必要であった。旅行証明書とはつまり旅行許可書であり、それには過所と公験があった。『唐律疏議』巻八、衛禁律、私度関条には、次の規定がみられる。

諸私度レ関者、徒一年。越度者、加二一等一。〔不レ由レ門為レ越。〕
疏議曰、水陸等関、両処各有二門禁一。行人来往、皆有二公文一。謂駅使験二符券一、伝送拠二逓牒一、軍防・丁夫有二総暦一。自余各請二過所一而度。若無二公文一、私従二関門一過、合二徒一年一。越度者、謂二関不レ由レ門、津不レ由レ済而度者一、徒一年半。

これによれば、駅使の場合は符券、伝送の場合は逓牒、軍防・丁夫の場合は総暦が証明書として必要であった。また、それ以外の場合には過所が必要とされており、それぞれの用途に応じた「公文」＝通行証明書が必要であった。さらに『大唐六典』巻三〇、三府督護州県官吏、関令の職掌の条には「凡行人・車馬出入往来、必拠二過所一以勘レ之」

とあり、私用の場合でも過所が必要であったことがわかる。

これらの規定を守らず、過所を携帯しなかったり、他人の名前を偽って過所を取得したりした場合の罰則については、前掲の衛禁律、私度関条や同不応度関条に、次のように規定されている。

諸不レ応レ度レ関而給二過所一。〔取而度者亦同。〕若冒レ名請二過所一而度者、各徒一年。

疏議曰、不レ応レ度レ関者、謂レ有二征役・番期及罪譴之類一、皆不レ合三輒給二過所一。而官司輒給。及身不レ合レ度レ関而取二過所一度者、若冒二他人名一、請二過所一而度者、各徒一年。

これによれば、軍役・上番に当たる者、罪人、偽称者が不正に過所を取得して関を越えた場合は徒一年に処された。津も関所と同様に過所が必要とされたことは、『倭名類聚抄(二〇巻本)』巻一〇、居所部、道路類、津に「四聲字苑云、津〔将鄰反、倭名豆〕渡レ水処也。唐令云、諸度二関津一及乗二船筏一上下経レ津者、皆当レ有二過所一」と唐令の逸文があることから窺われる。関津の管理には令以下が充てられ、『大唐六典』巻三〇、三府督護州県官吏には、上関は令一人・丞二人・録事一人・府二人・史四人・典事六人・津吏八人、中関は令一人・丞一人・録事一人・府一人・史二人・典事四人・津吏六人、下関は令一人・府一人・史二人・典事二人・津吏四人と規定されている。また、その経費のために公廨田も支給されていた[6]。

公験とは元来、許可や証明に関する公文書全般を意味する語であり、旅行関係の場合、旅行証明書、つまり旅行許可書のことを指すことになる。現存する公験の比較から、公験は正式のものと略式のものの二つに類別することができる。正式のものは、発行者、受取人、出願事項、出願者氏名・年齢・身分・旅行携帯品等を記し、出願の目的を記す。これに官の判定があり、責任者の署名、日付等を記す。略式のものは、出願文書の木尾に責任者が「任レ為二公験一」、「任レ為二憑拠一」等と記し、署名、日付を記すだけのものである。

また、公験は中央・地方を問わず、一般の官司が発給する使用範囲の広範な証明書であり、通行証明書としての公験は県でも発給することができ、通行範囲が指定されていないという特徴を持つ。このような特徴を持つことから、唐代後期から過所にとってかわる通行証明書として用いられるようになった。書式については必ずしも厳密ではないが、過所は公式令に定められた符式により、公験は牒式による。

過所の発給過程については、『大唐六典』巻六、刑部司門郎中員外郎条に引用された関市令の逸文や『旧唐書』巻四三、職官志、刑部司門郎中条に以下の記載がある。

凡度レ関者、先経二本部・本司一請二過所一。在京則省給レ之、在外〈則〉州給レ之。雖レ非二所部一、有二来文一者、所在給レ之。(〈　〉内は『旧唐書』による)

これによれば、過所は「本部・本司」を経て請求し、中央では尚書省司門司、地方では州(本貫以外の州においても申請者を証明するものがあれば発給可能)が発給することになっていた。実際、円珍の越州都督府発給の過所では開元寺、尚書省司門司発給の過所では万年県を経て申請されている。[7] 過所ではないが、後述する円仁の公験でも同様である。また、『大唐六典』巻三〇、三府督護州県官吏の戸曹司戸参軍事の職掌に「戸曹、司戸参軍。掌二戸籍・計帳・道路・逆旅・田疇・六畜・過所・蠲符之事一、而剖二断人之訴競一」とあり、戸曹参軍事(州の場合は司戸参軍事)が存在する官司、すなわち京兆府・河南府・太原府の三府、都護府、都督府、州に過所の発給権があり、戸曹参軍事(州の場合は司戸参軍事)が担当官司であったことがわかる。さらに、敦煌出土の「永徽東宮諸府職員令残巻」の親王府戸曹参軍事の職掌に「戸曹参軍(事)二人。掌二封戸・園宅・債負・過所・奴婢・田荘及弋猟之事一」とあり、親王府戸曹参軍事も過所発給に関わっていた。[8] このように過所の発給は、中央では尚書省司門司、親王府、地方では戸曹参軍事を有する官司に限定されていた。また現存する過所から、通行範囲が指定されているという特徴を見い出せる。

文書様式については、大中九年(八五五)に尚書省司門司が円珍に発給した過所と同年に越州都督府が発給した過所により、申請者の申請に対して、申請者の属する県や身元保証人からも申請があり、両者の内容が一致した場合に過所が発給されたことがわかる。すなわち前者は「准レ状勘責、状同レ此」とあることから、万年県からの申請書と円珍の申請書を比較していることは明らかであり、後者も「得レ状称」という円珍の申請と「開元寺三綱僧長泰等状」を「勘得」した結果、「同事」であることから「須レ給二過所一」としている。

このように、過所も公験もともに通行証明書として用いられていた。両者の関係は、使用する場所により区別すれば、過所が関所通過の際に用いられるのに対して、公験はそれ以外の所で用いられるものであった。

2 『行記』にみえる過所・公験

『行記』にみえる通行証明書としての公験[9]には、以下の三種類が確認できる(以下、公験Ⅰ・Ⅱ・Ⅲと記す)。

Ⅰ台州国清寺への求法巡礼に関するもの　　不許可　　開成四年二月二十四日(不許可の決定を聞いた日)

Ⅱ五台山への求法巡礼に関するもの

　a文登県公験　　開成五年二月二十三日

　b登州都督府公験　　開成五年三月九日

　c押渤海新羅両蕃使公験　　開成五年四月一日

Ⅲ日本への帰国に際してのもの

　京兆府公験　　会昌五年五月十四日

これらのうち、Ⅰの台州国清寺への巡礼は不許可となり、公験は発給されていない。Ⅱの五台山巡礼に関しては、都合三通の公験が発給されているものの、cの内容は記されていない。またⅢの帰国に際しての公験も、その文面を知ることはできない。したがって『行記』には、Ⅱのaとbの二通の公験の写しが残されていることになる。

ところで、関所通過の際に過所に判を加えたことは、『唐律疏議』巻八、衛禁律、関津留難条の疏議に「関、謂下判二過所一之処上。津、直度レ人。不レ判二過所一者」とあり、また衛禁律・不応度関条の疏議に「若関司未レ判二過所一以前、準下越レ関未レ度各減二五等一之例上。若已判二過所一、未レ出二関門一、同三未レ過各減二一等一」とあることなどから確実である。また、関所名、日付、「勘入」や「勘出」の文言、関司の署名等が記されたことは、円珍の越州過所に「潼関　五月十五日　勘入　丞□」とあり、尚書省司門司過所に「蒲関　十二月四日　勘出　丞郢」とあることから明らかであり、『行記』にも、開成五年(八四〇)八月四日条に「到二陰地関一。関司勘出」、翌日条に「南行十里、到二長寧駅汾水関一、関司勘入」、また十三日条にも「側有二蒲津関一。到レ関得二勘入一。便渡二黄河一」とあって、円珍の過所の記載と対応している。[10]このように、円仁も関所通行の際に官憲の検問を受けているが、『行記』には過所の写しはみえない。円仁が取得したもの、あるいは申請はしたが未発給のものを含めても、それらはすべて公験であった。以上のことから、関所通過の際には公験にも過所と同様に、関所名、日付、「勘入」や「勘出」の文言、関司の署名等を記して検問したと想定できるだろう。[11]

円仁が過所と公験を区別していなかったとも考えられるが、『行記』に記された文面をみる限り牒形式の公験である。また、『行記』会昌五年(八四五)十二月十五日条には、次の記載がみられる。

勾当使為レ発二送求法僧等一請二当州過所一。端公判云、自求レ船。況准レ勅遞過、不レ合二停滞住給一者。本曹官人商量云、有レ阻二勅文一、不三肯給二公験一。

ここでは、過所と公験は明らかに区別して記述されていることから、円仁は過所と公験の相違を認識していたと考えられる。なお、本条の具体的な内容については後述する。

以上のことから、円仁は過所の発給は受けずに、公験のみで唐国内を移動していたことになる。次に、節を改めて個々の公験の内容について考えてみる。

3 『行記』にみえる公験I

公験Iは実際には発給されていないが、『行記』にその発給過程が記されており、興味深い。これについては、田中史生氏が考察を加えているので、以下氏の見解に従って検討を加えてみることにする。[12]

円仁が勅によって台州国清寺行きを不許可になるまでの経過は、次の通りである。開成三年(八三八)八月一日、円仁が遣唐使本部(使衙)に台州行きを申請したことを受けて、八月三日に遣唐大使藤原常嗣から揚州府に使牒が提出され、揚州府(都督李徳裕)から皇帝(文宗)に奏上された(円仁は八月十日にそのことを聞く)。その後、九月十三日にはすでに中央からの報符が揚州府に届けられており、九月二十九日に大使の宣により遣唐大使が入京して勅許を得なければならないという李徳裕の牒が円仁に伝えられた(この後に報牒を得る)。十月三日に大使らは上都(長安)に向かって出発し、開成四年(八三九)二月二十四日に大使の宣によって勅の結果が伝えられた。その内容は、円仁(請益僧)は遣唐使の帰国が間近なため許可されず、円載(留学僧)のみが許可されたというものであった。

この過程からわかるのは、唐の官憲(勾当日本国使王友真・揚州都督李徳裕)は一貫して台州国清寺行きには勅が必要と認識していた点である(『行記』開成三年八月十日・九月十六日・九月二十日・九月二十九日条)。揚州府からの覆問書

（『行記』開成三年八月四日条）では、目的が師を尋ねることかということとともに、台州から上都に赴くのかどうかが問題にされている。田中氏のいう入京制限の前提としての尋問といえよう。

公験制にとって、特に重要と思われる『行記』開成四年正月十七日条の一節を左に掲げる。

揚州文牒、出到二浙西道及浙東道一、不レ得二一事一。須レ得二聞奏一。勅下即得。余不レ得。又相公所レ管八州、以二相公牒一、便得二往還一。其潤州・台州、別有二相公一、各有二管領一。彼此守レ職不二相交一。恐若非二勅詔一、无二以順行一矣。

その内容は、次の三点である。

ａ「揚州文牒」は、淮南道を越えた浙西道と浙東道では通用しない。

ｂ「相公牒」は、管轄内の八州ならば通用するが、別の相公の管轄する潤州や台州では通用しない。

ｃ故に、淮南道の揚州から浙東道の台州に向かうには勅詔を得るしかない。

「揚州文牒」と「相公牒」は、州の公験と節度使の公験で、別の牒を指していると考えられる。要するに、節度使・観察使の管轄内の州なら節度使・観察使の許可によって自由に行き来できるが、その管轄を越えては権限が及ばない。管轄を越える場合には皇帝の勅許が必要だということである。

小野勝年氏は、「原則的には李徳裕の言のごとくであつたに相違ないが、他面では慣例によつて、地方官独自の事務処理が認められ、彼等の裁量で適宜に処理したと思われる」と指摘し、また「かく考えてみると徳裕のいう原則は、時には実際に行なわれたに相違なく、ことに外国人などに対してはかかることのほうがむしろ普通であつたかも知れない。とはいえ若し李徳裕がそうした官僚的態度でなく、融通を多少でも示したならば円仁の天台への巡礼は必ずしも至難ではなかつたと考えられる。したがつて円仁の志望に対する障害は一に李徳裕にかかつていたといつても過言ではあるまい」と述べている。(13)

これらは、ｉ入唐僧に対する規制のあり方や、ⅱ牒（公験）の効力がおよぶ範囲について示している。ｉについて小西瑛子氏は、財政上の理由、僧侶の管理上の問題、仏教界に成果が期待できないことをあげる(14)。また佐藤長門氏も、常暁（円仁と同じ承和の遣唐使）の留住不許可の理由を、唐側に宗教的要請を満たす準備がなかったためとする(15)。円仁の不許可の理由については、堀池春峰氏が留学僧と請益僧の目的の相違によるものとし、一般的表向きの方針として留学僧は許可し請益僧は不許可にしたとしている(16)。しかし田中氏は、ほかの入唐僧の場合を検討すると必ずしもそうなっているわけではなく、それのみに起因するものではないとし、来着地の相違と当時の地方行政のあり方、そして当時の仏教統制政策という二点を指摘している。前者は「其潤州・台州、別有二相公一、各有二管領一。彼此守レ職不二相交一」る状態だったこと(17)、つまり節度使・観察使の管轄内の州なら節度使・観察使の許可によって自由に往来できるが、その管轄を越えては権限が及ばなかったことに起因している(18)。また後者は、当時の仏教統制政策、すなわち長安における入唐僧の滞在を基本的に許可しないという政策によって規制されていたとする(19)。従うべき見解と考える。以上、各氏のあげた理由はそれぞれ一因であり、総合的に考慮していくべきであろう。ただ、田中氏の二つめの理由は、時代により唐朝の仏教政策が異なることに留意しなければならないだろう。

次にⅱについてであるが、公験が節度使・観察使の管轄する各々の道内のみに通用することは、円珍の公験、すなわち大中七年（八五三）十二月三日付の台州牒からも窺われる。

牒。得二本曹官典状一、勘二得訳語人丁満状一称、日本国内供奉賜紫衣求法僧円珍、今年七月十六日、離二本国一。至二今年九月十四日一、到二福州一。従二福州一来、至二十二月一日一、到二当州開元寺一称、往二天台一巡二礼五台山一及遊二歴長安一、随身衣鉢及経書并行者及本国行由文牒等謹具。勘二得事由一如レ前。事須レ具二事由一、申二上省使一者。郎中判、具二事由一、各申二上（省使）一者。准レ状給レ牒者。故牒。

ここからは、円珍の五台山、長安への巡礼の要請に対して、台州刺史(李肇蒙)が許可を与えたことがわかるが、「省使」は恐らく尚書省、節度使・観察使を意味していると考えられ、これらに上申して広範囲な旅行の許可を得たと思われる。しかし、円珍は大中八年(八五四)九月二十日に越州に到着し、翌年三月に長安に向けて出発するが、改めて過所を申請し、三月十九日に越州過所を取得している。ゆえに、先の台州牒は台州から越州までしか効力がなかったことになる。台・越の二州は、ともに浙東道観察使の管内である。

それでは上記ｉ・ⅱについて、ほかの入唐僧の場合はどうであろうか。まずｉについて、円行と常暁の例をみてみることにする。承和の遣唐使で渡海した天台請益僧円行は、入京を許されるとともに、再三の上奏により青龍寺への留住が許可された(20)が、同じく長安近郊まで随行した法相請益僧戒明は、入京の直前で不許可とされた。よって承和の遣唐使に従った僧侶で、長安入京を果たしたのは円行のみであった。また円仁と同じく揚州に留住させられた常暁は、『常暁請来目録』(21)に次のように記しており、勅許を待ち望んでいたことがわかる。

同年八月、到二淮南城一広綾館安置。孟冬、使等入朝。常暁不レ得二随レ使入京一。徒留二館裏一、空経二多日一。至二于歳尽一、勅命未レ有。爰則周二遊郡内一訪二択師依一。

同じく『常暁請来目録』の末尾部分に「(承和六年二月)廿一日、准レ勅離レ州却赴二本朝一」や「太和有レ勅、不レ聴二留住一、因而随レ使却廻」とあるように、中国での行動は勅許次第だったようであり、田中氏が注目したように、太和年間の勅により行動の制限を受けていたのである。このように、円仁以外の入唐僧に対しても、その行動には規制がかけられていたのである。

次にⅱについては、時代は遡るが、最澄と空海の例をみることにする。延暦の遣唐使に従った最澄は、明州上陸後、入京使の動向とは関係なく、明州↓台州↓明州↓越州という巡礼を行なって密教を請来した(22)。この点について田中氏は、この三州はともに同じ浙東道観察使の管内であったため、それが可能であったとしている。基本的に異論はないが、細かい点を述べれば、先の『行記』開成四年正月十七日条では李徳裕は揚州刺史兼淮南節度使であったが、節度使・観察使を兼任していない州刺史の牒でも、同じ道内なら通用したのか疑問が残る。あるいは浙東道観察使は越州に置かれていたため州牒で通用したのであろうか。また、最澄は隣接する州への移動に公験を用いているが、複数の州で通用する公験は発給できたのかという疑問もある。

最澄と同じく延暦の遣唐使で入唐した空海は、入京を希望したが許可されず、「与二福州観察使一入京啓」を提出してようやく許可されたという経緯を持つ(23)。この啓で注目すべきなのは、観察使に対して入京の許可を求めている点である。果たして観察使は、入京の許可を行なうことができたのであろうか。あるいは空海は、観察使に仲介役としての働きを求めたにすぎないのだろうか。

同時代の公験の効力の範囲について参考になる史料に、『旧唐書』巻一七四、列伝一二四、李徳裕伝の一節がある。

元和已来、累勅二天下州府一、不レ得二私度僧尼一。徐州節度使王智興聚レ貨無レ厭。以二敬宗誕月一、請三於泗州置二僧壇一。度人資レ福、以邀厚レ利。江・淮之民、皆群党渡レ淮。徳裕奏論曰、王智興於二所属泗州一置二僧尼戒壇一。自二去冬一、於二江・淮已南所在一県レ牓招置。江・淮自二元和二年一後、不二敢私度一。自レ聞二泗州有レ壇、戸有二三丁一必令二一丁落髪一。意在下規レ避二王徭一、影中庇資産上。自二正月一已来、落髪者無レ算。臣今於二蒜山渡一点二其過者一。一日一百余人勘問。唯十四人是旧日沙弥。余是蘇・常百姓。亦無二本州文憑一。尋已勒二還本貫一。訪二聞泗州置レ壇次第一、凡僧徒到者、人納二一緡一、給レ牒即回。別無二法事一。若不三特行二禁止一、比レ到二誕節一、計江・淮已南、失二却六十万丁壮一。此事非レ細、繋二於朝廷法度一。状奏、即日詔、徐州罷レ之。

この史料は、長慶四年(八二四)十二月、徐州節度使王智興が翌年の敬宗の降誕日の功徳のためと称して、泗州に戒壇を設けることを許され、多数の度牒を発給して巨額の利益を儲けていることに対し、李徳裕が奏論したものである。当時、李徳裕は潤州刺史兼浙西観察使であり、潤州治内の蒜山渡（潤州の西の長江に設けられた渡し場）において勘問しているのである。徐州と泗州は河南道の管轄であった。

右の史料によれば、蘇州・常州の百姓が多数やって来たが、「本州文憑」がないので本貫に強制送還（勒還）させたとある。ここにみえる「文憑」は、公験が証明書という性格から「憑」「憑拠」「憑據」等とも称されることがあるので、本稿でいう通行証明書としての公験に相当すると考えてよいだろう。ともかく、百姓が潤州までどのように旅をしてきたのか不明であるが、蘇州・常州はともに浙西観察使の管内であり、観察使がその道内の通行許可権を有していたことを示す出来事であると思われる。また、発給はされていないが、「本州文憑」があれば通過できたとも考えられる。そうであるならば、蘇州・常州の「文憑」（通行証明書としての公験・牒）で泗州まで移動できたことになり、観察使を兼任していない州の刺史の牒でも通用したことを示している。「本州文憑」で泗州まで蘇州・常州の百姓を移動させようとしていることから、隣接する州だけでなく複数の州を越えて移動する公験を発給できたことになる。[24]

4　『行記』にみえる公験Ⅱ

次に公験Ⅱであるが、これについては小野氏の研究[25]があるので、それを参考に検討を加えることにする。

勅によって台州国清寺行きが断たれたことにより、日本に帰還する遣唐使とともに帰国することになった円仁一行であったが、大使黙認のもと中国残留を画策して遣唐使と別れ、新羅人僧侶に偽装して海州にとどまった。その際には、新羅人村の長に偽装を見破られ、暴風雨のため漂着した第二船で強制送還されることになったが、ふたたび登州で残留を画策し、赤山法花院に逗留中に帰国船に置き去りにされるという形をとり、ようやく残留することに成功するのである。円仁一行が遣唐使に置き去られたのち、唐朝は強制送還という方法はとらず、次にみるように国内の求法巡礼を認めることになる。つまり円仁たちは、いわば不法滞在という形ではあったが留住することができた。

こうして唐留住を果たした円仁ら一行は、唐国内の求法巡礼のため、旅行許可証明書を得るべく官憲に働きかけを開始した。その経過を示すと、以下のようになる。開成四年(八三九)九月二十六日および開成五年正月十九日に円仁が赤山法花院に斡旋を願い出ると、正月二十日に当院の綱維(寺務を司る僧侶)が州の軍事押衙張詠(勾当新羅使)に状を送った。その後、張詠から文登県に、文登県から登州に申請された(正月二十七日以前)が、州の処分を一刻も早く知りたい円仁は、二月二十四日に文登県の公験(二月二十三日付)を得て、翌日に州庁が所在する蓬莱県に向かって出発し、三月二日に登州府に入った。登州では淄青節度使押新羅渤海両蕃使に提出する州牒二通(三月九日付)を得て、三月十一日に留後官(青州府の登州事務所)と淄青節度使押新羅渤海両蕃使の判断を仰ぐことになり、翌日青州に向かって出発し、三月二十二日に青州府と登州知後院に登州の牒を提出した。三月二十七日には公験はすでに作成されており(円仁に給するものと聞奏するものの二通)、四月一日に円仁は公験を得た。

こうして念願の公験を得た円仁一行は、四月三日、五台山へ向かって旅立つのであるが、公験発給までの流れを整理すると、「円仁→赤山法花院→押衙→文登県→登州→淄青節度使→聞奏・発給」という順になる。この流れをまとめると、当事者から身元引受人、県、州、節度府へと順次上級行政官に報告がなされ、最終的に節度府が公験を発給するということになる。つまり、道内の通行証明書としての公験発給の権限は、節度使にあったことがわかるのであるが、それは次にみる公験Ⅱcの発給過程からも窺われる。

一連の経過のなかには、三つの公験(第二節で整理した公験Ⅱａｂｃに対応する)が現れるが、そのうち公験Ⅱｃ(『行記』開成五年四月一日条)だけは内容を知ることができない。『行記』開成五年三月二十七日条によれば、公験は二通発給され、そのうちの一通は皇帝に聞奏したという(『行記』開成五年三月三十日条)。しかし勅許を得たという記述はなく、開成五年三月二十二日から二十七日の間に淄青節度使から奏上され(『行記』開成五年三月二十二日・二十七日条)、円仁に給されるもう一通も節度使の署名待ちをしている状況で(『行記』開成五年三月二十七日条)、四月一日に発給されている。この間は約十日間しかなく、到底皇帝の勅許を得てから公験が発給されたとは考えられない(26)。したがって公験Ⅱcは、皇帝の勅許を経ずに節度使が発給したものとみられる。なおこの公験は、『行記』開成五年八月二十三日条によると、長安入京後、左街功徳巡院において、城中諸寺への寄住について許可を請う状とともに連ねて提出されている。翌二十四日条には、検問を受けた際に今までの来由を語るなかで、「遂於㆓節度使韋尚書辺㆒、請㆓公験㆒」とあり、また『行記』会昌二年(八四二)五月二十六日条にも、会昌の廃仏期の検問に対する回答のなかで、「去開成五年八月廿三日、到㆑城。奉㆓使牒㆒、権寄㆓住資聖寺㆒、聴㆑学」とあることから、公験Ⅱbの宛所は押両蕃使になっているものの(『行記』開成五年三月十一日条)、実際には節度使宛てであったことがわかる。

公験Ⅱa(『行記』開成五年二月二十四日条)は、次のような内容である。

登州都督府　　文登県牒

日本国客僧円仁等肆人

　僧円仁、弟子僧惟正・惟暁、行者丁雄万、并随身衣鉢等

牒。検㆓案内㆒、得㆓前件僧状㆒、去開成四年六月、因㆑随㆓本国朝貢船㆒、到㆓文登県青寧郷赤山新羅院㆒寄住。今蒙㆔放㆓任東西㆒。今欲㆘往㆓諸処㆒巡礼㆖。恐㆔所在州県・関津・口鋪、路次不㆑練㆓行由㆒。伏乞㆘賜㆓公験㆒為㆖㆑憑。請㆓処分㆒者。依検、前客僧未㆑有㆔准㆑状給㆓公験㆒。請㆓処分㆒者。准㆓前状㆒、給㆓公験㆒為㆑憑者。謹牒。

開成五年二月廿三日　　　　　典　王佐　牒

主簿判尉胡君直

この公験については、宛所を登州都督府とする小野氏と、円仁とする杉井一臣氏の見解がある。まず小野氏は「日本国客僧円仁等肆人〔事〕は公文の頭部に記す件文である」としたうえで、[27]「従来は誤つて登州都督府管下の文登県が旅行者である円仁一行に与えたもののように解釈している場合が多かつた」が、公験は「発行官庁から目的地の官庁および路次の諸処に宛てて携帯者の身分や目的、携帯品などの証明をするものである」ので、「この牒文は文登県から上司である登州都督府へあてたものであ」ったとした。[28]それに対して杉井氏は「そのように解釈するとこの公験は、受信人の無い公験となってしまう」ので、「やはり宛先は発給申請者本人とするのが妥当であろう」とする。[29]

現存する最澄と円珍の公験を参照する限り、厳密に冒頭が「発給者＋牒＋受給者＋件文」となっているものはなく、公験Ⅱａと比較することはできない。小野氏は、下位の役所に宛てる場合は宛名を牒の下に記し、上位の役所に宛てる場合は差し出し官庁の上部に記すごとくであるとし、後者の例として本公験をあげている。[30]『行記』開成五年正月二十七日・二月一日・二月十五日条等からすると、県では許可・不許可を云々せず、州への取り次ぎを行なっているだけで、県で裁決しようとはしていないと考えられる。したがってこの文登県牒は、諸処巡礼を直接許可したものではなく、州の裁決を仰ぐため、州庁の所在する蓬莱県までの通行を許可した公験であると考えるべきであろう。

この公験を考えるうえで参考になるのは、次の『行記』開成五年三月二日条である。

平明。発行廿里、到二安香村遅彦宅一斎。行廿里、到二登州一。入二開元寺一宿。登州去二赤山浦一四百里。乍行二山坂一、踏レ破レ脚。策レ杖膝歩而行矣。城南地界所由喬汶来請二行由一。仍書二行歴一、与レ之如レ左。

日本国求法僧円仁、弟子僧惟正・惟暁、行者丁雄万右、円仁等日本国承和五年四月十三日、随二朝貢使一乗レ船、離二本国界一。大唐開成三年七月二日、到二揚州海陵県白潮鎮一。八月廿八日、到二揚州一。寄二住開元寺一。開成四年二月廿一日、従二揚州一上レ船発。六月七日、到二文登県青寧郷一。寄二住赤山新羅院一、過二一冬一。今年二月十九日、従二赤山院一発。今月二日黄昏、到二此開元寺一宿。謹具二事由一如レ前。

開成五年三月二日

日本国求法僧　円仁状

右は、円仁一行が登州開元寺に宿泊中、城南(蓬莱城)の官憲喬汶が訪れ、行き先とその理由を問われた際の記事である。円仁は喬汶に対して「行歴」を記し与えているが、何ゆえ、二月二十四日に入手した公験(公験Ⅱa)を提示しなかったのであろうか。このような場合に身分を証明するものが公験であろうに、それを提示しなかったということは、この公験が文登県から蓬莱県までの「来由」を証明するものではあっても、今後の「行由」を示すものとしては不十分であったためではないだろうか。

『行記』開成五年正月二十七日条からは、州牒で移動することが可能であったことが窺われるが、さらに三月十一日に節度使に上申している。公験Ⅱbは、登州都督府から押新羅渤海両蕃使に宛てたもので、『行記』開成五年三月十一日条に記載されている。

登州都督府牒上　押両蕃使

拠二日本国僧円仁等状一、請二公験一、往二五台并名山及諸方一、巡二礼聖跡一、尋レ師学レ法等

僧円仁、弟子僧惟正・惟暁、行者丁雄万、并随身剃刀・衣鉢等

牒。検二案内一、得二件僧状一、本心志二慕尺教一、修二行仏道一。遠聞、中花五台等諸処、仏法之根源、大聖之化処。西天高僧、踰レ険遠投。唐国名徳、遊レ兹得レ道。円仁等旧有二欽羨一。渉レ海訪尋、未レ遂二宿願一。去開成四年六月内、

到二文登県青寧郷赤山新羅院一。隔二生縁於滄溟一、忘二懐土於海岸一。今欲下往二諸方一、礼二謁聖跡一、尋レ師学上法。恐二所在州県・関津・口鋪及寺舎等不レ練二行由一。伏望特賜二公験一、以為二憑據一者。依検日本国僧円仁等先拋二文登県中一、去年六月十二日、日本国入京朝貢使却迴船、到二当県界青寧郷赤山東海口一着岸。至二七月十五日一発。続得二県申一、日本国還国船上拋二却僧円仁并行者等四人一。州司先具二事由一、申レ使訖。謹具如レ前。不レ審下給二公験一否上者。刺史判、州司無レ憑。便給二公験一、付二安録一、申二尚書一取レ裁。仍遣二僧人一、自賷レ状、見二尚書一取二処分一者。謹具如レ前。未レ有レ申レ使。請二処分一者。具状、牒二上使一者。謹録牒上。謹牒。

府史　匡従制　牒

開成五年三月九日

小野氏は、右に「刺史判、州司無レ憑。便給二公験一、付二安録一、申二尚書一取レ裁。仍遣二僧人一、自賷レ状、見二尚書一取二処分一者」とあって、登州刺史は公験を下すための憑拠がないから、青州まで本人が持って行き、そこで直接押両蕃使の許可を得よと記しており、公験が発給されるか否かは行ってみないとわからないことになるので、これは正式な公験とはいい難いものであったとしている。従うべき見解であろう。

公験を下すための憑拠とは何であろうか。すでに所属寺院から申請がなされている(『行記』開成五年正月二十日条)ので、円仁らの本国での身分証明書を指すのであろうか。その場合、円仁は不法滞在であるから、公験を発給することはできないことになる。そこで、節度使の政治的判断を仰ぐことにしたのかもしれない。『行記』開成五年三月五日条には公験申請文書が記されており、円仁が直接州庁に申請している。公験Ⅱａの発給過程では県庁に直接申請を行なっていない。あるいは県と州の間では申請の方法が異なっていたのであろうか。『行記』開成五年二月二十日条に記されている押衙から円仁に付された牒も、押衙所から県衙へ向かうための通行証明書であったと考えられよう(31)。

5　『行記』にみえる公験Ⅲ

最後に公験Ⅲを検討してみることにする。会昌の廃仏のため帰国を余儀なくされた円仁は、そのために公験を申請して発行された。出国までの概略は、会昌五年五月十四日に公験を申請し、同日に発行され、翌日に京兆府を出発する。その後、六月一日に東都洛陽、六月十三日に汴州(開封)、六月二十三日には楚州に向かおうとしていたが、揚州へ逓送されてしまう。その結果、六月二十八日に揚州、七月三日に楚州、七月十五日に海州、八月十六日に登州、八月二十四日に文登県に到着し、大中元年九月二日、文登県赤山浦より日本に向けて渡海するのである。

公験Ⅲについては、『行記』会昌五年五月十四日条に、次のように記載されている。

> 早朝入二京兆府一。請二公験一。恐无二公憑一在レ路難レ為歟。西国三蔵等七人、亦同在レ府、請二公験一。府司判与二両道一牒仰二路次一、差レ人逓過。然従二会昌元年一已来、経二功徳使一通レ状、請レ帰二本国一。計百有余度。又会属二数箇有力人一、用レ物計会。又不レ得レ去。今因二僧尼還俗之難一、方得二帰国一。一悲一喜。左神策軍押衙銀青光禄大夫検校国子祭酒殿中監察侍御史上柱国李元佐、因下求二帰国一事上、投相識来近二二年一。情分最親。客中之資、有レ所レ闕者、尽能相済。緑下功徳使无二道心一故上、諮二帰国事一、不レ蒙二縦許一。在レ府之間、亦致二飯食・氈褥等一慇懃相助。

具体的な文面の内容は不明だが、ほかの記述から東海の辺境まで逓送すること、自分で船を用意し帰国させること、逓送中一所に停留させないこと等が明記されていたことが推測される。また『行記』会昌五年六月十三日条には「京牒不レ説二程粮一、在レ路自持二粮食一」とあり、公験に旅行中の食糧支給について明記されていないので、食事については自分たちで用意しなければならなかったらしい。

右の史料からは、様々な内容を読み取ることができるとともに、いくつかの疑問点も指摘できる。第一に、これは京兆府発給の牒であることで、以前にも西国の三蔵ら七人が申請していることである。『行記』会昌五年五月十六日条や同年七月十五日条にも、新羅僧が京兆府から逓送されてきたことが記されている。また、これは尚書省の発給ではなく、過所でもない。円珍の場合は尚書省司門司発給の過所で帰国しており、円仁と円珍では発給官司と発給文書が異なっている。京兆府と尚書省は、両所とも過所・公験を発給する権限を有しているが、発給官司、発給文書の相違はどこにあるのであろうか。それに関連して、公験を有する場合、過所は必要ないのか、またその逆はどうなのかという問題もある。第二に、「仰二路次一、差レ人逓送」という形態を取ることである。これは、最澄の明州牒の「下二路次県一、給二舡及檐一送過」と同様の形態である。第三に、会昌元年から「計百有余度」も申請していることで、申請開始からすでに五年が経過していることである。この点については、会昌の廃仏期の唐朝の厳しい対応が窺われる。第四に、功徳使や「数箇有力人」を介して申請していることである。第五に、李元佐の援助が二年に及んでいることである。円仁の巡礼には、新羅人の援助が不可欠の要素として働いていた(32)。第六に、「緑下功徳使无二道心一故上、諸二帰国事一、不レ蒙二縦許一」とあるように、円仁らの帰国は功徳使の信仰心に左右されていたということである。これは逆にいうと、功徳使に「道心」があれば帰国を許可し得たことになるのであり、功徳使に公験発給の許可権が存在したことを示している。これによれば、公験の発給官庁とは別の人物に公験発給の権限があったことになるが、これは註(31)でふれた祠部牒と同じように、功徳使が僧侶を管轄する立場にあったために可能だったのであろうか。もっとも、あるいは、第四で指摘したように、功徳使そのものが仲介役であった可能性もある。第七に、史料の傍線部分を「両道」とするか、あるいは「両通」と読むかということである。これを「両道」とすれば一つの行政区画と理解できることとなり、「両通」と読めば二通の公験と解釈できることになる。

本稿の内容と関連するものとしては、第一の問題が重要である。従来の研究によれば、過所は唐代後半期における藩鎮の出現以降、次第に公験に代わっていったとされている。第四節でもふれたが、円仁には史料をみる限り過所が発給された形跡は見い出せない。過所と公験とでは、前者が関所という特定の場所で必要とされることを除くと、[33]両者ともに通行証明書・許可書であり、本来的に同じ性質のものであるから、どちらか一方を所持すれば済んだのであろう。この点は、現存する過所と公験に同時に発給されているものがないことからも首肯できると思われる。

また第七の点も、本稿の内容と大いに関連する問題である。『行記』の現存する唯一の写本である観智院本では、どちらとも判読できてはっきりしない。前述のように、これを「両通」とすると、円仁の身分に関する公験と京兆府が通過沿道州県に人を遣わして逓送させるために発給した公験の二通になると解釈できるが、最澄の明州から台州への公験には、身分と逓送の両方ともに記載されている。一方、「両道」とすると、二つの行政区画としての道の牒と理解できるし、「道」を「通」と同義と解釈すれば、文書二通の意となる可能性もある。これを二つの行政区画ととらえた場合、河南道・淮南道と道ごとにそれぞれ別の公験が発給されたことになるが、それは道内の通行権が道ごとに独立していたことに対応する。京兆府は長安城内に存在するが、地方組織の一つとみなされるため、移動が二道にまたがる場合には両道に発しなければならなかったということであろうか。この点について、公験と過所の相違はあるが、円珍は尚書省司門司発給の過所のみで帰国している。中央省庁発給の場合は一通で通用したのであろうか。

到二勾当新羅所一。勅二平盧軍節度同十将兼登州諸軍事押衙張詠一、勾二当文登県界新羅人戸一。到レ宅相見。便識歓喜、存問慇懃。去開成五年、従二此浦一入二五台一去時、得二此大使恩力一、専勾二当州県文牒・公験事一発送。今却到レ此。又慇懃安存。便過二県牒一、具説二心事一。大使取二領停留一、許二覔レ船発送帰国一。又相喜云、前従レ此発去。已後至レ今、不レ得二消息一。心裏将謂早帰二本国一。不レ謂更到二此間一、再得二相見一。大奇々々。弟子与二和上一太有二因縁一。余管内苦レ无二異事一。請安心歇息、不レ用二憂煩一。未二帰国一之間、毎日斎粮、余情願自供。但飽食即睡。大使便作レ状報レ州。得二文登県牒一称、日本国僧円仁・惟正等二人、京兆府賜二給長牒一、転二各一道一。准レ勅逓二帰本国一。節級被レ逓、到二此県一。請到二勾当新羅所一、求乞以延二唯命一、候レ有下過二往日本国一船上、即欲二帰国一者。今見在レ浦者。

右の『行記』会昌五年八月二十七日条によれば、円仁は張詠との再会に際し、公験発給の際の張詠の不可欠の働きについて記すとともに、張詠は円仁が勾当新羅所に到着したことを州庁に報告するなかで文登県牒を引用している。そこでは京兆府牒は「長牒」と記され、長期間有効の公験であったことがわかる。また「転二各一道一。准レ勅逓二帰本国一」とあることから、京兆府牒の一通は逓送のことを州県に伝える牒であった。これらのことからすれば、第七の問題は「両通」と読み、身分証明と逓送の二通の公験を指していたと考えるのが妥当ではなかろうか。

そのほかに注意すべき点は、文登県に到着するまでの間にたびたび公験Ⅲとは別の「県牒」、「牒」なるものが発給され、円仁はそれを取得しながら文登県まで進んでいることである。これは、第二の逓送とかかわる問題であるが、具体的には次の『行記』会昌五年六月十三日条などが参考になろう。

到二汴州一。節度副使裴郎中処有二楊郎中書状一。竹兵馬使処有二楊卿書一。並通送訖。郎中存問慇懃。便差二行官一人一、専勾二当船一発送。兵馬使不レ在レ州、不レ得二相見一。裴郎中雇レ船、直到二陳留県西泊上一。待二県牒一、未レ来。縁二官私雑載船一、不レ及二相待一。前発去。

すなわちこれによれば、県牒を受けて出発するのが本来の方法であった様子がわかる。同年七月三日条には、楚州に到着し、山陽県の役所で楚州からの渡航を希望したが許されず、結局登州に向かうことになったことが記され、七月十三日には泗州漣水県から県牒を得て海州に向けて出発している。その後、八月十六日には蓬萊県牒を牟平県に送り、二十一日には牟平県から県牒を得て文登県に向けて出発し、二十四日には文登県から県牒を勾当新羅所に送り、二十七日に到着している。これらの「県牒」、「牒」が逓送にかかわるものであることは推測されるが、公験との関係については今一つ明らかではない。こうした牒と関連すると思われる公験がある。『行記』会昌五年十二月十五日条によると、帰国の途次に登州文登県に滞在中、先頃辺境の州にいる還俗した僧尼の移動を禁じる勅があったため、天下の辺境の僧尼は足止めを食うことになったとある。

　勾当使為レ発二送求法僧等一、請二当州過所一。端公判云、自求レ船。況准レ勅逓過、不レ合二停滞住給一者。本曹官人商量云、有レ阻二勅文一、不三肯給二公験一。

このような状況にあって、勾当新羅所大使の張詠は円仁等を帰国させるため、登州の過所を刺史の端公に申請している。張詠が州の過所を求めたのは、『行記』会昌五年七月十五日条にあるように、帰国の渡航は県では許可できず、州の許可が必要だったからであるが、ともかく刺史は京兆府公験に停滞させるなとあるのだから証明書を発給すべきとするのに対し、担当官人は勅に反することになるから公験は発給できないとしている。ここの公験は、過所に対応していることから通行証明書としての公験と考えられる。また、刺史の言からすると、先の牒と同様のものであろう。つまり、逓送のことを記した京兆府発給の通行証明書である公験を有していても、それ一通のみで通用するのではなく、途次の県や州において逓送するごとに牒が必要だったのである。逓送のことが記された牒には、通行を許可する内容の文言も含まれていたと考えられるから、その牒は通行証明書である公験と同一の性格のものと考えられよう。

以上のことから、円仁は帰国に際して、京兆府公験とともに諸県の公験の発給を受けていたと推測される。

おわりに

本稿では、唐代の交通、特に過所・公験の事例研究の一端として、従来余り検討されてこなかった『行記』にみえる過所・公験について検討を加えてきた。円仁が申請した三通の公験のうち、公験Ⅰ(台州国清寺行き)は皇帝の勅許が下りなかったため発給されず、公験Ⅱc(五台山行き)および公験Ⅲ(日本帰国)は発給されたが、文書の内容は『行記』に記述されていない。しかし、申請から不許可となるまでの経過や発給されるまでの過程が詳細に記されており、文登県から蓬萊県までの通行を許可した公験Ⅱaや、登州都督府から淄青節度使(押新羅渤海両蕃使)に宛てた公験Ⅱbなどは文書内容が判明する。これらを詳しく追っていくことにより、公験(通行証明書)の様相を明らかにし、特に地方行政政策と密接に関わっていることが再確認できたと思われる。

最後に、今後の課題を述べて本稿を終えることにしたい。第一に筆者の力不足により、中国の研究を参照することができなかった。また『行記』を中心にみたため、敦煌・吐魯番出土の過所・公験の検討を行なうことがかなわなかった。しかし『行記』にみえる過所・公験が唐代の実例である以上、敦煌・吐魯番文書との比較は必要不可欠である。第二に過所・公験の申請者の違いによって、発給過程に相違が生じるのかを検討しなければならない。例えば中国人と外国人による差異や、俗人と僧侶による差異、遣唐使の入唐僧と私的な入唐僧による差異等の比較である。時代やその時々の事情も作用するかもしれない[34]。第三に『行記』を中心にみたため、日本の制度や実態との比較を行なわなかった。舘野和己氏の研究[35]によると、日本の関・過所の規定は中国の制度を導入したものであるという。そうであるならば、日中の比較検討を行なうことにより両国の不明部分を補うことが可能であろう。

以上、種々の課題は残っているが、それらは後考を俟つことにし、擱筆することにする。諸賢のご批正を賜りたい。

註

(1)　青山定雄「唐・五代の関津と商税」(『唐宋時代の交通と地誌地図の研究』所収、吉川弘文館、一九六三年、初出は一九五〇年)。
(2)　礪波護「唐代の過所と公験」(『中国中世の文物』所収、京都大学人文科学研究所、一九九三年)。
(3)　菊池英夫「中国古文書・古写本学と日本―東アジア文化圏の交流の痕跡―」(『唐代史研究会報告Ⅷ集　東アジア古文書の史的研究』所収、刀水書房、一九九〇年)にも、日本に現存する過所・公験の写真版が掲載されている。
(4)　杉井一臣「唐代の過所発給について」(『布目潮渢博士古稀記念論集　東アジアの法と社会』所収、汲古書院、一九九〇年)は中国の史料を利用し、申請から発給、文書保存、廃棄までの一連の流れを考察しているが、問題が多岐にわたるため、本稿では取りあげないことにする。
(5)　唐代の制度については、内藤湖南「三井寺所蔵の唐過所に就て」(『内藤湖南全集』七巻所収、筑摩書房、一九七〇年、初出は一九三一年)、仁井田陞「過所及び公験」(『唐宋法律文書の研究』所収、東方文化学院東京研究所、一九三七年)、瀧川政次郎「過所考(上)・(中)・(下)」(『日本歴史』一一八・一一九・一二〇号、一九五八年)等参照。
(6)　『大唐六典』巻三、戸部郎中員外郎条。上関三頃・中関二頃・下関一頃五十畝。
(7)　日本に現存する最澄と円珍の過所・公験については、礪波護「唐代の過所と公験」(前掲註(2)論文)に掲載されている写真版と釈文にもとづく。
(8)　なぜ、特に親王府に権限が与えられているのかは不明である。礪波氏はこのほかに、左右衛の倉曹参軍事もあげている(『新唐書』巻四九上、百官志、一六衛)。また、州の発給担当者は戸曹参軍事に限定されないと指摘している。
(9)　『行記』の引用は、小野勝年『入唐求法巡礼行記の研究』(法藏館、一九八九年復刊)による。
(10)　関については青山定雄「唐・五代の関津と商税」(前掲註(1)論文)を、京城四面関については礪波護「唐代の畿内と京城四面関」(『中国の都市と農村』所収、汲古書院、一九九二年)を、それぞれ参照されたい。
(11)　仁井田陞「過所及び公験」(前掲註(5)論文)、舘野和己「関津道路における交通検察」(『日本古代の交通と社会』所収、塙書房、一九九八年、初出は一九八四年)。

(12) 田中史生「入唐僧(生)をめぐる諸問題—平安時代を中心として—」(本書第3部、初出は一九九三年)。以下、本稿で引用する田中氏の見解は、すべてこの論文による。
(13) 小野勝年『入唐求法巡礼行記の研究』第一巻(前掲註(9)書)、開成四年(八三九)正月十七日条。
(14) 小西瑛子「元興寺僧常暁の入唐求法」(『元興寺仏教民俗資料研究所年報』第三冊、一九六九年)。
(15) 佐藤長門「太元帥法の請来とその展開—入唐根本大師常暁と第二阿闍梨寵寿—」(本書第3部、初出は一九九一年)。
(16) 堀池春峰「円載・円仁と天台山国清寺および長安資聖寺について」(『南都仏教史の研究』下 諸寺篇所収、法藏館、一九八二年、初出は一九五七年)。
(17)『行記』開成四年正月十七日条。
(18)『行記』開成四年正月十七日条については、藩鎮研究においては藩鎮の行政権の一端を表すものとして、すでに注目されている。高橋継男「唐代後半期における巡礼の地方行政監察業務について」(『星博士退官記念 中国史論集』所収、星斌夫先生退官記念事業会、一九七八年)等参照。
(19) 廃仏・復仏期の唐仏教については、吉川忠夫「裴休伝—唐代の一士大夫と仏教—」(『東方学報』六四冊、一九九二年)参照。
(20)『行記』開成四年二月二十五日条。
(21)『常暁請来目録』の引用に際しては、小西瑛子「元興寺僧常暁の入唐求法」(前掲註(14)論文)を参照した。
(22)『叡山大師伝』貞元二十年(八〇四)九月条。なお『叡山大師伝』の引用に際しては、佐伯有清『伝教大師伝の研究』(吉川弘文館、一九九二年)を参照した。
(23)『性霊集』巻五。なお『性霊集』の引用に際しては、『日本古典文学大系 三教指帰・性霊集』(岩波書店、一九六五年)を参照した。
(24) 換言すれば、「本州文憑」があれば長江を渡ることもできたのであり、それが勅許や節度使・観察使の公験でなく、州の公験で可能だったことに留意すべきであろう。
(25) 小野勝年「山東における円仁の見聞」(『塚本博士頌寿記念 仏教史学論集』所収、塚本博士頌寿記念会、一九六一年）。

(26) 唐代の勅の伝達と速度については、中村裕一『唐代制勅研究』（汲古書院、一九九一年）、同『唐代官文書の研究』（中文出版社、一九九一年）を参照のこと。

(27) 小野勝年「山東における円仁の見聞」（前掲註(25)論文）。

(28) 小野勝年『入唐求法巡礼行記の研究』第二巻（前掲註(9)書）、開成五年二月二十四日条。

(29) 杉井一臣「唐代の過所発給について」（前掲註(4)論文）。なお、仁井田陞「過所及び公験」（前掲註(5)論文）も、杉井氏と同様に解釈している。

(30) 小野勝年『入唐求法巡礼行記の研究』第二巻（前掲註(9)書）、二一一頁。

(31) なお、『行記』開成四年九月十二日条には、公験Ⅱaを申請した際に参考にした元和二年（八〇七）二月の頭陀申請に対する祠部の牒が記録されている。ここにみえる「公験」にも、通行証明書としての公験と同じ形式の文言があり（「恐三所在関戍・城門・街舗・村坊仏堂・山林蘭若・州県寺舎等不レ練二行由一」）、また各地での検問に備えて申請していることから、本稿でいう通行証明書としての公験の役割を兼ねていたと考えられる。そのように考えられるならば、祠部も僧侶の通行証明書を発給することができたことになる。

(32) 円仁と新羅人の関係については、坂上早魚「九世紀の日唐交通と新羅人—円仁の『入唐求法巡礼行記』を中心に—」（『文明のクロスワード　Museum Kyusyu』八巻一号、一九八八年）などを参照のこと。

(33) 公験も関所通過の際に用いられたことについては、前述した通りである。

(34) 中国の史料を用いて商人の行商や旅行者の例を検討した杉井一臣「唐代の過所発給について」（前掲註(4)論文）を参照すると、申請者の違いによって発給過程が異なることは余りないようにも思われるが、今後の課題としたい。

(35) 舘野和己「関津道路における交通検察」（前掲註(11)論文）。なお、瀧川政次郎「過所考（上）・（中）・（下）」（前掲註(5)論文）も参照のこと。

〔追記〕　二〇〇〇年以後に発表された、過所・公験に関する主な論稿に以下のものがある。紙幅の関係から、それらの内容を記すことは控えるが、あわせて参照されたい。

・荒川正晴「唐朝の交通システム」(『大阪大学大学院文学研究科紀要』四〇巻、二〇〇〇年)。
・石田実洋「正倉院文書続修第二十八巻の「過所」についての基礎的考察」(『古文書研究』五一号、二〇〇〇年)。
・中大輔「『入唐求法巡礼行記』にみる唐の通行許可証―「公験」の再検討―」(『「入唐求法巡礼行記」に関する文献校定および基礎的研究』、平成一三年度~平成一六年度科学研究費補助金(基盤研究C(2))研究成果報告書、課題番号:一三六一〇三九四、研究代表者:田中史生、二〇〇五年、本書第2部)。
・孟彦弘(辻正博訳)「唐代の「副過所」及び過所の「副白」「録白案記」弁析―兼ねて過所の意義を論ず―」(『東方学』一一七輯、二〇〇九年)。
・吉永匡史「律令関制度の構造と特質」(『東方学』一一七輯、二〇〇九年)。
・桑折恭一郎「『入唐求法巡礼行記』からみた過所、公験発給の権限」(『「入唐求法巡礼行記」校訂と現地調査に基づく古代日本・東アジア交流史研究』、國特推助三七号、二〇〇九年度國學院大學特別推進研究助成金研究成果報告書、研究代表者:鈴木靖民、二〇一〇年)。
・荒川正晴『ユーラシアの交通・交易と唐帝国』(名古屋大学出版会、二〇一〇年)。
・荒川正晴「唐代の交通と商人の交易活動」(『古代東アジアの道路と交通』所収、勉誠出版、二〇一一年)。
・桜田真理絵「唐代の通行証―標準型・簡易型による区別―」(『古代東アジアの道路と交通』所収、勉誠出版、二〇一一年)。
・佐藤ももこ「唐代の通行証に関する一考察―「行牒」と「往還牒」を中心に―」(『史泉』一二〇号、二〇一四年)。

『入唐求法巡礼行記』にみる唐の通行許可証
――「公験」の再検討――

中 大輔

はじめに

『入唐求法巡礼行記』(以下『行記』とする)は、九世紀に入唐した日本僧円仁の日記である。『行記』には円仁の見聞した当時の唐の社会が克明に描かれており、仏教界に関することはもとより、日・唐・新羅間の人・モノの動きや唐の地方制度の実態をも知ることのできる極めて貴重な史料である。

開成三年(八三八)にいわゆる承和の遣唐使の一員として入唐した円仁は、開成四年(八三九)に山東半島の登州で遣唐使一行と別れ、大中元年(八四七)に再び登州の地から渡海して帰国するまで、五台山・長安と巡礼の旅を続けた。周知のように、唐においては人々の移動は無制限ではなく、旅行者は官による通行許可証の交付を必要とした。円仁も例外ではなく、この巡礼の旅において、通行許可証―『行記』では「公験」と記されている―の発給を申請し、交付されている。

唐代の通行許可証については、入唐僧が帰国時に持ち帰って日本国内で伝世されたものや、敦煌・吐魯番から出土したものが現存しており、[1] これらを利用して多くの研究が蓄積されている。[2]『行記』における「公験」についても、すでに小野勝年氏[3]や山岸健二氏[4]による専論があり、詳細な検討が加えられている。しかしながら、「公験」の理解をめぐってはなお議論の余地が残されていると考える。そこで、本稿では『行記』における「公験」について再検討を行ない、唐代の交通システムを考えるための一助としたい。

なお、以下の本文中で日付のみ提示した史料は、すべて『行記』による。

1　唐代通行許可証制度の概観

まず、『行記』の検討に先だって、唐代における通行許可証制度について概観しておく。

衛禁律25私度関条には、通行許可証を持たずに関津を通過することに対する罰則規定があるが、その疏義には関津を通過するのに必要な通行許可証が列記されている。

史料1　衛禁律25私度関条

諸私度関者、徒一年。越度者、加二一等一。不レ由レ門為レ越。

疏議曰、水陸等関、両処各有二門禁一、行人来往皆有二公文一、謂駅使験二符券一、伝送拠二逓牒一、軍防・丁夫有二総暦一、自余各請二過所一而度。若無二公文一、私従二関門一過、合徒一年。越度者、謂関不レ由レ門、津不レ由レ済而度者、徒一年半。

これによれば、駅使は符券、伝送は逓牒、軍防・丁夫は総暦を通行許可証とし、それ以外の旅行者は過所を所持していなければならなかった。

過所に関する規程は、『大唐六典』や『和名類聚抄』にも関連する令の逸文がみられる。

史料2 『和名類聚抄』居処部道路類津条

唐令云、諸度二関津一、及乗二船筏一上下経レ津者、皆当レ有二過所一。

史料3 『大唐六典』巻六 尚書省司門郎中員外郎条

凡欲レ度レ関者、先経二本部本司一、請二過所一。在レ京則省給之、在外州給之。雖レ非二所部一、有二来文一者、所在給之。

史料4 『大唐六典』巻三〇 京兆河南太原牧及都督刺史掌条

戸曹司戸参軍、掌戸籍・計帳・道路・逆旅・田疇・六蓄・過所・蠲符之事。(後略)

関津の通過には過所を必要としたが(史料2)、その発給申請は本部(地方においては県)か、官人の場合は本司を通じて申請し、京では尚書省が、地方では州が発給することとなっていた。また、本部・本司でない場合でも「来文」があれば所在地で過所を発給できた(史料3)。過所の発給を担当するのは戸曹(司戸)参軍であり、州以外でも戸曹(司戸)参軍を有する三府・都督府で過所は発給されていた[5](史料4)。

過所の書式に関する条文は現存していないが、日本では養老公式令22過所式条にその規程があり、唐令においても公式令に過所式が定められていたと考えられている[6]。また、その書式は現存する実例によれば、概ね①発給官司名、②旅行者・従者の身分位姓名と携帯品内訳、③宛所(目的地+「已来路次」)~「幸依勘過」、④発給担当者の署、⑤発給年月日+「給」となっている[7]。

過所は律令条文上では関津における通行許可証として規定されているが、園城寺が所蔵する円珍の過所には「所在州県鎮鋪関津堰寺」「所在関津守捉」での交通検察を想定していたことがみえており、実際には関津以外においても交通検察が行なわれ、過所が通行許可証として機能していたことが知られる[8]。

過所は五代までは使用されていたが、宋代にはみられなくなり、それに替わって公験と呼ばれる通行許可証が用いられるようになった。[9] ただし、公験そのものはすでに唐代から用いられており、これまで公験と過所の発給官司や通用範囲の相違について議論が重ねられてきた。公験は過所とは異なり、県などでも発給できたことが指摘されており、発給官司の非限定性が公験の特徴とされている。[10] 一方その通用範囲については、過所が関津に用いられるのに対し、公験はそれ以外の州県鎮鋪で用いられたとする内藤湖南氏の見解がある。[11] これに対し、仁井田陞氏は公験の申請文言にも「関津」がみられることから内藤説を批判し、そのうえで「公験の通用区域の狭小なのに対し、過所のそれは広かった様である。然し、公験が常に通用の区域が狭かったと断定するわけではない」と慎重な判断を下している。[12] かかる通用範囲に関する見解の相違は後の研究によっても解消されておらず、公験は通用範囲が限定されないとする説[13]と、発給官司の管轄領域を通用範囲とするという説[14]が出されている。

ここで注意しなければならないのは、「公験」とはそもそも通行許可証に限らず、広く軍功や土地の売買などの公的証明書をも指す言葉であり、特定の文書様式を表すものではないことである。[15] 「公験」の語がそのような一般名詞だとすれば、それが通行許可証として用いられる場合でも、必ずしも定まった様式や機能を有しているとは限らない。律令上に様式・機能が規定された文書である「過所」と、公的証明書一般を指す「公験」という性格の違う語句を同一の俎上で対比することはできず、「公験」は「過所」よりも広い概念の語句として捉えなければならない。『行記』における「公験」についても、このような視点から再度検討する必要があるだろう。

2　円仁の唐留住と通行許可証取得の経過

山岸氏が整理したように、『行記』において円仁が通行許可証を申請する場面は三度ある。

①揚州における天台山巡礼の許可申請
②登州における五台山巡礼の許可申請
③長安における帰国の許可申請

①は、開成三年(八三八)に遣唐使船に乗って揚州に上陸した円仁が、天台山への巡礼許可を揚州府に求めたものであるが、最終的に不許可となった(開成四年二月二十四日)。なお、この申請の際には『行記』に「公験」の語は使用されていない。

③は、開成五年(八四〇)八月に長安入城を果たした円仁が、会昌五年(八四五)五月十四日に帰国のため京兆府に申請し、発給されたものである。円仁は「公験」の交付を受けた際に、会昌元年以来一〇〇回以上帰国を申請したが許されず、会昌の廃仏にあたってようやく帰国することができたと複雑な心境を述べている(会昌五年五月十四日)。

②は、遣唐使一行と別れて登州文登県青寧郷の赤山法花院(赤山院)に居住することになった円仁が、五台山・長安への巡礼の旅の許可を得るため当地の官府に「公験」を申請し、発給されたものである。②の過程においては『行記』にもしばしば「公験」の語がみえ、円仁と官司との文書のやりとりの記録も残されており、従来の公験研究でも取りあげられることが多い。以下、本稿では②の通行許可証の発給過程について詳しくみていく。

②における通行許可証の申請から発給までの足取りを簡単に整理したものが後掲の表1である。円仁は赤山院の新羅僧らと交流するなかで、登州から遠い天台山行きを断念し、目的地を五台山に改めた(開成四年七月二十三日)。そこで、円仁は五台山巡礼に向けての通行許可証を官に求めることになるのであるが、『行記』に初めて「公験」申請のことがみえるのは開成四年九月二十六日である。円仁は『行記』同日条に、赤山院の院主である新羅僧法清がかつて長安章敬寺の僧であったときに祠部が発行した「公験」を写し、続けて自分が赤山院に提出した公験申請の牒を

載せている。この時に円仁は巡礼の旅に必要な通行許可証を法清から学び、それに準じて申請を行なったのであろう。しかし、その後しばらくは赤山院から上属の官司に通行許可証の申請が行なわれた形跡はなく、年が明けて翌開成五年正月十九日に、円仁はあらためて赤山院に巡礼の申し出を行なっている。

円仁の再度の巡礼許可申請を受けて、赤山院では「当州軍事押衙」の張詠に円仁の巡礼許可申請を行なった(二十日)。張詠はこれを文登県に取り次ぎ(二十一日)、さらに文登県は登州に上申を行なっている(二十七日)。二月十九日に文登県から張詠の「勾当新羅押衙所」に牒が届き、その翌日に円仁は張詠から文登県への牒を託され文登県城に向かう。二十四日に文登県から牒が発給され、円仁はそれを手に翌日登州都督府に向けて出発する。円仁は三月二日に登州府に入り、五日に「公験」を申請、十一日には登州都督府から一通は青州(淄青)節度使、一通は青州府の登州留後官に提出する「牒二道」が発給される。これを受けて円仁はさらに青州へと向かい、二十二日に節度使に牒を提出する。四月一日には節度使より「公験」が発給され、円仁らは青州を発して五台山へと赴く。

以上、円仁が赤山院から五台山へ至るまでの通行許可証の申請・発給過程を簡略に追ってみたが、円仁は文登県・登州都督府・押両蕃使府よりそれぞれ文書を発給されている。従来の研究では、これらのすべての文書が通行許可証としての「公験」として検討されることがあったが、問題なのはここでの「公験」がどのような通行許可証かということであり、またそれ以前にこれらすべてが「公験」なのかどうかについても検討の余地がある。以下では、これら三つの文書を便宜的に文書A(文登県牒)・文書B(登州都督府牒)・文書C(押両蕃使公験)と呼び、節を改めてそれぞれについて検討を行なう。

表1　押新羅渤海両蕃使「公験」交付までの経過

6月7日	赤山村到着。
7月16日	遣唐使船出発。州使、県家に報告。
7月23日	五台山・天台山を遊行した新羅僧聖林の話を聞き、天台山行きを断念、五台山行きを決意。
7月28日	文登県より清寧郷に円仁らの身元確認を求める牒が届く。これに対し、円仁ならびに赤山院主僧法清は、県に円仁留住の事由を説明する文書を提出。
9月3日	8月13日に、文登県より清寧郷に州司の追勘にそなえて円仁らの身柄を確保しておくよう命じる牒が届く。これに対して村正が円仁ら留住の報告を受けていない旨返答したため、再度文登県より文書が下される。これに対し、円仁らは留住の事由を報告。
9月26日	巡礼のための「公験」を州県に申請するよう赤山院に依頼。
1月19日	円仁より赤山院に巡礼の許可を求める書状提出。
1月20日	赤山院綱維と従僧の惟正が当州軍事押衙張詠を訪ね、赤山院・円仁の巡礼許可申請を提出。
1月21日	張詠より「巡礼許可は明日に県に報告するので、返報があれば専使を派遣して知らせる」との報が届く。
1月27日	張詠より「県から返報があり、州司の処分を十数日待つようにとの指示があった」との報。
2月1日	円仁より張詠に巡礼許可の催促。張詠より安心して待つように返報。
2月15日	張詠と会見。張詠より州からの返事待ちと告げられる。
2月19日	法清とともに「勾当新羅使張押衙宅」に向かう。文登県より勾当新羅所への牒が届く。
2月20日	張詠は牒を円仁に付し、県司に向かい「公験」を交付させるため、担当官の李明才をして県司に送らせる。
2月21日	李明才が県に入るも、時間が合わなかったため判を得られず、「公験」が交付されない。
2月22日	県長官が請暇のため「公験」を得られず。
2月24日	文登県より登州都督符宛ての「公牒」を得る。→文書A
2月25日	登州府に向け出発。
2月27日	牟平県に到着。
3月2日	蓬莱県の登州府に到着し、開元寺に入る。城南地界所由の喬汶に行由を問われ、行歴を提出。
3月5日	刺史に「公験」交付申請の提出。刺史より本司が検過したとの返答。
3月8日	刺史に「公験」交付申請の提出。刺史よりまもなく公験交付との返答。
3月9日	使院の長より「明日州牒が下されるので、自ら淄青節度使府に赴き「公験」を申請するように」との報が届く。
3月11日	州より二通の牒を得る。一通は留後官宛て、一通は使に宛てたもの。→文書B
3月12日	登州府を出発。
3月15日	莱州に到着。
3月21日	青州府に到着。
3月22日	朝、州衙に赴くも尚書に会えず、登州知後院に赴き牒を提出。晩、ふたたび州に赴き牒を提出。寺院で待つよう指示される。
3月25日	尚書に「公験」交付申請の提出。
3月27日	従僧の惟正を本典院に派遣し、「公験」交付の状況を調査。起案係より、「すでに処分し、円仁への支給するものと京へ奏上するものの二通があるが、あとは尚書の押印待ちである」との返答が届く。
3月30日	節度使より申請の奏上をすでに終えたとの報あり。
4月1日	「公験」の交付。→文書C
4月3日	五台山に向け出発。

3　『行記』における「公験」の再検討

①文書Aについて

史料5　開成五年二月廿四日条（文書A）

登州都督府　　文登県牒

日本国客僧円仁等肆人

僧円仁、弟子僧惟正・惟曉、行者丁雄万并随身衣鉢等

牒。検二案内一、得二前件僧状一、去開成四年六月、因レ随二本国朝貢船一、到二文登県青寧郷赤山新羅院一、寄レ住。今蒙二放任一東西。今欲レ往二諸処巡礼一。恐所在州県関津口鋪路次不レ練二行由一。伏乞賜二公験一為レ憑。請二処分一者。依検、前客僧未レ有三准レ状給二公験一、請二処分一者。准二前状一給二公験一為レ憑者。謹牒。

開成五年二月廿三日　　典王佐牒

主簿判尉胡君直

文書Aは、円仁が勾当新羅使張詠を通じて「公験」の申請を行なったことに対し、文登県が発給した文書であるが、この文書が「公験」なのか否かについて、まず最初に確認しておく。小野氏は文書Aに先だって同日条に「得県公牒、文如別」とあることに着目し、その「公牒」の間に「験」の字を補って「県の公験を得たり。牒文は別の如し」（傍点引用者、以下も同じ）と読み、また文書Aの下線部を「前の状に准じて公験を給して憑と為すものなり」と読んで、文登県から公験が発給されたとしている。[16] しかし、前者はあえて「験」の字を補わなくとも「県の公牒を得たり。文

は別の如し」と読め、後者も「前状に准じ公験を給して憑と**なせ**」と読めるのであり、文書A自体は「公験」ではなかったと考えるべきであろう[17]。

文書Aは、文登県から登州都督府に宛てて出されたものである[18]。冒頭に「公験」の申請者・従者名と携帯品内訳を挙げ、「公験」の申請者による申請状を引用して、文登県が登州都督府に「公験」を発給することを求めている。すなわちこの文書Aは、これ自体が「公験」なのではなく、県から州へ「公験」の発給を取り次いだ文書と考えられるのである。

②文書Bについて

史料6　開成五年三月十一日条（文書B）

登州都督府牒二上押両蕃使一

拠二日本国僧円仁等状一請二公験一、往二五台并名山及諸方一、巡二礼聖跡一、尋二師学法一等。僧円仁、弟子僧惟正・惟暁、行者丁雄万并随身剃刀衣鉢等。

牒。検二案内一得二件僧状一、本心志二慕釈教一、修二行仏道一。遠聞、中花五台等諸処、仏法之根源、大聖之化処。西天高僧、踰レ険遠レ投、唐国名徳、遊レ茲得レ道。円仁等旧有二欽羨一、渉レ海訪尋、未レ遂二宿願一。去開成四年六月、留到二文登県青寧郷赤山新羅院一。隔二生縁滄溟一、忘二懐土於海岸一。今欲下往二諸方一、礼二謁聖跡一、尋レ師学上レ法。恐所在州県関津口鋪及寺舎等不レ練二行由一。伏望特賜二公験一、以為二憑拠一者。依検、日本国僧円仁等、先拠二文登県申一、去年六月十二日、日本国入京朝貢使却迴船到二当県界青寧郷赤山東海口着岸一、至二七月十五日一発。続得二県申一、日本国還国船上、抛二却僧円仁并行者等四人一。州司先具二事由一、申レ使訖。謹具如レ前。不レ審下給二公験一否上者。刺史判、州司無二憑便給二公験一。付二安録一、申二尚書一取レ裁。仍遣二僧人一自賷レ状見二尚書一取二処分一者。謹具如レ前。

未レ有レ申レ使、請二処分一者。具状牒二上使一者。謹録牒上。謹牒

開成五年三月九日　　府史匡従制牒

具状申上。尚書。

十日　行　固

牒壹道出訖。典　匡従制　官復言　印二

文書Aに次いで、登州都督府で発給されたのが文書Bである。文書Bでは、冒頭に円仁によって「公験」申請の旨が書かれ、本文では「検二案内一得二件僧状一」とあり、円仁の提出した状が引用されている。『行記』開成五年三月三日条にはほぼ同文の円仁状が掲げられており、この日に提出された文書を引用したものであろうと思われる。続けて文登県からの申上文として円仁が登州文登県に滞在する由来が記されるが、この内容は文書Aと同文ではない。文登県と登州都督府との間には文書A発給以前の段階でも文書のやりとりがあり（開成五年正月二十日、同二月十五日）、この段階での申上によるものであろうか。その後に、州司は使（押両蕃使）への報告をすでに行なったが、「公験」を発給すべきかどうか明確でないということが記される。続く「州司無二憑便給二公験一。付二安録一、申二尚書一取レ裁」とは、小野氏が明らかにしたように「州司には公験を発給する憑がないため、安録を付して押両蕃使の決裁を仰ぐ」という意味であり、いわば「公験」発給の判断を押両蕃使に先送りするものである。よって文書Bも押両蕃使に「公験」の発給を申請する文書であり、小野・山岸氏もすでに指摘するように、これ自身は「公験」ではない。

ただし、文中に「申レ使訖」とみえるように、すでに登州都督府と押両蕃使との間には「公験」の発給をめぐって文書のやりとりがなされており、判断をまったく先送りにしたということではないだろう。小野氏は「節度使の判定の如何んでは再度、赤山法花院に送還されて禁足のうき目にあうような事態も生じうる可能性をふくんでいる」とす

るが、押両蕃使で「公験」を発給できることはこの段階で了解済みだったと思われる。すなわち、円仁の「公験」の発給は登州都督府ではなく、押両蕃使が行なわなければならない理由があったということになるが、この点については後述する。

③文書Cについて

続いて文書Cであるが、文書Cは文書A・Bと異なり、『行記』にその内容が写されていないため、記載の詳細は不明とせざるを得ない。しかしながら、文書Cの場合は『行記』にはっきりと「得二公験一」と記されていて、これが通行許可証としての「公験」であったことは疑いない。四月一日に文書Cを得た円仁は三日に青州を発し、同年四月二十八日には念願の五台山に到着した。五台山巡礼を果たした円仁は七月に長安に向かい、八月二十二日に長安城内に入っている。この間、円仁が新たな通行許可証を申請・発給された形跡はなく、長安に入った際にも青州で得た「公験」を提示していることから(八月二十三日、同二十四日)、文書Cは長安にいたるまでの通行許可証として機能したといえる。

五台山から長安への路次において、円仁は何度か関を通過し、関吏の勘過を経ている(開成五年八月四日、同五日、同十三日)。内藤氏は、過所は関津で用い、公験はそれ以外において使用するとの立場から、円仁は公験である文書Cのほかに過所も得ていた可能性があると指摘している。[19] これに対して仁井田氏は、公験は関津でも使用されたとして批判しているが、その論拠となっているのは文書A・Bにみえる「恐所在州県関津口鋪路次不レ練二行由一」・「恐所在州県関津口鋪及寺舎等不レ練二行由一」という申請理由の部分に「関津」の語がみえることである。[20] しかし第1節で述べたように、「公験」が広く公的証明書を指すとすれば、文書Cが過所そのものであった可能性も検討してみる必要がある。

『行記』において「過所」の語が見えるのは会昌五年十一月十五日条のみである。

史料7　会昌五年十一月十五日条

（前略）(iii)近有レ勅、天下辺州、応レ有二還俗僧尼一、并仰二所在一知二存亡一、且不レ令二東西一。縁三還俗僧張法満、京兆府准レ勅遞二帰西蕃一、被二遞送一到二鳳翔節度府一。縁二節度使重奏一、勅旨且令二鳳翔府収管一、不レ要三遞入二西蕃一。因レ此、天下辺州還俗僧尼亦不レ令二東西一。(i)勾当使為レ発二送求僧等一、請二当州過所一。(ii)端公判云、自求レ船、況准レ勅遞過、不レ合二停滞住一給者。(iv)本曹官人商量云、有レ阻二勅文一、不三肯給二公験一。

本条には、「過所」「公験」の双方の語がみえていることが注目される。山岸氏はこの二つの語が書き分けられていることから、円仁は過所・公験を区別していたとしている。しかし本条の内容は、勾当使（張詠）が円仁帰国のために「過所」を請求した（下線部i）のに対し、刺史である端公は「不レ合二停滞住一給」として「過所」を発給して円仁を帰国させようとしたが（下線部ii）、還俗した僧尼を「不レ令二東西一」という新しい勅（下線部iii）に従って、担当官人は「公験」の支給を承諾しなかった（下線部iv）というものである。つまり、ここでの「公験」は文脈上「過所」と同じものを指すと考えなければならない。すなわち、『行記』では過所も含めて「公験」と呼んでいた可能性があり、文書Cが実際には過所式にもとづく文書であった可能性も想定し得るのである。もっとも文書Cの書式は知り得ないので、それが過所であった確証はない。しかし、関津の勘過に用いられていることや、発給官司の領域に関わらず使用されていることなど、これまでに知られるほかの過所と文書Cは共通した内容を持っている。ほぼ同時代に入唐した円珍は越州・尚書司門で過所の判給を受けており、文書Cが過所式にもとづく文書であった可能性は高いと思われる。

文書Cが過所であるとすれば、文書A・Bは過所の申請・発給過程の文書ということになる。史料3の関市令逸文によれば、地方官司の場合、過所の発給申請はまず本部である県に申請がなされ、それを経て州が発給することとなっていた。この申請過程は日本令においても同様であり、養老関市令1欲度関条には唐令と同じ規定がみられる。

史料8　養老関市令1

欲度関条

凡欲レ度関者。皆経二本部本司一。請二過所一。官司検勘。然後判給。還者連二来文一。申牒勘給。若於二来文外一。更須レ附者。験レ実聴之。日別惣連為レ案。若已得二過所一。有レ故卅日不レ去者。将二旧過所一。申牒改給。若在レ路有レ故者。申二随近国司一。具レ状送レ関。雖レ非二所部一。有二来文一者亦給。若船筏経レ関者。亦請二過所一。

この「皆経二本部本司一」の部分に付された『令義解』の註によれば、本部・本司から過所の発給官司へは「許牒」と呼ばれる文書が申請文書に副えて送られることになっていた。(21) 唐においても、地方官司における過所発給過程では州と本部＝県との間に文書のやりとりがあったことが吐魯番出土の案巻から明らかにされており、(22)「許牒」と同様の文書の存在が想定される。文書Aは、日本の「許牒」に相当する文書であったと考えてよいだろう。また、文書Bも州で最終的な「公験」の発給が行なえなかったために、その上属官司に送られた「許牒」に類する文書と考えられる。文書A・Bは通行許可証としての「公験」そのものではないが、その発給過程を明らかにし得る重要な史料であるといえるのである。(23)

4　円仁の公験と在唐新羅人

前節では、円仁が青州で得た「公験」（文書C）が過所であった可能性を指摘し、文書A・Bはその申請・発給過程を示す文書であることを明らかにした。しかし、史料3の唐令によれば、州・都督府においても過所を発給し得るのであり、現に円珍は越州都督府から過所の発給を受けている。なぜ円仁は登州都督府で「公験」の発給を受けることができなかったのであろうか。

先にみたように、過所申請においては本部・本司を通じて申請状を提出するか、それがない場合は「来文」を所有していなくてはならない。本部とは本貫であり、戸籍に編付された土地である。そもそも、地方官司において過所を発給するのが州以上の戸曹(司戸)参軍であるのは、それが戸籍・計帳を掌る官職であることと密接に関係している。唐では〝本貫地主義〟がとられたとされるが、それは籍帳による人身支配と結びついた交通管理システムとして理解できる。[24]

外国人である円仁の場合、当然登州文登県は彼の本貫ではない。しかし、その場合でも「来文」、すなわち過所を申請した土地に到るまでの通行許可証があれば、過所を発給し得るのである。円珍の場合、彼も円仁同様に外国人であったが、入唐にあたって大宰府(鎮西府)の発給した「公験」を得ていた。円珍は到着地である福州においてあらためて「公験」を申請するのであるが、ここでは大宰府の「公験」が「来文」の役割を果たしている。これは円珍による「公験」の申請文書中に「謹連元赤」とある「元赤」に相当し、大宰府の「公験」によって福州到来以前の円珍の身分が証明されているのである。円珍はその後も路次で「公験」を「来文」として貼り継ぎながら巡礼の旅を続け、越州都督府では過所を取得している。

円仁の場合、彼はあくまでも遣唐使船の一員として入唐したのであり、遣唐使船を降りた段階での身分は不法滞在者ということになる。[25]無論、円仁は「本部・本司」からの「来文」は所持しておらず、登州都督府が「無㆔憑使給㆓公験㆒」として「公験」を発給し得なかったのも当然といえよう。しかしながら、円仁は最終的に押両蕃使から公験の発給を受けることができた。ここで注意しておきたいのは、公験の発給者は淄青(青州)節度使ではなく、あくまでも押両蕃使(押新羅渤海両蕃使)だということである。

淄青節度使と押新羅渤海両蕃使は兼任されるのが常例であり[26]、実際には同一人物であるが、ここでは文書Bの宛所には明確に「押両蕃使」と記されていることを重視したい[27]。公験の発給官司が押両蕃使であることについては、円仁が外国人であったためとする見解がすでに提示されている[28]。基本的に従うべきと考えるが、この点についてもう少し掘り下げて検討したい。

円仁による文登県への公験申請は、赤山院から「当州軍事押衙」(開成五年正月二十日)・「勾当新羅押衙」(開成五年二月十九日)の張詠を通じて行なわれた。張詠は赤山法花院の「勾当」であり、節度使権力とも結びつきをもつ在唐新羅人である[29]。「公験」の申請が張詠を通じて行なわれたのは、張詠が赤山院に近い在唐新羅人の有力者であったというだけでなく、「公験」の申請をめぐって文登県との間に文書のやりとりがあることや、その際の牒の宛所が「勾当新羅押衙所」(開成五年二月十九日)となっていることなどからも、張詠の公的な職掌によるものと考えなければならない。

そこで注目されるのは、円仁が帰国時に張詠と再会した際に、張詠の肩書きを「勾当文登県界新羅人戸」と記していることである(会昌五年八月二十七日)。八世紀末から九世紀初頭にかけては、新羅国内の飢餓や政治的混乱のなかで多くの新羅人が唐に移住してきたり、沿岸部の海賊によって奴婢として売られたりしていた[30]。『唐会要』巻87、長慶三年正月条には、解放された新羅人奴婢が「傍海村郷」に寄寓しているため、その解放奴婢が本国に帰るための船舶を州県が制限しないようにしてほしいという新羅国使金柱弼の状がみえている。これはあくまでも解放奴婢に関する事例ではあるが、赤山浦や乳山浦には唐・新羅間を移動する張宝高の貿易船も寄港しており(開成四年六月二十八日、同五年二月十五日)、山東半島には商船の往来などを通じて多くの在唐新羅人が居住していた[31]。これらの在唐新羅人がすべて唐に帰化し、戸籍に編付されていたとは考えがたいが、一方で唐ではこれらの新羅人を何らかの方法で掌握していたことも推測される。(32) 張詠の「勾当文登県界新羅人戸」という職掌は、登州文登県における在唐新羅人の「戸」の管理・掌握にあったのであろう。

円仁は、この張詠を通じて公験申請を行なったのであるが、参考になるのが帰国時の漣水県における以下のやりとりである。

史料9　会昌五年七月九日条

斎時到二漣水県一。(中略)仍作レ状入レ県見二長官一、請下停二泊当県新羅坊内一、覓レ船帰国上。長官相見哀恤、喚二祇承人一処分、令レ勾二当茶飯飲食一。且令三将見二長官一、問云、(i)新羅坊裏、曾有二相識一否。答曰、縁下開成四年日本国朝貢使従二楚州一発帰レ国時、皆於二楚州及当県一抽上レ人、的令レ有二相識一。長官処二分祇承人一云、領二和上一到二新羅坊一、(ii)若人識認、即分付取二領状一来。若無二人認一、即却領二和上一来。便共レ使同到二坊内一。惣管等擬レ領、別有二専知官一不レ肯、所以不レ作二領状一、却到二県中一。(後略)

漣水県の新羅人居留地である新羅坊に着いた円仁は、ここで滞在して船を求め、渡海することを県の長官に申請した。これに対し長官は新羅坊内に面識のあるものがいるかどうかを問い(下線部i)、その「領状」(下線部ii)があれば円仁の滞在を認めると答えている。結果的に、新羅坊の専知官が「領状」を作成しなかったので滞在することはできなかったが、ここからは面識のあるものが申請者の身分を証明すること、すなわち保証人が存在することによって滞在が許されることがわかる。これは「公験」の発給においても同様と考えられ、「来文」がない場合も、保証人による証明をもってこれに換えることができた。(33)

以上のように、円仁は山東半島の在唐新羅人を保証人とすることで「公験」の発給を受けることができたのであるが、それは通常の州―県による戸籍把握とは異なり、勾当新羅使を通じた「戸」の把握によるものであったために、最終的な発給の権限も在唐新羅人管理体制の最高責任者たる押両蕃使が有していたのであろう。唐における民衆把握は籍帳を基本とし、通常は通行許可証の発給もこれに依拠して行なわれるのであるが、円仁のような外国人に対しても押蕃使などを通じた管理・把握体制によって柔軟な対応が可能であったと考えられる。円仁の巡礼の旅が在唐新羅人の協力のうえに成り立っていたことはよく知られているが、このことは「公験」の発給過程からも裏づけられるのである。

おわりに

本稿では、これまで過所とは異なる通行許可証として論じられてきた『行記』における「公験」を検討し、山東半島で円仁が入手した「公験」は、過所とその申請・発給過程における文書であり、またその申請・発給は在唐新羅人の管理・把握体制を通じてなされたことを明らかにした。

公験による通行許可証制度とは、唐国内に居住・滞在する様々な人間の身分・素性を国家が文書によって管理・把握することにほかならない。[34]〝本貫地主義〟とは人々の移動を制限するものと捉えられがちであるが、むしろ移動する人々の管理・把握を貫徹するために機能するシステムであるともいえる。それは籍帳による人身支配を根本としつつも、その枠外にある外国人も柔軟に含みこむことのできる性格を備えていたのである。

唐代の通行許可証に関する研究は、これまで過所・公験という二種類の通証許可証の制度を明らかにするという方向で行なわれてきた。しかし本稿でみたように、公験は過所を内包するのであり、唐代の通行許可証は公験全体の構造として考えなければならない。そして、前掲史料1にみえるように通行許可証は過所のみではないのであり、伝符・逓牒・総暦なども視野に入れたうえで唐代の交通システムを位置づけることが必要であろう[35]。

本稿では『行記』における「公験」、しかも山東半島におけるそれに限定して論じてきたため、円仁以外の入唐僧や敦煌・吐魯番における通行許可証についてはほとんど関説することができなかった。残す課題は多いのであるが、本稿が唐代の交通システム解明の糸口となれば幸いである。

註

（1）現存する過所・公験については、礪波護「唐代の過所と公験」（『中国中世の文物』所収、京都大学人文科学研究所、一九九三年）がほぼ網羅的に紹介しており、写真も多く掲載されている。以下、『行記』以外の過所・公験はこの論文による。

（2）唐代の通行許可証に関する研究については、礪波護「唐代の過所と公験」（前掲註（1）論文）が一九九三年以前の研究史整理を行なっており有益である。それ以降の主な研究としては、中村裕一「敦煌・吐魯番文献中の唐代公文書」（『唐代公文書研究』所収、汲古書院、一九九六年）、山岸健二「『入唐求法巡礼行記』にみえる過所・公験」（本書第2部、初出は一九九六年）、荒川正晴A「唐の州県百姓と過所の発給」（『史観』一三七、一九九七年）、同B「唐朝の交通システム」（『大阪大学大学院文学研究科紀要』四〇、二〇〇〇年）、石田実洋A「『伝教大師入唐牒』についての二、三の考察」（『日本歴史』六〇六、一九九八年）、同B「正倉院文書続修第二十八巻の『過所』についての基礎的考察」（『古文書研究』五一、二〇〇〇年）などがある。

（3）小野勝年「山東における円仁の見聞」（『塚本博士頌寿記念仏教史学論集』所収、塚本博士頌寿記念会、一九六一年）。以下、特に断らない限り、小野氏の見解はこの論文による。

（4）山岸健二「『入唐求法巡礼行記』にみえる過所・公験」（前掲註（2）論文）。以下、山岸氏の見解はすべてこの論文による。

(5) 中央においては尚書省司門のほか、親王府戸曹参軍事・左右衛倉曹参軍事などでも過所が発給された。なお、過所発給官司や手続きに関しては、杉井一臣「唐代の過所発給について」(『東アジアの法と社会』所収、汲古書院、一九九〇年)、荒川正晴「唐の州県百姓と過所の発給」(前掲註(2)A論文)、石田実洋「正倉院文書続修第二十八巻の『過所』についての基礎的考察」(前掲註(2)B論文)など参照。

(6) 中村裕一「唐代官文書の種類」(『唐代官文書研究』所収、中文出版社、一九九一年)。

(7) 荒川正晴「唐の州県百姓と過所の発給」(前掲註(2)A論文)。

(8) 舘野和己「関津道路における交通検察」(『日本古代の交通と社会』所収、塙書房、一九九八年、初出は一九九四年)。

(9) 青山定雄「唐・五代の関津と商税」(『唐宋時代の交通と地誌地図の研究』所収、吉川弘文館、一九六三年、初出は一九五〇年)。

(10) 青山定雄「唐・五代の関津と商税」(前掲註(9)論文)、杉井一臣「唐代の過所発給について」(前掲註(5)論文)など。

(11) 内藤湖南「三井寺所蔵の唐過所に就て」(『内藤湖南全集』第七巻所収、筑摩書房、一九七〇年、初出は一九三一年)。

(12) 仁井田陞「過所及び公験」(『唐宋法律文書の研究』所収、東方文化学院、一九三七年)。

(13) 杉井一臣「唐代の過所発給について」(前掲註(5)論文)。

(14) 荒川正晴「唐の州県百姓と過所の発給」(前掲註(2)A論文)。

(15) 小野勝年「山東における円仁の見聞」(前掲註(3)論文)、中村裕一「唐代官文書の種類」(前掲註(6)論文)、坂内三彦「公験の基礎的考察」(『日本古代中世史　研究と資料』一八・一九　二〇〇一・二〇〇二年)。なお、小野氏は別の論文では「そもそも公験とは官司から出された認可、証明などの公文書の義であるが、狭義には旅行証明書のことを指した。すなわち、符券・逓牒・総歴・過所などの交通関係の証明書を総括した言葉として用いられるのである」(傍線引用者)として、「公験」が符券・逓牒・総歴なども含む通行許可証一般を指す語であるとしているが、従来の通行許可証研究ではこの文章はあまり注目されていない。しかし、この指摘は極めて重要であり、本稿でも基本的にこの見解を継承する。小野勝年「唐の官庁と円仁の旅行体験」(『入唐求法巡礼行記の研究』四巻、鈴木学術財団、一九六九年)。

(16) 小野勝年『入唐求法巡礼行記の研究』二巻(鈴木学術財団　一九六六年)。

(17) 堀敏一「唐代新羅人居留地と日本僧円仁入唐の由来」(『古代文化』五〇―五、一九九八年)。
(18) 杉井一臣「唐代の過所発給について」(前掲註(5)論文)は、文書Aの宛所を受給者である円仁とするが、小野勝年「山東における円仁の見聞」(前掲註(3)論文)・山岸健二「『入唐求法巡礼行記』にみえる過所・公験」(前掲註(2)論文)が指摘するとおり、宛所はあくまでも登州都督府である。
(19) 内藤湖南「三井寺所蔵の唐過所に就て」(前掲註(11)論文)。
(20) 仁井田陞「過所及び公験」(前掲註(12)論文)。
(21) 「許牒」など、日本令における過所発給過程については石田実洋「正倉院文書続修第二十八巻の『過所』についての基礎的考察」(前掲註(2)B論文)参照。
(22) 杉井一臣「唐代の過所発給について」(前掲註(5)論文)、荒川正晴「唐の州県百姓と過所の発給」(前掲註(2)A論文)。
(23) 小野氏や山岸氏も、文書A・Bについては巡礼許可証発給までの暫定的なものと捉えているが、文書Aは文登県から登州、文書Bは登州から青州までの通行許可証としても機能したとしている。確かにこれらが上属官府までの繋ぎの通行許可証として機能したことも想定し得るが、山岸氏自身も紹介しているように、登州城に到着して所由の喬汶に行由を問われた円仁は文書Aを提示しておらず、あらためて記した「行歴」にも文書Aのことはみえない(開成五年三月二日)。以上から、文書Aをあえて通行許可証と理解する必要は乏しいように思う。このことは、そもそもどのような範囲での交通に公験が必要となるのかという問題をはらむが、最澄・円珍の公験も踏まえたうえで別に検討することとしたい。
(24) 唐における通行許可証と〃本貫地主義〃については、荒川正晴「唐朝の交通システム」(前掲註(2)B論文)参照。日本の場合については舘野和己『日本古代の交通と社会』(前掲註(8)書)がこの問題について詳細に検討している。
(25) 遣唐使が唐の国内に来着すると、到着地の州は「辺牒」と呼ばれる名簿を作成することになっていた。おそらくはこの「辺牒」が遣唐使の国内における公験となっていたと考えられ、使節全体で管理されていたと推察できる。軍防・丁夫の公験である「総歴」に近いものであろう。遣唐使の待遇については石見清裕「辺境州県における朝貢使節の待遇」・

同「交雑の禁止」（いずれも『唐の北方問題と国際秩序』所収、汲古書院、一九九八年）を参照。

(26) 押蕃使については、村井恭子「押蕃使の設置について」（『東洋学報』八四―四、二〇〇三年）を参照。

(27) 円仁はのちに長安でこの公験を提示する際、「請青州公験」（開成五年八月二十三日）、「於節度使韋尚書辺請得公験」（開成五年八月二十四日）などと記しており、山岸氏はこれを押両蕃使でなく青州（淄青）節度使の発給した公験とする。しかし、文書Bは登州都督府が発給した正式な公文書の文面であり、円仁自身が記したものよりも、こちらの宛所を重視すべきであろう。

(28) 小野勝年『入唐求法巡礼行記の研究』（前掲註(16)書）、堀敏一「唐代新羅人居留地と日本僧円仁入唐の由来」（前掲註(17)論文）。

(29) 張詠については、坂上早魚「九世紀の日唐交通と新羅人―円仁の『入唐求法巡礼行記』を中心に―」（『文明のクロスロード』二八、一九八八年）、堀敏一「唐代新羅人居留地と日本僧円仁入唐の由来」（前掲註(17)論文）を参照。

(30) 蒲生京子「新羅末期の張保皐の抬頭と反乱」（『朝鮮史研究会論文集』一六、一九七九年）、坂上早魚「九世紀の日唐交通と新羅人―円仁の『入唐求法巡礼行記』を中心に―」（前掲註(29)論文）。

(31) 山東半島の在唐新羅人については坂上早魚「九世紀の日唐交通と新羅人―円仁の『入唐求法巡礼行記』を中心に―」（前掲註(29)論文）、堀敏一「在唐新羅人の活動と日唐交通」（『東アジアのなかの古代日本』所収、研文出版、一九九八年）、同「唐代新羅人居留地と日本僧円仁入唐の由来」（前掲註(17)論文）、金文経「在唐新羅人社会と仏教」（『アジア遊学』二六、二〇〇一年）など。

(32) 石見清裕「唐代外国貿易・在留外国人をめぐる諸問題」（前掲註(25)書所収）は、蕃坊においても戸籍に準ずる何らかの方法で居留民を把握していた可能性を指摘している。

(33) 過所発給において「来文」がなくても保証人の存在で発給が許可された例として、吐魯番出土の「垂拱元年（六八五）康義羅施等請過所案巻」がある。この案巻によれば、西州都督府において「公文」を有していないソグド人商人が過所発給を申請したのに対し、内地州県に本貫をもつ「百姓」化したソグド人らの「保人」が証言することで過所が班給されている。荒川正晴「唐帝国とソグド人の交易活動」（『東洋史研究』五六―三、一九九七年）参照。

(34)　通行許可証制度のこのような性格をもっとも端的に示しているのは、シナ・インド物語の次のような箇所である。「シナのある所から別の所へ旅行をしたい者は、総督からと宦官から発行される二通の〔通行〕手形を受け取る。総督の発行する手形は、公道〔を通行する〕ためのもので、それには旅行者と同伴者の名前、旅行者と同伴者の年令、また彼はどの氏族出身であるかが記載されている。シナの国に住む者は、本国人であろうと、アラブやその他の外国人であろうと皆、自分の身分を分からせるものに所属しておく必要があるのである」(傍線引用者)(『シナ・インド物語』、関西大学出版・広報部、一九七六年)。

(35)　このような唐代交通システムの総合的な研究としては、荒川正晴「唐朝の交通システム」(前掲註(2)B論文)がある。荒川氏は過所・公験などによる「私交通」と、駅伝馬制などの「公交通」を包括して論じたうえで、公験と逓牒に同一の性格を見出している。このような視角は今後継承していかねばならない。

〔追記〕　本稿は二〇〇五年一月に成稿したものである。その後、北宋天聖令の関市令が公表され、唐代の通行許可証に関する史料も増加している(天一閣博物館・中国社会科学院歴史研究所天聖令整理課題組『天一閣蔵　明鈔本天聖令校証　附唐令復原研究』上・下巻　中華書局　二〇〇六年)。唐代の通行許可証に関する研究としては、荒川正晴『ユーラシアの交通・交易と唐帝国』(名古屋大学出版会、二〇一〇年)、桜田真理絵「唐代の通行証」(鈴木靖民・荒井秀規編『古代東アジアの道路と交通』所収、勉誠出版、二〇一一年)、佐藤ももこ「唐代の通行証に関する一考察」(『史泉』一二〇、二〇一四年)などが発表されており、唐代の通行許可証全般をめぐる問題について新たに検討すべきことも多いが、『行記』にみえる「公験」の解釈としては現段階では変更の必要はないと考えており、再録にあたっては字句や表現の修正を行なうに留めた。

長安と洛陽を結ぶ二つの道
――「臨泉駅」銘石刻を中心に――

河野 保博

はじめに

「暁鼓人已に行き、暮鼓人未だ息まず。梯航万国来り、先を争って金帛を貢す…」と、「長安道(1)」という題を付して唐の王貞白が詠んだように、長安の都は世界有数の国際都市であり、あまたの国から人々がこぞって入来し、その街区はさまざまな顔で満ち溢れていた。また、現在の西安をみるまでもなく長安からは八方に道が延びており、すべての道の起点であり、ここから中国全土、さらには周辺の国々までつながっていた。なかでも、もう一つの都であった洛陽とを結ぶ道は、他の道とは別格であったといえるだろう。長安と洛陽はどちらも王都・陪都として唐代に至るまで中国歴代王朝の中心地であり、この二つを結ぶ道は、まさに中国歴代王朝にとっての大動脈であった。

隋、引き続いて唐の時代、長安が上都、洛陽が東都として置かれると、この両都間の交通量はいっそう増大し、政治的、経済的、または軍事的に最も重要な路線となった。また、この道は外交の道でもあった。入唐した新羅、渤海などの使者が唐の中心地を目指してこの道を歩いた。もちろん日本からの入唐官人・僧侶なども辿った道ではあるが、その記録は思いのほか少ない。そのなかで、入唐僧円仁と円珍の記録には、それぞれが歩いた道の記述が残されており、唐代後半の当該地域の交通を窺うことができる。

長安―洛陽の交通路についての研究は尨大かつ多様であるが、本稿では近年発見された「臨泉駅」銘石刻を中心に検証し、いわゆる崤山南路のルートを復原することにより、東アジアの交流を支え、唐帝国の大動脈であった長安―洛陽を結ぶ道の一部区間を推定し、唐代交通路の一端を探る手がかりとしたい。

1　長安と洛陽をつなぐ道

(1)二つの都

現在の西安市中心部に都を置いたのは隋を建国した楊堅(文帝)であり、彼の命を受けた宇文愷によって大興城が建設され、その後の唐長安城に受け継がれた。最盛期には人口百万人を超える国際都市となった長安であるが、唐滅亡後にはふたたびこの地が都となることはなく、一地方都市に退転し、明代には西安と改称されて現在に至っている。

もう一方の洛陽地域でも長安と同様に、隋のときに現在の洛陽市内中心部に都が置かれた。唐もこの地を陪都として受け継ぎ、則天武后の武周のときには神都と改称されて王都となった。洛陽は長安とは異なり、唐滅亡以後も後梁・後唐が都とし、続く宋・

図１　長安―洛陽全体図　T.P.C 2000 年版（1:1,000,000）に一部加筆した。

金も陪都としてこの地を重要視したが、それは洛陽が中原地帯の交通の要衝であり、経済的な拠点として重要だったからであろう。

この二つの都は、中国歴代王朝によって王都あるいはそれに準じる扱いを受けてきたが、特に唐代では長安を上都、洛陽を東都とする、いわゆる複都制がとられていた[2]。

長安の位置する関中地域は内陸部であり、天然の要害に囲まれた地で、常に異民族の侵入におびえていた歴代王朝にとっては都とするのに最適な場所であった。しかし、守りに適しているということは、交通が制限されているということであり、特に食糧の供給にはたびたび問題が起きた。それに対して、華中平原の西端に位置し、さまざまな水系が集まる洛陽盆地は物資の集積地点として優れ、特に河北や江南との流通に秀でていた。なにより東の世界に向けた出入口であり、そのため、洛陽を王都とした王朝も多く、長安を王都とした王朝も洛陽を陪都として確保したのであった。まさしく、高宗が「両都は是朕の東西二宅なり[3]」と述べるほどに、この二つの都は車の両輪の如く、欠けてはならない存在であった。

(2)両都を結ぶ道

この二つの車輪を繋ぐシャフトの役目を果たしたのが、長安—洛陽間の道である。唐代、両都を結ぶ道は、長安から洛陽に向かう人々だけでなく、河北・河南・江淮・嶺南などに向かう人々でも賑わっており、長安から鄭州までは大路とされ、その間には交通を支える駅館が多く設置されていた(4)。特に長安—洛陽間は「両京間の駅家、使命に縁るもの極めて繁なり(5)」といわれ、「両京の大道多く游客あり(6)」と記されるように、使臣・官人や旅游・商旅の人々が往復する唐代の大動脈であった。入唐した使節も長安に向かう際はこの道を通り、皇帝の下に向かった。現在でも西安と鄭州という陝西省と河南省の省都間を結ぶ重要な路線であるだけでなく、東アジア(海域)と中央アジア(内陸)を結ぶ、中原地域の幹線道路である。

長安から洛陽までの全長四〇〇キロメートルを超える交通路は、大きく三つに分けられる。まずは長安から潼関までの間、次いで潼関から陝州までの間、最後が陝州から洛陽までの間である(図1)。一つめの長安から潼関までの道は、まさしく渭水の道であり、潼関で黄河に合流するまでの行程である。潼関は東と北へ向かう交通路との結節地点でもあり、物資の集積地でもあった。二つめの潼関から陝州までの道は函谷道といわれ、黄河沿いを走る。その異称の通り、ほぼ中央に秦の函谷関が今も残されている。三つめの陝州から洛陽までの道は、途中から南北二路に分かれる。その南北を隔てる山の名から崤山道と呼ばれているが、詳細は次項でみていく。

(3)二つの道

長安から潼関・函谷関を過ぎるまでは、基本的に一本道である。しかし、この唐代の大道には南北の二つの道が存在していた。それは、唐の許渾が「余は張秀才と同じく潼関を出でて、陝府に至る。余は南道によりて洛下に止まり、

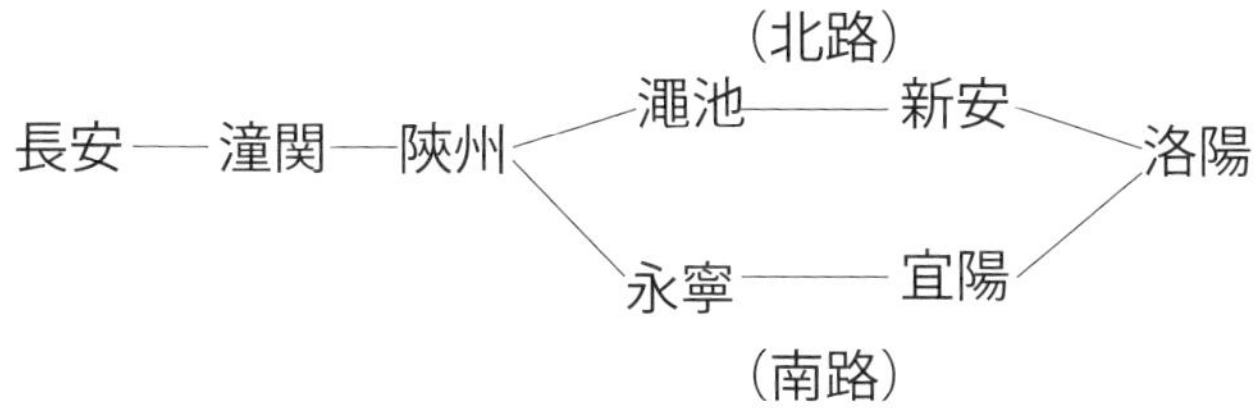

図2　長安－洛陽間行程模式図

張は北路によりて江東に抵る(7)」というように、両都間の中間である陝州府（現在の河南省三門峡市）から先、洛陽に向かう道は山間部を一直線に通る北路と南東に進み洛河を目指す南路に分かれていたのである（図2）。

この二つの道については、九世紀の入唐僧円珍の記録が参考になる。彼は大中七年（八五三）に入唐し、大中九年（八五五）に天台山から長安に向かう途中、洛陽から北路を通り潼関に至っている。そして長安を辞した円珍は、今度は陝州から南路を使って洛陽に入っている（表1）。また円珍より少し前に入唐した円仁は、帰国に際して長安から潼関を過ぎ、南路を使って洛陽、鄭州へと向かっている（表2）。唐代を通じて南北の二路は併用されていたようで、史料上に両路の記述が散見する。次に陝州から洛陽までの南北二路の路線を簡単に示す。

北路　北路は陝州からほぼ一直線に山間部を抜け、現在の澠池県・鉄門鎮・新安県などを通

表1　円珍の行程　大中九年（855）

月日	行程
5.7	洛陽〔徽安門〕→磁澗
5.8	→新安県→欽門
5.10	→三濠五谷等難所→陝州
5.15	→潼関
5.17	→赤水店
5.18	→新豊店
5.19	→昭応県
5.21	→長安〔春明門外〕
11.27	長安〔春明門〕→東渭橋
11.28	東渭橋→櫟陽県
12.初	→同州城
12.4	→解県→安邑県→陝州府→硤石官路→洛州界
12.17	→洛陽・龍門
12.18	→洛陽〔長夏門〕

『行歴抄』、『請弘伝真言止観両宗官牒』、『天台宗延暦寺座主円珍伝』を参照。

表2　円仁の行程　会昌五年（845）

月日	行程
5.15	京兆府→万年県→長楽坡
5.16	昭応県
5.22	潼関
	渭南県→華陰県→永寧県*
6.1	東都（洛陽）
6.9	鄭州

＊渭南県→華陰県→潼関→永寧県が本来の行程

『入唐求法巡礼行記』を参照。

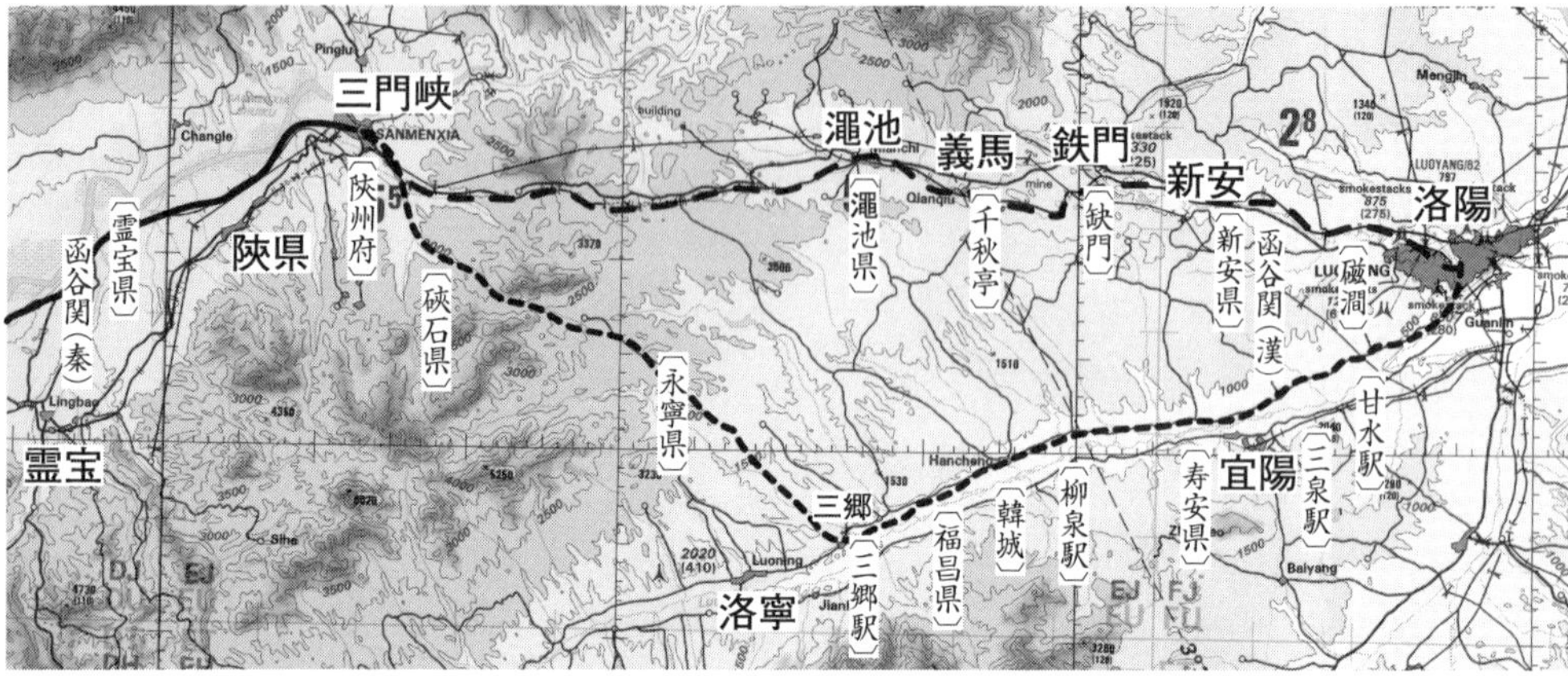

図3　峭函古道図 T.P.C 1997 年版（1:500,000）に一部加筆した。

って洛陽に至る道である。円珍は洛陽から北路を経由して、長安に向かっている。その行程を確認してみると、洛陽城の西門である徽安門を出て、磁澗（じかん）・新安・缺門（けつもん）を通過し、三濠五谷を経て陝州に至るルートとなる。厳耕望氏の考証にもとづけば、[8] 洛陽から澗河沿いに磁澗（磁澗鎮）・漢函谷関・新安県・缺門（鉄門鎮）・千秋亭（千秋鎮）・澠池県となる（図3）。北路については、洛陽から澠池県までの行程は分かりやすいが、そこから陝州までのルートについては必ずしも明らかではない。

南路　南路は陝州から南東に進み、硤石（こうせき）県（菜園郷）・永寧県（洛寧県）を通過して洛河に合流し、三郷駅（三郷郷）・福昌県・柳泉駅（柳泉鎮）・寿安県・甘水駅などを経て、南側から洛陽城に至る道である。円仁は潼関から洛陽までの間に、永寧県を通過したことを書き残しており、これにより円仁は南路を経由したことが知られるのである。

また円珍は長安からの帰路、陝州府から洛陽に向かったとしか記していないが、「硤石官道」とあること、洛陽城の南に位置する龍門から入っていることから、南路を通過してきたと推測できる。南路についても、洛河沿いの行程は分かりやすいが、陝州府から洛河に至る山中のルートについては不明な点が多い。そこで次に、新出資料を中心に北路と分岐する陝州から永寧県を経て洛河に至る交通路を具体的にみてみたい。

2　唐代永寧県周辺の駅と交通路

陝州―洛陽間の二路のうち、北路はほぼ一直線に山間部を貫いており、現在の道とほぼ変わらないルートである。しかし、南路は洛河沿いの三郷から洛陽までの道は分かりやすく比定地が多いものの、山間部の陝州から三郷までの道は比定地が少なく、県治の移動もあることから、必ずしも明確には分かっていない。

(1)「臨泉駅」銘石刻の発見

そのようななか、二〇一〇年秋に「臨泉駅」銘を有する石刻が河南省洛陽市洛寧県から出土した。『洛陽晩報』(二〇一〇年十月十三日)の記事によれば、同年九月二十九日の午前中、洛寧県東宋郷官庄村西部で建設中であった天然ガス基地の地下三メートルから一枚の石材がみつかったが、文字が刻まれていたことから、すぐさま同県の文物局に報告されたという。この石刻は現在、洛寧県文物局に保管されており、閲覧することはできないが、新聞上に公表された写真と翻刻から石刻の文字を示す(上掲、旧字・異体字は適宜通用の字体に改めた)。

> 赴東都知選睹裴閣老曹長旧
> 　題率然紀列
> 寥落郵亭秋樹中暁霜寒吹転朦
> 朧前山霊薬詎可問馬迹悠悠西
> 復東
> 　元和五年九月廿七日吏部侍郎楊
> 先祖司空元和中題詩在臨泉
> 駅梁上歳月浸遠文字湮闇難
> 於披尋乾符五年十月三日赴
> 鎮平廬命仲弟河南尹授刻石
> 致於垣墻伝於永久平廬軍節
> 度使検校左散騎常侍兼御史
> 大夫賜紫金魚袋楊損記

本文は大きく二つに分けられる。一つは元和五年(八一〇)に吏部侍郎の楊某が詠んだ詩文であり、もう一つは乾符五年(八七八)に平盧軍節度使の楊損がこの石刻を作り、駅に置いたことを記した部分である。(9)

元和五年に詩を残した楊某とは、この石刻を作らせた楊損の祖父である楊於陵であると考えられる。楊於陵(七五三—八三〇)は字を達夫といい、弘農(現在の河南省三門峡市)出身で、漢代の名臣楊震の子孫であるという。吏部郎中、中書舎人、潼関防御、京兆尹、戸部侍郎などを歴任し、元和初年、考官として牛僧孺らの策に理解を示したため、時の宰相である李吉甫に睨まれ、嶺南節度使に左遷された。しかし、元和五年には吏部侍郎に任じられており、石刻の肩書きはまさしくこの時期のことであろう。その後も知吏部選事や戸部尚書を歴任し、左僕射で致仕した。(10)彼は太和四年(八三〇)に没しており、司空を贈られたことも正史および墓誌の内容と一致する。(11)

於陵が嶺南節度使であったとき、監軍の許遂振と不和となり、ついに誣告された際、宰相の裴垍が於陵を弁護し、かえって吏部侍郎に引きあげられた。題記にある「裴閣老曹長」とは、この裴垍のことを指すと思われる。裴垍(?—八一一)は字を弘中といい、翰林学士、知制誥、中書舎人などを歴任し、元和初年に皇甫湜・牛僧孺・李宗閔の対策に考官の楊於陵・韋貫之が高い評価をくだした際に異を唱えず、李吉甫の怒りを買って戸部侍郎に遷されたことがあった。しかし、李吉甫が淮南節度使に出されると、憲宗は裴垍を中書侍郎・同中書門下平章事に任じ、朝政を執らせた。元和五年十一月には兵部尚書に遷り、明年に没して太子少傅を贈られた。(12)ちなみに「閣老」「曹長」とは職名の別称である。唐の李肇『唐国史補』には「宰相を相呼びて元老となし、或ひは堂老と曰ふ。両省(中書門下)を相呼びて閣老となす。尚書丞郎郎中を相呼びて曹長となす」(13)とあり、当時の慣習であった。

次にこの石刻を作らせた楊損について触れたい。於陵には四人の子供がおり、次子の嗣復が損の父であった(14)(図4)。また嗣復には五人の子供がおり、損は長子であった。楊損は字を子黙といい、洛陽令、京兆尹などを経て青州刺史、御史大夫、淄青節度使に任じられている。乾符五年に臨泉駅を訪れたのは、淄青（平盧）節度使として任地に赴くためであろう。また「仲弟河南尹授」とは、損の弟である授のことである。『旧唐書』には彼が河南尹を務めていたことが記されており、[15] この石刻の記述と符合する。

東都洛陽に官吏の選任のために赴いた楊於陵は、その途中の臨泉駅で大恩ある裴垍の題詩に倣って一首作成したのだろう。それから六十八年後に同じ道を辿ってきた孫の損が、休息に訪れた臨泉駅で祖父の詩文と出会うのである。その感動は如何ばかりであっただろうか。彼はその感動を永久に残すため、弟とともに石に刻んで駅の垣墻にはめ込んだと想定できるのである。

ともかくこの石刻の記述から、元和五年時点と乾符五年時点ともに、臨泉駅が同地に所在し、南路を通る公使の供給を担っていたことが確認できる。また、元和五年に作られた楊於陵の詩文が駅館の梁上に掲げられており、乾符五年に楊損がみていることからも、駅の位置は変わっていないと推察される。つまりこの時期の南路は、臨泉駅を通過する行程だったのである。それでは次に、臨泉駅を中心とした、この地域の交通路について考えてみたい。

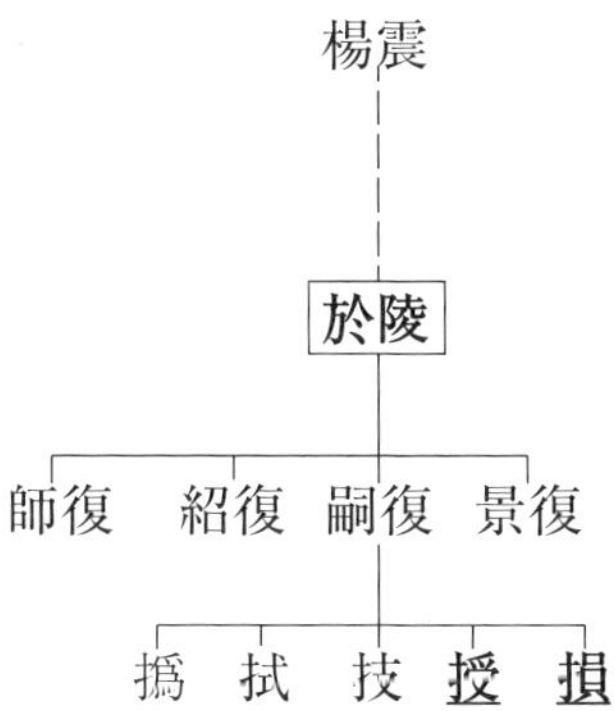

図4　楊氏系図

(2)唐代の永寧県と交通路

石刻が出土した洛寧県は洛陽市の西方に位置しており、洛河の中流域にあたる。古くよりこの地は、黄河流域から崤山を越えて洛河に出る交通路上に位置していたが、この地が史料上にみえるのは秦代からである。晋のときまで宜陽県に属していたが、北魏に至って崤県として分置された。その後、幾度かの変遷を経て、唐武徳元年（六一八）に永寧県と改められた。県治は現在の洛寧県中心部に置かれ、永固城と呼ばれた。貞観十四年（六四〇）になり、現在の河底郷にあたる莎棚に県治が移され、さらに同十七年（六四三）に鹿橋駅に遷移した。鹿橋駅は現在の中河郷の旧県村に比定されており、現地からは唐代の瓦などが出土している。北宋に入ると、県治は再び永固城に移動し、民国二年（一九一三）には洛寧県へと改称されたが、唐代の永寧県の県治は、ほとんどの間、鹿橋駅に置かれていた。

陝州から南路を使って洛陽に向かうには、硤石県を経て永寧県を過ぎ、洛河に出てから河沿いに東進し、宜陽などを経て洛陽に至るルートとなる。筆者は二〇一〇年十一月と十二月、二〇一一年三月の三回、この地域を調査する機会を得た。以下に現地調査の記録とあわせてみていきたい。

二〇一〇年十一月、西安から洛陽までの交通路調査を考えていた筆者が、洛寧県から駅名を持つ石刻が発見されたことを、洛陽理工学院（当時）の宇都宮美生氏のご教示により知ったのは出発直前のことであった。そのため一部行程を変更して、急遽出土地に向かうことにした。十一月十八日、西安市を出発して三門峡市を経て交口郷から省道二四九号に入り、菜園郷・宮前郷・小界郷を経て東宋郷に向かい、石刻の出土地まで辿り着いた。このときは宮前郷の離宮遺跡と、石刻の出土地点を中心に調査を行なった。

続いて十二月にも同地を訪ねたが、二十四日の午前中に洛陽から出発して東宋郷まで到着したものの、降雪により車が上れず、出土地の目前で断念することになった。しかこのときは、臨泉駅推定地から洛河に降りてくる東宋郷小宋村付近のつづら折りの地点を確認することができた。

三月の調査では、より詳細に検討するため三門峡市から出発した。三月十二日、十一月のときと同じく、三門峡市から省道二四九号に入り、硤石県推定地・繡嶺宮推定地・蘭峰宮推定地を調査し、中河郷の永寧県治推定地を経て、

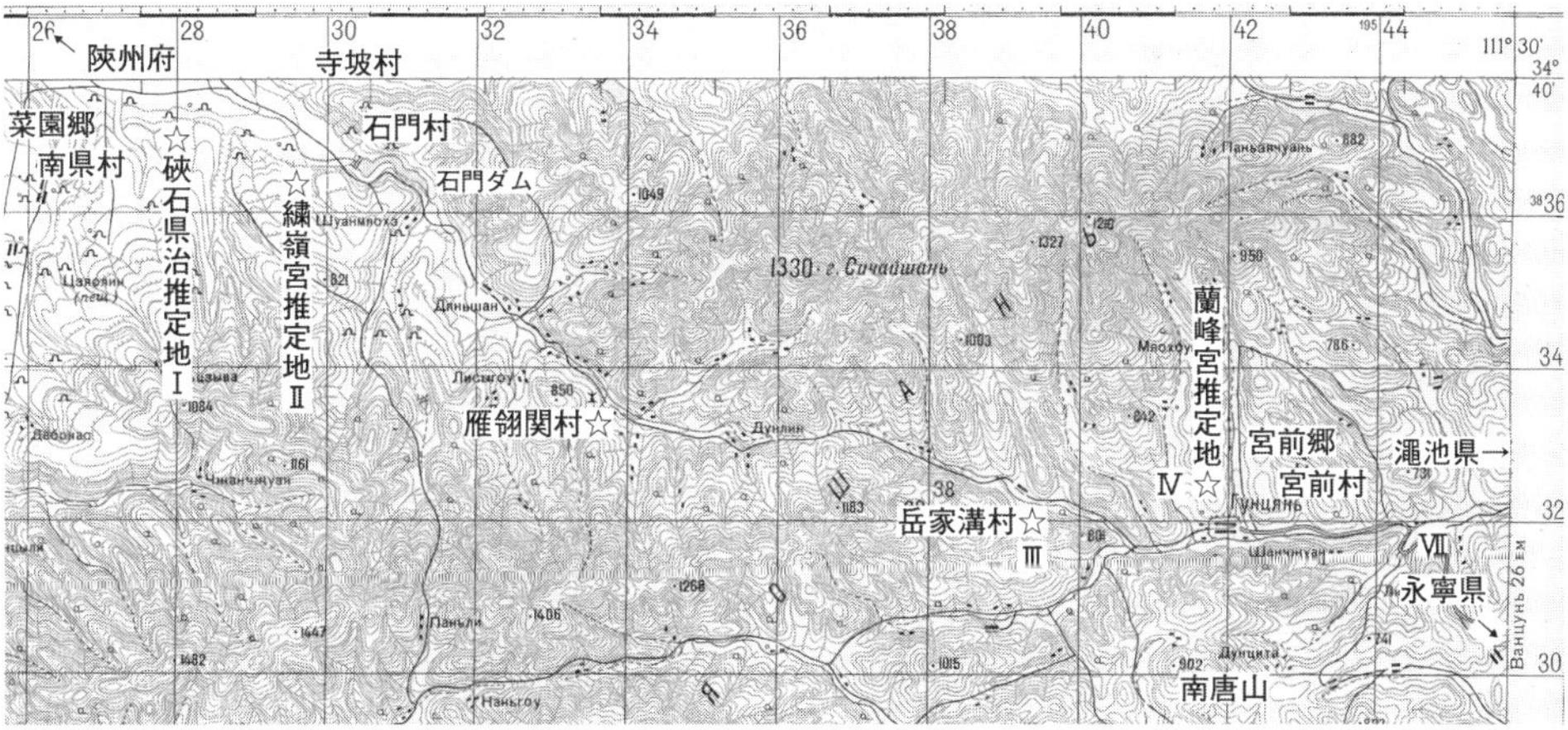

図５　硤石県－蘭峰宮想定行路図　旧ソ連製地図 1984 年版（1:100,000）に一部加筆した。

臨泉駅推定地まで踏破したのち、同地から洛河へと降りていく路線を通過した。

以下では特に、十一月と三月の調査をもとにして、この付近の交通路を確認してみる。なお、三郷郷を含む宜陽県は外国人には開放されておらず、調査することができなかったことをお断りしておきたい。

硤石県推定地　唐代の陝州府が置かれていた三門峡市から現在の国道三一〇号線に乗り、交口郷で省道二四九号に折れて東南に進むと菜園郷に入る。硤石県は、『元和郡県図志』によると、陝州まで西に五十里とある。県治に比定されている南県村付近は、陝州府城（現在の三門峡博物館近辺）からおよそ二五キロメートルの距離に位置しており、『元和郡県図志』の記載と適合する。[16]ちょうど山中に入る手前の平地に県治が置かれていた（図５・６）。筆者は実見できなかったが、南県村に隣接する寺坡村には寺院址があり、大周長寿元年（六九二）の紀年を持つ碑が現存しているという。[17]そこは唐代の大通寺と目されており、「硤石県令」の文字もみえることから県治との関連が窺われる。

繍嶺宮推定地　硤石県推定地から、さらに二キロメートルほど進んだところの山裾に石門村が位置しており、この先から山へ入っていく。道路に隣接する石門ダム付近の約五〇〇平方メートル程度の平地に

図6　硤石県治推定地（Ⅰ）
（ローマ数字は地図の撮影位置を表す）

図7　繡嶺宮から陝州方面をみる（Ⅱ）

多くの瓦が散布しており、この地が顕慶三年（六五八）につくられた繡嶺宮と考えられている（図7）[18]。

雁翎関址　石門村から約七・五キロメートル進んだところに、菜園郷と宮前郷の堺である雁翎関村がある。ここは山中の狭隘な場所であり、関所が置かれていたと推定されている。この付近には夏后皐のものといわれる墓があり、峭陵関と呼ばれていたものが、いつの間にか雁翎関に変化したという[19]。

蘭峰宮推定地　雁翎関村から岳家溝村（図8）を過ぎて、約七、八キロメートルで宮前郷宮前村に至る。その名の通り、集落の北側は唐代の行宮が置かれていた場所である。中心部の北側が高台の平地になっており、面積にして約六〇〇〇平方メートルにもなる広大な行宮であった（図9）。現在は一面畑になっているが、瓦や磚が多数散乱している（図10）。平地のほぼ中心が南正面の南唐山と揃っており、壮麗な行宮が置かれていたと思われる。『中国文物地図集』には紫微宮とあるが[20]、『新唐書』によれば顕慶三年（六五八）に永寧県の西三十三里に蘭峰宮を置くとあり、また次の永

図10　唐代瓦当

図8　岳家溝村付近の切り通し(Ⅲ)

図9　北からみた蘭峰宮全域と南唐山(Ⅳ)

寧県治との距離からしても、この場所に蘭峰宮を比定してよいだろう。

永寧県推定地　宮前村を過ぎてさらに山中を進み、現在の陝県と洛寧県の堺である頭峪村を過ぎて、洛寧県の中心部に向かう道ではなく、東南に向かう県道に入ると中河郷に至る。先述したように、唐代の永寧県治は貞観十七年以降、鹿橋駅に置かれており、現在の南北旧県村に比定されている(図11)。このたびの調査では実見できなかったが、同地には大量の瓦や磚が散乱しており、土壁も残存しているという[21]。宮前村から旧県村までは約一五キロメートルの距離であり、『新唐書』に載せる蘭峰宮の距離とほぼ一致する。また現在も、旧県村の東南には鹿山・鹿川という名称が存しており、鹿橋駅の名称との関連が想定される。また『新唐書』には、顕慶三年に永寧県治の西五里に崎岫宮を置いたことが記されており[22]、やはり旧県村の西二キロメートル地点に唐代の瓦などがまとまって出土するという[23]。

臨泉駅推定地　旧県村の南方にある県道を宅延村・羅凹

図11　永寧県―臨泉駅想定行路図　旧ソ連製地図1984年版(1:100,000)に一部加筆した。

図12　永寧県治から続く道（右）と石刻出土地（左）（V）

図13　小宋村から臨泉駅地へ向かう道（VI）

村と進むと、約一四・五キロメートルで東宋郷官庄村の西部に到着する。「臨泉駅」銘石刻は、ちょうど旧県村からの道が官庄村へ向かう道と、小宋村を経て洛寧県中心部へ向かう道とに分かれる三叉路（図12）でみつかっており、山から下りてくる途中の緩やかな高台に位置している（図13）。

これまでは永寧県治から洛河に面した三郷駅までの路線が不明であり、推定地もなかった。三郷駅（三郷郷）は山中からの道と洛河沿いの道の結節点であり、唐代も現代とほぼ変わらない場所に位置していた。三郷駅からは洛河沿いに福昌県・柳泉駅・宜陽県などを経て洛陽へと至る。

このたび、東宋郷官庄村付近で「臨泉駅」銘を持つ石刻が出土したことにより、永寧県から洛河に向かうルートが明らかになった（図14）。ちなみに臨泉駅推定地から三郷郷までの距離は約一三キロメートルであり、唐代の里数に換算すれば約二十七里である。唐代の交通制度では、駅は基本的に三十里に一駅設置されるべきものであり[24]、まさしく適合する。

(3)北路と南路

前項でみてきたように、このような山を越える場所では、平地より人馬の疲弊が進み、供給地点は多いに越したことはない。陝州府から硤石県治までは五十里あるものの、平地が続くので問題は少ないが、硤石県から山に入ると道も狭く厳

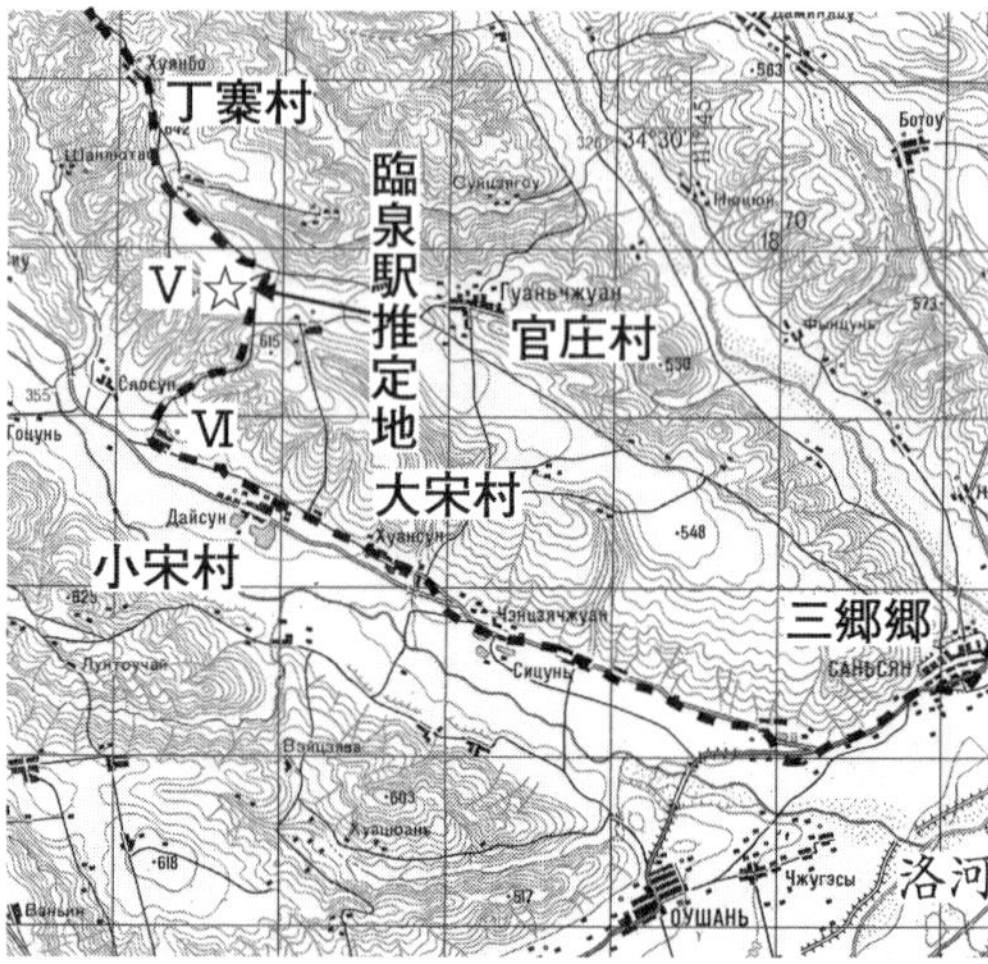

図14　臨泉駅周辺図
旧ソ連製地図1984年版(1:100,000)に一部加筆した。

しい行程になり、供給地点が重要になる。この崤山南路といわれるルートに行宮が多いのは、皇帝の移動に難があってはならず、快適に長安—洛陽を往復するために作られているからだろう。硤石県治に隣接した繡嶺宮から次の蘭峰宮まで、さらに蘭峰宮から永寧県治まで、永寧県治から臨泉駅まで、臨泉駅から三郷駅までは、それぞれ約一五キロメートルの距離であり、唐代の里数に換算すれば約三十里の等距離に近い数字が出てくる。洛河沿いのルートにも、県治や駅館以外に行宮が数多く置かれており、皇帝の移動ルートであることが窺われる。それに対して、いわゆる崤山北路といわれるルートには、行宮は一つしかみられない。澠池県の西五里に設置された紫桂宮(避暑宮・芳桂宮)は儀鳳二年(六七七)に設置され、弘道元年(六八三)には早々と廃止されてしまう。(25) 廃止の理由は記されていないが、北路は漢函谷関や円珍の記す「三濠五谷等難所」があることからも分かるように狭隘であり、距離は南路よりも短いものの、大仰な皇帝の行幸には向かなかったのではなかろうか。『旧唐書』宋璟伝には、開元五年(七一七)の行幸の際に、永寧の崤谷で馳道が隘狭であったために、河南尹李朝隠と知頓使官が罰せられそうになっている。(26) これは南路の話ではあるが、南路は山中の道さえ通過すれば、洛河に沿って広い道になるのに対し、北路はさらに狭隘な道が多く、特に澠池県・新安県の前後の道が狭隘であり、かつ高低差が激しいために避けられたのではないだろうか。

以上の理由から、基本的に皇帝の長安—洛陽行程は南路が主流であり、そのため官用の交通も南路が中心になってくるのであろう。「臨泉駅」銘石刻に出てくる楊於陵・楊損もそうであるが、強制帰国を命じられた円仁は役人に連れられて東へと送られる逓送の途中であり、これも官用交通の一種であった。ただし、北路が用いられないという訳ではなく、距離からすれば北路の方が短いこともあり、用途・行先によっては北路も用いられたものと思われる。

おわりに

本稿は、唐代の長安と洛陽の二つの都を結ぶ道について、新出資料の検討を中心に考察したものである。いわゆる崤山路は両都を結ぶ大動脈の一部であり、国内だけではなく、東アジアの交流をも支えた交通路であった。そして、洛陽と陝州との間には南北二つの道があり、それぞれ役割が異なっていた。

最近、南路に位置する洛寧県（唐代の永寧県）から駅名を持つ石刻が出土したことによって、これまで不明であった南路の行程を復原することが可能になった。たった一駅ではあるが、唐代の交通・交流を支えた重要な地点である。臨泉駅の位置は、まさしく唐代の交通制度の原則であった「三十里一駅」に適合し、皇帝や官人、さらには外交使節の供給施設として、彼らの行程を支えていたのである。

本稿では「臨泉駅」銘石刻とその駅推定地を中心に検討したため、崤山路全体についての考察はできなかった。また、北路と南路を結ぶ南北道についても触れることができなかった。一案を述べるならば、宮前郷から東に数キロメートルの地点で道が分岐しており、ここから東北に向かえば澠池県方面に、南東に向かえば永寧県治方面に向かう（図15）。東に向かって約二〇キロメートル先の元上村付近には安国寺という寺院があり、唐代にも勅封を受けるほどであった。さらに安国寺の北にある熊耳山の西麓には、空相寺という達磨の入滅の地といわれている古刹がある。また、鹿橋駅の前に永寧県治であった莎棚もほど近くにあり、交通路の存在を想定できる。このあたりから北上すれば、難なく澠池県に入ることができる。現在、三門峡市から交口郷を経て一直線に澠池県に向かう国道があるが、これは近代に鉄道が敷設されてから拡幅されたものであり、それまでは澠池県から陝州へは「山道を通ずるを以て車行甚だ困難なり」という状況であった(27)。北路と南路の全体の復原検証は、今後の課題としたい。さらに本稿では検討に及ばなかったが、永寧県を含むこの周辺の地域では安禄山・史思明の活動もみられ、史思明は永寧県付近で生涯を終えている。当該地域の多角的な検討から、この地域の景観と歴史的事実を究明する必要があるだろうが、これらについても後日を期すことにする。

図15　宮前郷から澠池県(左)と永寧県治(右)に向かう分岐点(Ⅶ)

註

(1)『全唐詩』巻七〇一、王貞白「長安道」。
(2)瀧川政次郎「複都制と太子監国の制」(『京制並に都城制の研究』所収、角川書店、一九六七年)。
(3)『冊府元亀』巻一四、帝王部。
(4)『唐会要』巻六一、館駅。
(5)『全唐文』巻二七、玄宗「簡察駅路安索供給詔」。
(6)『全唐詩』巻三五九、劉禹錫「送王司馬之陝州」。

（7）許渾『丁卯集』巻上、「別張秀才」。
（8）厳耕望「長安洛陽駅道」（『唐代交通図考』第一巻所収、中央研究院歴史語言研究所、一九八五年）。
（9）試みに書き下すならば、左記のようになるだろう。
東都の知選に赴き、裴閣老曹長の旧題を睹るに、率然と紀列す。
寥落郵亭秋樹中、暁霜寒吹転朦朧。前山霊薬詎可問、馬迹悠悠西復東。
元和五年九月廿七日、吏部侍郎楊
先祖司空元和中の題詩、臨泉駅の梁上に在り。歳月浸遠にして、文字湮闇となり、披尋するに難し。乾符五年十月三日鎮平盧に赴く。仲弟の河南尹授に命じ、石を刻み垣墻に致して、永久に伝う。平盧軍節度使検校左散騎常侍兼御史大夫賜紫金魚袋楊損記す。
（10）『旧唐書』巻一六四、「楊於陵伝」。
（11）『全唐文』巻六三九、「唐故金紫光禄大夫尚書右僕射致仕上柱国宏農郡開国公食邑二千戸贈司空楊公墓誌銘」。
（12）『旧唐書』巻一四八、「裴垍伝」。
（13）『旧唐書』巻一七六、「楊嗣復伝」。
（14）李肇『唐国史補』巻下。
（15）『旧唐書』巻一七六、「楊嗣復伝」。
（16）唐代の一里は、約四六〇メートルにあたる。
（17）李久昌「崤函古道交通綫路的形成与変遷」（『三門峡職業技術学院学報』二〇〇九年第三期）。
（18）『新唐書』巻四二、地理二。
（19）李久昌「崤函古道交通綫路的形成与変遷」（前掲註（17）論文）。
（20）国家文物局主編『中国文物地図集』河南分冊（中国地図出版社、一九九一年）。
（21）厳輝「洛陽地区隋唐離宮遺址調査与研究」（『河南科技大学学報〈社会科学版〉』二〇〇四年第四期）。
（22）『新唐書』巻四二、地理二。

(23) 厳輝「洛陽地区隋唐離宮遺址調査与研究」(前掲註(21)論文)。
(24)『唐令拾遺』廐牧令、復原第一〇条。
(25)『新唐書』巻四二、地理二。
(26)『旧唐書』列伝、第四六。
(27)『支那省別全誌』第八巻、河南省(東亜同文会、一九一八年)。

〔付記〕本稿の執筆にあたっては、特に塩沢裕仁氏のご教示に浴した。また本稿で用いた旧ソ連製地図の利用にあたっては岐阜県図書館世界分布図センターに便宜を図っていただいた。記して謝意を表したい。本研究は平成二十二年度旅の文化研究所共同研究員としての研究成果の一部である。本稿掲載写真はすべて筆者撮影である。

本稿執筆後、河南省を中心に現地調査を重ねた。新たな発見や考察は別稿を予定しているため、再録にあたっては、字句や表現の修正に留めた。

第3部　入唐僧

入唐僧(生)をめぐる諸問題
——平安時代を中心として——

田中 史生

はじめに

古代の日本において遣唐使を派遣し、唐の文化・思想を受容する際、遣唐学生・僧侶が重要な役割を果たしていたことはいうまでもない。彼らは、その任務や滞在期間によって留学と請益とに分けられていた。請益僧(還学僧)・請益生は遣唐使の往還に従い、その間に「師を尋ね、疑を決す」[1]必要があり、一方留学僧(学問僧)・留学生は長期の在唐により「師に従い学問する」[2]使命を帯びていたのである。[3]また、こうした請益・留学の相違は、派遣する側(日本)の認識にとどまるものではなかった。『入唐求法巡礼行記』(以下『巡礼行記』と記す)開成四年(八三八)閏正月十九日条によると、唐の天台山禅林寺僧の敬文が、請益僧である円仁に対して、円仁は遣唐使と共に帰国せねばならない身であるからとして、早く天台に入ることを勧めている。『同』開成四年二月二十四日条にも、円仁・円載の台州国清寺行きの許可要請に関して、唐側は円仁が台州に行けば遣唐使節らと共に帰国することができないから、請益僧である彼の台州行きは不許可とし、一方留学僧の円載に関しては許可したいきさつが記されている。延暦度派遣の請益僧最澄の場合も、『叡山大師伝』の「請求法訳語表」に「伏計二此度求法一往還有レ限」とあり、また実際に彼は遣唐使の往還に従っている。しかも先の僧敬文は最澄とも面識があることから[4]、敬文の円仁への忠告は最澄の例を知ってのことであると思われる。これらのことから請益・留学の在唐期間の相違は、唐側の認知するところでもあったことがわかる。

従来、このような留学と請益の区別は遣唐使派遣当初から成されていたわけではないとされてきた。このことについて、遣唐使の文化受容に関する研究としてあげられる木宮泰彦氏の『日華文化交流史』や森克己氏の『遣唐使』では、史料上から判別できる学問僧・学生の在唐期間を中心に考察し、請益生・請益僧の出現を延暦度派遣の遣唐使からとしている[5]。それに対して、近年山下克明氏は、実は史料上請益生の派遣は養老元年の第八次の遣唐使から、また請益僧の任命・派遣は宝亀八年の第十四次の遣唐使から、共に承和度の第十七次遣唐使まで確認できること、請益の使命は各々が所属する学問分野を代表して、その当時の差し迫った疑問事項の回答を遣唐使という国家的プロジェクトの一員として求めることにあり、その方法は難義・未決を提出するという形式に共通点が認められること、また国家的な輿望を担う各学問分野の研究が上昇線を描く時期に請益は派遣されていること等を指摘した[6]。

山下氏の以上の指摘は大枠としてほぼ認められるものであり、遣唐請益についての考察がその中心ではあるが、そこではこれまで大きな問題でありながらさほど論じられることのなかった遣唐学生・僧侶の問題について、その文化史的意味を考えるうえでも多くの重要な指摘がなされており、評価されるべきものであろう。

しかし従来、遣唐学生・僧侶の唐での活動に関する研究は、彼ら学生・僧侶の個々人についての考察や、日本側の事情ばかりに言及する傾向があった。今後は、彼らの実態面についても、日本・唐双方の時期的・政治的背景を考慮しながら全体的・相対的にとらえなおす必要があろう。本稿では、こうした課題を念頭に置きつつ、遣唐使の組織のなかにあって唐の文化・思想受容の中心的担い手であった遣唐学生・僧侶の特質について、若干の私見を述べてみたいと思う。

1　入唐僧(生)への支給物について

『延喜式』大蔵省式の入諸蕃使条には、遣唐使、遣渤海使、遣新羅使の成員と、それぞれの職名の下に禄物が記されており、入唐僧(生)について考察するうえでも、重要な材料を与えてくれる。近年、東野治之氏はこの規定が八世紀後半まで遡り、請益(生)・留学生・学問僧という区別も早くからあった可能性を指摘しているが[7]、以下ではしばらく『延喜式』の規定から窺われる入唐僧(生)への支給物について考察していきたい。

まず、この『延喜式』の規定からは、遣唐使節の規模がその他の遣外使節に比して、格別大きかったことが窺われるのであるが[8]、そのほか遣唐使節だけは、いわば基本給とでも称すべき禄物(以下基本給と称す)のほかに次のような「別賜」という項目のあることが注目される(分注部分は〔　〕を付す。以下同じ)。

其別賜、大使〔彩帛一百十七疋、貲布廿端〕、副使〔彩帛七十八疋、貲布十端〕、判官〔各彩帛十五疋、貲布六端〕、録事〔各彩帛十疋、貲布四端〕、知乗船事、訳語〔各彩帛五疋、貲布二端〕、学問僧、還学僧〔各彩帛十疋〕。

この規定に関しては東野氏の指摘のとおり[9]、『続日本後紀』承和三年(八三六)二月戊寅(九日)条に承和の遣唐使に関して、これらと対応する以下の記事がみられる。

天皇御二紫宸殿一、引二見遣唐大使副使等一。参議右近衛大将橘朝臣氏公降レ殿宣レ詔、云々〔其詞書レ笏、無二黄紙文一〕。賜レ禄有レ差。大使綵帛百匹、貲布廿端、副使綵帛八十匹、貲布十端、判官幷准判官各綵帛十五匹、貲布六端、録事綵帛十匹、貲布四端、知乗船事、譯語各綵帛五匹、貲布二端、還学僧各綵帛十匹。

これによると、仁明天皇はこの日、遣唐大使・副使等を引見し、大使以下各人に『延喜式』の「別賜」と対応するかたちで禄を支給しており、これらが遣唐使成員それぞれに支給される基本給に加えて別に支給されていたことは間違いない。しかもこの『続日本後紀』の記載からは、『延喜式』の「別賜」が基本給とは異なり、特別に天皇より直接下賜されるという性格をもっていたことを窺わせる。これが遣唐使一行にのみ行なわれていたことは、遣外使節のなかでも遣唐使の派遣が特に重要な意味を持っていたことを示しており、加えて遣唐使のなかでも四等官と船を操る責任者、通訳、学問僧・還学僧のみに「別賜」が行なわれていたことは注目される。このように「別賜」が、遣唐使一行のなかで重要なポストに就いている人に加え、学問僧・還学僧にも行なわれていたことは、朝廷の彼らに対する期待がいかに大きいものであったかを物語るものである。なお、この時の仁明天皇による「別賜」では学問僧の名がみえないが、『延喜式』と対応させてみると学問僧だけ省かれているのは不自然であり、脱落があると解せよう(10)。

次に基本給に関しては、入唐する留学生・学問僧の禄物が各絁四十疋、綿一百屯、布八十端であるのに対して、還学僧の禄物は絁二十疋、綿六十屯、布四十端とあり、還学僧の禄物は留学生・学問僧の半分程度となっている。この違いは滞在期間の相違によるものが大きいと思われるが、同様のことは『延喜式』にみられる「留学生学問僧傔従」と「傔人」の禄物の比較からもいえる。

『延喜式』の規定では、「留学生学問僧傔従」には絁四疋、綿二十屯、布十三端が支給されることになっているが、還学僧の傔従に関しては特に規定されていない。しかし実際には『巡礼行記』開成三年(八三七)八月四日条に、留学僧円載の傔従として沙弥仁好・伴始満が記されるとともに、請益僧である円仁にも傔従として惟正・惟暁・水手丁雄満がみえるのである。彼らが円仁・円載の傔従であったことは、『同』開成三年十月十三日条に「請益傔従惟暁留学傔従仁好」とあることから確実である。

このように請益僧にも傔従が存在したことがわかるが、彼らが『延喜式』に記されなかったというわけではあるまい。『延喜式』には「留学生学問僧傔従」とは別に、「傔人」という者がみえるが、「傔人」には留学生・学問僧の傔従より少額の絁二疋・綿十二屯・布四端が支給されることになっている。結論からいえば、おそらくこの「傔人」には請益僧の従者も含まれていたと考えるべきである。『巡礼行記』開成三年八月十八日条には、船師の佐伯金成の傔従として井傔替の名がみえ、同三年十一月二十九日条にも遣唐大使の傔人として粟田家継がみえるが、このほか遣唐副使などにもこうした従者があったことは想像に難くない。もちろん、こうした人々は「傔人」のなかに含まれているのであろうが、「留学生学問僧傔従」と「傔人」との違いはその禄物の量にある。この量の違いは、おそらく彼らの滞在期間の違いによるものであろう。つまり留学生・留学僧の従者以外の従者はすべて遣唐使の往還に従うものであり、留学生・留学僧の従者だけがその滞在期間の長さによって「傔人」とは別に、『延喜式』に「留学生学問僧傔従」として記されたと思われるのである。

以上のように承和の遣唐使でも、『延喜式』の規定に沿うかたちで禄物の支給が行なわれていたと考えられるが、実は『延喜式』にみえる以外にも様々な品目や額の禄物が支給されていたことも看過できない。

『続日本後紀』承和三年正月乙丑(二十五日)条によると、陸奥国の砂金の採掘量が倍増し、遣唐使派遣の費用の助けになるということで、白河郡の八溝黄金神に封戸二烟が充てられている。しかもその後、同年四月壬辰(二十四日)条によると、遣唐大使に砂金二百両、副使に砂金百両が賜物として与えられている。以上の承和の遣唐使の例のほか、『日本紀略』延暦二十二年(八〇三)三月庚辰(二十九日)条でも、延暦度の第十七次派遣の遣唐大使と副使にそれぞれ金二百両と百五十両が支給されていることが記されている。ちなみに、この時の請益僧である最澄には金銀数百両が賜与されており[11]、大使や副使の例を考えれば、これが極めて大きな額であったことが察せられよう。この点にも、最澄に対する朝廷の大きな期待が表れている。

以上の例のように、遣唐使一行には『延喜式』に規定されている以外に、砂金等も支給されていたのである。天平感宝元年（七四九）に陸奥で金が発見されて以降、金が遣唐使の重要な携行品となっていったことは、先学によってすでに指摘されているところであるが[12]、こうした支給物は時に唐において遣唐使一行に分配される場合があった。以下、承和度派遣の入唐僧に関するそうした記事を『巡礼行記』等から拾ってみる（特に記さない限り、出典は『巡礼行記』）。

①遣唐大使から円仁へ、昆布十把、海松一裹を支給（開成三年九月二十八日条）。
②遣唐大使から請益僧円仁へ、求法のための費用として沙金大十両を支給（開成三年九月二十九日条）。
③遣唐判官から、大使らの入京に際し別に国清寺へ向かう円仁らへ、綿十屯を支給（同十月四日条）。
④遣唐大使から留学僧円載へ、留学が許可された円載に対する学問の資金として、東絁三十五疋、帖綿十畳、長綿六十五屯、沙金二十五大両を支給（開成四年二月二十七日条）。
⑤遣唐大使から円仁へ、唐側の台州行き不許可によって密かに唐へ残る決意をした円仁の滞在資金として、金大二十大両を支給（同四月五日条）。
⑥朝廷から円仁・円載へ、金二百小両を支給。円載傔従仁好が唐にもどるに際し、これを託した（『続日本後紀』承和十一年七月壬午朔癸未条）。

右のように、承和の遣唐使は『延喜式』に規定されているもの以外に、砂金等さまざまなものを持参していたことは明らかで、任の重さや現地での必要性に応じて、朝廷や遣唐大使等からこれらが入唐僧等に種々の方法で支給されていたのである。

ただし、唐で大使らが円仁等に支給したこれらの物が私的なものか公的なものかが問題となろう。この点については史料上判別し難い面も多いが、④では「本国使賜留学僧」と表現されていることを考えても、これらのなかに公的意味を持つ禄物があった可能性は高いように思われる。また「充二求法料一」てるため(②)や、求法のため国清寺へ向かい、その途中で石川道益の位記に関する朝廷より命じられた任務を遂行するため(③)、唐側の留学の許可に際して「充二学問料一」てるため(④)などの支給物は、国家的要請にもとづいて彼らに与えられた任務の遂行に必要なものであって、公的性格を持つものと考えた方がよいのではなかろうか。とすれば、遣唐大使は現地の状況に応じた禄の分配を決定する権限を持ち、大使は朝廷からそうした資金を預けられていたということになろう。これらの支給物は当然、入唐前に支給された禄物のみでは不十分であったためと思われるが、後述するようにもともと現地の状況は本国においては予測不可能なものであり、これらは現地の状況に応じた任務遂行の必要性が生じた場合に支給されていることにも留意すべきである。

このように、『延喜式』に定められた禄の支給以外に、公的意味を持つ禄の支給が合理的に行なわれていた可能性は十分想定できよう。以上のような日本側からの禄物以外に、唐側からも遣唐使一行に対して食料や禄が支給されていた。

『巡礼行記』開成三年七月二十日条には、揚州へ向かう遣唐使一行に対して、揚州府の使いが「生料」(官給食糧)を下給している記事がみえる。また同八月四日条には、揚州に到着した遣唐使一行に対して初めて「生料」が支給されたが、「毎レ物不レ備」とある。さらに開成四年二月六日条によると、入京しなかった残留組に対して判官以下水手以上の者にそれぞれ絹五疋が支給されているが、その際旧例では禄を僧に給する例がなかったが、今回は特別に僧にも禄を支給することが記されている。[13] 旧例で僧への禄物が除外されていたことが、入京する僧に対しても適用されていたかどうか、また僧に禄を賜わないことが遣唐使派遣当初からの決まりであったかは即断できないが、少なくともこの条文をみる限り、残留組の僧らには基本的に禄物が支給されておらず、円仁の場合は特別の措置であったようである。ただいずれにしても、絹五疋は少額といわざるを得ない。

一方、留学僧や留学生に対しては、唐側からある程度の滞在費が与えられていたようである。『性霊集』巻五には、遣唐判官高階遠成に提出する橘逸勢の帰国願いを空海が代筆した「啓」がみえるが、そこには「此国所レ給衣糧僅以続レ命、不レ足二束修読書之用一」とあって、留学費は使い果たし、僅かに唐国からの支給で衣食には事足りているものの、とても修学を続け書籍を買う資金には及ばないということを訴えている。また『巡礼行記』開成四年二月二十四日条には、唐側の勅として「甚留学僧一人、許レ向二台州一、五年之内、宣三終給二食糧一者」とあり、留学が許可された円載に対し、唐側は公的滞在費として五年間の「食糧」のみを支給することになっていたことが窺われる。これらのことから、彼らに対する唐側からの公的支給物は、生活に必要最低限のものに限られていたことがわかる。

以上のように、唐側からは公的に入唐僧らに対して必要最低限のものが支給されていたことは窺われるのであるが、請来物や勉学に必要な経費は基本的に本国からの支給によって賄わねばならなかったと推定される(14)。こうした実情からは、逆にいえば、やはり『延喜式』の規定する禄額では到底唐での滞在・勉学の費用を賄うに及ばなかったことも推測され、唐においてさらに現地の状況に応じた公的な禄の支給が行なわれたであろうという先の推測とも矛盾しない。延暦二十三年に遣唐留学僧として入唐した霊仙も、在唐中に淳和天皇から黄金の支給を受けている(15)。こうした例からしても、唐側からの支給物が生活に必要最低限のものであり、『延喜式』の規定にある禄量では勉学資金は不足である以上、その後の日本側からの支給物が、彼らの任務遂行にとって重要な意味をもっていたことは疑いない。

2　唐側の入唐僧への対応

天台請益僧であった円仁は、先にも述べたように台州国清寺への求法の許可が唐側よりおりず、唐へ残る決心をした。その経過を整理すると以下のようになる。

①開成三年八月一日、請益(円仁)・留学(円載)両僧が台州国清寺に向かいたいという旨の牒を遣唐使本部に提出する。

②同三日、それを受けて遣唐使本部が揚州府に牒を提出する。

③同十日、円仁らは揚州府から中央へその旨が奏上されたことを聞く。

④同十三日、円仁らは中央からの符が揚州府へ到着したことを知る。

⑤同十六日、円仁は遣唐判官より、揚州府からの牒に大使らが入京した後中央からの符を得て台州へ向かうべきとあったことを知らされる。

⑥同四年正月十七日、「揚州文牒」や「相公牒」では台州国清寺までの道程において通用しない場所があり、そのゆえ勅許が必要であることを知る。

⑦同二月二十四日、長安から帰ってきた大使から勅をみせてもらい、そこに遣唐使節らが日本に帰るのは間近であるから、請益僧円仁は台州に向かうことは許可せず、留学僧の円載のみ許可するということが書かれてあった。そして以後彼は唐へ留まることを決心する。

ところが円仁らの⑤以下の動向とまったく対照的なのが、延暦度派遣の請益僧最澄の場合である。最澄は乗船した第二船が明州に到着した後、そこで入京使らと別れて入京使が長安へ到着するのを待たず、明州刺史の台州へ送る「明州牒」を得て国清寺へ行き、その後越州にも立ち寄り、そこで密教を受学している。[16] 一方、最澄と同じ延暦度派遣の遣唐使のなかでも、留学僧空海の場合は入京を希望しながら許されず、「典副州観察使入京啓」[17]を提出してかろうじて許可されたいきさつがあるが、この空海の入京不許可の理由は定かでない。

ところで堀池春峰氏は、円仁の国清寺への求法が不許可であった理由について、「恐らく留学・請益僧という異なった目的によったためで、真言宗請益僧円行の場合も再三の上奏によってかろうじて長安青龍寺において修学が許可された実情であり、唐朝の一般的表向きの方針では留学僧は一応許可するが、請益僧は不許可にする方針であった」と推察している。[18] しかし以上の最澄と空海の例をみる限り、堀池氏の想定とはまったく逆のことが起こっている。

さらにかかる想定では、円仁と同じ承和度派遣の三論留学僧常暁も入京できないばかりか[19]留住さえ許可されなかった[20]ことも説明できないことは明らかで、彼らに対する唐側の対応は、留学・請益の別にのみ求めることはできまい。

そこで、ここではまず、入唐僧らの唐における行動制限の背景を探るために、同じ天台請益僧でありながら、その行動に差異の認められる最澄と円仁について比較してみる。

『巡礼行記』開成四年正月十七日条には、⑥に関連して以下のような記載がある。

　揚州文牒、出到㆓浙西道及浙東道㆒、不㆑得㆓一事㆒、須㆑得㆓聞奏㆒。勅下即得、余不㆑得。又相公所㆑管八州、以㆓相公牒㆒、便得㆓往還㆒。其潤州、台州、別有㆓相公㆒、各有㆓管領㆒。彼此守㆑職不㆓相交㆒、恐若非㆓勅詔㆒、無㆓以順行㆒矣。

この内容は、「揚州文牒」を出しても揚州の属する淮南道を越えた浙西道と浙東道では通用せず、「相公牒」を出しても相公の管轄外の潤州と台州では通用しないので、結局「勅詔」が必要であるというものである。最澄は先にも述べたように、明州刺史の発行する「明州牒」によって台州まで向かうことができたわけだが、円仁・円載の場合は最澄の例に倣って到着後すぐに台州に向かおうとしても、当時の唐国の地方行政の実情という壁に直面してしまい、地方行政の枠を越える皇帝の勅詔がない限り台州へ向かうことは不可能だった。では、同じく請益僧として台州国清寺へ向かうことを目的としながら、最澄と円仁の求法巡礼にこのような差異が生じたのはなぜであろうか。

円仁らが「揚州文牒」では通行できないとされた浙西道と浙東道は江南道の管内で、七五九年に二分された江南東道におのおの浙江西道・浙江東道の節度使が置かれ、それらは七六〇年と七七〇年に廃されて観察使が設置されている。特に浙東観察使は越州に役所を置いて七州を管したが、そのなかには最澄の行動範囲である台州・明州・越州が含まれていた[21]。最澄が得た「明州牒」は「揚州文牒」に類するものであろうが、最澄が行動したのはすべて浙東道観察使の管轄範囲であり、おそらくそれゆえ「明州牒」のみで通用したのであろう。先にあげた⑥からは、「揚州文牒」が淮南道管内では通用したことが窺われることからしても、以上の推測が的外れとはいえないように思われる。つまり最澄と円仁の相違は、来着地の地方行政の状況が深く関係していたと考えられるのである。とすれば来着地の相違、すなわち唐側の地方行政の状況いかんが、その後の入唐僧らの行動を規制する場合があるということになろう。

では常暁が、三十年の在唐を覚悟していたにもかかわらず[22]、入京・留住を達成できなかった理由は何だったのであろうか。常暁が入京できなかった理由については、『巡礼行記』『常暁請来目録』ともに「不レ得二入京一」とするのみで、これ以上のことはわからない。ただ、留住不許可に関しては『常暁請来目録』に「二十一日准レ勅離レ州、却赴二本朝一」、「太和有レ勅不レ聴二留住一、而随レ使却廻」等とみえ、遣唐使一行に従って帰朝したのは唐側の勅によるものであったことを窺わせる。とすると彼が入唐したのは開成年間であり、それ以前の太和年間の勅(後述)が彼の行動を制限していたということになろう。太和年間は西暦八二七年から八三六年まで、次の開成年間は八三六年から八四〇年までで、共に文宗の時代となる。

ところで佐藤長門氏は、常暁の留住不許可の理由を、当時の中国仏教界において三輪・法相がすでに時代遅れの宗派であって、唐側にそれらの宗教的要請を満たす準備がなかったことに求めている。[23] 確かに常暁の留住不許可に関して、このように考えれば承和度派遣のほかの入唐僧と比較しても矛盾なく説明はでき、その可能性は認められる。ただし佐藤氏も、この太和の勅に関してはふれていない。また、佐藤氏の指摘することが唐側の事情としてその背景にあったとしても、中華帝国を慕って来朝している諸蕃使節の僧侶らを、唐側にその宗教的要請を満たす準備がないことによって放還することは、中華帝国の体面にとってマイナスであると思われ、少なくともそれを表向きの理由として修学を不許可とすることはなかったのではなかろうか。

ここで、留住の許可された円載と不許可であった常暁を比較してみると、その宗派性の違いに加え、留住先の違いが注目される。つまり、円載は地方の台州国清寺行きを希望していたのに対し、常暁は入京を希望していた。けれども、先の円行の場合をみると、唐側は長安にある寺内への外国僧の滞在を好んでいないように見受けられる。また『巡礼行記』開成三年八月四日条によると、円仁・円載の求法願いに関して、唐側は「右請レ行二台州国清寺一、尋レ師更往二台州一、為下復従二台州一却来赴二上都一去上」と尋ねており、両僧の長安へ向かうことに対し唐側が極めて神経質となっているようにも感じられる。円載の留住の許可も台州行きに関してのみであった。

以上の状況から推察するに、「太和有レ勅不レ聴二留住一」とある太和年間の勅とは、公式の入唐僧に対する長安での寺内への留住を、基本的に許可しないような内容だったのではなかろうか。『常暁請来目録』にみえる勅は残念ながら残存しないが、太和年間には仏教を統制する勅が多数出されていることが知られる。例えば寺院の造立や修理、度僧・私度僧、僧の行遊時間、教化妄説などを厳しく取り締まろうとし、[24] また太和三年には仏像物具に銅を用いることを禁止する云々というごとくである。[25] こうした仏教統制政策が出された背景には、地方に実力をもつ節度使と仏教教団の結託による、避徭役僧の増加、仏教教団や僧尼の貴族化に加え、道教・儒教側と仏教側の思想的・感情的衝突があったようである。[26]

このような状況のなかでは、太和年間に都での正式な外国僧の寺内での滞在が制限されるような勅が出されていたとしても、不思議ではなかろう。このような当時の唐での仏教をとりまく環境が、直接的・間接的に入唐僧らの行動にも影を落としていただろうことは、例えば『巡礼行記』開成三年十二月十八日条に、このごろ新たに沙弥が受戒することを許可しないという勅が出たことを記し、円仁の傔従である惟正らの受戒も特に勅許がない限り許可できないとしており、こうした仏教統制政策の影響が外国僧とて例外ではなかったことからも窺われるのである。また次の武宗の時代の廃仏事件が円仁をはじめ、在唐の外国僧らに恐怖を与えたことは、その極端な例でもある。

以上に述べてきたように、入唐僧らをとりまくさまざまな唐側の状況は、請益・留学の別なく彼らの行動を制限していたようであり、当然彼らの行動が請益・留学の滞在期間の別に規制されることはあっても、それ以上に彼らの行動はその時の唐側の事情によって大きく制限されたものと思われる。またこうしたことの多くは、『巡礼行記』で円仁らが戸惑っていることからもわかるように、本国日本においては予測不可能なものであったに違いない。

3　別請益生について

承和度の遣唐使のなかには、入唐僧や陰陽請益生・暦請益生・医請益生のほか、「別請益生」として伴須賀男[27]と丹墀真人高主[28]の存在が知られるが、彼らが何を学んだか史料上定かでなく、またこれ以外史料には別請益生なる者はみられない。

小野勝年氏、足立喜六・塩入良道氏は、この「別請益生」を特別の請益であり、特殊技術の研究員を意味するとしている。[29] 特に小野氏は、伴須賀男が囲碁の名手で、承和六年の帰国早々紫宸殿において仁明天皇の前で、やはり囲碁の名手故に延暦の遣唐使に加えられた伴雄堅魚と賭碁を行なっていることにより、[30] 囲碁のような特殊技能の勉学者も別請益に加えられたとする。

一方、佐伯有清氏は、伴少勝雄（雄堅魚）は延暦度の遣唐使の碁師であり、『西宮記』巻六の裏書承和六年十月一日条に伴須賀男が遣唐使碁師と記されていることから、遣唐使碁師という官職名のあったことは確実であるとし、別に何らかの学問を研究する使命を帯びて請益生になったとする。[31] また山下克明氏も佐伯氏の説をとり、須賀雄は唐において囲碁とは別の学問研究をしたのだとしている。[32]

しかし、『続日本後紀』承和六年（八三九）十月己酉朔条にある、帰国早々天皇の前で須賀男が延暦度の遣唐使碁師である雄堅魚と碁の試合を行なっていることは、唐での勉学の成果を問われたものと解釈できよう。またこの時の酒宴では、准判官であった藤原貞敏も天皇の前で琴をひき、群臣はこれに酔ったという。『三代実録』貞観九年（八六七）十月四日己巳条によると、貞敏は在唐の間劉二郎について音曲を学び、楽譜数十巻を得ている。彼もまた、在唐期間中の勉学の成果を天皇の前で示したといえる。これらのことから、須賀雄が唐で学んだものは、佐伯氏や山下氏が述べるような囲碁とは別の学問というよりも、囲碁そのものであったと考えた方がよい。『続日本後紀』承和八年（八四一）正月甲午（二十二日）条によると、同じく承和の遣唐使に参加した春苑宿祢玉成が「遣唐陰陽師兼陰陽請益」とされていることからしても、須賀雄が遣唐使碁師であったならば、唐での勉学の対象も囲碁であったと考えた方が自然である。

では、小野氏や足立・塩入氏がいうように、「別請益生」を特別の請益生と解してよいのだろうか。筆者には、囲碁＝特殊技能と認識し、これを特別とする考えにも少々飛躍があるように感じる。

ところで先に述べたように、史料上「別請益」と認識できるものは、伴須賀雄と丹墀真人高主だけである。高主が具体的に何を学んだかは明確ではないが、この二人に共通するものは、須賀雄が准判官[33]、高主が准録事[34]という、彼らのもつ特技に直接関係しない遣唐使としての官職を持っていたことである。このことから筆者は、「別請益」とは准判官や准録事という官職を持ちながら、それとは関係なく別に唐において囲碁などの研究をする使命を帯びた者だったのではないかと考えたい。

承和の遣唐使で、こうした例はほかに菅原梶成がいる。彼は『続日本後紀』承和七年(八四〇)四月癸丑(八日)条や同年四月庚申(十五日)条、同年六月己酉(五日)条などには遣唐知乗船事とみえるが、『文徳実録』仁寿三年(八五三)六月辛酉(二日)条には医術の請益生であったことが記されている。また先に述べた、准判官である藤原貞敏も同様であったように思われる。さらに『三代実録』元慶三年(八七九)十一月十日乙丑条によると、准判官である良岑長松について「長松無二他才能一、以二善弾一琴配二聘唐使一」と記しており、彼が琴の名手であることによって遣唐使一行に加わったことがわかるが、ここから彼が琴の別請益であったと推測することも可能であろう。

以上の承和の遣唐使以外にも、宝亀八年(七七七)派遣の遣唐使となり、丹波国天田郡華浪山から出た白鑞のような金属を揚州の鋳工に示し、それが純隠であることを明らかにした准判官の羽栗翼がいる[35]。彼は『三代実録』貞観三年(八六一)六月十六日己未条によると、この時唐より宝応五紀暦経をもたらし、唐は今この経を用いていると述べたが、習学の人がなく、業を伝えることができなかったとある。帰国後、彼は内薬正兼侍医ともなるが[36]、これらのことから彼は遣唐准判官としての活動とは別に、請益生としても活動していたことが推察されるのである。

彼らは基本的に准判官・准録事・知乗船事として行動し、時には彼らの特技を生かして遣唐使碁師や遣唐使医師を兼官したものと思われるが、彼ら自身の持つ技術に疑義が生じたり、入唐して新たな技能を会得しようとする場合には、こうした官職とは別に請益生として活動することもあったのであろう[37]。公式に別請益なる語が存在していたと断ずることはできないが、別請益の者、もしくは別請益と思われる者には准官が多いことから、准官の者が別請益を兼ねる慣例があった可能性も指摘できよう。ただし、ほかの遣唐使にも准官の者がみられるにもかかわらず、彼らが何らかの学問を唐で学んだことは史料からは窺われないのであって、このことは今後の課題としたい。

いずれにしても、『巡礼行記』や『常暁請来目録』にみえる別請益とは、准判官や准録事という肩書を持ちながら、それとは別の肩書である請益生としても行動していた者たちであったと思われる[38]。

こうしたことが行なわれた背景には、一つに請益生としての活動を行なうにしても、四等官などの責任ある重要なポストを兼任していた方が、唐での行動もより容易であったということがあったのではなかろうか。遣唐使の限られた人数を以て、唐側の事情による行動制限のなか、少ない滞在期間中に最大限の成果を上げるには、かかる兼務が必要であったことも十分に考えられるのである[39]。

まとめ

留学生・留学僧が派遣されるのは「師に随い学問する」ためであり、請益生・請益僧が派遣されるのは「師を尋ね疑を決す」ためであった。また本国日本において疑義が生じるのは、少なくともその教養なり思想なりが日本に存在したことが前提であり、それら大陸の文化や教義、思想等をもたらしたのは留学僧や留学生、あるいは渡来人であった。しかし、かかる大陸文化の請来・吸収・発展の過程で、さまざまな疑問が生じるのは十分予想されることであり、宗教的・学問的要請が国家的要請と不可分である場合、その疑問を解決すべき必要性があれば、請益生・請益僧は派遣されたと考えられる。

留学と請益の役割の違いは、その在唐期間の違いに顕著である。請益僧は留学僧に比べ、限られた期間内に任務を果たさなければならなかったが、国家や各学問分野にとっては、かかる努力によって短期間のうちに疑義が解決されるわけで、それをすぐに活用できるというメリットがあったと推測される。

こうしたなか、勉学資金については、それぞれが個人的な関係を頼って集めたり、唐から必要最低限の額が支給されたりしたものの、基本的には本国から与えられる金額で任務を果たさねばならなかったであろう。しかし、『延喜式』に記される本国からの禄物だけでは、彼らの勉学資金としては不十分であり、日本側から入唐後彼らにさまざまなかたちで支給される禄物の方が、任務遂行に重要なウエイトを占めていたと思われる。こうしたかたちで禄の支給が行なわれるのも、唐側の事情が本国日本にあってはほとんど予測不可能であるということが主な理由であった。こうした唐側の事情は、彼らの留学・請益の役割の違いからくる滞在期間の制限以上に、彼らの行動を制限していたのである。

けれども見方を変えれば、入唐後に禄の支給が行なわれたり、四等官等が請益生を兼任したりしたのも、予測不可能な唐の事情に対処しつつ、限られた人数・期間で最大限の成果をあげるためになされた、日本側の合理的な配慮にほかならなかった。古代の日本が大きな犠牲を払ってまで遣唐使を派遣し続けたのは、それだけ遣唐使派遣が国家にとって政治的・文化的に重要な意味を持っていたからであり、最大の成果をあげるには、予測不可能な当地での状況が存在していることを前提に、遣唐使がそれに柔軟に対処できる機能を持たなければならなかったのである。

唐側の厳しい行動制限の渦中にあっても、常暁は東密系の護国修法として著名な太元帥法を請来し(40)、円仁も半ば強引な在唐によって日本天台宗の密教化に成功したこと[41]が示すように、それが請益・留学という立場を逸脱した行為であっても、日本古代国家にとって有益である場合、それは歓迎されたのである。

註

（1）『入唐求法巡礼行記』開成三年八月四日条。
（2）『入唐求法巡礼行記』開成三年八月四日条。
（3）山下克明「遣唐請益と難義」（『平安時代の宗教文化と陰陽道』所収、岩田書院、二〇〇二年、初出は一九八九年）。
（4）『巡礼行記』開成四年閏正月十九日条。
（5）木宮泰彦『日華文化交流史』（冨山房、一九五五年）、森克己『遣唐使』（至文堂、一九五五年）。
（6）山下克明「遣唐請益と難義」（前掲註（3）論文）。
（7）東野治之「延喜式にみえる入諸蕃使の給法について」（『延喜式研究』六、一九九二年）。
（8）例えば『延喜式』に記す遣唐使の職名は三十以上を数えるのに対し、遣渤海使・遣新羅使の場合は十七を数えるにすぎない。またその禄物も、遣唐使は他の遣外使と比較して数倍もの量が支給されている。
（9）東野治之「延喜式にみえる入諸蕃使の給法について」（前掲註（7）論文）。
（10）佐伯有清『円仁』（吉川弘文館、一九八九年）も、この記事のなかに学問僧を含めて考えているようである。
（11）『叡山大師伝』（『日本大蔵経』宗教部、天台宗顕経章疏二所収）。
（12）前川明久「八世紀における陸奥産金と遣唐使」（『古代文化』三五ノ一一、一九八三年）、石井正敏「宇佐八幡黄金説話と遣唐使」（『日本歴史』五〇〇、一九九〇年）。
（13）『巡礼行記』には「給使下赴上都二百七十絹。毎人五疋、計一千三百五十疋」と記されている。これをそのまま解釈すると、入京する者二百七十人に人毎五疋の絹、合計一三五〇疋の絹が支給されていることになるが、入京した者が二七〇人と大人数になるのは不自然である。ここは小野氏がいうように、「使下不赴上都者」と「不」を補うべきであろ

う(小野勝年『入唐求法巡礼行記の研究』巻一、鈴木学術財団、一九六四年)。

(14) 木宮泰彦『日華文化交流史』(前掲註(5)書)、森克己『遣唐使』(前掲註(5)書)では、『巡礼行記』などの記載から、遣唐使一行の滞在費は唐側の負担となっていたので、彼らは唐での旅費をほとんど要しなかったとしている。特に森氏は、本国から下賜された旅費には余り手をつける必要もなく、旅嚢は十分に余裕があったろうと推察しているが、本文で述べたように、少なくとも入唐僧(生)に関しては、このような推察をするのは不可能である。

(15) 『続日本後紀』承和九年(八四二)三月辛丑(六日)条。

(16) 『叡山大師伝』(前掲註(11)書)。

(17) 『性霊集』巻五。

(18) 堀池春峰「円載・円仁と天台山国清寺および長安資聖寺について」(『南都仏教史の研究』下所収、法蔵館、一九八二年)。

(19) 『巡礼行記』開成三年十月四日条、『常暁和尚請来目録』(『大日本仏教全書』巻九六目録部二所収、以下『常暁請来目録』と記す)。

(20) 『常暁請来目録』。

(21) 足立喜六・塩入良道『入唐求法巡礼行記』一(平凡社、一九七〇年)参照。

(22) 『常暁請来目録』。

(23) 佐藤長門「太元帥法の請来とその展開」(本書第2部、初出は一九九一年)。

(24) 『全唐文』巻九六六「請申禁僧尼奏」太和四年祠部条。

(25) 『新唐書』食貨志四。

(26) 道端良秀「唐朝の仏教対策」(『唐代仏教史の研究』所収、法蔵館、一九五七年)。

(27) 『入唐求法巡礼行記』開成三年十月四日条。

(28) 『常暁請来目録』。

(29) 小野勝年『入唐求法巡礼行記の研究』巻一(前掲註(13)書)、足立喜八・塩入良道『入唐求法巡礼行記』一(前掲註

（21）書）。
（30）『続日本後紀』承和六年（八三九）十月己酉朔条。
（31）佐伯有清『最後の遣唐使』（講談社現代新書、一九七八年）。
（32）山下克明「遣唐請益と難義」（前掲註（3）論文）。
（33）『入唐新法聖教目録』（『大日本仏教全書』巻九五目録部一所収）。
（34）『続日本後紀』承和六年（八三九）八月甲戌（二十五日）条。
（35）『続日本紀』天平神護二年（七六六）七月己卯（二十六日）条。なお羽栗翼の経歴については角田文衛「羽栗臣翼の生涯」（『紫式部とその時代』所収、角川書店、一九六六年）参照。
（36）『続日本紀』延暦五年（七八六）七月壬寅（十五日）条。
（37）彼らは大体において六位の官位を帯しているが、ほかの請益生と官位を比較しても、そこには特に差異を認められない。
（38）『巡礼行記』や『常暁請来目録』では、史料の性質上、ある個人に対する肩書が必ずしもその時点でのその人の立場を反映しているとは限らない場合もあろうが、「別請益」については円仁や常暁の、須賀男や高主のその時点での立場に対する認識が反映されたものと考えて問題はない。
（39）『延喜式』入諸蕃使条では、請益生の禄物は還学僧に比べて半分程度におさえられているが、これは請益生に遣唐使としての官職を兼任するものが多いという実情を踏まえた措置だったとも考えられよう。
（40）佐藤長門「太元帥法の請来とその展開」（前掲註（23）論文）参照。
（41）佐伯有清『円仁』（前掲註（10）書）参照。

〔付記〕　本稿は発表してから二〇年以上が経過しており、あらためて検討すべき点もあるが、再録に際しての修正は一部の字句や表現にとどめ、筆者の当時の見解を示すこととした。

遣唐僧による請来目録作成の意義
——円仁の三種の請来目録を中心に——

小林　聖

はじめに

「最後の遣唐使」として有名な承和年間の遣唐使に従って入唐した僧の一人に、天台宗山門派開祖の円仁がいる。唐における約十年間に及ぶ求法の末、いわゆる「会昌の廃仏」に遭遇して帰国した円仁であるが、その求法の成果の一端は、現在に伝わる三種類の請来目録によって知ることができる。この請来目録については従来、研究があまりなされておらず、またその研究成果には訂正すべき点もあるように思われる。そこで本稿では、円仁の三種の請来目録、特にその成立過程について検討を加え、遣唐僧による請来目録の作成意義についても言及してみたい。

1　円仁の目録について

(1)総　論

円仁は唐から大量の経典類を持ち帰ったが、その目録として『慈覚大師在唐送進録』、『日本国承和五年入唐求法目録』、『入唐新求聖教目録』（以下、それぞれ『在唐送進録』、『承和五年目録』、『聖教目録』と略記）、の三種が現存する。[1]『在唐送進録』と『承和五年目録』は内容がほぼ同一であり、さらに『聖教目録』の揚州での入手目録の内容ともほぼ同一である。つまり、『在唐送進録』及び『承和五年目録』は円仁が入唐後、揚州での滞在中に入手した経典類の目録であると考えられる。まず、『在唐送進録』から検討していきたい。

（2）『在唐送進録』

『在唐送進録』は、巻末に承和七年（八四〇）正月十九日の日付と延暦寺三綱の任全、治哲、道叡の署名があり、署名の前にある文章によって、「円仁の書」を得て作成した目録であることが知られる。

円仁が帰国する遣唐使に書簡を託したことは、彼の著した『入唐求法巡礼行記』（以下『行記』と略記）開成四年（承和六年、八三九）三月二十三日条にみえる。[2]そこには延暦寺に宛てた消息を、帰国船の新羅船第一船[3]に乗る遣唐大使藤原常嗣の従者で絵師の粟田家継に託したことが記されているが、この書簡は『在唐送進録』にみえる「円仁の書」とは別物であったと考えられる。[4]

右得二請益伝灯法師位円仁書一儞。且所二求得一新訳撰集法門。并両部曼陀羅等。送二延暦寺一。凡真言儀軌等。唐国和上等。尤二有深誡レ之。不レ可二妄散一。但其目録先附二第二船一。粟田録事一者。仍且記録如レ件

右は『在唐送進録』末尾の文の抜粋であるが、そこにみえる「円仁の書」には「其の目録は先に第二船粟田録事に附す」とあるものの、開成四年三月二十三日の時点では、円仁は未だ遣唐第二船に乗る粟田録事とは遭遇しておらず、先述の絵師粟田家継と粟田録事も別人である。遣唐第二船に乗船する粟田録事に「其の目録」を託した後、「円仁の書」が誰かに渡されたのであるから、それは少なくとも遣唐第二船との合流以降である。したがって、『在唐送進録』

に見える「円仁の書」と、この時粟田家継に託された消息とは別物であることがわかる。

それでは「円仁の書」はいつ作成され、誰に渡されたのであろうか。「其の目録」とは何かがこの問題を解く鍵となる。そこで、「其の目録」について考察すべきだが、その前に『在唐送進録』の性格にふれておく。

『在唐送進録』は前述のように、承和七年正月十九日に延暦寺において作成されており、この時点では新羅船九隻は帰国しているものの、遣唐第二船は帰国していない。遣唐第二船が帰国していないということは、粟田録事に託された「其の目録」も到着していないことになる。よって延暦寺は、現物を元に目録を作成したと考えられるが、『在唐送進録』は記載されている経典の配列が教義系統ごとにまとめられておらず、むしろ巻子本や帖装などの形態によって分類されている。『在唐送進録』に関しては、荷造りをする際に梱包に最も適している形態にもとづいて分類・編成されたのではないかという指摘が、すでに石田尚豊氏によってなされている。(5) 首肯すべきだろう。

(3)『承和五年目録』

『承和五年目録』には開成四年四月二十日の日付があり、円仁は登州邵村浦に停泊している遣唐第二船の船上でこれを書き上げたことになる。ただし『行記』当該条には、目録作成の記述はない。

円仁は開成四年四月五日に上陸して唐残留を試みた際、教典類や身の回りの物を新羅船第八船の伴宿祢菅雄に託しており、残留の試みが失敗して唐の役人によって遣唐第二船に連れ戻された際も、それらはすべて新羅船第八船にあると答えているから、(6) 彼が入手した経典類はこの時手元にないはずである。円仁は辛うじて保持していた記録類を参考に、経典目録を作成したのであろうか。ちなみに『行記』開成四年四月五日条に記載されている押衙使への上申書では、円仁は携行品の一つに「文書」をあげている。また七月二十日付で提出された文登県宛上申書でも、円仁は携帯品のなかに「文書廿余巻」をあげている。同年六月八日に赤山法花院に入ってから取得した経典類であると考えられるが、このなかにも以前からの記録類が含まれていた可能性が指摘できよう(7)。

この頃の円仁は、唐残留計画を諦めなければならない状態におかれていた。『行記』四月八日条には、「仏法を求めて何度も計画を立てたがうまくいかず、帰国に際して唐に残留しようと図ったもののこれも失敗し、いろいろとやっては見たが留まることはできなかった。唐の官吏は厳しく、小さなことでも許さない。よって、遣唐第二船に乗って日本に帰ろうと思う」と円仁の心境が書かれている。

其後擬レ問二天台一。為二行路遼遠一往還失レ時。有レ勅不レ許二発赴一。慨惆難レ及。所求法門雖レ未二備足一。且録二巻帙一勘定如レ件

右は『承和五年目録』末尾の文章であるが、ここからは日本に帰国することを前提に、『承和五年目録』を作成していることが窺われる。この『承和五年目録』は『在唐送進録』と異なり、経典の配列が教義分類によって整理されており、かなり整った目録といえる。

ところがこの目録の作成後、再び唐に残留できる可能性が出てきた。四月二十九日、円仁は新羅訳語道玄と相談し、さらに五月一日には邵村勾当(村長)の王訓に留住の可否を問い、好意的な返事を得た。この段階では遣唐第二船の幹部が難色を示したが、五月十六日には赤山法花院の管理者である「林大使」に留住希望の書簡を送っている。したがって、この時には唐残留を決意していたのであろう。六月七日、遣唐第二船は赤山浦に入港し、円仁は船を下りて赤山法花院に入った。そして遣唐第二船出港の前夜、円仁は粟田録事に別れを告げに船に戻り、その際に作成した目録、すなわち『承和五年目録』を託したと考えられるのである(8)。

経典類はすでに新羅船第八船に託したが、その第八船を含む新羅船がこの先遭難する可能性もある。実際、四月十

一日には新羅船第三船が密州に漂着し、他の八隻は行方不明になったという情報が届いていたし、同月二十四日には新羅船九隻のうち五隻が莱州に流着、残り四隻は行方不明と道玄から聞かされている。別行動を取り続ける遣唐第二船は新羅船とは別の結末を迎える可能性があり、この遣唐第二船に目録を託せば、万が一経典類が日本にたどり着けなくとも、自分の果たした求法がどのようなものだったかは伝わる可能性が生じるのである。

『承和五年目録』が作成された日時から考えて、この目録が託されるべき相手は二つしかない。すなわち、乗船していた遣唐第二船に託すか、遣唐第二船を下船した後に再会することになる新羅船九隻かであるが、ここで『在唐送進録』の「円仁の書」にある「其の目録は先に第二船粟田録事に附す」という文章が意味を持つことになる。『承和五年目録』が「其の目録」と同一であるか否かはさておき、「目録は先に…附す」とある以上、「円仁の書」が後になって作成・委託されたことは間違いない。したがって「円仁の書」は再会した新羅船九隻のいずれかに託されたことになる。このように考えれば、やはり「第二船粟田録事」に託された目録は『承和五年目録』と考えるのが自然であろう。

以上述べたように、『在唐送進録』にみえる「円仁の書」に記された「其の目録」とは、『承和五年目録』のことであった。それでは「円仁の書」はいつ誰に託されたのであろうか。遣唐第二船が七月十五日に日本へ向けて出航した後、円仁は赤山浦で、先に別れた新羅船九隻と再会した。七月二十一日のことである。遣唐大使藤原常嗣は粟田家継(三月二十三日に円仁の延暦寺死消息を預かった人物)らを派遣して慰問させている。円仁はこれまでの経緯を説明し、唐残留の決意を伝えたのであろう。そして出発していった遣唐第二船の遭難を聞かされたと推測される。

円仁は新たに書簡を作成して、粟田家継に託すことにした。すなわち、「入手した経典類の目録を作成したが、それは第二船の粟田録事に託してある」と、目録が経典類とは別便で託されていることを説明したものであった。遣唐第二船が日本に着くかどうか疑問が大きくなった以上、延暦寺に対して何らかの説明の必要を感じたのであろう。したがって、この時の書簡が『在唐送進録』にみえる「円仁の書」であると考えられる。粟田家継にこの時書簡を託したことは『行記』にはみえないが、目録の内容、日付、そして遣唐使一行の帰国の際の動向から考えて、このように理解するのがもっとも妥当であろう。

最後に、円仁が託したものの行方について述べておきたい。結論からいえば、円仁が帰国する遣唐使一行に託した書簡経典類は、すべて日本に到着した。まず、経典類を託した新羅船第八船と、二通の書簡を託された粟田家継を乗せる新羅船第一船は承和六年八月十九日に日本に到着し[9]、それらのものは直ちに延暦寺へ送られたであろう。受け取った延暦寺は、もたらされた「円仁の書」をみて、遣唐第二船に託された目録を待った。経典類のなかには封をしてあるものがあり、解梱を禁じられていたからである。「円仁の書」にその内容は記されていたようであるが、いずれにせよ中身を確認することはできない。延暦寺は封をされたものは「円仁の書」に依りながら、もたらされた経典類について目録を作成し、それを元に常に管理をしていたであろう。

しかし、年が明けても遣唐第二船は帰国せず、その帰還が絶望的になったため、延暦寺はやむなく封を解いて経典類を確認し、作成してあった目録と照合して(あるいは書き加え)説明文と三綱の署名を添え、目録を完成させたと考えられる。これが『在唐送進録』である。遣唐第二船は遭難して南方に漂着し、さらに船も大破したが、生き残った人々は小舟に乗ってようやくの思いで生還した。第一陣が生還したのはこの年の四月八日、第二陣は六月十八日であった[10]。このような過程を経て、『承和五年目録』は無事、延暦寺に届けられたのである。

2　目録作成の意義

(1)目録の作成とは

これまで、『在唐送進録』と『承和五年目録』の二つの目録が作成されてきた経緯を述べてきた。ではなぜ目録は作成されたのであろうか。一般論として、目録作成の第一の意義は、その時点で何を所持(あるいは把握)しているかを確定することにある。物品に関するその他の情報がどれくらい付記されるかはその時々によって異なり、それらはあくまで付帯情報、副産物の域を出ない。逆にそうした情報がまったくなく、単に物品名と数量が羅列されているだけでも、充分に「目録」と呼ばれるものになることを想起すれば、この点は明白であろう。

「何を所持しているかを確定する」ということには、二つの面がある。一つは所有者自身のための情報であり、もう一つは、目録が公開されることが前提になるが、所有者以外の人間に情報を提供することである。所有者以外の人間に対する情報提供とは、換言すれば所有者が収集・所持している物品や、それらを収集・所持している情報を顕示することでもある。つまり目録とは、収集・所持行為の報告書でもあり、悪くとれば、その功績を喧伝するものでもあることになる。

(2)円仁の三種の請来目録の性格

円仁の作成した『承和五年目録』及び、延暦寺の作成した『在唐送進録』は極めて公的性格が強いものであると考えられ、政府に提出された可能性を含んでいる。ここでは三種の請来目録の性格について考察してみたい。

まず『承和五年目録』であるが、作成されたのが唐滞在時であり、日付が唐の年号によっていながら、その題名が『日本国承和五年入唐求法目録』であることは注目すべき点である。承和五年とは遣唐使の出発した年であり、また、末尾に付された文章は入唐してからの求法経緯を説明し、署名も「天台宗請益伝灯法師位円仁」とあって、正式な身分を明らかにしている。これが直接提出されたかどうかはわからないが、少なくとも公的な目的に耐え得るものであったことは明白である。末尾の文を読めば、もともと円仁はこの目録作成段階では帰国を目指していたことがわかり、おそらく帰国後に自身で何らかの文書を附けるか、あるいは直接上表する予定であったと思われる。

次に『慈覚大師在唐送進録』であるが、この「慈覚大師」という諡号が示すように、この題名は当初のものではなく、円仁の没後につけられたものである。恐らく当初は、目録の最初に記される「天台法花請益円仁法師且求所送法門曼荼羅并外書等目録」という題名であったのではないかと思われる。[11] この目録は最初に経典類の総数、そして分類別の数量が記された後、石田氏が指摘する如く[12]、巻子本や帖装などの形態によって分類された経典類が記されている。先述したように、おそらく経典類を解梱した後、整理などをせずにそのまま目録を作成したのであろう。

そして末尾にこれらの経典類に関する「円仁の書」を引用し、円仁自ら作成した目録が、遣唐第二船に乗船の粟田録事に託されたことを書き添え、「仍りて且に記録すること件の如し」と結び、日付の後に延暦寺三綱が連名で署名している。寺の最高責任者である三綱揃っての署名は、寺側にとって最もランクの高い文書であることを意味することから、この目録が政府に提出された可能性は決して低くない。円仁本人が唐に残留している以上、その責務を代行するのは、円仁が所属する延暦寺にほかならなかったからである。

三綱には、僧尼の監督、さらに僧尼の異動（還俗・死亡・遷寺等）の報告が課せられ、また毎年の「寺財物帳」の作成提出も職務とされていた。円仁は唐の寺に留学しており、送られてきた経典類は寺の財物でもある。その意味で、延暦寺三綱は本来の留学期間を超えて唐に滞在する円仁にかわり、この事情を報告する義務があったと考えてよい。後に述べるが、少なくとも『承和五年目録』が日本に到着しなければ、『在唐送進録』が公式の報告書となるわけで、その意味でも公的に通用するものでなければならなかった。

最後に『聖教目録』についてであるが、『聖教目録』は円仁が帰国した承和十四年（八四七）に作成したもので、唐で得た経典の総目録である。経典を入手した長安・五台山・揚州の入手先ごとに分類されており、経典の総数は五八五部七九四巻、曼陀羅や仏像、舎利、高僧の真影等が四六点となっている。(13) この目録の「揚州の部」のうしろに付された文と、目録の最後に付け加えられた文章は、この目録が政府に対する正式な報告書であることを示している。

右件法門等。大唐開成三年八月初到二揚州大都府一。巡二諸寺一尋訪抄写畢。先寄二付使下准判官伴宿祢菅雄一。殆已送二延暦寺一訖。然都未二具白申一レ官。今謹具録レ数申上

右はそのうちの「揚州の部」のうしろの文であるが、円仁は経典類が揚州大都府にある諸寺で写したもので、現物は先に新羅船第八船に乗船する伴宿祢菅雄に託して延暦寺に送り終わっていることを述べた後、「然るに都で未だ具に自ら官に申さず。今謹みて具に数を録して申上す」としている。円仁は自ら政府に報告するつもりだったのであり、少なくともそれが当然だと考えていたのであろう。請益・留学僧にとって、かかる報告は一種の責務であったのではなかろうか。

そして『聖教目録』の最後尾に付された文章で、円仁は以下のように述べている。

以二前件経論教。教法。章疏。伝記。及諸曼陀羅。壇像等。状一蒙二因レ恩随レ使到レ唐遂於二揚州五台及長安等所一尋レ師学レ法九年之間。随レ分訪求得者。謹其色目如レ前。謹録申上。謹言

ここで円仁は「恩に因り使に随うことを蒙り」と、請益僧に選ばれたことを感謝したうえで、目録を作成し進上す

ることを述べ、「入唐天台宗請益伝灯法師位円仁上」と署名している。「上る」とは、上表するの意味であり、これが政府に提出されたことを明確に物語っている。

以上、円仁の請来目録が三種すべて公的なもの、少なくとも公的に通用するものであることを述べてきた。このうち『聖教目録』は確実に政府に提出されたものであり、ほかの二種も政府に提出されるべく作成された可能性が極めて高かったと推測できる。

3　「入唐八家」と請来目録

(1)請益僧・留学僧と請来目録

それでは、こうした請来目録の提出が請益僧・留学僧に課せられた義務であったのか、あるいは円仁自身の意思で行なわれたものであったのかについて検討してみたい。現在、平安期の入唐僧の請来目録は、いわゆる「入唐八家」と呼ばれる入唐僧のもののみが伝来している。「入唐八家」とは最澄・空海・常暁・円行・円仁・恵運・円珍・宗叡のことであり、彼らの請来目録は総計十七種に及ぶ。(14)これら八人のうち、遣唐僧(政府から正規に派遣された請益僧・留学僧)は最澄・空海・常暁・円行・円仁の五人であるが、彼らのなかで最初に請来目録を提出した最澄の例をやや詳しくみていきたい。

最澄の記した『伝教大師将来台州目録』および『伝教大師将来越州目録』(以下『台州目録』、『越州目録』と略記)は同時に提出されたと思われ、『越州目録』の巻頭には台州分をあわせた総計と、台州の分は別にしてあることが記されている。『台州目録』には唐の貞元二十一年(八〇五)二月十九日の日付とともに、最澄、求法通訳僧義真・求法訳語丹福成の署名があり、さらに勾当大唐天台山円宗座主西京和尚道邃の署名があって、道邃がこの目録を認証したことを伝えている。またそのうしろには、翌日付けの朝議持節台州諸軍事守台州刺史上柱国淳の書が付され、その宛名は時の遣唐持節大使藤原葛野麿以下三名の遣唐使となっている。一方、『越州目録』の末尾に付された文章は、日付が同年五月十三日になっており、唐僧の署名がなく、また二日後付けの書に記された唐官吏の名が、朝議郎使持節明州諸軍事守明州刺史柱国栄陽鄭となっている。

この二つの目録には最澄の上表文が附属しており、延暦二十四年七月十五日の日付がある。したがって、この目録が政府に提出されたことは間違いない。同様に政府に提出されたことが確認できる請来目録(上表文が附属しているか、または目録中に「上表」もしくは「上」の文言があるもの)は、空海の『御請来目録』(大同元年〈八〇六〉十月二十二日付)、常暁の『常暁和尚将来目録』(承和六年九月二日付)、円行の『霊巌寺和尚請来法門道具等目録』(承和六年十二月十九日付)である。以上の事実から、「入唐八家」のうちの遣唐僧は、全員が請来目録を政府に提出していたことが確認できる。

請益僧・留学僧とは、今でいう国費留学生に相当する。となると、国の費用で渡唐し、学問を修め、経典等を持ち帰ってくるのであるから、政府に対してその成果を報告・還元する義務があったと考えるべきであろう。遣唐使は天皇に、唐の皇帝の国書や下賜品、また入手した様々な珍宝を献上し、直接その成果を報告する。遣唐僧が直接天皇に対面できたかどうかはともかく、やはり報告が必要だったのは同じなのではなかろうか。その場合、求法の成果を最も明確に示すものは請来目録であろう。経典等の実物を披露することもあっただろうが、数が多くなればなるほど割愛されるものも出てこよう。あるいは目録を先に提出し、指定されたものだけ披露することもあったかもしれない。

さらにいえば、それらの経典等を得るために使われた費用の一部は国庫から出ているはずである。もちろん、国費以外の支出も大きかったと思われるが、一部ではあれ国費でまかなわれていたとなると、そこには収支の報告という義務が発生する。そして入唐僧の意識のなかにも、自分たちは国費留学生であり、国のために学問を修め求法するのだという意識が存在したであろう。円仁は会昌の廃仏に遭遇した際、滞在していた長安の左街功徳使から在唐の経緯に関する報告書を求められ、「本国の闕本経論を抄写し、流伝する為」に唐にやってきたと答えている[15]。かかる返答も、国を背負っているという遣唐僧の使命感から発せられたものといえるだろう。いずれにせよ本稿では、正規に入唐した請益・留学僧には、留学した成果の報告が求められたと考えたい。そして彼らが作成した請来目録こそが、正式報告書だったのではないだろうか。

(2)恵運、円珍、宗叡の場合

では、遣唐僧としてではなく入唐した、残りの三人についてはどうであろうか。まず恵運は真言宗徒で、承和九年(八四二)に商船に乗って入唐し、長安青龍寺の義真より灌頂を受け、承和十四年(八四七)に帰国して[16]、京都安祥寺の開基となった人物である。次に円珍は延暦寺初代座主義真の弟子で、入唐求法の許可申請を数度にわたって提出し、仁寿元年(八五一)に勅許を受け、同三年に入唐を果たし、天安二年(八五八)に帰国して、貞観九年(八六七)に五世座主に任じられた人物で、天台宗寺門派の祖として知られている[17]。最後の宗叡は天台宗徒で、円珍の弟子にあたるが、のちに東寺に入り真言宗徒となっている。真如法親王[18]に従って入唐したが、真如と別れて五台山に入った後、貞観七年(八六五)に帰朝している[19]。

これら三人の求法僧のうち、円珍は入唐求法の勅許を得ているのみならず、紫衣や糧食を下賜されていたから、いわば政府の後援を受けての入唐といえよう[20]。円珍の作成した請来目録は五部に及ぶが[21]、そのいずれにも「上」などの語はない。しかし、安然の著した『諸阿闍梨真言密教部類惣録』[22]冒頭の「往生院記」には天安三年(八五九)四月十八日に円珍が奏進を行なったことが記されており、円珍が請来目録を政府に提出したことはほぼ確実である。おそらく総目録である『智証大師請来日録』(別名『入唐求法総目録』)が奏進されたのであろう。その一方で円珍は同年、藤原良房にもこの目録を進呈したことが、聖護院所蔵の天安三年写本[23]によって知られている。これは入唐勅許を得る際に助力した良房への感謝の意とともに、後援者への成果報告書という意味もあったのではなかろうか。断定はできないものの、極めて興味深い。

恵運に関しては、その入唐求法の経緯がつまびらかではないが、『入唐五家伝』[24]の「恵運伝」によっておよその経緯を知ることができる。

(前略)天長十年。重有レ勅。被レ拝二鎮西府観音寺講師兼筑紫国講師一。以為二九国二嶋之僧統一。特勾下当写二大蔵経一之事上。和尚固辞。不レ許。強赴二任所一。(中略)儻値二大唐商客李処人等化来一。和尚就レ他要望。乗二公帰船一入唐。巡二礼薦福興善曼陀羅道場一。得レ見二青龍寺義真和尚一。請二益於秘宗一。兼看二南岳五台之聖迹一。船主許諾云。東西任レ命。駈馳随レ力。遂則承和九年。即大唐会昌二年歳次壬戌夏五月端午日。脱二躧両国講師一。即出二去観音寺一。在二大宰府博太津頭一始上レ船。(後略)

これによれば、恵運は天長十年(八三三)に大宰府観世音寺講師兼筑紫国講師に勅任され、その九年後の承和九年五月に講師を辞官し、観世音寺を出てから「唐商」李処人の船に便乗して入唐したことがわかる。李処人が来日したことを知った恵運が入唐巡礼のために乗船を求め、船主が許諾した後に恵運が辞官していることから考えれば、恵運は入唐巡礼を理由に辞官を申請し、これが許可されたものと考えられる。もともと恵運は観世音寺に赴く以前も、勅令によって関東で書写された一切経の検校を行なっていたらしく、また帰国後に開基となった安祥寺は仁明天皇女御藤原順子（文徳天皇生母）の発願で、招かれて開基となったようであり、天皇家・摂関家との関連が深い人物であった。このように考えれば、恵運が渡唐求法を申請しても、それが許容される素地はあったと思われる。恵運の経歴からすれば、あるいは入唐巡礼の許可に際し、政府からなんらかの依頼・後援があったことも想像できる。とするならば、恵運の入唐巡礼は半ば公的な性格を帯びていたとして差し支えなかろう。ともかく、恵運が帰国したのは承和十四年（八四七）六月二十二日のことで、三十日に『恵運禅師将来教法目録』が東寺で記されている。この目録の巻末には「謹録上」という語句があることから、これが政府に提出されたことは間違いないであろう。

宗叡の事蹟は、『日本三代実録』元慶八年（八八四）三月廿六日丁亥条にみえる宗叡の卒伝に詳しい。

> 僧正法印大和尚位宗叡卒。（中略）清和太上天皇爲㆓儲貳㆒之初、選入㆓侍東宮㆒。貞観四年。高丘親王入㆓於西唐㆒、宗叡請従渡㆑海。初遇㆓卞州阿闍梨玄慶㆒、受㆓潅頂㆒、習㆓金剛界法㆒。登㆓攀五台山㆒、巡㆓礼聖跡㆒。即於㆓西台維摩詰石之上㆒、見㆓五色雲㆒、於㆓東台那羅延窟之側㆒、見㆓聖灯及吉祥鳥㆒、聞㆓聖鐘㆒。尋至㆓天台山㆒、次於㆓大華厳寺㆒、供㆓養千僧㆒。即是、本朝御願也。（中略）八年到㆓明州望海鎮㆒。適遇㆘李延孝、遥指㆓扶桑㆒、將㆖㆑泛㆓一葉㆒。宗叡同㆑舟、順㆑風解㆑纜、三日夜間、帰㆓着本朝㆒。主上大悦、遇以㆓殊礼㆒。（後略）

これによれば、宗叡は清和天皇の皇太子時代に入侍しており、入唐の際には国家の関与が強かった真如に随行し、「本朝御願」により天台山で千人の僧を供養していることから、私的な理由で入唐したのではないと考えるべきであろう。彼は帰国後も清和に供奉し、退位・落飾の際にも奉仕していて、天皇家との関係も強かった。

問題なのは、宗叡の『書写請来法門目録』の末尾に「入唐請益僧大法師位」と署名してあることである。宗叡は前述のように、遣唐使に随行した請益僧ではない。よって『書写請来法門目録』に宗叡の名が記載されていないことからすれば、これが宗叡の請来目録ではない可能性もないではない。しかし、前述の『諸阿闍梨真言密教部類惣録』の

「往生院記」がこの署名を含む一文を宗叡の上表としていることからして、『書写請来法門目録』が宗叡の作成した請来目録で、政府に提出されたことは間違いないであろう。「入唐請益僧」という署名は遣唐使とは関係なく、文字どおり「入唐して短期で帰国した僧侶」という意味で使用したのかも知れない。こうした入唐経験を持つ宗叡が請来目録を政府に提出したのは、その入唐が真如に随行したものであったことと、「本朝御願」を託されていたという、半ば公的な入唐であったからと考えられる。また、東宮時代からのちの退位・落飾まで続く、清和天皇との個別人格的な関係も影響していたかも知れない。

以上、遣唐僧ではない三人について、入唐の経緯から請来目録を提出した背景を推測してみた。これとは別に本稿が注目したいのは、巡礼求法に必要な費用の出所である。円仁の『行記』には、唐での求法に際し、具体的な出費が記載されていることがある。また、揚州滞在中の『行記』の記事には日本から持参した工芸品を有力者や僧に贈ったり、絹や金銭を滞在する寺に拠出して供養の食事や法具の代金にあてたことがみえるし、巡礼中、施しを受けられないときは、金銭を払って食を得たことを記している。それに対し、遣唐大使藤原常嗣は求法のためとして円仁に金三十両を与えており、また仁明天皇や政府は、唐に留まった円仁に三度にわたり資金を支給しようと試みている。また『行記』には、現地の有力者から布施を受けた記事もたびたびみえる。円仁は政府からの資金や支給品に加え、こうした援助を受けて巡礼求法を行なっていたのである。

円珍や恵運、宗叡も同じように現地で布施を受けていただろうが、これだけ多額の費用を布施のみでまかなって唐を旅し、求法できたとは考えにくい。もちろん、円珍が所属していた延暦寺、恵運や宗叡が所属していた東寺からも援助があったに違いない。しかし、政府側も入唐求法の許しを与え、依頼を託しながら、何の援助も行なわないものだろうか。円仁の場合、本来の留学期間は短期のはずであったのが、求法のために無許可で唐に留まった後であっても、三回の資金支給が決定・実行されており、恵運や宗叡もその入唐・唐滞在にあたり、政府からなんらかの援助を受けたと推測できないであろうか。円珍の場合は良房の援助に負うところが多いとは思われるが、先述したように天皇から糧食や法衣を下賜された上、政府から身分証明書を二通発行してもらっており、入唐に際し便宜を図ってもらっていた。あるいは資金援助も受けていたかも知れない。

このように、政府が何らかの援助をしたと仮定できれば、正規の派遣僧＝遣唐僧ではない、恵運や宗叡、円珍が政府に目録を提出したのも、遣唐僧に準じて解釈できるだろう。ただしそれが、彼らの責務であったかどうかは不明である。彼らの場合は遣唐僧とは異なり、自発的意志によるものであった可能性も考えられるからである。

おわりに

最後に本稿で論じてきたことをまとめると、以下のようになる。

①円仁の請来目録である三種のうち、『日本国承和五年入唐求法目録』は唐残留を諦め帰国の途についた円仁自身が作成したもので、ふたたび唐残留を決意した円仁は、この目録を帰国する遣唐使に託している。次の『慈覚大師在唐送進録』は、『日本国承和五年入唐求法目録』が日本に到着しない状況のなかで、延暦寺が唐から別便で送られてきた教典類をもとに作成し、三綱の署名を添えたものであった。最後の『入唐新求聖教目録』は、十年に及ぶ唐での求法から帰国した円仁自身が作成したものであった。

②この三種の目録は、いずれも政府に提出されるべく作られており、『入唐新求聖教目録』は実際に上表されている。『入唐新求聖教目録』の文からは、円仁が『日本国承和五年入唐求法目録』を自ら政府に提出するつもりで

あったことが読み取れ、円仁がかかる報告を責務と考えていたことがわかる。
③現存する平安期の入唐僧八人の請来目録を検討すると、正規に派遣された遣唐僧の五人はすべて請来目録を政府に提出している。これは国費留学生である彼らには、その入唐・求法の機会を与え、費用を拠出した国家に対して、成果報告の提出が求められていたことが窺われる。一方、遣唐僧ではない三人も、請来目録を政府に提出している。この三人は公的な入唐・求法の面が強く、政府の関与や資金援助があったと推測されることから、正規の遣唐僧に準じて請来目録を提出し、入唐の成果を報告したと考えられる。

請益・留学僧も遣唐使団の一員であることを想起すれば、国家に対して留学の成果を報告し、情報を開示するのは当然のことであった。かかる遣唐僧と国家との関係は、従来あまり検討されてこなかったように思われるが、彼ら遣唐僧が自身の属する教団の代表であったばかりでなく、国家から選ばれた代表でもあったことを勘案すると、請来目録が現存しない遣唐僧もまた、求法の成果の集大成である報告書を何らかの形で国家に提出したのではないかとの推測が導き出される。この点については史料がなく、憶測にすぎないとの批判も予想されるが、可能性の一つとして提示しておきたい。諸賢のご批正を願う次第である。

註

（1）『大日本仏教全書』第二冊「仏教書籍目録第二」、『大正新修大蔵経』第五五巻に収録。このほかに「前唐院資財実録」という目録が伝わっている（『大日本仏教全書』第一二六冊所収）。前唐院とは円仁が唐より持ち帰ったものを収めた院であるが、この「前唐院資財実録」は唐で得た法物（五鈷鈴や三鈷、灌頂に関する道具、高僧の真跡消息等）や雑物（唐火打、夜子瓠等）が記載されている。法物類が先に挙げた三種の目録と重複するため、本考察からは除外する。

（2）以下では、引用する史料が『行記』の場合には、原則として史料名は掲げない。

（３）承和の遣唐使は、初度（承和三年）の出発時に大破して廃棄された第三船を除く、大型船三隻で承和五年七月に唐に到着したが、第一船と第四船も大破して使えなくなったため、残った第二船と、唐で調達した新羅船九隻で帰国することになった。よって本稿では混同を防ぐため、それぞれを「遣唐第二船」「新羅船第〇船」と表記する。
（４）石田尚豊「円仁の揚州求法について」（『青山史学』八号、一九八三年）は、『在唐送進録』にみえる「円仁の書」が『行記』開成四年三月二十三日条にある「消息」と同じであるとするが、後述のようにこの時点で円仁は遣唐第二船に乗船する粟田録事とは遭遇しておらず、この見解には従えない。石田氏は当初円仁が帰国に際して乗船した新羅船第二船と、その後に乗船した遣唐第二船を混同しており、基本的な事実を誤認しているようである。石田氏は『在唐送進録』の元になる目録が円仁の手によって唐で作成されており、「其の目録」が『承和五年目録』の原本というべきものであったとの見解を示しているが、氏の目録作成過程に関する論は「円仁の書」が開成四年三月二十三日のものという点を前提に展開しているため、それ以後の過程についても首肯することはできない。
（５）石田尚豊「円仁の揚州求法について」（前掲（４）論文）。
（６）『行記』開成四年四月八日条。
（７）『行記』開成四年四月五日条、同七月二十八日条、同六月八日条。
（８）『行記』開成四年七月十四日条。ただし、目録を託したという記述はない。
（９）『続日本後紀』承和六年八月十九日条。
（10）『続日本後紀』承和七年四月八日条、同六月十八日条。
（11）佐伯有清『人物叢書　円珍』（吉川弘文館、一九九〇年）は、この目録の原題を『僧円仁送本目録』としているが、その根拠は不明である。
（12）石田尚豊「円仁の揚州求法について」（前掲（４）論文）。
（13）『聖教目録』の最初に総数が、次に入手先ごとの内訳が記載されているが、総数と内訳の合計数が一致しない。ここでは内訳の合計数をとった。
（14）『大日本仏教全書』第二冊「仏教書籍目録第二」、『大正新修大蔵経』第五五巻所収。本文にあげたもの以外には、恵運の『恵運律師書目録』（この目録のみ『大日本仏教全書』に収録されていない）、宗叡の『新書写請来法門目録』・『禅林寺宗叡僧正目録』、円珍の『開元寺求得経疏記等目録』・『福州温州台州求得経律論疏記外書等目録』・『青龍寺求法目録』・『日本比丘円珍入唐求法目録』がある。

(15)『行記』会昌二年(八四二)五月二十六日条。

(16)『続日本後紀』承和十四年(八四七)九月庚辰(十八日)条にある「入唐求法僧慧雲献孔雀一・鸚鵡三・狗三」という記事は、この恵運のことであると思われる。

(17) 小野勝年『入唐求法行歴の研究　智証大師円珍篇』上・下(法蔵館、一九八二・三年)、佐伯有清『智証大師伝の研究』(吉川弘文館、一九八九年)、小山田和夫『智証大師円珍の研究』(吉川弘文館、一九九〇年)等参照。

(18) 俗名高丘親王。平城天皇の第三皇子で皇太子となったが、平城上皇の変に連座して出家した後、貞観四年に入唐し、貞観七年にインドを目指したもののマレー半島の羅越国で客死した。杉本直治郎『真如親王伝研究』(吉川弘文館、一九六五年)参照。

(19) 宗叡の著した『新書写請来法門目録』によれば、貞観七年十一月十二日に「東寺」、すなわち教王護国寺に帰還している。

(20)『平安遺文』巻一、一二四—一二七所収「大師台州公験写」。

(21)『智証大師請来目録』、『開元寺求得経疏記等目録』、『福州温州台州求得経律論疏記外書等目録』、『青龍寺求法目録』、『日本比丘円珍入唐求法目録』の五種。

(22) 通称『八家秘録』、『大日本仏教全書』第二冊「仏教書籍目録第二」所収。「入唐八家」の請来した仏教典を、独自に二十の教義分類によって編纂列記したもので、この時点ですでに「入唐八家」の請来目録が作成者別に編纂されていたことが知られる。すなわち、叡山(最)澄和上録、高野(空)海和上録、叡山(円)仁和上録、霊巌寺(円)行和上録、安祥寺(恵)運和上録、小栗(常)暁和上録、比叡山円珍和上録、円覚(宗)叡和上録である。安然は天台宗徒で学僧として知られ、その師遍照は「我が師に円仁あり、弟子に安然あり」と誇ったとされており、台密の完成者としても名高い人物である。『諸闍梨真言密教部類惣録』は元慶九年(八八五)に著されているから、同時代史料としてその信憑性は極めて高い。

(23) 真筆説もあったが、現在では奥書のみが真筆であるとする説が有力なようである。

(24) 『大日本仏教全書』第百十三冊「遊方伝叢書第一」所収。『入唐五家伝』の著者や成立年代は不明だが、書中「真如法親王入唐略記」の奥に、真言宗の僧賢宝による「延文二年四月書写」の識語があるので(延文二年＝一三五七年)、それ以前には各伝が成立していたものと思われる。賢宝は「東寺三宝」と謳われた学僧で、『行記』観智院本にも「明徳二年十月　日全部四帖感得了可｣喜々々　法印権大僧都賢宝　生年五九」との奥書が見える(明徳二年＝一三九一年)。

(25) 『行記』には、法具の入手費用、受法や経典書写の際の謝礼、供養の食事代、また旅程における食費や交通費(渡河費用や荷役用の馬代など)について記載されている。

(26) 『行記』承和五年(開成三)九月二十九日条には、藤原常嗣が求法の費用として沙金大十両を贈った記載があり、開成四年四月五日条にも常嗣より金大二十両を下賜されたとある。また長安滞在中である『行記』会昌二年十月十三日条には、日本から金小二十四両が送られてきたものの、後援者の劉慎言が、円仁と同期の留学僧円載に唆されて使用してしまったとみえる。同六年十月二日条には、会昌の廃仏を知って心配した延暦寺から派遣されてきた僧性海が、仁明天皇から下賜された金二十両をもたらしている。そのほか、『続日本後紀』承和十一年七月二日条には、円載の弟子で経典類を持って一時帰国した僧仁好が唐の円載の元に戻る際、円仁と円載への金二百両ずつを託されていることがみえるが、『行記』には記載がないことからすれば、この金子が円仁に届いたかどうかは疑問である。仁好は無事再入唐しているので、何らかの支障が生じたため円仁の元には届かなかったのであろう。ちなみに承和十一年は会昌四年にあたり、会昌の廃仏の最中である。寺院や僧尼の資財について規制が厳しかったこともあり、あるいは受け取っても公になるのを恐れて自身の日記にも記さなかったのかもしれない。

円仁の行者、丁雄万

溝口 優樹

はじめに

『入唐求法巡礼行記』(以下『巡礼行記』と略記する)に記された唐における円仁の求法・巡礼の旅は、彼一人でなし得たものではなかった。円仁のもとには、傔従の惟正・惟暁と行者の丁雄万(丁雄満とも。日本名は丁勝小麻呂。本稿では原則的に『巡礼行記』中でもっとも多い丁雄万の表記を用いる)が随伴しており、さまざまな形で円仁の巡礼をサポートしていた。円仁の旅は、彼らの協力があってこそ、なし遂げることができたといえよう。

ただ、円仁に随伴した三名について、あまり詳しいことはわかっていない。円仁の随伴者をめぐる問題は、円仁の旅の実態だけでなく、『巡礼行記』の編纂姿勢や、僧侶を唐へ派遣した各宗派の体制などさまざまな問題に波及し得る可能性を孕んでいる。本稿では、円仁に随伴した三名のうち、丁雄万という人物に注目し、彼をめぐる諸問題について若干の検討を行ないたい。

1　丁雄万の名

本節では、丁雄万の名前をめぐる問題を検討したい。丁雄万が『巡礼行記』にはじめて登場するのは、次の史料である。

【史料1】『巡礼行記』開成三年（八三八）八月一日条（表①）

早朝、大使到二州衙一見二揚府都督李相公一。事畢帰来。斎後、請益・留学両僧出二牒於使衙一、請レ向二台州国清寺一、兼請下被レ給二水手丁勝小麻呂一、仕中充求法馳仕上。暮際、依二大使宣一、為レ果二海中誓願事一、向二開元寺一看二定閑院一。三綱老僧卅有余、共来慰問。巡礼畢、帰二店館一。

右によると、円仁は使衙（遣唐使の本部）に牒を出し、台州国清寺に向かいたい旨とともに、水手の丁勝小麻呂を給わりたい旨を申請している。この丁勝小麻呂こそが、本稿でとりあげる円仁の行者、丁雄万である。彼の名については、「丁」を姓、「勝小麻呂」を名とみるむきもあるが、[1]「丁」がウヂナ、「勝」がカバネ、「小麻呂」が個人名であろう。なぜなら、古代の戸籍などに「丁勝」某の人名が多数みえており、「勝」が姓（ウヂナ＋カバネ）の一部であると考えられるからである。また、中国風の呼称でも「丁勝」「丁勝雄」などとはならず、「勝」字が用いられていないことも、それが個人名の一部ではなくカバネであったことの傍証となる。

丁雄万が日本式の姓名で記されるのは史料1（表の①）のみであり、その後は「丁雄満」あるいは「丁雄万」と記されるようになる。これは、日本式の姓名を中国風に改めたものである。鈴木靖民氏によると、入唐などにあたって日本の氏と名を三字表記の姓と名または字（あざな）の唐名に変える場合には、①名を日本語の漢字音に似た唐風の漢字二字に変

【表】『巡礼行記』にみえる丁雄万

通し番号	書かれ方	内容		記載箇所
①	水手丁勝小麻呂	地の文	円仁が丁勝小麻呂を給わることを使衙(遣唐使本部)に申し出る	開成3・8・1
②	水手丁雄満	書状の引用	揚府(揚州)が円仁らの計画を問う書状	開成3・8・4
③	丁雄満	地の文	円仁らが第二船を下り第八船に移る	開成4・4・4
④	水手丁雄満	地の文	円仁らが遣唐使船を下りる	開成4・4・5
⑤	行者一人	書状の引用	海州四県の都遊奕将下の子巡軍中らの取り調べ時に円仁が書いた書状	
⑥	行者	地の文	海州刺史と面会した後、円仁らが海竜王廟に滞在する	開成4・4・8
⑦	行者一人	書状の引用	円仁らが唐に残留した理由を文登県に報告する書状	開成4・7・28
⑧	行者丁雄万	書状の引用	円仁らが唐に残留した理由を文登県に報告する書状	
⑨	行者	書状の引用	円仁らが赤山院に滞在している理由について赤山院が文登県に説明する書状	
⑩	行者一人	書状の引用	文登県が清寧郷に対して円仁らへの対処を指示する書状	開成4・9・3
⑪	行者一人	書状の引用	文登県が赤山の寺院などに対して円仁らへの対処を指示する書状	
⑫	行者一人	書状の引用	円仁らの現状を文登県に説明する書状	
⑬	行者丁雄万	書状の引用	円仁が州県の公験を要請するため赤山法花院に充てた書状	開成4・9・26
⑭	行者	地の文	赤山法花院で始まった法華経の講義に参加しているのは新羅人ばかりで日本人は円仁らしかいない	開成4・11・16
⑮	行者丁雄万	書状の引用	文登県が円仁らに公験を発給する旨を登州都督府に報告する書状	開成5・2・24
⑯	行者丁雄万	書状の引用	円仁が蓬莱県城南地界の所由に充てた行歴	開成5・3・2
⑰	行者丁雄万	書状の引用	円仁が公験の発給を要請するため登州長官に充てた書状	開成5・3・5
⑱	行者丁雄万	書状の引用	登州都督府が円仁らの公験発給の可否の判断を押両蕃使に仰いだ書状	開成5・3・11
⑲	行者丁雄万	書状の引用	円仁らが功徳巡院で知巡押衙・監察侍御史の趙錬に城内の寺に寄留し師を訪ねたいことを述べた書状	開成5・8・23
⑳	行者丁雄万	書状の引用	円仁らが長安に来た理由を功徳使に説明する書状	開成5・8・24
㉑	行者丁雄万	地の文	義真への謝礼に丁雄万を遣わす	会昌1・5・1
㉒	行者丁雄万	書状の引用	円仁らが帰国するため功徳使に充てた書状	会昌1・8・7
㉓	行者丁雄万	書状の引用	円仁が五台山に帰る義円に充てた書状	会昌2・3・12
㉔	行者丁雄万	書状の引用	巡院が円仁らのを以前どおり収管するよう資聖寺に指示した書状	
㉕	行者丁雄万	書状の引用	円仁らが居住している房内に他の者がいないことを功徳使に申告する書状	会昌3・7・2
㉖	丁雄万	地の文	楚州の劉慎言のところに預けていた経論等をとってこさせるため丁雄万を閻方金の船に乗せて遣わすことにする	会昌6・2・5
㉗	丁雄万	地の文	楚州の惣官同十将薛詮からの書信によって丁雄万が李国遇に続いて出発しようとしていることを知る	会昌6・6・17
㉘	丁雄万	地の文	丁雄万が戻ってきた	会昌6・6・29
㉙	雄万	地の文	雄万は揚州に向かうことができずに帰ってきた	
㉚	丁雄万	地の文	金珍らの船を尋ね求めさせて出航を待つよう、雇用した他の一人とともに丁雄万を赤山に向かわせた	大中1・7・13

えて唐名とするもの、②名を意訳するもの、③姓を日本名の最初の一字だけ使って略し、名は発音の似た漢字を当てて唐名とするもの、④姓の意味を取って一字で表し、名は音の似た唐風の二字とするものといったケースがあった。(2)「丁勝小麻呂」を「丁雄満(丁雄万)」に変換する場合は、③のケースに該当する。すなわちウヂナがもともと一字なのでそのまま用い、カバネを省略したうえで、名は日本語の漢字音に似た唐風の漢字二字〈小→雄〉〈麻→満・万〉に変えたと考えられる。なお、「丁雄万」が自称ではなく、円仁による呼称である点は留意しておきたい。丁雄万は『行歴抄』(3)や円珍関係の文書に(4)「丁満」として記されているが、これも円珍による呼称である。おそらくは、在唐中でのさまざまな場面において不都合のないように、円仁や円珍が中国風に名付けたものであろう。

丁雄万の中国風表記が『巡礼行記』ではじめてみられるのは、揚州府が円仁らの計画を問う書状の引用箇所(表の②)である。それ以前に円仁は台州の国清寺に向かいたいとする申請を遣唐使本部に申請し(史料1)、遣唐大使を通じて揚州府に届けられている。(5)揚州府の書状が丁雄万について中国風の表記を用いているのは、遣唐大使を経由した円仁の申請がすでに中国風の表記を用いていたためであろう。円仁らは、唐において俗名の場合は中国風の姓名を用いるとさまざまなやりとりが円滑にいくことを知っており、それを実践したものと考えられる。

ところで『巡礼行記』における丁雄万の中国風表記は、「丁雄満」と「丁雄万」の二通り存在する。両者に何か違いはあるのだろうか。表をみると、はじめは「丁雄満」と記されていたものの、開成四年四月五日(表の④)を最後にみられなくなり、開成四年七月二十八日(表の⑧)以降はすべて「丁雄万」と表記されている。先述のように、「満」と「万」は日本名の「麻」の漢字音に似た唐風の漢字として採用されたものである。人名で「マロ」という場合、「マ」には「麻」の字が充てられることが多いが、「万」や「満」の字も用いられることがある。(6)その意味では、「万」と「満」のどちらの字を用いてもよかったのであろう。また、「麻」をそのまま用いてもよかったのかもしれない。

しかし、もとの「麻」ではなく、わざわざ「満」「万」に変換しているのは、その方が唐では適切だと円仁が判断したためであろう。そして、「満」から「万」に字が変わっているのも、後者の方がより適当であると円仁が判断したためだったと考えられる。ではなぜ円仁は、丁勝小麻呂の中国風の名前として「丁雄満」よりも「丁雄万」の方が適当だと判断したのであろうか。この点については、「満」に「おごる、たかぶる」や、謾と通じ「あざむく」といった意味がある[7]点が留意される。もしかすると、そのことに気づいた円仁が、よりよい字として「満」を「万」に換えたのかもしれない。なお、後に円珍が彼のことを「丁満」と呼称しているのは、円仁が「満」を「万」に変えた理由を円珍が知らなかったことを示唆する。同時に、丁雄万自身が「丁雄万」「丁雄満」「丁満」などを自称したのではなく、また何と呼ばれるか特にこだわりがなかったこともうかがわれる。なお、表記をすべて「丁雄万」に統一しなかった点からは、『巡礼行記』を編纂するにあたって、その時々にとった記録を尊重した円仁の姿勢が垣間見られる。

2　丁雄万のプロフィール

円仁に随伴して求法・巡礼の旅を支えた丁雄万とは、いかなる人物だったのであろうか。彼の生年については明らかとなっている。円珍関係の文書を参照すると、「丁満」は仁寿三年＝大中七年（八五三）に「年四十八」[8]、斉衡二年＝大中九年（八五五）に「年伍拾」[9]とある。そこから逆算すると、彼は大同元年（八〇六）生まれ、円仁とともに入唐した開成三年（八三八）には三十三歳だったことがわかる。

次に、丁雄万の出身地を検討したい。丁勝氏は、大宝二年「豊前国仲津郡丁里戸籍」[10]に多くの人名がみえる。この丁里には秦部姓の人名が圧倒的に多い。それにもかかわらず、丁里という里名であったのは、丁勝氏を中心に編成された里だったからであろう。また、同じ地域に部姓の氏族が居住しているなかで、丁勝氏がカバネ姓であることを考えあわせると、丁勝氏は少なくとも丁里という範囲においては中心的な位置を占める氏族だったと考えられる。豊前国仲津郡のほかに、丁勝氏が居住していた地域は管見の限り確認できないが、別の状況証拠からも丁雄万の出身地について検討しみたい。そこで注目したいのが、丁雄万以外の水手についてである。『巡礼行記』には、承和の遣唐使の第一船水手として甑稲益の名がみえる(11)。

甑を姓とする人物としては、『続日本紀』神護景雲三年(七六九)十一月庚寅(二十六日)条に、大隅・薩摩の隼人が「俗伎」を奏した際に叙位に預かった人物の一人として、甑隼人麻比古の名がみえる。この甑隼人麻比古は、『続日本紀』宝亀九年(七七八)十一月壬子(十日)条などにみえる薩摩国甑嶋郡出身の隼人であると考えられる。そうすると、同じく甑を称する甑稲益についても、同様に薩摩国甑嶋郡の出身者とみることができよう。

それでは、他の水手はどうであろうか。遣唐使ではないが、水手の徴発をめぐっては次の史料が参考になる。

【史料2】『続日本紀』天平宝字五年(七六一)十一月丁酉(十七日)条

以㆓従四位下藤原恵美朝臣朝狩㆒為㆓東海道節度使㆒。正五位下百済朝臣足人、従五位上田中朝臣多太麻呂為㆑副。判官四人、録事四人。其所㆑管遠江・駿河・伊豆・甲斐・相摸・安房・上総・下総・常陸・上野・武蔵・下野等十二国、検㆓定船一百五十二隻、兵士一万五千七百人、子弟七十八人、水手七千五百廿人㆒。数内二千四百人肥前国、二百人対馬嶋。従三位百済王敬福為㆓南海道使㆒。従五位上藤原朝臣田麻呂、従五位下小野朝臣石根為㆑副。判官四人、録事四人。紀伊・阿波・讃岐・伊予・土左・播磨・美作・備前・備中・備後・安芸・周防等十二国、検㆓定船一百廿一隻、兵士一万二千五百人、子弟六十二人、水手四千九百廿人㆒。正四位下吉備朝臣真備為㆓西海道使㆒。従五位上多治比真人土作、佐伯宿祢美濃麻呂為㆑副。判官四人、録事四人。筑前・筑後・肥後・豊前・豊後・日向・大隅・薩摩等八国、検二定船一百廿一隻、兵士一万二千五百人、子弟六十二人、水手四千九百廿人一。皆免二三年田租一、悉赴二弓馬一、兼調二習五行之陳一。其所レ遣兵士者、便役造二兵器一。

右は天平宝字五年に、新羅征討の準備として子弟・兵士・水手の徴発人数が計上されたという記事である。それによれば、徴発の対象となる地域は東海道、南海道（および山陽道）、西海道であった。そして水手の内訳は東海道が七五二〇人、南海道（および山陽道）と西海道が四九二〇人であった。征討軍と遣唐使とでは規模が違う点には留意しなければならないが、ここでは対外交通の際に水手を徴発する対象地域として、東海道・南海道・山陽道・西海道があげられていることを確認しておきたい。一方、征討軍と比較すると、遣唐使の水手は人数が少なかった。東野治之氏によると、奈良時代以降の四隻編成の場合、一度に派遣される遣唐使の水手は概ね二五〇人程度だったと推定されている。[12]承和の遣唐使も四隻の編成であった。[13]そうすると、史料2のように広範な地域から水手を徴発する必要はなかったと思われる。類例があまりないため断定はできないが、承和の遣唐使で薩摩国出身と考えられる甑稲益が徴発されていることを勘案すると、おそらく水手は主に西海道の人々が徴集されていたのであろう。丁勝氏が居住していた豊前国仲津郡丁里戸も西海道に属する。そのように考えるならば、丁雄万は豊前国に居住していた丁勝氏の一族だったとみるのが穏当ではなかろうか。

ところで、丁雄万が出自とする丁勝氏とは、いかなる氏族だったのであろうか。まず、ウヂナである「丁」に注目したい。小野勝年氏は「丁」という姓について、「男丁仕丁駆使丁などいわゆる丁であったところから、これをとって姓としたものと解される」としている。[14]つまり「丁」を職掌と解するのである。ただ、「丁」と呼ばれるような労役は古代において普遍的に行なわれており、律令制下の仕丁は五十戸に二人が徴発されることになっていた。[15]したがって、「丁」としての労役が丁勝氏の有した固有の職掌だったとは考えがたく、なぜあえてかかる職掌をウヂナとしたのかは判然としない。丁の管理という職掌を意味しているとも考えられなくはないが、勝姓者に地名をウヂナとする者が多いとの指摘[16]をふまえると、「丁」についても豊前国仲津郡丁里一帯の地名にもとづくウヂナだった可能性がある。次にカバネの「勝」に注目したい。佐伯有清氏は「勝」の語について、もともと新羅において族長を意味する一般的名称であり、官位・官職名として固定化する前に帰化人によって早く日本にもちこまれ、それが帰化人の集団の長の敬称ないしは称号として使用されたと推定している[17]。これにしたがえば、丁勝氏は渡来系の氏族であったと考えられる。

丁雄万が出自とする丁勝氏が渡来系氏族であったとするならば、その故地はどこだったのだろうか。『新撰姓氏録』にみえる勝姓氏族をあげると、上勝・不破勝(右京諸蕃)、勝(山城国諸蕃)、勝(摂津国諸蕃)、木勝(未定雑姓山城国)など百済系を称するものが多いが、茨田勝(河内国諸蕃)など漢系や、奈癸勝(山城国神別)など神別、茨田勝(山城国皇別)など皇別のものも存在し、さまざまな系譜意識をもつものが存在する。勝姓氏族は概ね渡来系の系譜を有していたものと考えられるが、カバネからその故地を推定することはできない。以上を要するに、丁雄万の出自である丁勝氏は、ある時期に倭国に渡来して後の豊前国仲津郡の地に定着した、丁里の中心となる氏族だったということになる。

3　丁雄万の身分表記

丁雄万は『巡礼行記』に何度も登場するが、彼を示す表現はさまざまである。すなわち、「水手」や「行者」といった身分で表記する場合や、それらの肩書きを名前に添える場合、身分を表記せずに名前のみを記す場合がある。本節では、丁雄万の身分表記の違いについてとりあげる。

『巡礼行記』に記された丁雄万の最初の身分は「水手」である。表の①は円仁が水手であった丁勝小麻呂を給わることを遣唐大使藤原常嗣に請うた記事であり、②は揚州府が円仁らの計画を問うた書状のなかの表記である。この段階の丁雄万はまだ遣唐使の水手として活動していたため、そのまま「水手」と表記されている。後にさまざまな書状で丁雄万は「行者」とされるのに対し、②の時だけは同じく書状中であるにもかかわらず「水手」と記されている。遣唐使の本隊を離れるまでは、遣唐使の一員としての身分が記されていたのである。

表の④は円仁らが遣唐使船を降りた際の記載であり、丁雄万が「水手」と表記される最後の例である。円仁は、丁雄万が船を下りるその時までは「水手」として扱っていたのであろう。そして、同じ開成四年四月五日条の⑤では早速「行者」の表記がみえる。当局からの取り調べに対して、「水手」という遣唐使全体における身分ではなく、円仁との関係を示す「行者」の身分を記したのである。この「行者」という身分表記はその後も用いられ続け、書状のやりとりなどではすべて「行者」とされる。「行者」とはいかなる存在だったのであろうか。

深谷憲一氏は「行者」を「従僕」あるいは「従者」と訳している。[18]「行者」の類例を確認すると、唐で最澄に随伴していた丹福成は「行者」と記されるが、[19]「従者」と記されることもある。[20]よって、「行者」が「従者」であっても矛盾はない。また丹福成が「傔従」と記されていることも勘案すると、[21]「従者」とは行者や傔従を含めて主人に付き従う者を示す広い概念の語であったと考えられる。ただし、行者は単なる従者ではなかった。行者とは、梵語 yogin の訳であり、観行者、修道者といった意味がある。[22]円仁に随伴していた沙弥の惟正・惟暁が仏道修行者であったことは明白であるが、丁雄万も単なる従者ではなく、仏道を修める俗人として(少なくともそのような体裁で)円仁にしたがっていたのではあるまいか。

ではなぜ、丁雄万は「行者」とされたのであろうか。後に丁雄万が円珍にしたがって入唐した際に、その肩書きがかったのかもしれない。[23] ただし、仮に丁雄万が単なる労働力として円仁に随伴していたとしても、公験の発給などに際してとりわけ問題はなかったと思われる。例えば最澄は唐において、「行者」とともに「担夫」をともなっていた。[24] 仮に丁雄万が単なる労働力にすぎなかったとしても、仏道修行者を装う必要はなかったはずである。丁雄万が「行者」とされたのは、公験発給を認められやすかったという理由があるのかもしれないが、むしろ丁雄万本人に仏道修行の意思があったためではなかろうか。後に円珍とともに入唐した際には、玄法寺の法全から「円仁阿闍梨の行者」か否かを訊ねられていることから、[25] 丁雄万は第三者からも円仁のもとで仏道修行に励む者と認識されていたことがわかる。また円珍とともに再度入唐したのも、円珍が訳語として入唐経験者をともないたかったというだけでなく、円珍とともに仏道修行に従事したい丁雄万の意思もあったのであろう。そもそも数多くいる水手のなかから円仁の随伴者として丁雄万が選ばれたのは、円仁にしたがって巡礼したいという本人の希望があったからではないだろうか。丁雄万を「行者」とするのは、公験の発給などを意識した単なる体裁ではなく、仏道を修める彼の実質的な身分を示していたといえるだろう。

ところで、丁雄万は水手から円仁の傔従になったと考えられることが多い。[26] しかし『巡礼行記』では、もともと円仁の傔従であった惟正・惟暁を傔従と記すのに対し、丁雄万を傔従と記すことはない。したがって、彼は傔従とみなせないのである。彼の身分は遣唐使においては水手であり、円仁とともに行動する際には行者であった。ではなぜ、丁雄万は傔従とならなかったのであろうか。傔従は『延喜式』大蔵省式に規定があるように、遣唐使の正式なメンバーであった。そしてその管轄は式部省であり、遣唐大使に任命権があったかは不明とされている。[27] したがって、遣唐使が唐に向けて出発してから、円仁が水手を新たに傔従として加えることはできなかったと思われるのである。

丁雄万は遣唐使船を下りて、円仁とともに行動するようになってからは「行者」と記されるようになるが、表の㉕の会昌三年(八六三)七月二日条を最後にみられなくなり、㉖の会昌六年(八四六)二月五日条以降は「行者」と表記されなくなる。その第一の理由としては、書状が引用されなくなる点が指摘できる。丁雄万が「行者」と記される史料の大半は、書状の引用である。こういったやりとりがなければ(あったとしても『巡礼行記』に引用しなければ)、「行者」という表記も必然的にみられなくなるのであろう。だが、それ以上に重要な点は、「会昌の廃仏」にあったのではなかろうか。

周知のように、会昌二年(八四二)から廃仏政策が進められるが、会昌五年(八四五)には外国僧で祠部の牒をもたないものを還俗させて本国に送還するという勅が発令され、五月十三日にはその旨を記した帖が功徳使から円仁らの滞在していた資聖寺にもたらされている。円仁と惟正にもこの命令が適用され、還俗・送還の対象となり、その日のうちに俗衣を身につけている。丁雄万の「行者」の表記は、まさに円仁・惟正の還俗の後にみられなくなっているのである。したがって、丁雄万が「行者」と記されなくなるのは、円仁・惟正の還俗と軌を一にしており、廃仏政策のもとで丁雄万も行者の身分ではいられなかったこと、換言すれば仏道修行に従事できなくなったことを示すと考えられる。なお、会昌の廃仏政策のもとで丁雄万が「行者」と記されなくなっていることも、その身分が単なる労働力ではなく、仏道修行者を意味するものであったことを示している。丁雄万も会昌の廃仏で弾圧を蒙った仏道修行者の一人だったのである。

おわりに

本稿では、円仁に随伴して旅した丁雄万という人物に焦点を当て、若干の考察を行なってきた。論じた点を簡潔にまとめておきたい。

①承和の遣唐使で水手をつとめ、行者として円仁に随伴した丁勝小麻呂は『巡礼行記』において「丁雄万(丁雄満)」と記されるが、それは自称ではなく円仁による中国風の呼称であった。また、「丁雄満」の表記が途中で「丁雄万」に変更されているのは、「満」よりも「万」の方がよりよい字であると円仁が気づいたためであった可能性がある。

②丁雄万は大同元年生まれで、円仁とともに入唐した時には三十三歳であった。彼の出身氏族は渡来系の系譜をもつ丁勝氏であり、豊前国仲津郡丁里に居住していた可能性が高い。

③遣唐使船を下りてからの丁雄万は、仏道修行者としての身分を示す「行者」と記される。丁雄万が行者となったのは仏道修行に従事したい本人の意思であり、そのことが数多くいる水手のなかから円仁の随伴者として選ばれた理由であったと考えられる。また、丁雄万を「行者」とする表記は会昌三年を最後にみえなくなるが、それは会昌の廃仏政策のもとで行なわれた円仁・惟正の還俗と軌を一にするものであり、仏道修行に従事できなくなったためである。

本稿では丁雄万について、特に『巡礼行記』をもとに考察を行なってきた。彼は帰国した後、円珍とともに再度入唐し、通訳などで活躍している。このことから、比叡山が円珍の求法上の便宜をはかっていたとする見解が提起されている。[28] 丁雄万のような入唐僧に随伴した行者については、今後このような入唐僧のネットワークといった観点からの考察が必要となるであろう。また、かかる考察には入唐僧に随伴した行者の側の背景も検討しなければならないが、これらは今後の課題としたい。

註

(1) 小野勝年『入唐求法巡礼行記の研究』第一巻(鈴木学術財団、一九六四年)一六三頁。
(2) 鈴木靖民①「中国西安の日本遣唐使墓誌と墓主井真成」(『東アジアの古代文化』一二三、二〇〇五年)、同②「遣唐留学生井真成とその出自」(専修大学・西北大学共同プロジェクト編『遣唐使の見た中国と日本』所収、朝日新聞社、二〇〇五年)、同③「遣唐使井真成の出現—入唐・本名・改名・出自—」(『危機と文化』八、二〇〇六年)。
(3) 大中九年(八五五)五月二十五日条。
(4) 『平安遺文』一〇三~一一〇・一二一・一二二号文書。
(5) 開成三年八月三日条。
(6) 正倉院文書を概観する限りにおいては「満」よりも「万」の方が多い。なお、東京大学史料編纂所「奈良時代古文書フルテキストデータベース」を利用した。
(7) 諸橋轍次『大漢和辞典』巻七、一九七頁。
(8) 『平安遺文』一〇三~一〇九号文書。
(9) 『平安遺文』一二一~一二二号文書。
(10) 正倉院文書正集四十、『大日本古文書』一—一六二。
(11) 開成四年三月二十二日条。
(12) 東野治之「唐に渡った人々」(住吉大社編『遣隋使・遣唐使と住吉津』所収、東方出版、二〇〇八年)。
(13) 『続日本後紀』承和三年(八三六)五月壬子(十四日)条など。

（14）小野勝年『入唐求法巡礼行記の研究』第一巻（前掲註（1）書）一六三頁。
（15）賦役令38仕丁条。
（16）八木充「カバネ勝とその集団」（『ヒストリア』一九、一九五七年）。
（17）佐伯有清「新羅の村主と日本古代の村主」（『日本古代の政治と社会』所収、吉川弘文館、一九七〇年）。
（18）深谷憲一訳『入唐求法巡礼行記』（中央公論社中公文庫、一九九〇年）。
（19）『平安遺文』二三・四三〇二・四三〇五号文書。
（20）『平安遺文』一九・四二九七号文書。
（21）『平安遺文』四三一〇・四三一一号文書。
（22）望月信亨『望月仏教大辞典』（世界聖典刊行協会）。
（23）石野雅彦「遺唐使の中の傔従（傔人）—『入唐求法巡礼行記』を中心に—」（『史学研究集録』二一、一九九六年）。
（24）『平安遺文』二三号文書。
（25）『行歴抄』大中九年五月二十五日条。
（26）小野勝年『入唐求法巡礼行記の研究』第四巻（鈴木学術財団、一九六九年）三八四頁、平野邦雄「遺唐使・留学僧にあてられた国費—その種別と用途について—」（『帰化人と古代国家』所収、吉川弘文館、一九九三年、初出は一九八八年）、鈴木靖民「遺唐使井真成の出現—入唐・本名・改名・出自—」（前掲註（1）論文③）など。
（27）石野雅彦「遺唐使の中の傔従（傔人）—『入唐求法巡礼行記』を中心に—」（前掲註（23）論文）。
（28）佐藤長門「入唐僧の情報ネットワーク」（『円仁と石刻の史料学』所収、高志書院、二〇一一年）。

太元帥法の請来とその展開
——入唐根本大師常暁と第二阿闍梨寵寿——

佐藤 長門

はじめに

常暁はいわゆる入唐八家のひとりに数えられる平安前期の僧侶であるが、その前半生は他の入唐八家に比べると不明な点が多い。例えばそれは『阿娑縛抄』所収「明匠等略伝」日本編下に「元小栗栖野里の捨子なり。その跡を哀れみて法琳寺を建立す。元興寺真言宗豊安大僧都の弟子なり[1]」、また『元亨釈書』に「山州小栗栖の路傍の棄子なり。稍(やや)長じて元興寺豊安に師事す[2]」などとあるだけで、生年どころか生国すらも定かではない[3]のである。このような常暁であるが、彼が史上にその名を残しているのは、東密系の護国修法として著名な太元帥法を請来したことによる。

太元帥法は、天龍・八部鬼神等のいわゆる諸天善神を率領する阿吒薄倶元帥(太元帥明王)を主尊とする一種の降魔法で、日本においては特に鎮護国家・怨敵調伏の大法として重視された[4]。仏教史であれ対外関係史であれ、先行研究がこの修法に着目してきたのも、太元帥法が如上の特徴を有していたからにほかならない。歴代の太元帥阿闍梨[5]が賊難調伏としての太元帥法の霊験を盛んに喧伝し、国家もまたそれに期待をかけていたことは事実である。しかしながら史料を精査してみると、それを請来してきた常暁と二代目の寵寿以降とでは、太元帥法の把握に微妙な差異が存在することに気づく。したがって太元帥法を研究するうえで、特に請来当初を対象とする場合には、この法の持つ上記の側面のみから立論するのではなく、もう少し慎重に検証する必要があるように思われるのである。

本稿では、常暁による太元帥法請来の事情を考察し、請来当初の修法とその後の変容について論じていくことにしたい。

1　三論留学僧任命の背景

事実上、最後の遣唐使となった承和の遣唐使（第一七次）の派遣にあたり、常暁は承和三年（八三六）閏五月に三論留学僧に任命された[6]。このたびの遣唐使に同行した留学・請益僧としては、ほかに天台留学僧円載、同請益僧円仁、元興寺の真言請益僧円行、薬師寺の法相請益僧戒明がいる。その構成を各派別にみてみると、天台宗のみが留学・請益各一名を派遣しており、ひとり厚遇されているような印象を抱く。しかし周知のように、当初は真言も留学真然・請益真済の二名を派遣する予定だったのであり、一度目の渡海の際に難破[7]した二人がその後の乗船を忌避された[8]結果、代わって円行がひとり請益として入唐した[補註1]のであって、天台のみが殊更に厚遇されていたわけではない。

円行派遣の事情については、次の「実恵大徳請円行入唐表[9]」に詳しい。

沙門実恵言、伏蒙二弁官仰一偁、真言宗請益留学二僧、経二流宕一、纔着レ岸。如レ是之類、船上所レ忌、縦換二他人一、更不レ可レ乗。仍従二停止一者。左右随二仰旨一。雖レ然一物失レ所、聖皇所レ軫。今真言宗新始二聖朝一、未レ経二幾年一。所レ遣経法及所二疑滞一、無レ由二開求一。此度不レ遣、何所二更求一。元興寺僧円行、久習二真言一、稍得二精旨於他学一。亦通悟。伏望、以二此僧一為二請益一。但留学従二停止一。若此道於二国家一不要者、敢非レ所レ望。伏請二天判一。不レ勝二欝念一、謹奉レ表、以聞。

実恵は右のように訴えているが、特に傍線を付した部分からは、日本に伝来してまだ日の浅い真言宗徒の、弁官から「請益留学二僧」の派遣を拒否された焦りが読み取れる。このような事情は天台宗のほうも同じで、むしろ遮那業、すなわち密教の方面で振るわなかった分、その焦燥は真言家以上であったとさえ推測できる。(10) 天台山疑決の願いを却下された円仁が、そのまま唐に留まることを決意し、敢えて危険な巡礼の旅を選択したのも、円仁個人の求法に対する熱意もさることながら、天台宗徒として自派の現状に対する危機感が要因のひとつであったことは想像に難くない。要するにこのたびの入唐僧派遣は、実に新来の天台・真言二宗の宗義上の要請にもとづいたものであったといっても過言ではないのである。ではなぜここに、三論・法相という南都の二宗が含まれているのであろうか。

平安初期における南都六宗の状況は、専ら三論・法相二宗の対立の構図を問題にすることに終始しており、ほかはほとんど顧みられることもないほどの様相を呈していた。(11)

最澄の高弟釈一乗忠の著述による『叡山大師伝』(12)には、最澄が入唐を請うた上表文と各宗別の年分度者を申請した文が引かれている。

> 此国現伝、三論与二法相一二家、以レ論為レ宗、不レ為二経宗一也。三論家者、竜猛菩薩所造中観等論為レ宗。是以引二一切経文一、成二於自宗論一、屈二於経之義一、随二於論之旨一。又法相家者、世親菩薩所造唯識等論為レ宗。是以引二一切経文一、成二於自宗義一、折二於経之文一、随二於論之旨一也。天台独斥二論宗一、特立二経宗一。論者此経末、経者此論本。捨レ本随レ末、猶二背レ上向レ下也。捨レ経随レ論、如二捨レ根取レ葉。（中略）於レ国有二六宗一、所学各異。然頃年三論・法相二宗、盛有二興隆一。但華厳・毗尼・成実・倶舎等四宗、纔有二其名一、既無二其業一。

ここで留意すべきなのは、最澄が批判の対象としたのが三論・法相二宗に限られていたということである。そればかりか、ほかの四宗に至っては有名無実とまで極論されている。これは上記二宗さえ押えていれば事は足りたということを示しており、換言すれば、当時南都六宗のなかでかろうじて天台・真言に対抗し得る勢力を残していたのは、三論宗と法相宗のみであったということを意味している(13)。

しかしその二派にしても、「天台宗や真言宗の如き新来法門ならではの新鮮なアピール力をもたない南都としては、旧来護国を担ってきたという実績の上に自己の存在意義を主張するしかな(14)」かったのであり、内実は天台・真言に押されていたことは否めない。さらに教義上からいっても、すでに各宗正統教学が固定化されていた当時にあっては、「新たな教学の伝来という外からの刺激でもない限り、教学的な論点は遠からず論じ尽され、後はそれを繰り返すしかなくなる(15)」という状況に置かれていたのである。

承和の遣唐使における常暁と戒明の派遣は、まさに「新たな教学の伝来という外からの刺激」を求めることによって、このような閉塞状態を打破することを意図した南都側の最後の手段だったのではあるまいか。そのなかでも三論留学・法相請益という二宗派の差異は、『類聚国史』仏道部六(諸宗)所引の延暦十七年(七九八)九月壬戌(十六日)付詔に「比来有つ所(このごろたもつところ)の仏子、偏(ひと)へに法相を務め、三論に至りては、多くその業を廃す」とか、同じく延暦二十二年(八〇三)正月戊寅(二十六日)付勅に「緇徒(しと)三論を学ばず、専ら法相を崇ぶ。三論の学、殆ど絶えなむとす」などとあることから明らかなように、法相に対しても劣勢を余儀なくされていた三論宗徒の、このたびの入唐僧派遣に対する期待の大きさを物語っていると考えてよいであろう。常暁が三論留学僧に任命され、唐に派遣された背景には、右のような当時の仏教界における事情が反映していたと思われるのである。

2　入唐の成果と太元帥法

以上のように、三論宗徒の期待を一身に背負って入唐した常暁であったが、その成果は決して芳しいものではなかった。二度にわたる失敗ののち、最終的に遣唐使一行は承和五年(八三八)六月に至って博多湾を進発し、揚州に到着した。しかし入唐僧のなかで長安入京を許されたのは円行のみで、常暁はそのまま揚州の広陵館に留め置かれることになったのである。(16)

当初常暁は「三十年を果たして漢里を経歴し、仏法を求め来たり、幸ひに国家を護」らんとするとか、「時に人の乏しきに逢ひ、留学の員に筵(つら)なる。限るに三十年を以てし、尋ぬるに一乗を以て」(補註2)する覚悟でいたのだが、「唐朝留住を聴さざるに縁り、使に随ひて廻帰」することになり、(17)結果的に一年三ヵ月という短期間で翌年の八月に帰国しなければならなかった。(18)小西瑛子氏は、当初留学僧に任命された常暁であったが、唐側の事情で「三論請益僧として入唐した」とみなしている。(19)しかし右の史料から明らかなように、常暁はあくまで留学僧として入唐したのであって、はじめから「教義上の疑問として集積されていた難義・未決事項を唐の(中略)学匠に示し回答=『唐決』を得ること」(20)を主要な任務とする、短期の請益僧として渡海したのではないことに注意すべきである。

このように唐から長期滞在を許可されず、そのうえ長安入京の一行に加わることすらかなわなかった常暁であるが、(21)その後の事情については「請来目録」に詳しい記載がある。

孟冬使等入朝、常暁不レ得ニ随レ使入京一。徒留ニ館裏一、空経ニ多日一。至ニ于歳尽一勅命未レ有レ受。則周ニ遊郡内一訪ニ択師依一、幸遇ニ栖霊寺灌頂阿闍梨法号文璨和尚、并華林寺三教講論大徳元照座主一。(中略)同年臘月、請ニ節度使処

分配住栖霊寺。文璨和尚以為師主、始学法儀。兼往花林寺、元照座主辺問本宗義、并得文書也。

これによると、やむなく高僧を尋ねて揚州各地を周遊していたところ、たまたま栖霊寺の文璨和尚と華林寺の元照座主の存在を知り、「法儀」と「本宗義」を受学したとある。すなわち誇るべき入唐の成果が何もないままに、空しく帰国の日を迎えなければならなかった常暁は、まったくの偶然から太元帥法と出会うことができたのであった。

常暁が誰から太元帥法を付法されたかについては各種伝記に異同があり[22]、また先行諸研究にも混乱がある[23]。詳細については省略せざるを得ないが、本稿では文璨から学んだ「法儀」を「太元帥法の儀」とし、元照に問うた「本宗義」を「三論宗の義」と解することにしたい。後述するように「請来目録」の内容は、そのほとんどが太元帥法の喧伝で占められているといっても過言ではない。それは、経典蒐集すらままならないほど行動が制限されていた在唐中の状況からして、無理もないことではあった。しかし翻って、入唐の成果を国家に上奏する帰朝報告の側面をも有していた「請来目録」の性格を勘案すれば、常暁は三論留学僧としての立場からも何らかの報告を求められていたと思われ、したがって彼が「請来目録」に「本宗」と記す場合、それは三論宗を指していると解すべきではないかと推測するからである。

一方、視点をその本来の目的とする三論宗関係に移してみると、成果と呼べるものは皆無に等しかった。試みに請来してきた経典の数をみてみると、合計総数三一部六三巻のうち、三論宗関係のものは六部一七巻を数えるにとどまり、たとえ三論教学の根幹とされる般若経関係を加えたとしても、その割合は全体の四割を超えるにすぎない。またこのたび請来してきた論疏の新しさを強調してみたところで[24]、その貧弱さは隠しおおせるものではなく、それどころか図像・道具等を含めれば、主要なものはほとんどが太元帥法関係で占められている印象さえ抱かせる。さらに「請来目録」所載の上表文の内容にしても、前述したように「本宗義」を「三論宗の義」と解してよいのであれば、三論

表Ⅰ　入唐八家請来経典等一覧（木宮泰彦『日華文化交流史』所載表を改正補足）

	経典等部数及巻数（実数）	出典
常暁	合計　三一部六三巻 三論宗関係　六部一七巻 律宗関係　一部四巻 真言宗関係　一部三巻 維摩経関係　七部一六巻 般若経関係　五部九巻 その他　一一部一四巻	「常暁和尚請来目録」
最澄	合計 二三〇部四六〇巻（四六五巻） 台州求得　一二八部三四五巻（三五〇巻） 越州求得　一〇二部一一五巻	「伝教大師将来台州録」 「伝教大師将来越州録」
空海	合計　二一六部四六一巻 新訳経等　一四二部二四七巻 梵字真言讃等　四二六部四四巻 論疏章　三二部一七〇巻	「御請来目録」
円行	合計　六九部（七〇部）一二三巻 新請来真言経法　二六部三三巻（二八部三五巻） 梵字　三部四巻（四部六巻） 顕教論疏章　四〇部八八巻（三八部八二巻）	「霊巌寺和尚請来法門道具等目録」
円仁	合計　五八四部八〇二巻 長安求得　四二三（四二二カ）部五五九巻 五台山求得　三四部三七巻 揚州求得　一二八部一九八巻	「入唐新求聖教目録」
恵運	合計　一八〇巻（一二三部一八七巻）	「恵運禅師将来教法目録」
円珍	合計　四四一部一〇〇〇巻	「智証大師請来目録」
宗叡	合計　一三四部一四三巻（一六三部一八八巻）	「書写請来法門等目録」

留学僧としての自覚が読み取れるのはその部分のみであり、いわゆる入唐八家が請来した経典の数を比較してみても（表Ⅰ）、常暁のものが最も少ないのである。

それには唐朝による行動の制限という、前述の状況が大いに影響していたであろうことは想像に難くないが、ほかに三論宗という、いわば時代遅れの宗派からの派遣ということにも原因があったのではなかろうか[25]。それは同時に入唐した戒明の成果が、薬師寺に大唐院を建立したことのほかにはほとんど伝わっていないことからも肯首できよう[26]。中国仏教界において、三論・法相が盛行していたのはそれぞれ六朝時代と初唐期であり、盛唐期以降は専ら密教が隆盛を誇っていたといわれている[27]。

このような、よくいえば太元帥法の一点豪華主義ともいえる常暁の請来品は、好むと好まざるとにかかわらず、必然的に帰国後の彼の言動を規定することになっていったように思われる。

3　太元帥法の展開

「はじめに」でも述べたが、太元帥法はその特異な霊験から東密系の代表的な護国修法としての地位を築きあげ、なかでも賊難調伏・兵革消除を以て聞こえた修法である。しかしながら、常暁と二代目の寵寿以降とでは、この法の認識のしかたに若干の違いが認められるように思われる。以下ではそのことを検証するため、ふたりの奏文を比較し、太元帥法がいかなる展開をみせたかについて、考察していくことにしたい。

（1）「常暁和尚請来目録」

常暁は帰国すると、直ちに上表文を含む「請来目録」を提出し、併せて太元帥明王の画像を進上した。(28) ここでは、常暁が太元帥法の霊験を説明している部分から、従来あまり注目されてこなかった特徴を指摘してみる。

是大元帥者、都内不レ伝二於十供奉以外一、諸州无レ出二於節度宅以表一。縁二其霊験不可思議一也。諸仏菩薩金剛天等像雖レ在二前来一、此像未二曾請来一。今則大元帥諸身曼荼羅并諸霊像所要文書等請来見到。雖レ云二涛波猛淺、新羅賊畔一、越二彼厄難一平二達聖境一、是則聖力所レ能也。（中略）本経云、仏告二阿難一、若有二国王大臣一敬礼誦呪者、其人境上、无レ有二悪賊怖難災横疾疫水旱風霜一。国倍二威徳一、諸民平泰。若有下城邑村落持二此法一者上、莫下不レ蒙二利益一者上。又云、若国土衰禍、雨沢不レ調、以二此大元帥呪一安二四城門上一、即得二風雨順一レ時。将鎮二国土一、四方隣敵不レ起二逆心等一者。（中略）今見二唐朝一、皆依レ此為二治国之宝、勝敵之要一。（中略）此法也、吾朝不二多流行一。以レ是略二案法儀図像一請来。息災招福无レ比二此法一。誰非二帰依一耶。

まず第一に、太元帥法はその霊験不可思議に縁り、唐朝では伝法の範囲・修法の場所が非常に制限されていたと述べていることとである。これは唐における太元帥法の信仰状況を誇張することによって、太元帥法請来の重要性を認識させる意図から出たものであろう。しかし常暁自身、受学したのは揚州の文璨からであり、また先には空海[29]が、そしてのちには円仁[30]・円珍[31]・宗叡[32]が、それぞれ太元帥法関係経典を請来していることを勘案すれば、その入手は比較的容易であったと考えられ、常暁の主張をそのまま信用することはできない。

第二に、「本経[33]」を引いて太元帥法の霊験を述べているが、そこにはさまざまな効能が並べられており、さしずめオールマイティーな降魔法という印象を持つことである。従来太元帥法は、賊難調伏・兵革消除の修法と考えられてきた。大局的にとらえるならば、その理解自体に誤りはないであろう。しかし、少なくとも「請来目録」作成段階においては、常暁は決してそれだけを喧伝しようとはしていなかったのではなかろうか。

以上の二点は、太元帥法のみに己が宗教者としての生命を賭けざるを得なかった常暁の、苦しい内実より発している。特に第二の点に関しては、元来太元帥法は、釈迦のまさに涅槃に入らんとするに際し、諸悪胎動の徴候に脅える衆生の不安を取り除くために呈示された守護法であったことは経典[34]から明らかであり、従来あまり注意されてこなかったことであるが、太元帥法本来の性格を考えるうえで留意すべき点であろう。如上のことから、のちには代表的護国イデオロギー化する太元帥法も、常暁による請来当初においてはそのような特定の性格は付与されていなかったと推定したい。

(2)法琳寺と太元帥御修法の成立

その後、常暁は承和七年(八四〇)六月に至って、山城国宇治の法琳寺(小栗栖寺)を修法院となすことを奏聞し裁下された[35]。

> 入唐請益僧伝灯大法師位常暁言、山城国宇治郡法琳寺、地勢閑燥、足レ修二大法一。望請、今般自二大唐一奉レ請太元帥霊像秘法安二置此処一、為二修法院一、保二護国家一、不レ関二講読師之摂一。許レ之。

法琳寺が修法院となるにしたがって、そこには仁明天皇の御願による太元堂が建立されたが[36]、常暁の奏上にはまだ太元帥法を賊難調伏の修法と強調する意図は見受けられない[37]。

常暁の言い回しに変化が生じてきたのは、承和七年(八四〇)から嘉祥三年(八五〇)にかけて、常寧殿において太元帥法を修する過程で、真言院の例に準じて毎年正月王宮裏に太元帥法を修法せんことを請うた頃(八四六年)からである[38]。『弘法大師諸弟子全集』には、そのときの奏上ではないかと思われる一文が載せられている[39]。

> 粤在太元帥聖者、大牟尼之権化、無辺力之実現。斯尊也則法之元帥、人之助衛。其法也尤仏之肝心、国之城塹。護国之願珠期二末世一、利生之契正繋二今時一。伏願毎年正月於二王宮裏一、請二十五僧一修二行此法一。其用途物一事已上準二真言院例一。遠敷二万代一以為二国鎮一。然則元帥住二国外一防二百悪一、秘法布二世内一饒二万善一。

注目すべきは、ここではじめて太元帥明王が国外に住して諸悪を防御すると表明されたことである。これは太元帥法が朝廷内で一定の評価を得たのち、さらなる飛躍を求めた常暁が後七日御修法に準ずる地位を獲得しようとした際に、ほかとは異なる太元帥法固有の特徴を強調したことによると考えられる。ここではまだはっきりと賊難調伏という論調は示されていないが、その対象を外に求めたという点で注目される。

しかし常暁の目算ははずれ、太元帥法が正月恒例の御修法の地位を認められたのは、仁寿元年(八五一)十二月になってからのことであった[40]。つまり常暁の上奏にもかかわらず、国家は調伏の対象を外に求める修法をまだそれほど必要とはしていなかったのである。事実、恒例修法としての太元帥御修法の成立(八五二年)以後においてさえ、常暁が

表Ⅱ　九・十世紀における太元帥法修法例

年月日	事項	阿闍梨
承和七年(八四〇)	常寧殿において修法(～八五〇年、大師記)	常暁
仁寿二年(八五二)正月八日	常寧殿において恒例修法(～八六五年、奏状)	常暁
斉衡三年(八五六)二月	神泉苑において請雨修法(大師記)	常暁
貞観八年(八六六)正月八日	治部省大庁において恒例修法(奏状)	常暁
貞観十三年(八七一)正月八日	恒例修法で前年の新羅賊難を降伏す(奏状)	寵寿
元慶二年(八七八)六月二十八日	出羽国において降賊法修法(三代実録)	寵寿
寛平九年(八九七)正月八日	恒例修法(勘文)	元如
寛平年間(八八九～八九八)	恒例修法で天下豊饒を祈念(法琳寺補任)	元如
延喜元年(九〇一)二月十三日	坂東調伏のため法琳寺で修法(雑々記)	命藤
承平六年(九三六)三月五日	海賊鎮定のため豊楽院で修法(紀略)	泰舜
承平六年(九三六)三月十二日	海賊攘難のため治部省で修法(紀略)	泰舜
天慶二年(九三九)六月一日	坂東謀逆により法琳寺で修法(貞信抄)	泰舜
天慶二年(九三九)十二月二十五日	海賊調伏のため法琳寺で修法(雑々記)	泰舜
天慶三年(九四〇)正月八日	恒例修法(法琳寺補任)	泰舜
天慶三年(九四〇)正月十四日	将門降伏のため法琳寺で修法(法琳寺補任)	泰舜
天慶三年(九四〇)正月二十一日	西海凶賊消滅のため法琳寺で修法(三宝院)	泰舜
天慶三年(九四〇)二月二十五日	将門調伏のため大膳職で修法(三宝院)	泰舜
天慶三年(九四〇)八月二十九日	南海凶賊調伏のため法琳寺で修法(紀略)	泰舜
天暦五年(九五一)四月二十八日	天変怪異兵革未然削除のため修法(三僧記)	円照
康保四年(九六七)十月二日	天変恠異により法琳寺で修法(秘抄)	円照
安和二年(九六九)四月十七日	兵賊祈攘のため法琳寺で修法(秘抄)	円照
正暦元年(九九〇)正月八日	恒例修法(東寺補任)	妙誉
正暦二年(九九一)正月八日	恒例修法(東寺補任)	賀仲
長徳元年(九九五)正月八日	恒例修法(東寺補任)	仁聚
長徳二年(九九六)正月八日	恒例修法(東寺補任)	泉樹
長徳二年(九九六)四月一日	藤原伊周、私に太元帥法を修す(紀略)	

〔出典例〕
出典が複数ある場合、代表的なものをひとつあげるにとどめた。

大師記＝『入唐根本大師記』、奏状＝『太元帥法縁起奏状』、
三代実録＝『日本三代実録』、勘文＝『太元宗勘文』、
法琳寺補任＝『法琳寺別当補任』、雑々記＝『太元雑々記』、紀略＝『日本紀略』、
貞信抄＝『貞信公記抄』、三宝院＝『三宝院文書』、三僧記＝『三僧記類聚』、
秘抄＝『太元帥法秘抄』、東寺補任＝『東寺長者補任』

行なった臨時修法は斉衡三年（八五六）の神泉苑での請雨修法のみであり（表Ⅱ）、太元帥法は未だ賊難調伏を基調とする護国イデオロギーとは化していなかったことが推測される。

（3）「太元法縁起奏状」[41]

寵寿は常暁の遷化に伴って、貞観八年（八六六）十二月、法琳寺別当職を継承した太元宗第二阿闍梨である。[42] 彼は貞観十九年（八七七）正月に、太元帥法請来の由来とその霊験を記した上奏文を朝廷に提出しているが、そこには常暁とは明らかに異なる主張がみられる。

爰本朝沙門霊宣之弟子有㆓両三人㆒。始逢㆓律師㆒陳曰、吾等大師霊宣和尚、是日本国之人也。（中略）垂㆑没之時、命㆓吾等㆒曰、求法之志、為㆑思㆓本国㆒。而大国留㆑我、微志不㆑遂。噫徒苦㆓蒼浪之途㆒、終失㆓素懐之旨㆒乎。方今仏像聖教、皆渡㆓本郷㆒。但未㆑伝者、太元帥之道而已也。斯尊則如来之肝心、衆生之父母、衛国之甲冑、防難之神方也。此亦唯為㆓国王㆒、専行㆓宮中㆒。輙為㆓黎庶㆒、不㆑及㆓城外㆒。是所㆓以秘重密法㆒也。

両者の間で最も異なる点は、右の史料に明らかなように、太元帥法の伝来に霊仙三蔵[43]の関与が言及されたことである。私見ではそれを史実とみない説[44]に左袒したいが、翻って考えてみると、ここで述べられていることは、取りも直さず霊仙に仮託した寵寿自身の理想にほかならないことに気づく。すなわちここには、「太元帥法かくあるべし」との寵寿の願望が込められているのである。これを常暁と比較するならば、以下のようになろう。

まず第一の点について、寵寿は霊仙大徳に仮託して、唐では太元帥法は専ら国王のために宮中において修せられ、輙く庶民のために城外では行なわないと述べている。これは常暁にはなかった思想で、太元帥法を天皇の専有法とする認識上の改変がここでなされたことを意味する。唐における修法の制限について、常暁は「都内は十供奉以外に伝へず、諸州は節度使宅以表を出づることなし」と主張したが、これが十四世紀成立の『元亨釈書』の段階になると「此の法彼の国、都下を出でず、畿外の諸州、修供を許さず」とまで表記されるに至るのである。(45) その画期はまさに、寵寿にこそ求められるだろう。

また第二の点についても、変化が認められる。常暁は太元帥法の霊験に関して、国王大臣が帰依した場合の対句として、城邑村落が保持した場合の効果まで正確に引用しているのに対し、寵寿は後者を省いて引用しているのである。

又云、国土衰弊、雨沢不レ調、以二此咒一安二四城門上一。即得二風雨順レ時。若将二此咒一鎮二国土一、四方一切隣敵及大臣不レ起二逆心一。若有二国王大臣一謂二持此咒一者、其王境土無レ有二悪人悪賊及諸鬼神等一云云。

これが意図的な省略であるか否かに関しては、判断の分かれるところであろうが、第一点を勘案すれば、寵寿は意識的に城邑村落の部分を削除したと考えるべきなのではなかろうか。

『日本三代実録』貞観十一年(八六九)六月十五日辛丑条には、新羅海賊が豊前国の年貢絹綿を掠奪した事件が記載されている。この事件がいかに深刻な衝撃をときの政府にもたらしたものであったかについては、翌七月大宰府を譴責する勅に、「唯に官物を亡失するのみに非ず、兼ねて亦国威を損辱す。之を往古に求むるに、未だ前聞あらず。後来に貽（のこ）すに、当（まさ）に面目なかるべし」とあることからも明らかである。(46) ところで年紀こそ異なるが、寵寿の「奏状」にも、恐らくは同一の事件を指しているであろうと思われる記載がある。

貞観十二年大宰府貢朝綿一万屯、為二海賊一被二劫奪一。爰新羅賊乗二此隙一来侵レ之。隣国賊難、天下騒動。同十三年正月御修法間、屢賜二勅使一、宣云、可レ降二伏隣国賊難一之勤、専在二太元帥之力一。須三能勤二仕之一者。寵寿謹奉二口宣一、専尽二身力一、祈二禱国家一、更無二懈怠一。即便隣国賊難已従二平伏一。是雖二休明之徳化一、抑専在二太元之扶持一者乎。

寵寿はここで、翌年の恒例修法に勅使を賜わって「隣国賊難」の降伏を命ぜられたが、太元帥明王の扶持によって平伏したと述べている。また元慶二年(八七八)に出羽国で起こった夷俘の反乱に際しても、現地に出向いて降賊法を修したことがあった(47)。つまり、以上の事実から明らかなように、寵寿は実際に賊難調伏の修法を行なった経験から、太元帥法の性格を兵革消除を基調とする護国イデオロギー化していく方向に収斂させていったと思われるのである。

その要因については、この時期、新羅海賊の来襲によって現実のものとなった国際情勢の緊張や、蝦夷との間で生じた国内的摩擦を契機として、それに対処するべく太元帥法固有の、かつ時宜に適った霊験を強調することで、自派のさらなる飛躍を求めたことがあげられよう。また国家の側においても、常暁の時代と違って、それを容認せざるを得ない現実の危機感と警戒心が存在していたことはいうまでもない。

その後の展開は、まさに寵寿の理想を実現する方向へと向かっていった。藤原伊周失脚の理由のひとつに、私に太元帥法を修したことがあげられていることは周知の事実であるが(48)、これは寵寿の第一の主張が貴族社会に受け入れられていた証であるし、第二の主張に至っては、例えば第七阿闍梨泰舜の例修目的を一瞥すれば十分であろう(表Ⅱ)。

以上みてきたように、太元帥法の質的転換にとって寵寿の存在が大きかったことは、もはや論を俟たないであろうが、寵寿の時代はまた、石上英一氏(49)や大日方克己氏(50)が九世紀における対外関係の決定的転換期とされた時期と、はからずも一致するのである。

むすびにかえて

本稿は、常暁による太元帥法の請来事情と、常暁から寵寿への移行の段階で変貌を遂げた展開過程を論じようとしたものである。その主要な論点は、第二阿闍梨寵寿の存在に着目し、従来常暁による請来を以て、漫然と賊難調伏を特徴とする太元帥法の成立とされてきた通説に疑問を呈することにあった。

三論宗徒の期待に反し、太元帥法のほかには皆無に等しい成果しかもたらすことができなかった常暁は、太元帥法をオールマイティーな降魔法と喧伝せざるを得なかったと思われるが、このことは当然、賊難調伏が数ある霊験のなかでのワン・ノブ・ゼムにすぎなかったのではないかという推論を導く。事実、常暁の「請来目録」には、賊難調伏を殊更に強調しようとする意図は見受けられない。それが決定的な変化を遂げたのは、前述したような国内外の危機的状況にさらされ、実際に賊難調伏の修法を行なった「寵寿の時代」を待たなければならなかったのである。

以上の結論は、常暁の対外意識の所在に関する従来の研究とは相入れないものであるが、最後にそのことについて若干の見通しを述べて擱筆することにする。

常暁と太元帥法を論拠として、所与の時代の対外意識を探ろうとする研究が、佐伯有清氏[51]や石上英一氏[52]によって行なわれている。両氏の見解は、太元帥法が九世紀前半における対外意識の変化に何らかの影響を及ぼしたとみる点で一致しているものの、それを請来してきた常暁については、佐伯氏が「新羅を賊視し敵視していた人物であった」とするのに対し、石上氏はそれに否定的である。しかし、帰国直後の常暁は太元帥法を必ずしも賊難調伏の修法と限定的にとらえていなかったという本稿の結論が正しいものであるならば、佐伯氏のように常暁を単純に新羅を敵視していた人物と断じることは不可能であるし、同様に同じ問題意識でそれを否定する石上氏の見解にもしたがうことはできない。なぜなら第三節で詳述したように、常暁は宗教者としての生命を太元帥法の普及に賭けていたと推測され、そのためには個人の意識よりも、宗教上の要請のほうが優先したこともあっただろうと考えられるが、そのことを斟酌せずに常暁の言動を検討しても、そこから導き出される結論は不十分なものにならざるを得ないと思われるからである。両氏が問題にしている「請来目録」の「新羅賊畔」という言葉も、このような視点から再検討すべきであろう。

また佐伯・石上両氏とも、常暁が新羅人から在唐中便宜を受けていたことを問題にしている。特に石上氏は、「承和遣唐使には(中略)新羅自体を賊視、敵視する態度が本来的に備わっていたとはいえ」ず、親新羅的な円仁の態度も「このような遣唐使全体の雰囲気と無関係とはいえない」として、それとの比較から常暁も例外ではなかったことを暗に述べている。しかし「円仁の親新羅人的態度」は、遣唐使一行と離れ、一沙門として求法巡礼する過程で、実際に在唐新羅人とふれあったなかで培われたものであって、円仁の認識と常暁らほかの遣唐使一行の認識とを同列に論ずるのは問題があるように思われるのである。

結局私見では、いずれの見解にも容易に与することはできないという結論に達する。この問題は、一僧侶がいかなる対外意識を有していたかにとどまらず、宗教という一種のイデオロギーを駆使して国家の対外政策形成にどのように関与し得たのか、さらには国家はそれにどう対処したのかという、大きな課題に結びつくものである。しかしそれらを論じる余裕はなく、今後の課題とすることにしたい。

紙数の制約上、論証の不十分な箇所があろうかと思われる。また行論の過程で推測を重ねた部分も多々あるが、諸賢の御批正を願う次第である。

註

（1）『大日本仏教全書』(以下、『仏教全書』と表記する)巻六〇、図像部一〇所収。以下、史料の引用に際しては、旧字体を改め、かつ句読点・返り点を一部変更した。
（2）『元亨釈書』巻三「法琳寺常暁伝」(『仏教全書』巻六二、史伝部一所収)。
（3）西村貞「秋篠寺古今記」上・下(『大和文華』一二・一三、一九五三・一九五四年)は、「太元帥秘訣」に「大和秋篠ノ

人」とあることなどから、「あるいはこれが當たっているのではないか」としているが、かかる言説は太元帥御修法に用いる御香水を境内の閼伽井から汲みあげていた秋篠寺が主張した後世の付会であろう。

（4）速水侑『平安貴族社会と仏教』（吉川弘文館、一九七五年）。

（5）歴代の太元帥阿闍梨については、「太元法阿闍梨次第記」（『弘法大師諸弟子全集』巻下所収、大学堂書店、一九七四年復刊。以下、「次第記」と表記する）、「法琳寺別当補任」（『続群書類従』巻九九所収）参照。なお「次第記」と同種の史料に『入唐五家伝』所収「小栗栖律師伝」があるが、これは『続日本後紀』（以下、『続後紀』と表記する）承和三年（八三六）閏五月丙申（二十八日）・同六年（八三九）九月辛丑（二十三日）・同七年（八四〇）六月丁未（三日）各条の記事に「次第記」を併せたものにすぎないので、本稿では「次第記」を用いることにする。

（6）『続後紀』承和三年（八三六）閏五月丙申（二十八日）条。佐伯有清『最後の遣唐使』（講談社現代新書、一九七八年）は、『続後紀』同月条に錯簡が多いことを根拠として、常暁の任命時期を同年四月の遣唐使出発以前のことと推測している。しかし「常暁和尚請来目録」（『仏教全書』巻九六、目録部二所収、以下「請来目録」と表記する）には「去る承和三年五月を以て命を留学に銜む」と明記されており、大使一行の難波進発のあとに追って下命されたと解釈してもさほどの支障が生じるとは思われない。なお「請来目録」の引用に際しては、『弘法大師諸弟子全集』所収「小栗栖請来目録」によって補訂したところがある。

（7）『続後紀』承和三年（八三六）八月己亥（二日）・丁巳（二十八日）各条、『日本三代実録』貞観二年（八六〇）二月二十五日丙午条など。

（8）佐伯有清『最後の遣唐使』（前掲註6書）。

（9）『平安遺文』四四四〇号（第八巻所収）。

（10）仲尾俊博「遮那業と義真・円澄」（『日本初期天台の研究』所収、永田文昌堂、一九七三年、初出は一九七一年）、同「遮那業と唐決」（同右書所収、初出は一九七二年）。

（11）仲尾俊博「論宗と経宗」（前掲註（10）書所収、初出は一九七一年）、二葉憲香「平安時代初期の仏教」（『日本古代仏教史の研究』所収、永田文昌堂、一九八四年、初出は一九六八年）。

(12)『伝教大師全集』第五巻附録所収(世界聖典刊行協会、一九八九年復刊)。
(13)仲尾俊博「論宗と経宗」(前掲註(11)論文)。
(14)曾根正人「平安初期南都仏教と護国体制」(『古代仏教界と王朝社会』所収、吉川弘文館、二〇〇〇年、初出は一九八四年)。
(15)曾根正人「平安初期南都仏教と護国体制」(前掲註(14)論文)。
(16)『入唐求法巡礼行記』(以下『巡礼行記』と表記する)開成三年(八三八)十月四日条、「請来目録」など。
(17)「請来目録」。
(18)『続後紀』承和六年(八三九)八月癸酉(二十四日)条、「太元宗勘文」(『仏教全書』巻四九、威儀部一所収)。
(19)小西瑛子「元興寺僧常暁の入唐求法」(『元興寺仏教民俗資料研究所年報』第三冊、一九六九年)。
(20)山下克明「遣唐請益と難義」(『平安時代の宗教文化と陰陽道』所収、岩田書院、一九九六年、初出は一九八九年)。
(21)『巡礼行記』開成三年(八三八)十月四日条。
(22)まず「次第記」には元照の記載はなく、文璨から金剛界法と大道法(=太元帥法)を受学したとあるのに対し、『元亨釈書』巻三および『弘法大師弟子伝』巻下をみると、文璨(璨)からはただ密教を稟けたとあるだけで、常暁の才能を喜んだ元照から太元帥法を学んだと記している。また「真言伝」巻三(『仏教全書』巻六八、史伝部七所収)および『本朝高僧伝』巻六(『仏教全書』巻六三、史伝部二所収)には文璨(璨)から真言と太元帥秘法を、元昭(照)から三論を学んだとあり、『弘法大師弟子譜』巻三(『弘法大師伝全集』巻一〇所収)も文璨から「法儀」を学び、元照に「三論宗義」を問うたとしている。
(23)「法儀」については、先学はほぼ「太元帥法の儀」という解釈で一致していて問題はないが、「本宗義」を「三論宗の義」と明言しているのは小西瑛子「元興寺僧常暁の入唐求法」(前掲註(19)論文)のみで、西村貞「秋篠寺古今記」(前掲註(3)論文)、佐伯有清『最後の遣唐使』(前掲註(6)書)、堀池春峰「興福寺霊仙三蔵と常暁」(『南都仏教史の研究』下、諸寺篇所収、一九八二年、初出は一九五九年)などは、「太元帥法の義」と解しているように読み取れる。
(24)小西瑛子「元興寺僧常暁の入唐求法」(前掲註(19)論文)。

(25) むしろ、唐が常暁の長期滞在を許可しなかった理由は、彼の三論宗徒という宗派性にあったとさえ考えられる。要するに、留住に関する許可・不許可の選別基準は、日本側の留学・請益の別にあるのではなく、最終的には唐側の判断、つまり唐にそれらの宗教的(あるいは学問的)要請を満たす準備があるかということにかかっていたのではないかと推測されるのである。
(26) 「薬師寺唐院記」(『仏教全書』巻八五、寺誌部三所収)。
(27) 仲尾俊博「論宗と経宗」(前掲註(11)論文)、同「天台業」(前掲註(10)書所収、初出は一九六八年)。
(28) 『続後紀』承和六年(八三九)九月辛丑(二十三日)条。
(29) 「金剛部元帥大将阿吒波倶経三巻」(「御請来目録」、『仏教全書』巻九六、目録部二所収)。なお石田尚豊「空海請来目録をめぐって」(『青山史学』七、一九八二年)参照。
(30) 「仏説阿吒婆拘大元率将無辺神力随心陀羅尼経一巻」、「鬼神大将元帥阿吒薄拘上仏陀羅尼出普集経一巻」、「太元阿吒薄句無辺甘露降伏一切鬼神真言一巻」(「入唐新求聖教目録」、『仏教全書』巻九六、目録部二所収)。
(31) 「阿吒婆拘鬼神大将上仏陀羅尼経一巻」(「智証大師請来目録」、『仏教全書』巻九六、目録部二所収)。
(32) 「无尽意菩薩化身為大元帥阿吒薄狗大将无辺甘露陀羅尼釈句一巻」(「書写請来法門等目録」、『仏教全書』巻九六、目録部二所収)。
(33) 「本経」が何を指すのか必ずしも明らかではないが、『大正新脩大蔵経』巻二一、密教部四所収の「阿吒婆拘鬼神大将上仏陀羅尼経」および「阿吒薄倶元帥大将上仏陀羅尼経修行儀軌」巻上などには、「請来目録」と同種の文章がある。
(34) 特に「阿吒薄倶元帥大将上仏陀羅尼経修行儀軌」巻上(前掲註(33))には詳しい記載がある。
(35) 『続後紀』承和七年(八四〇)六月丁未(三日)条、「次第記」。
(36) 『山城名勝志』所載「法琳寺別当旧記」。「次第記」記載の御願堂も、蓋し太元堂を指すか。
(37) 奏上には「国家を保護する」という言葉がみられるが、当時の修法一般が鎮護国家を標傍するものであり、これだけが特別というわけではなかろう。
(38) 「次第記」。

(39)「太元法初奏状」(『弘法大師諸弟子全集』巻下所収)。
(40)「次第記」。
(41)『仏教全書』巻四九、威儀部一所収(以下、「奏状」と表記す)。なお引用に際しては、『弘法大師諸弟子全集』所収「太元法縁起注申状」によって補訂したところがある。
(42)「次第記」、「奏状」。
(43)日本僧霊仙三蔵については、堀池春峰「興福寺霊仙三蔵と常暁」(前掲註(23)論文)、頼富本宏「入唐僧霊仙三蔵―不空・空海をめぐる人々(三)―」(『木村武夫教授古稀記念　僧伝の研究』所収、一九八一年)、渡辺三男「霊仙三蔵―嵯峨天皇御伝のうち―」(『駒沢国文』二四、一九八七年)など参照。
(44)小野勝年『入唐求法巡礼行記の研究』第一巻(法蔵館、一九八九年復刊)、小西瑛子「元興寺僧常暁の入唐求法」(前掲註(19)論文)、頼富本宏「入唐僧霊仙三蔵―不空・空海をめぐる人々(三)―」(前掲註(43)論文)。
(45)『元亨釈書』巻三「法琳寺常暁伝」(前掲註(2)書)。
(46)『日本三代実録』貞観十一年(八六九)七月二日戊午条。またこのほかにも、同年十二月十四日には伊勢大神宮に、同二十九日には石清水神社に、そして翌年二月十五日には八幡大菩薩宮・香椎廟・宗像大神・肥前甘南備神および諸山陵に、この事件を言上するためそれぞれ奉幣使が発遣されている。
(47)『日本三代実録』元慶二年(八七八)六月廿八日壬辰条。なお原田和彦「平安時代初期における国分寺の様相」(『史学研究集録』一四、一九八九年)はこの条文を根拠として、太元帥法は「他国の国分寺でも行われていた」と推測しているが、寵寿の主張からしたがえない。
(48)『日本紀略』長徳二年四月一日辛未条、『小右記』長徳二年四月廿四日甲午条、『栄花物語』「みはてぬゆめ」など。
(49)石上英一「古代国家と対外関係」(『講座日本歴史』二古代二所収、一九八四年)。
(50)大日方克己「古代における国家と境界」(『歴史学研究』六一四、一九九〇年)。
(51)佐伯有清「九世紀の日本と朝鮮」(『日本古代の政治と社会』所収、吉川弘文館、一九七〇年、初出は一九六四年)。
(52)石上英一「古代国家と対外関係」(前掲註(49)論文)。

（補註1） 佐伯有清「空海の入唐留学僧選任をめぐって」（『密教文化』一九九・二〇〇号、一九九八年）は、「請来目録」に真言伝法阿闍梨らの求めによって「釈摩訶衍論疏一部三巻」を入手したと記されていることから、真言留学の任務は三論留学常暁に託されたと推測している。なお円行については、拙稿「入唐僧円行に関する基礎的考察」（本書第3部所収、初出は一九九四年）を参照されたい。

（補註2） この箇所は、初出時には『弘法大師諸弟子全集』所収「小栗栖請来目録」にもとづいて、原文（「逢二時乏一レ人、簉二留学員一。限以二三十年一、尋以二一乗一」）のまま引用していたが、このたび読みやすさを考慮して書き下しに改めたものである。ところが、同じ書き下しを拙稿「円仁と遣唐使・留学生」（『円仁とその時代』所収、高志書院、二〇〇九年）にも引用したところ、榎本渉「書評と紹介『円仁とその時代』」（『古文書研究』七二、二〇一一年）から「逢時人に乏しく、……」と読み下すべきとの指摘を受けた。「逢時」は『漢語大詞典』に「良い時運に巡り合うこと」とあるのが理由のようであるが、そのような解釈では「人材に乏しい」ことが「良い時運」とイコールになってしまうように思われる。常暁個人の見解としてはそれでもよいかもしれないが、国家（天皇）に奉呈する「請来目録」に記された文章の解釈としてはいかがであろう。有用な人材が集まらない国家（天皇）に対する批判になってしまわないだろうか。常暁のこの記載が、空海の『性霊集』巻第五「請二福州観察使一入京啓」にある「逢二時乏一レ人、簉二留学末一、限以二廿年一、尋以二一乗一」とほぼ同じであることは、すでに佐伯有清「空海の入唐留学僧選任をめぐって」（前掲補註（1）論文）が指摘している。佐伯氏はこの表現を単なる謙譲の修辞ではなく、実情を吐露したものととらえているが、ともかく従来の『性霊集』の解釈では、この部分を「逢時」と読んだ研究はほとんどないようである。以上の理由から、本稿では榎本氏の指摘にしたがわず、初出時や「円仁と遣唐使・留学生」と同様に「小栗栖請来目録」の返り点を尊重して書き下すことにする。なお「円仁と遣唐使・留学生」では、「簉」を「小栗栖請来目録」によって「まじはる」と読んだが、本稿では佐伯氏の読みにしたがって「つらなる」とする。

入唐僧円行に関する基礎的考察

佐藤 長門

はじめに

霊巌寺円行は、承和度の遣唐使に同行して入唐し、日本への密教伝来に大きく寄与した高僧で、後世いわゆる入唐八家のひとりに数えられることになる平安前期屈指の密教僧である。彼は開祖空海亡きあとの日本真言宗徒の期待を一身に担って渡海し、空海の請来し残した経典をもたらした人物であるが、管見の限り、その経歴なり業績なりにふれた専論はほとんどない[1]。しかし密教伝来に果たした円行の役割は、その他の入唐僧に比して軽視されるべきではなく、従来あまり注目されなかった関係史料を詳細に検討すれば、今まで判然としなかった事柄についても新たな事実が浮かび上がってくるのではないかと思われる。

以上のような目算のもと、本稿では承和の真言請益僧円行を取りあげ、平安前期にひとりの入唐僧が果たした宗教上・外交上の役割についての基礎的考察を行なうこととしたい。なお円行に関する専論がないという前述の事情から、以下の叙述は彼の経歴に沿って進めていくが、本稿で使用する円行関係史料は次のとおりである。

A 「実恵大徳請円行入唐表」（以下「円行入唐表」と表記）

Ｂ　「実恵等書状」（以下「円行奉書」と表記）
Ｃ　「青龍寺円鏡等還状」（以下「青龍寺還状」と表記）
Ｄ　「青龍寺義真等信物目録」（以下「青龍寺信物目録」と表記）
Ｅ　「霊巌寺和尚請求法門道具等目録」（以下「円行請来目録」と表記）

まずＡ文書は、真言請益真済の替わりに、実恵が円行の入唐を請うた上表文で、『続弘法大師年譜』(2)（以下『続年譜』と表記）巻一、『弘法大師弟子譜』(3)（以下『弟子譜』と表記）巻四「霊巌寺入唐学法沙門円行伝」、『弘法大師諸弟子全集』(4)（以下『諸弟子全集』と表記）巻上に収録されている。次にＢ文書は、円行が入唐する際に実恵らから託された青龍寺宛ての書状で、『弘法大師行化記』(5)（以下『行化記』と表記）、『弘法大師正伝』(6)（以下『正伝』と表記）附録、『続年譜』、『弟子譜』、『諸弟子全集』巻上に収録されている。またＣ文書は、円行の帰国に際して青龍寺の円鏡らが実恵らに宛てた返書で、その信物目録に相当するＤ文書とともに『行化記』、『正伝』、『続年譜』、『弟子譜』、『諸弟子全集』巻上に収録されている。〔補註〕最後のＥ文書は円行の請来目録で、『大日本仏教全書』（以下『仏教全書』と表記）巻九六、目録部二および『諸弟子全集』巻下に収録されている。なお、これらのうちＡとＣの文書は、前者が四四四〇号文書（巻八―三三一七頁）、後者が四四四四号文書（巻八―三三一九頁）として『平安遺文』に収録されているが、國學院大學図書館にはそれらの原本と思われる文書が一軸に成巻されて所蔵されている。本稿では底本として、ＡおよびＣ文書は國學院大學図書館所蔵本を、ＢおよびＤ文書は『行化記』所収本を、Ｅ文書は『仏教全書』所収本をそれぞれ用い、必要に応じてほかの所収本で校訂していく。

1　入唐以前

考察をはじめる前に、少々煩雑であるが、円行に関する最も基本的な伝記である『入唐五家伝(7)』所収「霊巌寺和尚伝」を掲げておく。

『入唐五家伝』（抄出）

伝燈大法師位円行、左京一条人也。歳十一、以二元興寺歳栄律師一師事。十六歳、依二華厳宗年分一得度。十七歳、受二有部具足戒一。年廿五、就二高野贈僧正一、受二学両部大法一。又随二杲隣法師（弘法弟子）一、入二灌頂壇一。承和（仁明天皇）五年、承二入唐請益勅命一渡海、初到二唐礼賓院一。是大唐開成三年也。同十二月、得レ到二長安城一。同四年正月十三日、依レ勅青龍寺上座内供奉講論大徳沙門円境（ママ）等、迎レ入二和尚一。彼寺灌頂座主内供奉義真阿闍梨、率二廿余衆一、机上焼二海岸香一、立二五十賢瓶一、出レ門迎二和尚一。即誦レ讃打レ鐃、令レ入レ寺。即拝二故恵果阿闍梨廟塔一、以献二本国信物等一。同月十五日、保寿寺内供奉臨壇大徳沙門光弁等、論二談教門一問難、玄義莫レ不レ通。集会大徳等感悦、具以奏聞。同日、左衛（ママ）功徳使仇驃騎、青龍寺上座円境（ママ）召レ之。仰曰、日本国伝燈大法師円行、可レ為二内供奉講論大徳一。即賜二冬法服并緑綾六十疋及日供物等一。遂以二座主大阿闍梨義真一為レ師承レ事。研二習真言宗義一、稟二承三密幽致一、決二疑両部之大旨一、開二悟諸尊之密法一。閏正月三日、随二和尚一授二伝法阿闍梨位灌頂一。又伝二法門道具仏舎利等一。同月四日、所二帰二礼賓院一欲二帰朝一。相送惜レ別。礼儀不レ可二具記一。同十二月六日、帰二来本朝一。即承和六年也。同廿九日、所二請来一法門一百廿三部、仏舎利三千粒等、公家奉二進之一。件舎利、義真和尚并中天三蔵難陀・霊山大徳等所レ授二和尚一也。入唐求法次第、具如二請来録一。仁寿（文徳天皇）二年三月六日寅尅遷化。春秋五十四。臯臈三十八。

さて、この『入唐五家伝』などにみえる示寂の年(仁寿二年、八五二)から逆算すると、円行は延暦十八年(七九九)に遷都して間もない平安京の左京一条に生まれた。その出自については、『弟子譜』に「本族を詳らかにせず」、『本朝高僧伝』[8](以下『高僧伝』と表記)巻六「城州霊巌寺沙門円行伝」に「姓氏を詳らかにせず」とあるように不明であるが、左京一条という場所柄から類推すると、あるいは貴族の出であった可能性も一概に否定できないと思われる。

長ずるにおよんで、円行は一一歳で元興寺の歳栄律師に師事し、一六歳で華厳宗の年分度者として得度、翌年有部の具足戒を受けた。このようにして僧侶としての道を歩むことになった円行であるが、南都の学僧の一部が真言密教を護国教義のひとつとして受け入れたように、彼もまた新来の真言密教を学ぶことになる。すなわち『弟子譜』では一八歳、『入唐五家伝』や『真言伝』[9]巻三「円行和尚伝」では二五歳、『高僧伝』では二七歳と、各種伝記によって受学の時期こそ異なるものの、彼は空海から両部大法を受け、また杲隣法師を拝して灌頂壇に入ったとされるのである。ただ円行がほかの学僧と違っていたのは、真言密教に対する理解力であった。

「天長元年九月二十七日付太政官符[10]」(抄出)

応下以二高雄山一為二定額一并定中得度経業等上事

右正五位下行河内守和気朝臣真綱上表偁、(中略)至二延暦年中一、私建二伽藍一、名曰二神願寺一。天皇追嘉二先功一、以二神願寺一為二定額一。今此寺地勢沙泥不レ宜二壇場一。伏望、相二替高雄寺一以為二定額一、名曰二神護国祚真言寺一。仏像一依二大悲胎蔵及金剛界等一、簡下解二真言一僧二七人上、永為二国家一修二行三密法門一。(中略)右大臣宣、奉レ勅、得度一代之間毎レ年聴レ度二一人一。自余依レ請。

これは和気真綱の上表によって、清麻呂発願にかかる延暦年中建立の私院神願寺の替わりに、高雄山神護寺に定額僧を置くことを許されたときの太政官符であるが、『弟子譜』によると、円行もそのとき定額僧のひとりに選ばれたとされ、また杲隣に随って灌頂壇に入った際には「付法の称首」となったとされる(11)。しかしそれらにもまして、円行の真言密教に対する理解力を雄弁に物語るのは、彼が真済・真然の替わりとして、他宗から承和の真言請益僧に選ばれたことであろう。

円行が請益僧に任命された際の事情については、前稿(12)で若干ふれたことがあるが、彼が入唐僧として推薦されたときの上表文を再録すると次のようになる。

「円行入唐表」（前掲A文書）

実恵大徳請円行入唐表

沙門実恵言。伏蒙弁官仰偁、真言宗請益留学二僧、経流宕、纔着岸。如是之類、船上所忌、縦換他人、更不可乗。仍従停止者。左右随仰旨。雖然一物失所、聖皇所軫、今真言宗新始聖朝、未経幾年。所遺経法及所疑滞、無由開求。此度不遣、何所更求。元興寺僧円行、久習真言、稍得精旨於他学。亦通悟。伏望、以此僧為請益。但留学従停止。若此道於国家不要者、敢非所望。伏請天判。不勝欝念、謹奉表、以聞。沙門実恵誠惶誠恐謹言。

承和四年正月九日律師伝燈大法師位実恵

これによると、真言請益僧真済・同留学僧真然が渡海に失敗して流宕したことによって、「たとえ他人に換えたとしても(真言僧が)遣唐使船に乗るのは許さない」との弁官からの仰せに接した実恵は、「真言宗が(日本に)伝来してからいまだ幾ばくの年を経ておらず、(空海が)請来し遺した経法や疑滞するところを聞き求めようとしても、その手段がない。このたび(真言僧を)遣わさなければ、どうしてさらに求めることができようか」と訴え、「もしこの宗派が国家にとって不要であるなら敢えて望まない」と開き直りとも脅しともとれる言葉を添えながら、「元興寺僧円行は久しく真言を学んで、その真意を理解しており、また賢くもある」として彼を請益僧に推挙したのである。実恵が華厳宗徒であった円行を真言請益僧として推薦せざるを得なかった理由としては、右の史料にも窺われるように、空海直系の僧侶ではふたたび乗船を拒絶されることが予想される状況を打開するための苦肉の策[13]であったことは想像に難くない。しかし他宗派の僧で真言を学んだ者など、それこそ数限りなく存在したであろうに、そのなかから円行が特に選ばれたというのは、やはり彼の理解力が他僧に擢んでていたためであったのだろう。

2　入唐と「円行奉書」

藤原常嗣を大使とする承和遣唐使は、二度にわたる渡航の失敗（第一次＝承和三年七月、第二次＝承和四年七月）や副使小野篁らの渡航拒否に遭いながらも、最終的に承和五年（八三八）六月十七日に博多津を出航した。[14]その後の経過は円仁の『入唐求法巡礼行記』に詳しいが、それによると大使以下、円仁・円載らの乗船した第一船は、唐の開成三年七月二日、揚州海陵県白潮鎮桑田郷東梁豊村に到着した。円行は常暁とともに第四船（船頭判官菅原善主）に乗船していたが、その情報が円仁らに届いたのは翌三日で、「北海」に漂着したという。ただし実際の着岸時期は第一船より早く、六月ごろであったらしい。[15]それ以降の第四船に関する情報は、次のとおりである。

七月二十四日　第四船判官菅原善主が湯水のことに堪えられず、白水郎（漁師）宅に居たところ船が破裂。公私の信物は無事だが、迎船がこないので運上できない。

八月八日　なお泥上にあって寄港できず、国信物も運上していない。円行・常暁ら求法僧はまだ上陸してないが、菅原善主は白水郎の舎にとどまっている。船中の五人が死亡。迎船一〇隻が信物を運ぼうとしたが、波風激しく移すことができないでいる。揚州からも迎船が発遣したが、委細はまだ不明。

八月十七日　第四船が如皐鎮に到着し、小船を編成して揚州に向かう。

八月二十四日　第四船判官以下が小船三〇艘に分乗して揚州に到着。

八月二十五日　常暁が開元寺に居住していた円仁らのもとを訪ね、第四船難破の状況を説明。円仁は従僧惟正を遣わして円行を慰問。

ようやく十月五日になって、揚州に留まっていた第一・四船の一行は長安への途につくことになった。許されて揚州から上京したものは、大使藤原常嗣以下、判官長岑高名・同菅原善主・准録事高岳百興・録事大神宗雄・通事大宅年雄・別請益生伴須賀雄など三五名で、そのなかには真言請益円行も含まれていた。[16] ほかに第二船の判官藤原豊並・戒明などが海州から長安に向かったが、[17] 常暁の入京や円仁の台州行きは許可されなかった。[18] 揚州からの一行が長安に着いたのは十二月三日のことで、彼らは左街長興坊礼賓院に安置された。[19] 入京後、円行は真言宗を代表して疑問に対する決答を求めるため、[20] 大使を通して直ちに青龍寺に住すことの勅許を求めたが、再三にわたって却下されてしまう。[21]

円行の青龍寺留住にようやく勅許が下りたのは、翌年正月十三日のことであった。[22] 許可が下りると円行はさっそく二〇人の書手を雇って二〇日間で文疏等を写し、[23] 一五日間義真和尚のもとに通いつめて胎蔵法を受学した。[24] ただ義真の専門は胎蔵で、[25] また期間が短かったためもあってか、金剛界法は受けなかったとされる。[26] 円行が義真から阿闍梨位灌頂を授かったのは閏正月二日のことで、[27] この間、正月十五日には左街僧録三教講論の体虚が功徳使仇士良の命を受け、青龍寺に保寿寺常弁・章敬寺弘弁・招福寺斉高・興唐寺光顕・雲華寺海岸・青龍寺円鏡ら六人を集めて円行と仏教の玄理を論談せしめ、[28] 内供奉講論大徳位と冬法服ならびに緑綾六〇疋などを賜ったという。[29] 円行が礼賓院に帰館したのは同月四日のことであった。[30]

（1）「円行奉書」と「青龍寺還状」

さて円行があくまで青龍寺にこだわったのは、彼の寺が空海ゆかりの寺院であり、長安における密教の一大拠点だったからであるが、実恵たちから青龍寺への奉書と信物を託されていたことも一因であった。

「円行奉書」（前掲B文書）

夏法服事
赤紫羅甲袈裟一　加二覆膊一
青褐綾裳一
兎褐座具一
黄赤羅袍一
同色呉綾衦衫一
兎褐袜肚一
白綾表袴一
白綾中袴一
白綾袷褌一
白綾単褌一
已上盛二平文箱二口一
右此表レ信。日本国弟子等、謹献二大唐青龍寺阿闍梨故法諱恵果和上之墳墓一、遥申二孫弟之礼一。伏願海会中垂二哀納一。

美州雑色紙廿巻

播州二色薄紙廿二帖

並盛二平文箱二口一

鑌鉄剃刀子廿口

黄絁廿匹

並盛二平文小櫃子二口一

右物已軽乏不レ可二更言一。礼貴レ申レ情。因奉二送真言道場見伝法阿闍梨、及諸金剛仏子等一、辱申二同門之義一。伏乞二検到一。顧知二麁弊一深増二疎址一而已。使発。忽忽不具。謹状。

承和四年四月六日

日本国律師伝燈大法師真言道場沙門　実恵等状

伝燈大法師　真如

伝燈大法師　真泰

伝燈大法師　杲隣

伝燈大法師　円明

伝燈大法師　忠延

伝燈大法師　真済

伝燈大法師　真雅

この奉書は入唐に際して、日本僧がいかなる物品を持参したかを知るうえで貴重な史料である。これが収録されている『行化記』等による限り、「円行奉書」は右の引用で全文であるが、その内容については、例えば『諸弟子全集』巻上に「托二円行入唐一寄二青龍寺一書」とする題にそぐわないことは明らかで、あたかも「信物目録」の如き文章でしかない。このことから、現存「円行奉書」は円行が唐に持参した書状の案文の、それも目録部を写し取ったものにすぎないのではないかとの推測が導き出される。[33] 果たして円行が青龍寺に持参した書状は、右に引いた文章ですべてだったのであろうか。

現存「円行奉書」が不完全なものであると考える根拠のひとつに、「青龍寺還状」との記載内容の相違がある。

「青龍寺還状」（前掲Ｃ文書）

開成四年正月廿二日、得三日本国伝燈大法師円行将二実恵和尚等八人書問一。円鏡等十人謹還レ状。開レ函見レ書倍二増頂荷一。雖下郷居二海外一人近中日宮上、知音之道不レ遺、重レ教之誠逾切。況我開成皇帝、化周二四極一八表来朝。聖徳巍巍皇道蕩蕩。左衛(ママ)功徳使驃騎為二股肱之済済一、実文武之鏘鏘。遂有二鴻濱渤澥巨浪之東一。是金烏玄象始明之地、乃陽徳之出処也。国号二日本一。即曦和之景上翔二于天一、乃輝赫之域也。国君命二之宰臣一、使レ朝二宗我大唐一。因知彼土大師八人等、並習二胎蔵大牟尼法宗、金剛戒光明相会一、学二蘇悉地密厳戒儀一。悉是故空海大師、去貞元中来二此国一、投二之故内供奉灌頂教主恵果和尚処一習学、至二永貞初一還二本国一、弘二三部大法一、為二彼土大灌頂師一、遂有二門弟子八人一奉レ教流化。乃西望二瞻我祖師之霊一、遂奉二其法服一。極二羅綺之珍媿(ママ)二、不レ遠二乎数万里一来寄レ之也。并絁廿四、綿一百屯、剃刀廿枚、并賤素等物、敬之捧二授之一。皆列二之故大師影前一、一十人等、垂二渧雁塔一拝二首墳前一、感二異郷之重レ教、媿二殊国之懇誠一也。今相二国使還一、伝レ燈帰レ国、当二之今月一。春風習習鴬吟二新声一、流水涓涓氷開二旧沼一。去去君意、遥遥我心、謹附二書於東国伝燈大徳阿闍梨等一。首春尚寒。伏惟動止康裕。円鏡等与二此国諸大徳等、並蒙二国恩一悉安二法儀一。伏謝遠遺二珍奇一、均及二方物一。頂荷之誠、翰簡難レ喩。此地奉酬之信、備如二別紙一。并経法道具等、幸望俯賜二検到一。雲路阻遠滄波淼然。望二東日一以瞻レ之、申二西天之同志一。既法無二異源一。亦期二之於花蔵一。謹附レ状。不宣、謹状。

開成四年正月卅日　大唐青龍寺内供奉三教講論大徳沙門　円鏡

伝燈内供奉持念大徳当寺寺主沙門　文正

伝燈内供奉持念大徳沙門　令則

伝燈内供奉持念大徳沙門　常明

伝燈内供奉持念大徳沙門　義真

伝燈内供奉持念大徳沙門　法閏

伝燈内供奉持念大徳沙門　義舟

伝燈内供奉持念大徳沙門　常堅

伝燈内供奉持念大徳沙門　義円

伝燈内供奉持念大徳沙門　文賁

伝燈内供奉持念大徳沙門　契宗状

日本国律大徳伝燈大法師実恵阿闍梨等座前謹空

まずここで注目したいのは、円行が持参した信物についてである。「円行奉書」によれば、実恵ら日本国の弟子たちは恵果和上の墳墓に献上し、孫弟の礼を申すための「夏法服」を円行に持たせたことになっている。これを「青龍寺還状」の記載でみると、右に引用した國學院大學図書館所蔵本および『行化記』・『続年譜』には「その法服を奉る」、

『弟子伝』・『正伝』には「冬夏の法服を奉る」、『諸弟子全集』には「夏冬の法服を奉る」とそれぞれ記載されており、写本・刊本間で字句に異同がある。諸本の書写および刊行年からいえば、國學院大學本以下の「其法服」を採るべきであろうが、仮にそうしたところで、「青龍寺還状」の記載から円行が実際に持参した法服が夏季用のみだったのか、あるいは夏冬両季の法服を持っていったのか確かめることはできない。なぜなら当然のことではあるが、「其法服」が夏季用のみを指しているとは限らないからである。

では、それ以外の信物はどうであろうか。「円行奉書」には、法服以外の信物として見伝法阿闍梨および諸金剛仏子等に奉り送る「美州雑色紙廿巻、播州二色薄紙廿二帖、鑌鉄剃刀子廿口、黄絁廿匹」が記されている。一方、「青龍寺還状」の記載では、それが「羅綺の珍媿」および「絁廿匹、綿一百屯、剃刀廿枚、牋素等の物」となっており、少々矛盾がある。すなわち両者の記載で合致するものは、「牋(＝紙)素(＝絹)等の物」を紙類と解することが許されるなら、絁と剃刀、それに色紙・薄紙となり、「円行奉書」で青龍寺の見伝法阿闍梨等に奉るとされている信物は、すべて送られたことが確認できる。ただ「青龍寺還状」では、それ以外に「羅(＝薄絹)綺(＝文絹)の珍媿」と「綿一百屯」を受け取ったことになっており、それらの品物は日本側の信物目録である「円行奉書」には記載されていないのである。送られた側が受け取ってもいない品物を返書にしたためるはずがないことからすれば、信用すべきは「青龍寺還状」の記載ということになろうが、この矛盾を整合的に解釈するにはどうすればよいのだろうか。

ひとつの解釈としては、円行の入唐が許可された段階で、急ぎ青龍寺に送る信物を取り揃えて目録(現存「円行奉書」)に記したが、実際の進発は相当遅れたのでその間に信物を追加して唐に持参したという考え方ができよう。なぜなら『諸弟子全集』の編者も「国史及び諸記を按ずるに、遣唐大使藤原常嗣、承和四年三月を以て京を出で、七月渡海を果たさず、翌年仲夏に至りて両び発行す。此の時円行、及び常暁、円仁、円載、並びに相従ひて入唐す。此の書啓の年月と相反す」と疑問を呈しているように、「円行奉書」の奥付の日時(承和四年四月)と遣唐使一行の最終進発年(承和五年六月)との間には一年以上の開きがあるからである。実際、承和四年七月には二度目の渡航が試みられており[34]、真言宗徒に時間的余裕はあまりなかった。したがってこの解釈に立てば、現存「円行奉書」はあくまで承和四年四月段階の目録であって、その後に綺羅物(=絹)や綿、あるいは冬法服といった信物が追加されると破棄され、新たな目録が作成された可能性が考えられることになる。

別の解釈として、「円行奉書」に記載されていない信物は、円行の青龍寺留住が決まった際に大使などから送られたものではなかったかとする考え方があろう。『巡礼行記』によると、開成三年九月二十八日には大使から円仁に昆布一〇把と海松一裹が、翌日には同じく大使から円仁に「求法料に充」てるため沙金大一〇両が、同年十月四日には長岑判官から円仁に延暦の遣唐副使故石川道益の墓前で「祭文を読み、火を以て位記の文を焼き捨」てるための費用として綿一〇屯が、翌四年二月二十七日には大使から円載へ「学問料に充」てるため東絁三五疋・帖綿一〇畳・長綿六五屯・沙金二五大両が、同年四月五日には大使から円仁へ唐での滞在資金として金二〇大両が、それぞれ支給されている。これらはそのほとんどが、いわば国家的要請にもとづく公務(=求法)の遂行上、必要な費用と認められて支給されたものである[35]。とすれば、入唐僧のなかでただひとり入京を許され、青龍寺に留住することになった円行に対しても、円仁らと同様に大使などから求法料・学問料の名目で、禄が支給されたと考えることもできよう。この解釈に立てば、現存「円行奉書」を実際に円行が青龍寺に持参した書状とみなしてかまわないことになる。

果たして、いずれを採るべきであろうか。前者の解釈に立てば、新たに作成されたはずの目録が残らず、なぜ古い目録のみが記録に残ったのかという疑問が生じるし、後者の解釈に立ったとしても、求法料・学問料の名目とはいえ、実際にはそれらは経生等への礼金や生活費に充てられる性格のものだったろうから、信物の一部として青龍寺に提出される可能性は少ないのではないかとの反論が予想される。

結局、両文書に記載されている信物の違いからは、現存「円行奉書」が不完全なものとする推測を確実に立証することはできないが、もうひとつ、「円行奉書」と「青龍寺還状」の記載を見比べて思う素朴な疑問として、「青龍寺還状」に「実恵和尚ら八人の書問」と記された書状が本当に現存「円行奉書」を指すと考えていいのかということがある。なぜなら前述したように、現存「円行奉書」の内容は信物目録以外の何物でもなく、入唐僧が持参した書状にしては貧弱すぎるからである。

(2)「円行奉書」と「真済奉書」

幸いにして『行化記』その他には、真済・真然らが持参しようとした書状(36)(以下「真済奉書」と表記)も収録されている。以下では「真済奉書」との比較を行なうことによって、右の疑問を確かめてみたいと思う。

「真済奉書」は、狭義には「日本国真言道場付法弟子実恵等白」という書き出しではじまり、「謹因二便信一奉疏。不備。沙門実恵等和南。承和三年五月五日」で終わる部分(以下奉書部と表記)と、「日本国真言寺同法等。奉二贈大唐青龍寺内供奉義明阿闍梨並先和尚門徒中一土毛等色目」ではじまり、「以前等物。奉二贈真言宗見存伝法阿闍梨及諸同門一。毛物雖二数多一船載有レ限。聊以表二遠誠一。海路難レ期。仍各半分付二請益留学等法師一。伏乞垂二検到一。承和三年五月十日。日本国大法師実恵」で終わる部分(以下目録部と表記)とに分類することができる。つまり「真済奉書」は、承和三年五月五日付の奉書部と、信物の質・量の違いはあるものの、ほぼ「円行奉書」と同じ内容で、かつ奥の日付も承和三年五月十日と異なる目録部とから成り立っていたことがわかるのである。

奉書部の内容は、大略以下のとおりである。まずはじめに空海が恵果和尚から「胎蔵金剛両部の秘教を受学」し、併せて「道具付属等の物を齎持」して帰朝したこと、帰国してから十余年間、道場を建立することはなかったが、ようやく受法者も増え、天長皇帝(=淳和天皇)の帰依を得て「禁闥を灑掃して壇場を建立」し、「帝域の東寺を以て真言寺と為」したこと、先太上天皇(=平城上皇)の第三皇子卓岳(ママ)(=真如)が出家入道したこと等々、空海の求法から帰国後の布教の様子が記される。次に空海は「南山を卜地して一伽藍を置き、終焉の処と為」し、承和二年春に六二で入定したが、実恵らは「死滅すること能はず、終焉の地を守房」していると、空海の晩年とその死が報じられる。そして最後に「門人の伝法印可を蒙る者、皇子禅師、および牟漏真泰、東寺実恵、嶺東杲隣、神護忠延、弘福真雅、東大円明、入唐真済法師等、各居処に随ひて秘教を流伝」していると空海没後の現状を述べ、請益・留学二僧の派遣を告げて文を終えるのである。

このように自派の歴史と現状を記すことは、おそらく「真済奉書」の場合のみならず、ほかの入唐僧の書状でも同様であったと思われる。特に伝来して間もない真言宗の場合、開祖空海の経歴を記すことは、そのまま自派の歴史を告げることになるため、奉書部のほとんどが空海に関する記載で占められていたのは、ある意味では当然のことであった。むしろかかる書状を持参しなければ、入唐の意義は半減するといっても過言ではない。円行の場合は、特に真済の替わりとして入唐したのであるから、持参する書状も彼らに準じて考えるべきなのは当然であろう。したがって以上の理由から、なぜ現状でしか残らなかったのかという先の疑問は晴れないものの(37)、私見では「円行奉書」は不完全なもので、少なくともその先に「真済奉書」の奉書部に相当する部分が付属していたはずだと推測しておきたい。

なお両奉書に記載されている信物の質・量を比較してみると、両者の違いがあまりにも大きいことに驚かされる。「真済奉書」によれば、彼らが持参しようとした信物はⅰ恵果阿闍梨霊前への献呈、ⅱ青龍道場曼荼羅料、ⅲ現存伝法阿闍梨への献呈の三種類に分類できるが、「円行奉書」にはそのうちⅱがはじめから欠落しているし、ⅰの恵果阿闍梨霊前への献呈分についても、前述のように円行持参の法服が夏季用のみであるのに対して、真済らが持参しようとしたほうには夏冬両季の法服が記されている。さらに両者の違いがはなはだしいのはⅲの現存伝法阿闍梨に対する信物で、一見するだけでその差は歴然としている。このように円行持参の信物が少ないのは、請益僧の交替が急で、準備に時間を費やすことができなかったことに起因しているのであろう。なぜなら真済・真然が持参した信物は、すべて海中に没したであろうから、真言宗徒は新たに信物を揃えなければならなかったからである。また先に引用した「真済奉書」目録部文末に船の積載制限が記されているように、ひとりひとりの荷物は一定量に限られていたであろうから、請益・留学二僧の場合と請益僧ひとりの場合とでは、おのずと持参できる数量的限度が異なることも考慮すべきであることはいうまでもない。

3　帰国と「円行請来目録」

承和遣唐使一行は、唐の開成四年(承和六、八三九)四月五日、海州から日本に向けて出航した(『巡礼行記』)。円行も多数の経典などを抱えて帰国の途についたが、彼がどの船に乗り、いつ日本に到着したのか確たることは不明である。この点に関して、『弟子譜』には「承和六年十二月六日帰朝」と記されている。しかし、この日時は日本への帰着時ではなく、入京時を指していると思われる。なぜなら一行は楚州で九隻の新羅船を調達し[38]、唯一航行可能であった第二船とともに日本に向かったが、『続日本後紀』には承和六年八月癸酉(二十四日)条に大使藤原常嗣以下の八隻、同年十月丁巳(九日)条に山代氏益ら乗船の新羅船一隻、翌七年(八四〇)四月癸丑(八日)条に菅原梶成以下の第二船の帰着を載せているものの、十二月六日前後には帰着の記載はないからである。また円行は十二月十九日付で請来目録を上表しているが、六日帰着、十九日上表では期間が短すぎることも考慮すべきであろう。私見では、最初に到着した藤原常嗣らが入京したのが『続日本後紀』承和六年九月甲午（十六日）条にみえることから、円行は同年十月九日に筑前国博多津に着岸した、山代氏益を船頭とする新羅船に乗っていたのではないかと推察したい。

（1）「秘密経」について

前述のように、円行は帰国すると、承和六年十二月十九日付で請来目録を提出している。その記載によると、円行が持ち帰った経典類は、新請来真言経法二六部三三巻（実数は二八部三五巻、以下同じ）、梵字三部四巻（四部六巻）、顕教論疏章等四〇部八八巻（三八部八二巻）の計六九部一二三巻（七〇部一二三巻）にのぼる。ただその文末には、「但し真言宗一百二十三部秘法儀軌等了細に勘校請来すと雖も、先の入唐大師空海阿闍梨、延暦年中請来し已に了はんぬ。仍りて更に目録に載せず」とあり、これ以外にも請来してきた経典があったことが窺われる。(39)

「円行請来目録」（前掲E文書、抄出）

入唐還学沙門円行言。円行載次戊午、銜二 命請益之列一、訪二道西海之外一。其年臘月得レ到二長安一。歳次已未正月十三日。依レ奏奉レ 勅住二青龍寺一。幸遇二彼寺灌頂教主法号義真和尚一以為二師主一。其大徳則恵果阿闍梨弟子、同門義操和尚付法之弟子也。明閑二三教一、妙通二五部一。法之棟梁、国之所レ帰。円行幸頼二聖朝之鴻恩、師主之深慈一、決二疑両部之大法一、開二悟諸尊之密法一。閏正月二日蒙レ授二阿闍梨位灌頂一也。左街功徳使并僧録和尚供奉大徳金剛門徒、悉集二道場一共致二随喜一。斯法也観二心月輪一、則居二住凡位一備二仏陀之徳一、誦二口密言一、則不レ逕二長劫一頓登二大覚之位一。故龍樹言、乗レ羊而行頓難レ致レ遠。策レ馬而馳漸期二差疾一。乗二神通一行発念則到。是則顕密之別也。亦秘密経言、一善男子建二立道場一修二念三密一、其国堺内無二七難災一、国王大臣日々増二長福寿一。是則真言之功矣。雖レ云二波浪沃レ漢風雨漂レ舶、越二彼鯨海一平帰二聖境一。是則聖力之所レ能也。伏惟　皇帝陛下、功超二玄極一道冠二混元一。纘二尭宝図一復二禹丕績一。悲二蒼生一而濡レ足、鐘二仏嘱一而垂レ衣。以三　陛下興二隆仏法一、没駄之舎利浸レ波遠来、以三　陛下慈二育海内一、秘密之経法過レ海遥到也。秘法伝来非二是無一レ以也。如来本有福智之力、法界本性加持之力矣。大日如来、金剛薩埵、龍猛菩薩、龍智菩薩、金剛三蔵、不空三蔵、恵果和尚、義操和尚、義真和尚、次第相伝即授二円行一。所レ授経法舎利道具等目録在レ別。謹以奉進。軽黷二威厳一伏増二戦越一。沙門円行誠恐誠惶謹言。

承和六年十二月十九日入唐還学沙門伝燈大法師位円行上表

さて、この請来目録の記載で注目したいのは、右に引いた上表部に「亦秘密経にいわく」として、「一の善男子が道場を建立して三密を修念すれば、その国境内に七難の災いなく、国王大臣は日々の福寿を増長する」云々との文言が記されていることである。「秘密経」とはいかなる経典なのか、円行はこれ以上何も記していない。しかし彼が請来してきた経典を調べていくと、これは右の上表部のあとに続く目録部に「新請来真言経法」として記載されている経典類の五番目、般若三蔵訳「諸仏境界摂真実経」の一節に酷似していることがわかる。

「諸仏境界摂真実経」(40)巻下（抄出）

爾時毘盧遮那如来、説二此三十七尊真実契印秘密法一已。告二金剛手等諸菩薩一言、若有下国土城邑聚落、有二一浄信男子女人一、起二大悲心一、為レ報二四恩一、建二立道場一、修中是法上者、於二其国中一、無レ有二七難一、国王王子、日夜増二長広大福聚一。

つまり円行は、みずから請来してきた経典のなかから、特に右の部分を選び出して請来目録に記載したことになるが、この文言に関して、佐伯氏は円行が鎮護国家の立場から求法に力を入れていたことを示すものと述べている(41)。おそらくその指摘は正しく、円行が新たに請来してきた経典のなかから殊更に鎮護国家にかかわる文言を抜き書きしていることは、彼の宗教者としての意識がどの辺にあったのかを推測するうえで極めて注目すべき事柄であろうと思われる。ただ留意すべきは、その文言の前後には「心に月輪を観れば、俗世間にいても仏陀の徳を備えることができ、口に密言を誦えれば、長い時を経なくてもたちどころに悟りの境地に達することができる」とか、「羊に乗って行けばすぐには遠くに行くことはできず、馬に鞭打って馳せればようやく少しは早く行くことができるが、神通に乗って行けば発念しただけですぐにでも到達することができる。これが顕教と密教の違いである」、「波浪は漢に沃ぎ風雨は舶を漂わせたが、鯨海(=東シナ海)を越えて何事もなく聖境(=日本)に帰ることができた。これは聖力のはたらきである」といった、真言の効力を盛んに喧伝する言葉が書き連ねられ、また唐で受けた法の正統性を誇示するかのように、大日如来から続く血脈が記されている点である。

かかる文脈からいえば、「秘密経」の文言も、単に鎮護国家に対する有効性を強調するためばかりでなく、己が請来してきた真言法自体の卓越性を弁じるためのひとつの例示であったととらえるべきであろう。この時代の宗教界の状況について、鎮護国家を標榜して宗勢の拡大をねらい、唐へ請益・留学僧を送りこもうとしたのが当時の教団の意図したことであった(42)とするなら、右のような文言を請来目録に記しているのはむしろ当然のことであり、ひとり円行だけに特異な意識ではなかったと思われる。ともかく、みずからが請来してきた真言法・経典類の効力を喧伝することは、国家にとっての円行の存在意義を高めさせ、必然的に帰国後の地位を保証するはずのものだったのである。

(2)霊仙・太元帥法との関係

円行はまた、経典類のほかに仏舎利三〇〇〇余粒、付嘱物三種(菩提樹葉・沈香念珠・梵夾)、仏像曼荼羅図様一二種、道具一六個なども請来してきた。そのなかには義真ら一〇人が空海の影前供養のために奉った恵果阿闍梨使用の道具三点（五鈷鈴・三鈷杵・独鈷杵）も含まれている（「青龍寺信物目録」）。このことは、円行の青龍寺訪問が唐側にとっても意義あるものだったことを示していて興味深いが、それより注目したいのは、仏舎利のうちのほとんどを占める二七〇〇粒が「霊仙大徳弟子付授」とされていること（ほかは一〇〇粒が青龍寺義真阿闍梨付授、二〇〇粒が中天竺三蔵難陀付授）と、梵夾二具のうちの一具も「霊仙大徳弟子付授」とされていること（ほかの一具は難陀三蔵付授）である。

石山寺蔵「大乗本生心地観経」[43]巻一奥書（抄出）

元和五年七月三日内出梵夾其月廿七日奉㆑詔於㆓長安醴泉寺㆒至㆓六年三月八日㆒翻訳進上

罽賓国三蔵賜紫沙門　般若　宣梵文
醴泉寺日本国沙門　霊仙　筆授並訳語
経行寺沙門　令暮　潤文
醴泉寺沙門　少諲　廻文
済法寺沙門　蔵英　潤文
福寿寺沙門　恆済　廻文
惣持寺沙門　大弁　証義

霊仙は入唐した日本僧のなかで、ただひとり訳経に従事した高僧であるが、彼の事蹟が研究対象になったのは大正年間からのことで、それほど古いわけではない[44]。その端緒となったのは、大正二年（一九一三）夏に内務官僚荻野仲三郎によって滋賀県石山寺の経蔵から発見された右の「大乗本生心地観経」巻一の奥書に、「醴泉寺日本国沙門霊仙」の名が見出されたことである。これ以降、霊仙に関する史料の収集が行なわれることになるが、そのなかで研究者の注目を浴びたのが、東密系の護国修法として著名な太元帥法の請来に霊仙が関与しているという次の史料であった。

「太元帥法縁起奏状」(45)（抄出）

右寵寿謹検二故実一、先師権律師法橋上人位常暁、承和五年、奉レ詔入唐、随レ使赴レ道。暮潮解レ纜、秋風飛レ帆。同年八月、到二淮南城一、任二広陵館一。爰本朝沙門霊宣之弟子有二両三人一。始逢二律師一陳曰、吾等大師霊宣和尚、是日本国之人也。（中略）擬レ還之際、官家惜留、敢不レ許レ返。垂レ没之時、命二吾等一曰、求法之志、為レ思二本国一。而大国留レ我、微志不レ遂。噫徒苦二蒼浪之途一、終失二素懐之旨一乎。方今仏像聖教、皆渡二本郷一。但未レ伝者、太元帥之道而已也。（中略）須下待二得本国求法之人一、将属中此深密之法上兮。故郷之恩、以レ此為レ報。汝輩莫レ失。努力努力者。吾等深守二此言一、久待二其人一。今得レ遇レ子、先師願足矣。因太元帥明王諸身曼荼羅法文道具等、授二与祖師一訖。

これは常暁入滅後、法琳寺別当職を継承して太元宗第二阿闍梨となった寵寿が貞観十九年（八七七）正月十九日付で提出した、太元帥法請来の由来とその霊験を記した上表文である。そのなかで寵寿は、太元帥法は常暁が師の遺言を奉じた「霊宣の弟子」三人から授かったものと述べているのである。この説は大正以来、霊仙を取りあげた研究者によって広く受け入れられ、近年になっても、霊仙についての綿密な研究を行なった渡辺三男氏でさえ、それを何の疑問もなく踏襲しているほどである(46)。しかし前稿でもふれたように、それを史実とみなすことはできないと思われる。ただそこでは紙幅の関係で詳述することができなかったので、ここで改めて考えてみることにする。

まず第一に、太元帥法をもたらした常暁自身の請来目録に、霊仙の関与を窺わせる記述がまったくないことがあげられる(47)。それによると、長安での修行を希望していた常暁は、結局、唐から入京を許されず、やむなく揚州付近を師を求めて周遊していたところ、たまたま栖霊寺の文璨和尚と華林寺の元照座主に遇い、文璨から法儀（＝太元帥法儀）を、元照から本宗義（＝三論宗義）を学ぶことができたという。寵寿もこの両僧については右の史料の後文で述べているが、それは霊仙の弟子から太元帥法の曼荼羅・法文・道具等を授かったものの、その詳しい用法までは知らなかったので、その後遇った文璨から受学したとしているにすぎない。しかし、本当に常暁が霊仙（の弟子）から太元帥法を伝授されたのであるなら、彼がそれを請来目録に記さないわけはないのではなかろうか。なぜなら在唐日本僧霊仙の名は当時の宗教界のみならず、広く政界にまで聞こえた存在だったからである。

『巡礼行記』開成五年（八四〇）七月三日条（抄出）

哭二日本国内供奉大徳霊仙和尚一詩并序　　潮海国僧貞素

起レ余者謂二之応公一矣。公仆而習レ之、随レ師至二浮桑一。小而大レ之、介立見二乎緇林一。余亦身期二降物一、負レ笈来、宗二覇業一。元和八年、窮秋之景、逆旅相逢。一言道合、論レ之以レ心。素至二於周恤一、小子非二其可一乎。居諸未レ幾、早向二鴒原一。鶺鴒之至、足レ痛二乃心一。此仙大師是我応公之師父也。妙理先契、示二于元元一、長慶二年、入二室五臺一。毎以レ身厭二青瘀之器一、不三将レ心聴二白猿之啼一。長慶五年、日本大王、遠賜二百金一、達至二長安一。小子転二領金書一、送到二鉄懃一。仙大師領レ金訖、将二一万粒舎利、新経両部、造勅五通等一、嘱附二小子一、請下到二日本一、答中謝国恩上。小子便許。一諾之言、豈憚二万里重波一。得下遂鍾二无外縁一、期中乎遠大上。臨二廻之日一、又附二百金一。以二太和二年四月七日一、却到二霊境寺一。求二訪仙大師一、亡来日久。泣二我之血一、崩二我之痛一。便泛二四重溟渤一、視レ死若レ帰、連五同二行季一、如二食之頃一者、則応公之原交所レ致焉。吾信レ始而復レ終。願霊几兮表悉。空留下澗水鳴二咽千秋一之声上、仍以二雲松一惆二悵万里之行一。四月蓂落、如二一首途望レ京之一耳。

不レ那二塵心一涙自涓、情因二法眼一奄二幽泉一。明日儻問二滄波客一、的説遺レ鞋白足還。

太和二年四月十四日書

これは五臺山に向かった円仁が南臺の保応鎮国金閣寺堅固菩薩院に宿泊した際、院僧から霊仙の消息を聞き[48]、その足跡を訪ねたおりに、七仏教誡院の壁上にみつけた霊仙の死を悼む貞素の詩序である。貞素は霊仙の弟子であった某応(応公)の弟子で、[49] 霊仙からすると孫弟子にあたる渤海僧であるが、その詩序から霊仙には前後二度にわたって賞賜金が送られていたことがわかる。すなわち一度目は唐の長慶五年(天長二、八二五)に、おそらく弘仁末年ごろ嵯峨天皇から送られた金百両が貞素を通して霊仙の元に届けられた。するとそれに感激した霊仙は「一万粒舎利。[50] 新経両部。造勅五通等」を貞素に託し、折り返し日本への転送を依頼したという。霊仙の願いを受けた貞素は来日を決意し、高承祖を大使とする渤海使に便乗して天長二年(八二五)十二月三日に隠岐に到着した(『日本紀略』)が、その際の渤海使は前年に定められた一紀一貢の原則に背くものだったので、[51] 藤原緒嗣によって「而るに今言を霊仙に寄せ、巧みに契期を敗る。(中略)実に是れ商旅にして、隣客とするに足らず」[52] と断じられ、隠岐からの還却を求められる事態にまで発展する。[53] 結局、緒嗣の上表は受け入れられず、五月十五日にはこのたびの行為を嘉する璽書が渤海国王に下賜されて(『類聚国史』巻一九四)、一行は帰国する。[54] そしてこのとき、ふたたび金百両が霊仙に送られたのである。

このように当時の朝廷にとって、霊仙に関する情報は朝貢年紀の原則を無視してまでも欲したものだった。したがって、その表物をめぐって政治問題にまでなった在唐僧の存在を、常暁が知らなかったというのは想定しにくく、実際に唐で彼の弟子と接触したのであれば、それを公式の在唐活動(=求法状況)報告書である請来目録に記さないはずはないと思われるのである。

第二に考えるべきは、常暁の死後、太元宗を継いだ寵寿がおかれた状況である。この点については前稿でも述べたので繰り返さないが、太元帥法の普及に腐心していた寵寿が、この法の伝来をより「荘重化」[55] することによって、ことを有利に進めようとした可能性は充分に考えられよう。そもそも太元帥法を皇帝(=天皇)の専有法と主張すること自体、寵寿の創作であったが、そうまでして太元帥法の普及に努めなければならなかった寵寿は、唐で「三蔵」と尊称され、かつ二度も天皇から賞賜金を送られた高僧霊仙を持ち出し、彼に仮託することによって師の遺業を顕彰しようとしたのではなかったか(56)。

ともかく、霊仙と太元帥法の関係を物語る史料は寵寿の上表文以前にはみあたらず、霊仙が太元帥法を学んでいたことを示す徴証もない(57)。死に臨んだ霊仙が日本への太元帥法伝授を遺言し、弟子たちが幸いにも常暁と邂逅して師の遺言を成就することができたという話は劇的かつ奇蹟譚めいていて、太元帥法の価値を高めるうえでは効果があったと思われるが、それを史実とみなすことはできない。

『巡礼行記』開成五年七月三日条(抄出)

南行三里許、到二大暦霊境寺一。向二老宿一問二霊仙三蔵亡処一、乃云、霊仙三蔵先曾多在二鉄懃蘭若及七仏教誡院一。後来二此寺一、住二浴室院一。被二人薬殺一、中レ毒而亡過。弟子等埋殯、未レ知二何処一云々。

右は霊仙の最期を尋ねた円仁に対して、大暦霊境寺の老僧が答えた箇所である。その記載から霊仙の死は毒殺によるものであったことが推測されるが、霊仙の最期はとても弟子たちに何かを遺言できるような悠長な状況にはなかったとみるべきである。たとえ時間的余裕があったとしても、霊仙の死から少なくとも一二年以上の年月が経っているとはいえ、円仁が訪れたときにはその墓所さえ定かでなかったことからすれば、五臺山近辺にいたであろう弟子たちはすでに散逸してしまっていて、とても日本僧の来訪を待って師の遺言を実行するような環境にはなかったことが推測できる。

以上の理由から、太元帥法の伝来に霊仙が関与したという話が寵寿の創作であったことは動かないと思われる。つまり太元帥法の普及に腐心していた寵寿は、前述のように、この法の伝来をより荘重化するためや、師の遺業を顕彰するために、在唐二〇年の末、異郷の地で非業の死を遂げた霊仙に仮託することを思い立ったのだろう。その際、師常暁と同じ承和の入唐僧であった円行が、おそらく長安醴泉寺に残っていた霊仙の弟子から仏舎利二七〇〇粒と梵夾一具を付授されたことは、寵寿の創作に大いに参考になったのではないだろうか。

むすびにかえて

帰国後の円行の動向については、各種伝記にもあまり詳しい記載はない。わずかに勅によって山城の北山霊巌寺に住したことや、播磨の大山寺を開いたこと、四天王寺の初代別当に就任したことなどが知られるのみである。またその血脈は、最初に引用した『入唐五家伝』の後文によると、延最・三澄（摂津国思恒寺肆立）・泰澄・教日（前出）・貞隆等に伝えられたとされ、あるいは付法弟子は教日と真頂のふたりであるともいい、また蓮台寺の寛空僧正ははじめ神日律師に、のちに円行和尚に学び、南忠大徳もはじめは円行に、のちに慈覚（＝円仁）に付いたとも記されている。

このように帰国後の円行の活動があまり芳しくないのは、円行の入唐があくまで真済・真然の代理であったことに起因しているのかもしれない。つまり真言教団の意識としては、円行の役割は空海直系の僧侶の替わりに唐決を求め、青龍寺に信物を届けたことで、大方済んだとみなしていたのではなかったか。また彼が受学してきた法が、胎蔵のみであったことも大きかったであろう。むしろ円行入唐の成果は、のちに思わぬところで現出した。それが第四節の最後で推測した、霊仙を介しての太元帥法とのかかわりである。ただそれはもはや、円行とはまったく関係のない、預かり知らぬところで利用されたにすぎないことだったのである。

本稿は、承和遣唐使に同行して入唐した真言請益僧円行についての基礎的考察を試みたものである。「はじめに」でも述べたように、円行に関する専論がほとんどなく、したがって関係史料が取りあげられることも少なかったという事情から、本稿ではその紹介を兼ねる意味で、A～E文書のうちDを除くすべての文書を引用し、しかもA～Cについては全文を載せたため、内容のわりには冗長な論文になってしまった。ただそれは、一に筆者の能力不足のせいであり、円行の存在が研究に値しないわけではない。特に彼ら真言僧が唐に持参した（あるいはしようとした）奉書や信物目録が残っているのは希有に属することであり、ほかの入唐（宋）僧研究にとっても参考とすべき事例であろうと思われる。

ひとりの僧侶の存在が、当時の東アジア全体の宗教的・外交的ネットワークのなかでどのような役割を果たし得たのか等々、考察しなければならない課題は多いが、すでに予定の枚数をオーバーしているので、ひとまず擱筆することにしたい。諸賢の御批正を願う次第である。

註

（1）のちに示すように、承和遣唐使やそれに同行したほかの入唐僧などを題材とした論文のなかで、円行が間接的にふれられることはあったが、彼を主題とした論稿は竹内理三「四天王寺初代別当円行和尚―四天王寺別当列伝―」（『四天王寺』四―一、一九三八年）しかない。しかし同論文も、基本的な事項に多くの誤りが見出される。

（2）『弘法大師伝全集』巻六（長谷宝秀編、ピタカ、一九七七年復刊）所収。『続年譜』は天保十一年（一八四〇）に、高野山無量寿院門主の得仁上綱が撰したものである。

（3）『弘法大師伝全集』巻一〇所収。『弟子譜』は天保十三年（一八四二）に、高野山正智院の道猷阿闍梨が撰したものである。

（4）『弘法大師諸弟子全集』（長谷宝秀編、大学堂書店、一九七四年復刊）。

（5）『弘法大師伝全集』巻二所収。『行化記』は藤原敦光（一一四五年没）が撰したものである。なお、『行化記』にはこのほか、撰者不詳のもの、建仁元年（一二〇一）に行遍僧正が書写したもの、醍醐寺覚洞院の勝賢僧正が撰したものの三種がある。

(6)『弘法大師伝全集』巻七所収。『正伝』は天保四年(一八三三)に、醍醐寺座主の高演大僧正が撰したものである。

(7)東寺観智院本を底本とし、宮内庁書陵部所蔵『続群書類従』(中山信名書写)本、静嘉堂文庫本、九州大学図書館所蔵(前田夏蔭旧蔵)本等の写本、および『仏教全書』(巻六八、史伝部七)所収本、『続群書類従』(第八輯上)所収本によって校訂した。なお史料の引用に際しては、旧字体・異体字を改め、句点・返り点を適宜変更した(以下これに同じ)。

(8)『仏教全書』巻六三、史伝部二所収。

(9)『仏教全書』巻六八、史伝部七所収。

(10)『類聚三代格』巻二、年分度者事所収。

(11)ただし『弟子譜』では、そのとき定額に預かった真言僧の数を二〇名とする。

(12)拙稿「太元帥法の請来とその展開―入唐根本大師常暁と第二阿闍梨寵寿―」(本書第3部所収、初出は一九九一年)。以下、前稿という場合にはこの論文を指す。

(13)佐伯有清『人物叢書　円仁』(吉川弘文館、一九八九年)。

(14)『巡礼行記』承和五年(八三八)六月十七日条。このとき出航したのは第一・四船で、第二船の出航は大宰府が第一・四船の出航を知らせた奏上が京にもたらされたのが七月五日であるのに対して、第二船のそれは七月二十九日に到着したことから、これより一月弱遅れたことが分かる(『続日本後紀』)。また第三船は第一次渡航の際に難破し、その後補充されることはなかった。なおその際、第三船に乗船していた船頭判官丹墀文雄以下一四〇余人のうち、生還できたのは真済・真然を含む二八名にすぎなかった(八月一日に一六名、四日に九名、二五日に三名)。

(15)「常暁請来目録」の末尾に、「常暁去る承和五年仲夏の月、入唐判官藤原朝臣善主に随ひて、同じく第四船に上り戸那に発赴す。その六月揚州に到り岸に着く。八月下旬淮南大都督府広綾(ママ)館に到り安置す」とある。

(16)『巡礼行記』開成三年(八三八)十月四日条。

(17)『巡礼行記』開成四年(八三九)二月二十日条。

(18)海州から長安に向かった法相請益戒明も、結局のところ入京は許されず、従僧の義澄を判官の傔従に変装させてようやく入京させたほどで(『巡礼行記』開成四年二月二十日条)、当初の目的を果たした入唐僧は円行と台州国清寺に向かった円載のみであった。このように同じ入唐僧でありながら、希望がかなったものとそうでないものとの差が生じた理由については、前稿および田中史生「入唐僧(生)をめぐる諸問題—平安時代を中心として—」(本書第3部所収、初出は一九九三年)など参照。

(19)『巡礼行記』開成三年十二月十八日条、および開成四年正月二十一日条。
(20)山下克明「遣唐請益と難義」(『平安時代の宗教文化と陰陽道』所収、岩田書院、一九九六年、初出は一九八九年)。
(21)『巡礼行記』開成四年二月二十五日条。
(22)『入唐五家伝』および「円行請来目録」。
(23)『巡礼行記』開成四年二月二十日条。
(24)『巡礼行記』開成四年二月二十五日条。
(25)『巡礼行記』開成五年(八四〇)十月十三日条。
(26)『巡礼行記』開成四年二月二十五日条。
(27)「円行請来目録」。なお『入唐五家伝』では閏正月三日とする。
(28)「円行請来目録」では右街僧録につくるが、「大慈恩寺大法師基公塔銘」(『金石粋編』巻一一三所収)や『巡礼行記』会昌元年(八四一)正月九日条の記載から、左街僧録の誤りであると考える。
(29)「円行請来目録」では常弁につくるが、『入唐五家伝』や円行の弟子のひとりである教日が撰した『胎蔵大次第』序(『諸弟子全集』巻下所収)では光弁につくる。
(30)「円行請来目録」。
(31)『入唐五家伝』。
(32)『入唐五家伝』。
(33)このことは、書き出し部分がいきなり「夏法服事」ではじまる不自然さからもいえるだろう。
(34)『続日本後紀』承和四年(八三七)七月癸未(二十二日)条。

(35) 田中史生「入唐僧(生)をめぐる諸問題—平安時代を中心として—」(前掲註(18)論文)。
(36) 『行化記』のほかには、『弟子伝』巻上、『正伝』附録、『続年譜』巻一、『諸弟子全集』巻上などに収録されている。
(37) ひとつの解釈として、円行が持参したであろう狭義の奉書部の内容が、「真済奉書」のそれとほとんど変わらなかったので、敢えて載せなかったと考えることもできるかもしれない。
(38) 『巡礼行記』開成三年十二月十八日条、同四年閏正月四日条など。
(39) この箇所は『仏教全書』所収の「円行請来目録」にはみえず、『諸弟子全集』所収にのみ記載されているものであるが、「青龍寺信物目録」には義真らが実恵と円行ら九人に送った信物のなかに「金剛頂経真言教法共五十巻」が含まれていたことが記されている。
(40) 『大正新脩大蔵経』巻一八、密教部一所収。
(41) 佐伯有清『最後の遣唐使』(吉川弘文館、一九七三年)。
(42) 佐伯有清『最後の遣唐使』(前掲註(41)書)。
(43) 高楠順次郎「霊仙三蔵行歴考」(『仏教全書』巻七二、史伝部一一所収)。
(44) 霊仙に関する戦前の研究としては、妻木直良「唐代の訳場に参したる唯一の日本僧」(『東洋学報』三—三、一九一三年)、今津洪嶽「日本国翻訳沙門霊仙筆受心地観経に就て」(『仏教研究』七、一九一五年)、松本文三郎「日本国訳経沙門霊仙」(『仏教芸術とその人物』所収、同文館、一九二三年、初出は一九一五年)、大屋徳城「日本国訳経沙門霊仙三蔵に関する新史料」(『日本仏教史の研究』所収、東方文献刊行会、一九二八年、初出は一九一五年)、高楠順次郎「霊仙三蔵と常暁律師」(『宗教研究』二—八、一九一八年)、小野玄妙「五臺山金閣寺含光大徳と霊仙三蔵」(『密教研究』一一、一九二三年)、小川貫弌「入唐僧霊仙三蔵と五臺山」(『支那仏教史学』五—三・四、一九三六年)などがある。
(45) 『仏教全書』巻四九、威儀部一所収。
(46) 渡辺三男「霊仙三蔵—嵯峨天皇御伝のうち—」(『駒沢国文』二四、一九八七年)。
(47) 小野勝年『入唐求法巡礼行記の研究』第一巻(法蔵館、一九八九年復刊)、小西瑛子「元興寺僧常暁の入唐求法」(『元興寺仏教民俗資料研究所年報』第三冊、一九六九年)、頼富本宏「入唐僧霊仙三蔵—不空・空海をめぐる人々(三)—」

（『木村武夫教授古稀記念　僧伝の研究』所収、永田文昌堂、一九八一年）など。
(48)『巡礼行記』開成五年七月一日条。
(49) 某応と貞素の関係について、石井正敏「渤海の日唐間における中継的役割について」（『東方学』五一、一九七六年）は互いに啓発し合う仲間と解釈しているが、ここでは通説にしたがって師弟関係と理解しておく。
(50) 霊仙に対する最初の賞賜金がいつ出されたのか、それを明示する史料はみつけられないが、渡辺三男「霊仙三蔵―嵯峨天皇御伝のうち―」（前掲註(46)論文）は、その時期を弘仁十二年（八二一）十一月に入京した渤海使節王文矩に付託されたものと推測している。
(51) このとき霊仙が送った仏舎利については、河田貞「『遺唐僧霊仙』収集の仏舎利」（『同朋』二二、一九八〇年）参照。
(52)『類聚三代格』巻一八、夷俘并外蕃人事所収、天長元年（八二四）六月二十日付太政官符。
(53)『類聚国史』巻一九四、天長三年（八二六）三月戊辰朔条。
(54) この間の事情については、石井正敏「渤海の日唐間における中継的役割について」（前掲註(49)論文）や、渡辺三男「霊仙三蔵―嵯峨天皇御伝のうち―」（前掲註(46)論文）に詳しい。
(55) 小野勝年『入唐求法巡礼行記の研究』第三巻（法蔵館、一九八九年復刊）。
(56) 小西瑛子「元興寺僧常暁の入唐求法」（前掲註(47)論文）。
(57) 確かに霊仙はその晩年、密教の一大拠点であった五臺山金閣寺で過ごし、しかもそこでみずからの手の皮を剝いで長さ四寸、濶さ三寸の仏像を描き、金銅塔を作ったことが『巡礼行記』開成五年七月一日条にみえるから、密教を学んでいた可能性は充分に考えられる。ただそれが小野玄妙「五臺山金閣寺含光大徳と霊仙三蔵」（前掲註(44)論文）のいうように太元帥法であったかどうかは確認できない。小野氏は手皮の仏像は尋常の尊像ではなく、おそらく太元帥の曼荼羅ではなかったかと想像しているが、仏菩薩に供養するため手の皮を剝いで仏像を描く行為は、例えば『日本高僧伝要文抄』所引『延暦僧録』真木尾居士伝などにもみられる一般的な信仰形態であったとの見解もある（小野勝年『入唐求法巡礼行記の研究』第三巻）。なお専門家の意見を俟ちたい。

〔付記〕　本稿で使用したAおよびC文書の國學院大學図書館所蔵本については、高田淳氏が『國學院大學図書館紀要』第六号に内容を紹介する一文を寄稿している。初校の段階で最終稿を披見することはできなかったが、併せて参照していただければ幸いである。

〔補註〕　旧稿発表後、武内孝善「現存最古の灌頂作法次第――『東塔院義真阿闍梨記録円行入壇』の研究――」（『空海伝の研究――後半生の軌跡と思想――』所収、吉川弘文館、二〇一五年、初出は一九九九年）より、B・C・D文書については本文であげた諸本以外に、兼意撰『弘法大師御伝』巻下（『弘法大師伝全集』巻一所収）、行遍撰『大師行化記』巻下（『弘法大師伝全集』巻二所収）、勝賢撰『弘法大師行化記』巻下（『弘法大師伝全集』巻二所収）、および東寺観智院本『大師伝記』巻下（『弘法大師伝全集』巻二所収）にも収録されており、東寺観智院には承和三年（八三六）五月五日付「唐青龍寺宛実恵等書状」、同年五月十日付「唐青龍寺宛実恵等土毛目録」とB・D文書からなる巻子本が伝存し、「東寺文書　観智院」一号文書として『東寺百合文書目録』第五（京都府立総合資料館、一九七九年）に収められているとの指摘を受けた。記して感謝申し上げる。

〔追記〕　本稿は紙幅等の理由から、初出時の論文より第二節　入唐僧の推薦主体を削除している。読者のご海容を願いたい。

校訂『入唐五家伝』

凡例

一　構成について

1　校訂『入唐五家伝』は、現存する『入唐五家伝』の写本や刊本を収集し、校訂本文とその校異、および書き下し案を示したものである。

2　校訂本文と書き下し案はそれぞれ一括して掲げ、校異注は校訂本文の下段に載せ、その番号は伝記ごとの通し番号とした。

二　校訂本文について

1　底本には東寺観智院所蔵本を用い、以下に掲げる写本や刊本等によって対校した。

2　対校に用いた写本や刊本、およびその略称は以下の通りである(校異注では「〇本」と表記する)。

A『入唐五家伝』

観　東寺観智院所蔵本

中　宮内庁書陵部所蔵『続群書類従』所収本、中山信名書写

静　静嘉堂文庫所蔵『大三輪神三社鎮座次第　附大和神社注進状・大職官家伝』所収本、内藤広前書写

九　九州大学図書館所蔵「308　空海和上傳記夏蔭入手本　壹冊　金十五円」所収本

続　『続群書類従』第八輯下、巻一九三(訂正三版)所収本

仏　『大日本仏教全書』遊方伝叢書一、第一一三冊所収本

※なお『入唐五家伝』の写本には、ほかに東京大学史料編纂所架蔵の謄写本『入唐五家伝　全』（彰考館旧蔵本）があるが、一部を除いて校訂には使用しなかった。

B各伝記関連

a　安祥寺恵運伝

平　『平安遺文』古文書編第一巻、一六四号文書「安祥寺伽藍縁起資財帳」

京　京都大学文学部日本史研究室編『安祥寺資財帳』（京都大学文学研究科図書館蔵〈観智院旧蔵本〉の影印）

b　禅林寺僧正伝

三　新訂増補国史大系『日本三代実録』元慶八年三月廿六日丁亥条

c　小栗栖律師伝

醍　東京大学史料編纂所所蔵『入唐根本大師記』（醍醐寺所蔵本の影写）

太　東京大学史料編纂所所蔵『太元帥法秘抄』

弟　『弘法大師諸弟子全集』巻下所収「太元法阿闍梨次第記」

類　新訂増補国史大系『類聚国史』（巻一八五、仏道一二、僧位）

続後　新訂増補国史大系『続日本後紀』承和三年閏五月丙申条、承和六年九月辛丑条、承和七年六月丁未条

d　真如親王入唐略記

書　宮内庁書陵部所蔵『真如親王入唐略記』

三　新訂増補国史大系『日本三代実録』元慶五年十月十三日戊子条

日　『大日本史料』第　編之一（一一〇・一一一頁）

3　底本ないし諸写本にみえる傍訓はすべて省略した。

4　体裁は原則として底本にしたがうが、ＪＩＳ漢字コードで制定されていない異体字・俗字・略字は常用字に改めた。ただし、固有名詞（人名・地名等）やくずし字については、この限りでない。

5　刊本の翻刻方針による異同や、古代史料では混用される文字のうち、刊本で一般的な表記に改められているものについては一々注記しなかった。また干支の「己」や「巳」、「戊」や「戌」等の違いについても捨象した。

例：写本	刊本
廿	二十
着	著
大	太
小	少
ヶ	箇

6　改行や闕字については、諸本の間で一致しない場合があるため、本文の体裁は底本にしたがうこととし、特に必要のない限り一々注記しなかった。

7　適宜読点（、）を施し、加えた注記のうち、他史料にもとづいて置き換えたものは〔　〕、その他の校訂注および説明注は（　）をもって括った。

8　宮内庁書陵部所蔵本（中本）、静嘉堂文庫所蔵（静本）、九州大学図書館所蔵（九本）、宮内庁書陵部所蔵『真如親王入唐略記』（書本）には一部朱書きの箇所が認められる。特に中本は東寺観智院所蔵本（観本）を文政二年（一八一九）に書写したものであるため、観本にも朱書きの箇所があることは十分予想される。しかし、校訂時に観本を実見できなかったため、朱書き部分を注記することはしなかった。

三　書き下し案について

1　漢字は常用字を用い、適宜ふりがな・句読点を付した。

2　底本の割注は〈　〉をもって一行書きに改めた。また挿入符のない傍書は《　》で示し、本文中に挿入した。

3　校訂において本文に置き換えるべき文字、誤脱字を想定した箇所は、校訂後の文字をもって書き下し案を提示した。

四　分担者

1　全体の調整、補訂　佐藤長門

2　校訂の分担

一．安祥寺恵運伝　西村健太郎
二．禅林寺僧正伝　二輪仁美
三．小栗栖律師伝　中村和樹
四．真如親王入唐略記　栁田甫
五．霊巌寺和尚伝　伏見和也

五　参考文献

小野勝年『入唐求法巡礼行記の研究』巻四（鈴木学術財団、一九六九年）
佐伯有清『高丘親王入唐記―廃太子と虎害伝説の真相―』（吉川弘文館、二〇〇二年）
杉本直治郎『真如親王伝研究』（吉川弘文館、一九六五年）
田島　公「真如（高丘）親王一行の「入唐」の旅―「頭陀親王入唐略記」を読む―」（『歴史と地理』五〇二号、一九

九七年）

森哲也「『入唐五家伝』の基礎的考察」（『市史だより　ふくおか』三号、二〇〇八年）

六　宮内庁書陵部所蔵本の写真掲載をご許可いただいた宮内庁書陵部、諸写本の写真を頒布してくださった所蔵各機関、および石田実洋氏、坂上康俊氏、高田義人氏に、謹んで謝意を表します。

『入唐五家伝』校訂本文

一　安祥寺恵運伝

安祥寺恵[1]運傳

注進故少僧都法眼和尚家傳事

和尚、諱慧[2]運、俗姓安曇氏[3]、山城州人也、延暦十七年(歳次戊寅)生也、年始自十有出家之意、遂随東大寺泰基大法師并薬師寺中継律師、始學習大乗經典并法相法文等、弘仁六年(歳次乙未)生年十八、淂[4]〔得〕度受具足戒、和尚進具之後、於唯[5]識无境之道、日夕尅念、欲入至極、其中間[6]、秘法阿闍梨實恵少僧都勧奨云、夫法相大乗雖教広理深、而不超三大、得果尤難、不断種習、證理安在、徒然馳鶩[7]多、

1恵　仏本は「慧」に作る。
2慧　続本は「恵」に作る。
3氏　続本は「代」に作る。
4淂　続本・仏本は「得」に作る。
5唯　平本・京本は「離」に作る。
6間　仏本は「間史本作同」と注記す。
7鶩　平本は「鶩」に作り、(騖)と傍書す。京本は「騖」に作る。

[8]〔却〕刧破臆困[9]躬、唯有三乗之外神迪乗者、是三蔵之外持明蔵也、一念之、便不經三祇而九重妄執忽清、一観之、即不掃磐石三重曼荼頓得、所謂即身成佛之秘術者[10]也、和尚、依阿闍梨教誡[11]鑽仰其宗、一紀之年不覺而至、[12]忽然[13]有　勅、撿挍写一切經於坂東、[14]〔歴〕暦四[15]箇年[16]功畢奉進、[17]天長十年、重有　勅、被拝鎮西府観音寺講師、兼筑前國講師、以為九國[18]二嶋之僧[19]統、[20]〔特〕持勾当写大蔵經之事、和尚固辞、不許、強赴任所、但[21]〔翅カ〕趐競寸陰而顕[22]〔得〕淂心佛之曼茶、寧樂[23]經半紀而叨為首[24]領之浮事、儻値大唐商客李処人等[25]化来、和尚就[26]他要望、乗公[27]歸舩入唐、巡礼薦福興善曼荼羅道場、得見青龍寺義真和尚、請益於秘宗、兼[28]看南岳五臺之聖

8 刧　仏本は「却」に作る。
9 躬　平本は「窮」に作る。
10 也　仏本は「也帝本作已」と注記す。
11 鑽　仏本は「讃」に作る。
12 忽　続本は「急」に作る。
13 有　九本なし。
14 暦　続本・仏本・平本・京本は「歴」に作る。
15 箇　観本・中本・静本は挿入符を付して傍書す。九本は本文に挿入す。平本・京本なし。
16 功　観本はこの上に「旃」と記すも抹消す。他は「旃」に作る。
17 天長十年　観本・中本・静本は挿入符を付して傍書す。
18 二　仏本は「二帝本作一」と注記す。
19 統　観本・中本・静本は「祇」に作るも抹消し、「統」と傍書す。
20 持　続本・仏本・平本は「特」に作る。
21 趐　観本・中本・静本・九本は「趐」に作るも、『大漢和辞典』にみえず。続本・仏本・平本は「翅」、京本は「翅」に作る。仏本は「翅帝本作趐」と注記す。
22 淂　続本・仏本は「得」に作る。
23 經　観本・中本・静本・九本は「位」に作り、「經イ」と傍書す。続本・仏本なし。仏本は「樂下帝本史本倶有位〔經イ〕字」と注記す。平本・京本は「経」に作る。
24 領　中本・静本・九本・仏本は「領」に作る。仏本は「領帝本作領」と注記す。
25 化　仏本は「化帝本作犯」と注記す。
26 他　平本は「化」に作る。
27 歸　観本・中本・静本は「帰」に作り、「歸」と傍書す。観本は抹消符あり。
28 看　九本は「者」に作る。

迹、船主許諾云、東西任命、駈馳随力[29]、遂則承和
九年、即大唐會昌二年歳次壬戌夏五月端午日、脱
躧両箇講師、即出去観音寺、在太宰府博太[30]津
頭[31]始上舩、到於肥前國松浦郡遠値嘉島那留
浦[32]、而舩主李処人等弃唐来舊舩、便採嶋裏
楠木更新織作舩舶、三箇月日、其功已訖、秋八月
廾四日午後、上帆過大[33]陽[34]海[35]入唐、淂[36]〔得〕正東風六箇日夜、泫[37]（流カ）着大唐温州
樂城縣玉留鎮府[38]前[39]頭、經五箇年巡礼求学、承和十四年、
即大唐大中二年歳次丁夘夏六月廿一[40]日、乗唐[41]〔人脱カ〕張支[42]〔友カ〕信[43]
元淨[44]〔静カ〕等之舩、従明州望海鎮頭上帆、得西南風三箇日夜、纔帰
着遠値嘉嶋那留浦、纔入浦口、風[45]即止、攀船難[46]〔歎〕云、奇快々々、旋帰夲朝、其取来[47]儀軌
經論、佛[48]芔[49]祖師像曼[50]荼羅道具等、貞[51]〔具〕如日[52]〔目〕録、嘉祥元
年歳次戊辰秋八月、得前摂津國少掾上毛野朝臣

29 力　京本は「人」に作り、（力カ）と傍書す。
30 太　平本は「多」に作る。
31 頭　観本・中本は「顯」に作るも抹消し、上部に「頭」と記す。
32 浦　観本・中本は「陠」に作るも、上部に「浦」と記す。観本は抹消符あり。
33 大　観本・中本・静本は「太」に作るも抹消し、「大」と傍書す。
34 陽　平本は「洋」に作る。
35 海　仏本は「海帝本作乗」と注記す。
36 淂　続本・仏本は「得」に作る。
37 泫　続本・平本は「船」、仏本は「法〔流歟〕」、京本は「沿」に作る。
38 府　観本・中本・静本は「亘」に作るも抹消し、「府」と傍書す。
39 前　観本・中本・静本は「内」に作るも抹消し、「前」と傍書す。
40 一　仏本は「二」に作り、「二史本帝本倶作一」と注記す。
41 唐　平本・京本は「唐人」に作る。『続日本後紀』承和十四年七月辛未条を参照。
42 支　続本・仏本は「支」、平本・京本は「友」に作る。『入唐求法巡礼行記』大中元年六月九日条、『続日本後紀』承和十四年七月辛未条などでは「張友信」に作る。
43 信　観本・中本・静本は挿入符を付して傍書す。
44 浄　平本・京本は「静」に作る。
45 風　観本・中本・静本は挿入符を付して傍書す。
46 難　続本・仏本・平本・京本は「歎」に作る。
47 来　観本・中本・静本は「未」に作るも抹消し、「来」と傍書す。
48 佛　観本・中本・静本は挿入符を付して傍書す。
49 芔　仏本は「芔帝本作并」と注記す。
50 曼　京本は「万」に作る。
51 貞　続本・仏本は「具」に作る。平本・京本なし。

松雄[53]之山地、奉為五條太皇大后宮并四恩[54]、始
建立安祥上下両寺、所安置之界會佛像一
切經論并堂塔房舎等、員依繁不記之、仁寿元年歳次
辛未春三月、五条太皇大后宮始置七僧、以持念
薫修、同二年、穎稲一千斤、以為常燈分、即下官
苻、付[55]之山城國、齊衡元年歳次甲戌[56]、有　勅賜權律
師位、二年言上、編付件寺官額、三年、施寺之四辺山[57]、
貞[58]觀元年歳次己卯夏四月上啓、請毎年度僧、以
令恒転諸宗法輪、殿下允[59]許、遂發勝願建立堂
宇、図寫[60]尊像繕写經論、始度二人年分、身籠高
峯、不出山門[61]、〔書〕[62]晝夜无[63]間転妙法論、講[64]安居經、進
出[65]維摩最勝両會立義、三會聴衆等人、如是等
事自例格也、毎年秋九月中三箇日夜、晝講演

52日　続本・仏本・平本・京本は「目」に作る。仏本は「帝本作貞和目録」と注記す。
53雄　仏本は「雄史本作碓」と注記す。
54恩　観本・中本・静本は「見」に作るも抹消し、「恩」と傍書す。
55付　九本・京本なし。
56甲　仏本は「申」に作る。
57寺之四　観本・中本・静本は「入日」に作るも抹消し、「寺之四」と傍書す。他は本文に挿入す。
58貞観～度僧以　続本なし。
59允　観本・中本・静本は「先」に作り、「允」と傍書す。観本は抹消符あり。
60寫　京本は「画」に作る。
61門　仏本は「門帝本無」と注記す。
62晝　観本は「晝」、他は『書』に作る。
63无　平本は「無」に作る。
64講　仏本は「講帝本無」と注記す。
65出　続本は「出」に作り、（於ヵ）と傍書す。

經疏等、夜稱礼五十二位賢聖尊方、論義問答、不違三會事、修於此寺、儀式移大唐、同六年歳次甲申、有勅授小僧都号、同十一年歳次己巳秋九月廿三日遷、生年七十二、夏臈五十三、所生弟子二百卅五人、受法弟子五十六人、自爾以降、師々相傳、門徒一味、興隆仏法、誓護國家、于今不止、

右件家傳、注顕進上如件、

延喜元年十一月廿七日　都維那師傳燈住位僧

寺主傳燈大法師　上座々々々々

撿挍々々々々　撿挍々々々々

右比挍安祥寺資財帳、不審字直之了、賢寶記之、

二　禅林寺僧正伝

禪林寺僧正傳　宗叡[1]勸修寺長者補任云、真紹之甥云々、元慶八年[2]二〔三〕月廿六日丁[3]亥、殞霜、僧正法印大和尚位[4]宗叡卒、宗叡俗姓池上氏、左京人也、幼而遊學、受習音律、年甫十四、出家入道、従内供[5]十禪師載鎮、承受經論、登棲叡山、[6]无復還情、天長八年、受具足戒、就廣罡寺義演法師、稟學法相宗義、数年[7]後、[8]歸叡山、廻心向[9]大受菩薩戒、[10]譜〔諳〕究天台宗大義、[11]于時叡山主神假口於人、告曰、汝之苦行、吾将擁護、遠行則雙烏相随、暗夜則[12]斤〔行カ〕（仃歟）火相照、以此可為徴驗、厥後、宗叡到越前國白山、雙烏飛随、

1勸修寺〜云々　九本なし。
2二　諸本「二」に作り、静本は「三實」、仏本は「三歟」と傍書す。三本は宗叡卒伝を元慶八年三月廿六日丁亥条に収む。
3亥　九本なし。
4宗叡卒　仏本は「宗叡卒三字帝本無」と注記す。
5供　三本はこの下に「奉」と記す。
6无　仏本・三本は「無」に作る。
7後　三本は「復」に作る。
8歸　観本・中本・静本は挿入符を付して傍書す。
9大　九本は「丈」に作る。
10譜　続本・三本は「諳」に作る。仏本は「受二菩薩戒譜一」、三本は「受二菩薩戒一、諳二究天台宗大義一」と訓点を付す。
11于　三本はこの上に「随二圓珍和尚一於二園城寺一受二兩部大法一」の一文を補う。
12斤　観本・中本・静本は「斤」、九本は「仃」に作り、観本は「仃歟」、他は「仟歟」と傍書す。続本・仏本は「片」に作り、仏本は「片經本作斤」と注記す。三本は「行」に作る。

在於先後、夜中有火[13]、自然照路、見者奇之、久[14]之
移住[15]東寺、就小[16]僧都實恵、受學金剛界大法、
詣少僧都真紹、受阿闍梨位灌頂、自内蔵寮給
料物焉、清和太上天皇儲[17]貳之初、選入侍東宮、
貞觀[18]四〔三歟〕年、高岳親王入於西唐、宗叡請従渡海、初
遇[19]汴州阿闍梨玄慶、受灌頂、習金剛界法、登攀
五臺山、巡礼聖跡、即於西臺維摩談[20]石之上、見五
色雲、於[21]東臺那羅延窟之側、見聖燈及吉祥
鳥、聞聖鐘、尋至天台山、次於大花[22]厳寺供養千
僧、即是卆朝御[23]願也、至青龍寺、随阿闍梨法[24]全、
重受灌[25]頂、學胎蔵并[26]〔界〕法盡其殊旨、阿闍梨、以金
剛杵并儀軌法門等、付[27]宗叡、用充[28]印信、更尋慈
恩寺造玄[29]、興善寺智恵[30]輪等阿闍[31]梨、承[32]秘奥詢求

13 火　三本は「略記作光」と注記す。
14 久之　仏本は「久之史本作冬」と注記す。
15 住　九本は「佳」に作る。
16 小　三本は「少」に作る。
17 儲　三本はこの上に「為」と記す。
18 四　続本・三本は傍書なし。高岳親王の入唐年については、貞観二年説(『頭陀親王入唐略記』)・同三年説(『本朝皇胤紹運録』)・同四年説(『真如親王入唐略記』、『日本三代実録』元慶五年十月十三日戊子条)などがある。
19 遇　仏本は「過」に作る。
20 談　三本は「詣」に作る。『入唐求法巡礼行記』開成五年五月二十日条には、五臺山に文殊師利菩薩と維摩居士が対談したと伝えられる巨岩が描写されている。
21 於　仏本は「於帝本無」と注記す。
22 花　仏本・三本は「華」に作る。
23 御　仏本は「本」に作る。
24 法　仏本は「法已下至梨十八字帝本無」と注記す。
25 灌　三本は「濯」に作る。
26 并　続本・三本は「界」に作る。仏本は「幷」に作り、「幷恐界之字誤」と注記す。
27 付　続本はこの下に「囑」、三本は「屬」と記す。
28 充　続本は「宛」に作る。仏本は「充帝本無」と注記す。
29 玄　観本・中本は「立」に作るも抹消し、「玄」と傍書す。
30 恵　仏本・三本は「慧」に作る。
31 闍　観本・中本・静本は挿入符を付して傍書す。
32 承　仏本・三本は「承受」に作る。

幽⿰山責〔賾カ〕[33]、廻至洛陽、便入聖善寺善[34]无[35]畏三藏舊院、
其門徒以三藏所持金剛杵并經論梵夾諸尊儀
軌等授之、八年、到明州望海鎮、適遇弟子[36]延孝、
遥指扶桒将泛一葉[37]、宗叡同丹〔舟〕[38]風[39]〔順脱カ〕解纜、三日夜間[40]
歸着夲朝、主上大悦、遇以殊礼、當時法俗[41]、皆望和
尚之傳金剛界法、胎[42]蔵密教、和尚於東寺授[43]之、
學後[44]数[45]傾懐而説、十一年春正月廿七日[46]、為權律師、十六年
冬十二月廿九日[47]、轉權少僧都、奉授天皇金剛界大毗盧遮那
三摩地法觀自在卄[48]秘密真言法、又奉為　國家
造胎蔵金剛両部大曼荼羅、安置宮中修法院持
念矣[49]、十九年、天皇遷御清和院、禪[50]位於皇太子、歸
念仏道、深悟苦空、宗叡奉勅[51]　太上天皇、令聽[52]學華
厳涅槃等大乗經、　元慶三年夏四月、太上天皇

33⿰山責　観本・中本・静本・九本は「⿰山責」に作るも、『大漢和辞典』にみえず。続本は「頣」、仏本は「賾」、三本は「贖」に作る。
34善　観本は抹消符あり。
35无　仏本・三本は「無」に作る。
36弟子延孝　仏本は「弟子李延孝」、三本は「李延孝」に作り、仏本は「李帝經兩本俱無」と注記す。
37葉　仏本は「葉史本作葦」と注記す。
38丹　続本・仏本・三本は「舟」に作る。
39風　仏本・三本は「舟順風」に作り、仏本は「順帝經兩本俱無」と注記す。
40間　仏本は「間帝本作門」と注記す。
41俗　続本・仏本・三本は「侶」に作る。
42胎　三本は「胎蔵界法密教」に作る。
43授　三本は「教授」に作る。
44後　続本・仏本・三本は「徒」に作り、仏本は「徒帝本作後」と注記す。
45数　三本は「有数」に作る。
46正月廿七日　九本・仏本・三本なし。仏本は「春下帝本有正月二十七日六字」と注記す。
47十二月廿九日　九本・仏本・三本なし。仏本は「冬下帝本有十二月二十九日七字」と注記す。
48卄　仏本は「丼」、続本・三本は「菩薩」に作る。
49矣　三本は「堂」に作る。
50禪　三本は「讓」に作る。
51勅　諸本「勸」に作り、観本・中本・静本は「勅」と傍書す。観本は抹消符あり。仏本は「勸帝本作勅」と注記す。
52聴　観本・中本・静本は「懐」に作り、「聴」と傍書す。観本は抹消符あり。

遷[53]御圓覺[54]寺、則[55]落餝[56]入道、設灌頂法壇、受佛性三摩
[57]地耶(衍カ)密[58]乗戒、以衣服臥具珎寶車乗、儭施於宗叡、
於是分捨東寺東大延暦等諸寺、一物不入[59]已〔己〕焉、
是年冬、十月廿三日[60]至僧正位、太上天皇[61]見(衍カ)巡覧山城大和摂
津等國名山佛寺、宗叡奉旋[62]引導、到[63]舟〔丹〕波國水
尾山、以為終焉之地、和尚性沈重、不好言談、當於齋[64]
口不言[65]灑〔濃〕淡、未嘗寝脱衣裳、念珠離手、年七
十六、終於禪林寺云々、

53 遷　続本・仏本は「還」に作る。
54 覺　観本・中本・静本は「学」に作り、「覺」と傍書す。観本は抹消符あり。
55 則　観本・中本・静本は「剔」に作り、「則」と傍書す。観本は抹消符あり。九本・続本・仏本は「則」、三本は「剔」に作る。
56 餝　観本・中本・静本は挿入符を付して傍書す。三本なし。
57 地　観本・中本・静本は「地」に作るも抹消す。九本・続本・仏本・三本なし。
58 密　続本はこの上に「〔秘〕」、三本は「秘」と記す。
59 已　九本・続本・仏本・三本は「己」に作る。
60 十月廿三日　九本・仏本・三本なし。仏本は「冬下帝本有十月二十三日六字」と注記す。
61 見　続本・三本なし。
62 旋　続本・仏本・三本は「従」に作る。
63 舟　続本・仏本・三本は「丹」に作る。
64 齋　三本はこの下に「食」と記す。
65 灑　続本・三本は「濃」に作る。仏本は「灑一本作濃」と注記す。

三　小栗栖律師伝

小栗栖律師傳 并太元阿闍梨次第

續日本後記（ママ）第五云、

丙申、承和三年〔閏脱カ〕五月[1]也、授唐[2]留學元興寺僧傳燈住位常暁滿位、

第八云、承和六年九月辛丑也、朔己卯也、是日、令大宰府進上自大唐所奉請大元帥[3]

畫像云々、

第九云、承和七年六月也、[4]朔乙巳、丁未、入唐請益僧傳[5]燈大法師位常暁言、山

城國宇治郡法琳[6]寺、地勢困[7]煠[8]〔閑燥カ〕、足修大法、望請、

今般自大唐奉請大元帥霊像秘法、安置此處、

為修法院、保護國家、不関[9]講讀師之摂、許也[10]〔之〕云々、

1五月　諸本「五月」に作るも、『類聚国史』（巻一八五、仏道一二、僧位）では承和三年閏五月丙申（二十八日）条に収む。

2唐　類本は「遣唐」に作る。

3帥　九本は「師」に作る。続後本は「帥原作師、拠高柳本條本改」と注記す。

4也朔乙巳　九本は「乙巳朔」に作る。

5傳　観本・中本・静本・九本は挿入符を付して傍書す。

6琳　仏本は「淋」に作り、「淋帝本作林」と注記す。

7困　九本は「困」に作るも抹消し、「閑」と傍書す。続本・仏本・続後本は「閑」に作る。続後本は「閑紀略作高」と注記す。

8煠　九本は「煠」に作るも抹消し、「燥」と傍書す。続本・仏本・続後本は「燥」に作る。

9関　仏本は「關帝本作開」と注記す。

10也　九本は「也」に作るも抹消し、「之」と傍書す。続本・仏本・続後本は「之」に作る。

入[11]唐根夲大師記　小栗栖寺

以承和三年丙辰五月、銜入唐命、其年漂[12]廻、四年不果渡海、五年[13]戊午六月進発、同八月到岸、住[14]淮〔淮〕南[15]大都督府[16]廣[17]綏〔陵〕[18]官〔館〕、同年[19]十二月、移住栖霊[20]寺大悲持[21]念院、始随文璨[22]和尚、受金[23]剛界并大[24]道法、同六年正月四日、設二百僧齊〔齋〕供四衆、同年[25]二月十九日、受潅頂位[26]、同廿一日、准勅赴夲朝、同九月二日上表、自同七[27]年庚申、居住於小栗栖寺、以同年六月三日、以小栗栖寺為修法院之由奏聞、即有裁下、建立御願堂、安置尊像、別降　詔[28]旨[29]、大政官謹依　綸旨、仰諸司、始[30]造一百利[31]鈒一百弓箭及法壇種々道具、始同[32]七年至于嘉祥三年、於常寧殿被修此法十一ヶ年[33]、以[34]貞[36]観六年二月十六日或記[35]同十年被任[37]

11入　九本は「八」に作り、「入」と傍書す。
12漂廻　太本は「并同」に作る。
13年　太本は「月」に作るも抹消し、「年」と傍書す。
14淮　九本・醍本・太本・続本・仏本・弟本は「淮」に作る。
15南　醍本は挿入符を付して傍書す。
16廣　醍本は「庶」に作る。
17綏　仏本は「綏帝本作綾」と注記す。太本・続本は「陵」に作る。弟本は「綾」に作り、「綾官一作陵舘」と注記す。
18官　太本・続本は「館」、仏本は「宮」に作る。
19年　太本なし。
20霊　仏本は「霞」に作る。
21持　仏本は「持帝本作待」と注記す。
22璨　九本は「瑶元亨釋書」と傍書す。弟本は「璨一作瑶恐誤」と注記す。続本・仏本は「璨」に作るも、続本は（瑶イ）と傍書し、仏本は「璨帝本作瑧」と注記す。
23金剛界并　太本なし。「受」の下に丸印あり。
24大　仏本は（ママ）と傍書す。
25年　太本なし。
26位　太本なし。
27七年　太本は「承和」と傍書す。
28詔　太本は「紹」に作る。
29旨　仏本は「旨帝本無」と注記す。
30始　仏本なし。
31利鈒一百　九本なし。
32同　続本は「自」に作る。仏本は「自歟」と注記す。
33年　弟本は「度」に作り、「度一作年」と注記す。
34以　醍本は「次」に作る。
35同　太本・弟本は「承和」に作り、弟本は「承和一作同」と

律師云々、以同十三年丙寅五月一日、毎年正月、於王
宮裏、請十五僧修此法、其用途物、一事已上、
准真言院[38]例之由奏聞、未有裁下、天安聖主
即従[39]仁寿元年至于[40]　年并百年、同年[41]辛未十
二月廿九日、以此[42]旨奏聞、以[43]川日降宣旨、依請、已載
[44]〔新〕祈式、永為國典、以同二年十一月三日、請天判、傳法
阿闍梨位授寵壽法師、齊衡年中、田邑[45]天皇
以薬師堂定御願、安置七佛薬師[46]佛像、太元
大道持来[47]以来、經朝[48]及于今上十五代、従承和
六年庚申、至于長元々年戊辰、并一百九十年、唯當
寺建立以後、従丁巳年[49]齊明天皇三年歟至于長元二年合三百
七十三年、件寺是[50]奉為後罡夲[51]天智天皇天皇、鈴間公
成所建立也、後罡夲者人王第三十八代云々、於[52][53]第卅八代齊明天皇都大和國罡夲宮、第卅九代天智天皇都罡夲五ケ年後遷近江国[54]志賀群〔郡〕大津宮

注記す。
36貞観〜或記　九本・醍本・弟本なし。
37任　九本は「住」に作る。
38院例之由　醍本は欠損につき判読できず。仏本は「例」を「側」に作る。
39従　醍本なし。
40于　仏本は「于帝本作十」、弟本は「至于年幷百年文意不通恐有誤脱」と注記す。
41同　弟本は「仁寿元年也」と傍書す。
42此　醍本なし。
43以　続本・仏本なし。醐本・弟本はこの下に「同」と記す。
44祈　醍本・続本・弟本は「新」に作る。仏本は「祈」に作り、「新歟」と傍書す。
45田邑　太本は「文徳也」と傍書す。
46師　醍本は挿入符を付して傍書す。
47来　醍本なし。
48朝　醍本は「胡」に作る。
49齊明天皇三年歟　九本・醍本なし。観本・中本はこの上に「白雉」と記すも抹消す。
50是　醍本は「置ヵ」と傍書す。
51天智天皇　九本・醍本・弟本なし。
52第卅八代〜大津宮　九本・醍本なし。弟本は「孝徳天皇也、元年也、治十年也」と傍書す。
53卅　静本は「廿」に作る。
54志賀群　静本・続本は「志賀郡」、仏本は「滋賀郡」に作る。

神泉院、齊衡三年（春三[55]月云々、）被奉修、為祈雨、向[56]中央
幡係白龍、修善間不去、仍寺奉[57]迎、外護山
奉移了、即山名改云福徳龍[58]王山云々、
入唐根夲大師常暁上綱　（持阿闍梨廿七年、始申成[59]阿闍梨　宣旨）
承和七年（丙辰）、御忌日貞觀八年（丙戌）十一[60]月卅日、
付[61]法次第解状、寵壽（十禅師）大師入滅之後、經廿
二日蒙　宣旨、
第二阿闍梨寵壽　持阿闍梨廿一[62]年、蒙宣旨[63]
貞觀八年（丙戌）十二月廿二日、御忌日仁和二年（丙午）正
月廿八日、次第申四人、賢石[64]僧都、　済[65]俊[66]〔偃〕律[67]師、
元如、命藤、寵壽入滅之後、經一年蒙　宣旨、
第三阿闍梨元如　持阿闍梨十二年、蒙宣旨
仁和三年（丁未）正月五日、御忌日寛平九年（丁巳）九月

55三　観本は「三」、他は「二」に作る。九本・太本・醍本・弟本は傍書なし。『太元宗勘文』『法琳寺別当補任』は、神泉苑における修法を斉衡三年三月とする。
56向　醍本・太本・弟本は「而」に作る。
57奉　続本・仏本なし。
58龍　観本・中本・静本はこの下に「山」と記すも抹消す。
59申成　仏本は「甲戌」に作る。醍本・弟本は「始申成阿闍梨宣旨」を次行に移し、本文とす。
60一　続本は「二」に作り、（二イ）と傍書す。
61付　醍本・弟本は「附」に作る。
62一　仏本は「一一本作二」と注記す。
63旨　観本・中本はこの下に「貞觀八」と記すも抹消す。醍本・弟本は「蒙宣旨」を次行に移し、本文とす。以下同じ。
64石　弟本は「右」に作る。
65済　続本・仏本は「清」に作る。仏本は「清帝本作済」と注記す。
66俊　醍本・弟本は「偃」に作る。『日本紀略』延喜六年二月廿二日条（済偃卒伝）参照。
67律　醍本は「法」に作る。

廿三日、元如入滅之後、經廿一日蒙宣旨、
第四阿闍梨命藤十禅師　持阿闍梨十三〔四〕[68]年、蒙宣旨
寛平九年十月十四[69]日、年五十九臈三十八始[70]
任、次第[71]申四人、舒隆、元忠、[72]泰舜、泰幽、
命藤入滅之後、經十[73]十[74]（衍カ）五日蒙宣旨、
第五阿闍梨舒隆　持阿闍梨五年、持命廿四年、蒙宣旨
延喜十年（庚午）十月五日、年五十一[75]臈三十三
始任、御忌日　承平四年（甲午）十二月廿三日、讓附
元忠、延喜十五年（乙亥）九月廿三日、得讓日[76]蒙宣旨、
第六阿闍梨元忠　持阿闍梨六年、或本十六[77]年、蒙宣旨
延喜十五年九月廿三日、年五十六臈卅五始任、
御忌日承平元年（辛[78]亥〔卯〕[79]）二月廿五日、但舒隆天命
以前入滅、元忠入滅之後、經卅五日蒙宣旨、

68三　観本・中本・静本は「三」に作り、「四」と傍書す。九本・続本・仏本・弟本は「四」、醍本は「二」に作る。仏本は「四一本作三」と注記す。
69十四　続本は「十四」に作り、（イナシ）と傍書す。
70始任　続本は「年」の上に「始任」と記す。以下同じ。
71次第　醍本はこの前に「御忌日延壽十年〈庚／午〉九月廿日」と記す。弟本は「延壽」を「延喜」に作る。
72忠　観本・中本は「恵」に作るも抹消し、「忠」と傍書す。
73十　仏本は「十帝本作二」と注記す。
74十　醍本・続本・弟本なし。

75一　続本は「一」に作り、（五イ）と傍書す。

76日　九本は「曰」に作る。
77十六　弟本はこの上に「治」と記す。

78辛　弟本は「癸」に作る。
79亥　醍本・仏本・弟本は「卯」に作る。

第[80]七阿闍梨泰舜上綱 或権律師[81] 持阿闍梨十四年、持命十八年、蒙宣旨[82]
承平元年四月二日、年五十六臈三十四始任、御
忌日天暦三年己酉十一月三日、譲附泰幽[83]、天慶
七年甲辰七月十九日、次第申六人、泰幽、圓照、行觀不[84]、
如照不[85]、觀筭不[86]、譽好、

第八阿闍梨泰幽已講 持阿闍梨三年、
天慶四年維摩會[87]講師、蒙宣旨天慶七年七
月十九日、年七十臈五十始任、御忌日天暦元年丁未
二月廿八日、但泰舜天命以前入滅、泰幽入滅之後、
經二月余蒙宣旨、

第[88]九阿闍梨圓照上綱 或権律師[89] 持阿闍梨[90]廿[91]七年、蒙宣旨
天暦元年五月十九[92]日、年五十一臈三十一始任、
御忌日天延[93]二[94]年甲戌三[95]月廿六日、圓照入滅之後、

80第　醍本は「東寺長者　元入寺僧権律師或年」と傍書す。
81或　弟本なし。
82宣　九本なし。
83泰幽　仏本は「幽泰」と記す。
84不　九本は本文に挿入す。醍本は「觀」に傍書す。弟本なし。
85不　醍本・弟本なし。
86不　醍本・弟本なし。
87會　弟本なし。
88第　醍本は「東寺入寺僧」と傍書す。
89或権律師　醍本は「権律師或本」、弟本は「権律師（或本）」と記す。
90梨　醍本なし。
91七　醍本は「九」に作る。
92九　醍本は「九」と「七」を重ねて記す。
93延　観本・中本は「慶」に作るも抹消し、「延」と傍書す。
94二　諸本異同なくも、『日本紀略』『僧綱補任』は円照の入滅年を天延三年とす。
95三　続本は「三」に作り、（二ィ）と傍書す。弟本は「二」に作る。
96經　醍本なし。
97卌　醍本・仏本・弟本は「卅」に作る。
98第　醍本は「東寺入寺僧」と傍書す。
99廿四　弟本は「廿四恐十六誤」と注記す。誉好の阿闍梨就任は天延二年（九七四）、入滅は永祚元年（九八九）で、本伝記では入滅年を含めずに就任期間を算出する傾向にあることか

經[96]卌[97]余日蒙宣旨、
第[98]十阿闍梨譽好十禅師　持阿闍梨廿[99]（十五カ）四年、蒙宣旨
天延二年五月[100]十三日、年六十八臈四十七始任、
御忌日永祚元年己丑十二月廿五日、次第申七人、
妙譽[101]、賀仲、章助[102]、仁聚[103]、泉澍、法圓、信源[104]、
譽好入滅之後、經三ヶ日蒙宣旨、
第十一阿闍梨妙譽[105]　持阿闍梨一年、或[106]卒經[107]四年[108]、蒙宣旨
永祚元年己丑十二月廿八日、年八十一臈卌[109]五始任、
御忌日正[110]暦元年庚寅四月十八日、妙鑒[111]〔譽〕入滅之後、
〔経脱カ〕[112]十日蒙宣旨、
第[113]十二[114]阿闍梨賀[115]仲　持阿闍梨四年、蒙宣旨
正[116]暦元年四月廿八日、御忌日長徳元年乙未正月
八[117]日、妙鑒[118]（妙以下十二字衍カ）入滅之後、經十日蒙宣旨、

ら、「十五」が適当か。
100 五月　九本なし。
101 譽　観本・中本・静本・醍本は「鑒」に作るも、醍本以外は抹消し、「譽」と傍書す。
102 章助　醍本なし。
103 仁聚　弟本は「仁聚原作仁海今依五家傳改下同」と注記す。
104 信　観本・中本・静本は「俊」に作るも抹消し、「信（観本は「歟」を付すも抹消）」と傍書す。
105 譽　観本・中本・静本・醍本は「鑒」に作り、醍本以外は抹消す。観本は「譽」と傍書す。
106 或　醍本は「戎」に作る。
107 經　醍本・弟本は「治」に作る。
108 年　醍本・弟本は「月」に作る。
109 卌　弟本は「卅」に作る。
110 正　醍本は「延」に作る。
111 鑒　九本・続本・仏本・弟本は「誉（譽）」に作る。仏本は「譽帝本作鑒恐誤」と注記す。中本は「妙鑒」に傍書して「誉好カ」と記す。
112 十　醍本・続本・仏本・弟本はこの上に「經」と記す。
113 第　醍本は「東寺入寺僧」と傍書す。
114 十二　醍本は「二十」と記す。
115 賀　観本・中本・静本は「加」に作り、「賀」と傍書す。観本は抹消符あり。
116 正　醍本は「延」に作り、「正歟」と傍書す。
117 八　続本は「八」に作り、（四イ）と傍書す。
118 妙鑒〜宣旨　続本は（以下十二字衍）と傍書し、仏本は「妙已下十二字衍歟」と注記す。中本は「鑒」に傍書（「誉□」カ）するも抹消し、弟本は「妙鑒」を「賀仲」と記す。

第十三阿闍梨[119]仁聚　持阿闍梨一年[120]、蒙宣旨
長徳元年八月或[121]夲二[122]月廿五日、御忌日長徳元年十月廿四日、
第[123]十四阿闍梨泉澍　持阿闍梨十年、蒙宣旨
長徳元年十一月十日、年五十七臈三十八始任、
泉[124]澍入滅之後、経三十四日蒙宣旨、
第[125]十五阿闍梨法圓　持阿闍梨五年、蒙宣旨
寛弘二年十月八日、年四十六臈卅二[126]始任、御忌日
寛弘七年庚戌二月四日、法圓入滅之後、經十月蒙宣旨、
第十六阿闍梨信源　持阿闍梨廿九年、蒙宣旨
寛弘七年庚戌十二月廿七日、年四十五臈廿七始任、
御忌日長暦二年五月十五日[127]、次第申三人、
進恩[128]、源慶、禅[129]快死去[130]、源慶依有犯過迯亡[131]、
信源入滅之後、經八月蒙宣旨、

119梨　醍本は挿入符を付して傍書す。
120年　続本はこの下に（或本二年）と記す。
121或夲二月　醍本・弟本は前行「持阿闍梨一年」とともに双行に作る。
122二　醍本・弟本はこの上に「治」と記す。
123第　醍本は「東寺入寺僧」と傍書す。
124泉　醍本・弟本はこの前に「御忌日寛弘二年〈乙／巳〉九月八日」と記す。
125第　醍本は「東寺入寺僧」と傍書す。
126二　九本は「三」の一画目を擦り消して「二」に修正す。醍本は挿入符を付して傍書す。
127五　続本は（三ィ）と傍書す。
128恩　醍本は「息」に作る。弟本は「恩原作息今依五家傳改」と注記す。以下同じ。
129禅　醍本は「祥ヵ」と傍書す。弟本は「祥」に作る。
130死去　醍本・弟本はこの上に「也」と記す。醍本はこの下に「了」、弟本は「畢」と記す。醍本は「死去了」を「源慶」に傍書す。
131亡　九本は「己」、弟本は「巳」に作る。

第十七阿闍梨進恩[132]　持阿闍梨八年、蒙宣旨
長暦二年戊寅十二月七日[133]、年六十六[134]臈五十一始任、
御忌日永承元年六月十[135]一日、大[136]賊被害、
第十八阿闍梨尊覺　持阿闍梨十二年、進恩[137]入滅之
後、經七月蒙宣旨、永[138]承元年十二月卅日、年七[139]
十臈五十二[140]始任、御忌日天喜五年五月[141]十[142]四日、
第十九阿闍梨信筭　持阿[143]闍梨二年、蒙宣旨、天喜
五[144]年十月十五日、康平二年十二月卅日追却、
第廿阿闍梨真[145]宗　持阿闍梨一年、蒙宣旨、康平二
年[146]十[147]二月卅日、同三年十二月廿九日追却、
第廿一阿闍梨源慶[148]　持阿闍梨｜[149]五年、蒙宣旨、康
平三年十二月廿九日、御忌日承保二年五月八日、
第廿二阿闍梨宣[150]經（慶イ）　持阿闍梨‖七年、蒙宣旨、承

132 梨　仏本は「季」に作る。
133 七　醍本はこの上に「十」と記す。続本は（十七日イ）と傍書す。弟本は「十五」に作る。『法琳寺別当補任』は進恩の阿闍梨宣下日を長暦二年十二月十七日とする。
134 六　弟本なし。
135 十一日　弟本なし。
136 大　醍本・弟本は「為」に作る。弟本は「為賊被害」を「御忌日」の上に記す。
137 進恩〜宣旨　醍本・弟本は次々行「天喜五年五月十四日」の下に記す。醍本は「經」字なし。
138 永　醍本・弟本はこの上に「蒙宣旨」と記す。
139 七十　醍本なし。
140 二　醍本・弟本は「六」に作る。
141 五月　醍本は傍書す。
142 十　弟本は「廿」に作る。
143 阿　醍本なし。
144 五　醍本は「四」に作る。
145 真　続本は「貞」に作る。
146 年　醍本は「月」に作るも抹消し、「年」と傍書す。
147 十　仏本なし。
148 源慶　観本は「三井寺歟」と傍書するも抹消す。
149 十五　続本は（イナシ）と傍書す。
150 經　観本は抹消符あり。醍本・弟本は「慶」に作り、傍書なし。

保二年十二月卅[151]日、御忌日康和五年五月十四日、
第廿三阿闍梨定慶　持[152]阿闍梨三年、蒙宣旨、康
和五年十[153]二月廿九日[154]、御忌日長治二年四月四日、
第[155]廿四阿闍梨宣覺　持阿闍梨一[156]年、蒙宣旨、嘉[157]承元年、
小野範俊僧正弟子[158]
住小野
第廿五阿闍[159]梨良雅　持[160]阿闍梨四[161]年、蒙宣旨、嘉[162]承
三年正月日[163]任、
覺尊僧都弟子[164]〔寛意〕[165]
第廿六阿闍梨定覺　仁和寺常林房阿闍梨
天[166]永[167]三年十[168]二ー廿[169]八ー任、持四年、
仁和寺[170]
第廿七阿闍梨兼尊　永[171]久元[172]（四歟）年任、持二年、
仁和寺寛助弟子[173]　観[174]
第廿八阿闍梨寛恵　仁[175]和寺周防僧都、圓樂寺別當、持八年、
永久二年任、
第廿九阿闍梨林[176]覺律[177]師　醍[178]醐遍知[179]院律師、
醍醐義範僧都弟子、持[180]十一年、
第卅阿闍梨賢覺　醍[181]醐理性[182]房法眼、
醍醐勝覺僧正弟子、　持十三年、
寛助弟子[183]
第卅一阿闍梨[184]真助　仁[185]和寺常林房定覚アサリ弟子、山僧都、
久安三年正月七日補任了[186]、
第[187]卅二阿闍梨[188]覺耀[189]　仁和寺真助弟子、已灌頂、

151 卅　弟本は「廿」に作る。
152 持阿闍梨〜十二月　九本なし。
153 十　続本なし。
154 日　弟本はこの下に「和泉守貞義子」と記す。
155 第廿四阿闍梨宣覺　醍本はこれ以降、主に代数と阿闍梨名のみ記す。
156 一年　観本・中本・静本は挿入符を付して傍書す。弟本はこの下に「淡路守成長子」と記す。
157 嘉　九本は「喜」に作る。
158 小野〜住小野　醍本・弟本なし。九本は「弟」を「第」に作る。
159 梨　九本なし。
160 持阿闍梨〜正月日任　弟本は「持阿闍梨四年、陸奥守基頼、／受法権僧正範俊」と記す。
161 四年　観本・中本・静本は挿入符を付して傍書す。
162 嘉　九本は「喜」に作る。
163 日任　弟本なし。観本・中本・静本は「日」に挿入符を付して傍書す。
164 覺尊〜阿闍梨　醍本・弟本なし。九本は「弟」を「第」に作る。
165 覺尊　定覚の師について、『法琳寺別当補任』では寛竟、『太元秘記』では寛意とするも、僧都に寛竟の該当例なし。
166 天永〜持四年　弟本は「持阿闍梨四年、蒙宣旨、天永三年」と記す。
167 永　中本・静本・九本・仏本は「承」に作る。仏本は「承恐永」と注記す。
168 十二―廿八―　諸本傍書に作る。観本は挿入符あり。
169 廿　観本以外は「十」に作る。
170 仁和寺　醍本・弟本なし。
171 永久〜持二年　弟本は「持阿闍梨二年、蒙宣旨、永久元年」と記す。
172 元　観本・中本・静本は「四歟」と傍書す。観本は抹消符あり。仏本は「元一本作四」と注記す。兼尊の阿闍梨就任年について、『法琳寺別当補任』は永久元年、『太元秘記』別当次第事は同四年とす。
173 仁和寺寛助弟子　醍本・弟本なし。九本は「弟」を「第」に作る。

【備考】

（1）醍本では、19行目の「詔旨」から26行目の「仁壽元」までを紙背に記す。

（2）醍本・弟本は34代までの阿闍梨名を記す。

（3）観本には裏書あり。

裏書A〈126行目〈第卅二阿闍梨：〉から「真如親王入唐略記」の前行までの紙背、全面に×印あり〉

仁和寺 真助　久安三年初度　仁平元—
仁和 覺耀　久壽二—

寛宗法眼　保元二—
仁和 琳助律師　永暦元—　宗範律師不卒

尭真阿サリ　長寛元—　仁安三—
尊實法橋　承安二—

勝遍　治承元—
安祥寺 「實」嚴律師　壽永元—

宗嚴律師　建久元—　蔵有僧都

覺鏡　文治二—
蔵秀　承元四—

蔵有僧都　建保三—　復任
長海僧都　貞應元—

安祥 成嚴僧都　嘉禎三—
安祥 寛海律師　延應二—

安祥 兼恵、、　正嘉二—

174 観　観本・中本は「観歟」と記すも「歟」を抹消し、醍本は本文を「観」に作る。仏本・弟本は傍書なし。

175 仁和寺～永久二年任　醍本は僧名に「律師」を付して「〈凡僧之時任〉」、弟本は「〈依レ爲二仁和寺太僧正寛助灌頂之／弟子一去レ任了、持阿闍梨八年〉蒙宣旨、永久三年」と記す。

176 林　弟本は「琳」に作る。

177 律師　弟本なし。

178 醍醐～弟子　醍本は僧名に「律師」を付し、弟本は「〈戒五十八、臈四十五、始任、／授法權僧正勝覺〉、治ー一年、保延元年六月廿一日卒〈生年六十八〉、蒙宣旨、天治二年十月十七日〈甲寅〉、上卿右大臣宗忠〈右中辨源師俊傳宣、／左大史少槻宿禰攺重〉」と記す。

179 知　続本・仏本は智に作る。

180 持十一年　観本・中本・静本は「保延元年任」と傍書するも抹消す。

181 醍醐～弟子　醍本は僧名に「法眼」を付し、弟本は「〈歳五十六、琳覺律師逝去之後、八十七日蒙二宣旨一、授法權僧正勝覺〉」と記す。

182 性　続本・仏本は「住」に作る。仏本は「住帝本作性」と注記す。

183 寛助弟子　醍本・弟本なし。

184 梨　続本は「利」に作る。

185 仁和寺～補任了　醍本は僧名に「僧都」を付し、弟本は「〈律師、鳥羽供僧也、宗覺阿闍梨弟子云々〉、宣旨偁、應レ令三傳燈大法師賢覺勤二修太元帥法一事、右、右少辨藤原朝臣資信傳宣、權大納言源朝頼宣、奉レ勅、宜レ令三賢覺勤二修件法一者、保延元年九月十九日、左大史惟宗〈在判〉奉、同廿四日、宣旨到來」と記す。九本は「アサリ」を「阿闍梨」に作る。

186 了　九本は「云々」に作る。

187 第卅二　弟本はこの下を「又賢覺〈持一年〉」に作る。

188 梨　続本は「利」に作る。

189 耀　醍本は「曜」に作る。

裏書B（122行目〈「第廿八阿闍梨…」〉から124行目〈「第卅阿闍梨…」〉までの紙背）

故右大臣入道殿日記云、

大治五年正月八日辛亥、太元阿闍梨琳覺、去年依姉喪輕服
出来、仍問人々、予申云、僧輕服卒不候事也、近代所被忌也、假程
過了、輕服日数中事候哉、但可問明法者、明博士等申云、僧輕服
不可被忌申也、仍琳覺所行太元法也云々、

裏書C（112行目〈「平三年十二月…」〉から117行目〈「第廿四阿闍梨…」〉までの紙背）

康和六年正月五日、今日、太元帥法阿サリ宣旨、被下興福寺宣
覚、件事従去年三人相論遅々也、懐尊、良智、宣覺也、陳（陣）定之時、懐
尊非門跡、良智又不慥知主、宣覚者故宣經（慶歟）之入室弟子、慥傳文書
密印等、但被問真言宗長者法務範俊、可一定之由議定畢、仍
被問範俊之處、宣覚有理之旨申上之間、今日可被仰下也云々、
嘉承三年正月八日、興福寺僧宣覚申云、太元法者承和六年
常暁律師於禁中為鎮護國家行之（常寧殿、去年渡唐、、常暁元興寺人、三論宗、）及宣覚
廿四代之間、全他門人不行秘法也、今年始他門徒人行之、（嘉承三年良雅あさり行之故也、）頗以不隠
便事歟云々、

四　真如親王入唐略記

真如親王入唐略記

傳云、親王[1]歸命覺路、混形沙門、住東大寺、機明敏樂、渉内外真言秘教、究竟幽玄、　貞觀四年[2]、奏請擬入西唐、適蒙　勅許、乃乗　舶渡唐、

高岳親王、平城天皇太子、母贈從三位伊勢繼子、從[3]〔正〕四位下勲四等老人母[4]（ママ）女也、

大同四年四月[5]十三[6]〔四〕日、立為太子、　弘仁元年九月十三日[7]、廃太子[8]、出家、

貞觀（清和）三[9]（四イ）年、入唐、法名真如、　元慶（陽成）五年十月三[10]（十イ）日、自唐中遷化由、到流沙、於羅越國亡云々、

頭陁親王入唐略記

1親王〜幽玄　三本は「親王歸二命覺路一、混二形沙門一、名曰二眞如一、住二東大寺一、親王、機識明敏、學渉二内外一、聽受領悟、罕見二其人一、稟二受三論宗義於律師道詮一、稍通二大義一、又眞言密教、究二竟秘奥一」と記す。

2四年〜渡唐　三本は「四年奏請、擬レ入二西唐一、適被二可許一、乃乗二一舶一、渡レ海投レ唐」と記す。

3從　三本は「正」に作る。伊勢老人の極位は正四位下（『續日本紀』延暦八年四月庚辰条、『日本三代実録』貞観五年正月十九日壬午条など参照）。

4母　続本なし。仏本は「母恐衍」と注記す。三本は「之」に作る。

5四月十三日　観本・中本・静本・書本は挿入符を付して傍書す。仏本は「四月十三日五字一本無」と注記す。

6三　諸本「三」に作るも、『日本後紀』や『類聚国史』（巻九十九、叙位）では立太子記事を大同四年四月十四日条に収む。

7十三日　観本・中本・静本・書本は挿入符を付して傍書す。仏本は「十三日一本無」と注記す。

8太子　諸本「皇太子」に作り、観本は「皇」を抹消す。

9三　観本は「三」を抹消す。続本は（二一イ）と傍書す。

10三日　観本・中本・静本・九本・書本はこの上に挿入符あり。続本は「〔十〕三日」に作る。仏本はこの上に句点を付す。

貞觀三年三月、親王被許入唐、六月十九日、発自池邊院南行、御宿巨勢寺、別當僧平海、率徒衆将迎、（平海、此親王御弟子、）親王甚卑下、不要僧徒[11]之迎候、經曆此寺廿日、于時七大寺長宿和尚、朝夕鳩集、七月十一日、出自臣[12]〔巨〕勢寺、指難破〔波〕津、名僧数十許人、遂[13]従相送、到大和國葛上郡舊國府、爰親王駐馬、指[14]謝僧徒云、従此應被却廻、即僧徒下馬拜別、皆垂涙云、僧等歯傾暮、再展何日、親王答云、彼此好在、随縁相見、其晩頭、到難破〔波〕津、便債[15]淂[16]〔得〕大宰貢綿歸舩二隻、十三日、駕舩、八月九日、到著大宰府鴻臚舘、于時主舩司香山弘貞、申苻[17]〔府カ〕、即大貳藤原冬緒朝臣、筑[18]前守藤原朝臣貞庭等、率随身騎兵百餘人到来、頂拜存問、

11 徒　觀本・中本は「都」に作るも抹消し、「徒」と傍書す。

12 臣　觀本・中本は「長」に作るも抹消し、觀本は「臣」、中本は「巨」と傍書す。他は「巨」に作る。

13 遂　続本は「遂」に作り、「逐歟」と傍書す。

14 指　九本は「栺」、続本は「揖」、仏本は「楫」に作る。

15 債　仏本は「倩」に作る。

16 淂　続本・仏本は「得」に作る。

17 苻　続本は「府」に作る。

18 筑　觀本・中本・静本・書本は「箆」に作る。九本は「箆」に作るも抹消し、「筑」と傍書す。藤原貞庭が筑前守に就いたのは貞觀五年である（『日本三代実録』貞觀五年二月十日癸卯条参照。同条文では「真庭」とある）。

19 存　仏本は「存恐孝」と注記す。

20 須　続本・仏本は「須」に作る。

21 猒　続本・仏本は「厭」に作る。

于時大唐商人李延存〔孝〕[19]、在前居鴻臚北舘、大貳明旦歸府、留貞庭朝臣云、求其間、結番逓候、親王、我望非如此、今湏〔須〕[20]早去、九月五日、去向壹伎嶋、々司并講讀師等、亦来迎圍繞、親王弥猒〔厭カ〕[21]此事、々々[22]左右、自波〔彼カ〕[23]渡著小嶋、（此小嶋名[24]云斑[25]嶋云々）、於是自〔白〕[26]水郎多在、仍不細[27]、更移肥前國松浦郡之[28]栢嶋、十月七日、仰唐通事張支〔友カ〕[29]信、令造舩一隻、四年五月、造舶已了、時到鴻臚舘、七月中旬、率宗叡和尚、賢真[30]、恵蕚[31]、忠全、安展、禅念、恵池、善寂、原懿、猷継、并胎〔船カ〕[32]頭髙丘真今[33]等、及椌〔控〕[34]者十五人、（此等並伊[35]勢氏人也）、拖〔柁〕[36]師絃[37]（ママ）、張支〔友カ〕信、金文習、任仲元、（三人並唐人）、建部福成、大鳥[38]智丸、（二人並此問〔間カ〕[39]人）、水手等、僧俗合六十人、駕舶離鴻臚舘、赴遠値嘉嶋、八月十九日、著于遠値嘉

22々々　続本・仏本は□□（欠字）に作る。
23波　諸本「波」に作り、続本は（彼歟）と傍書し、仏本は「彼歟」と注記す。
24名　書本は「石」に作るも抹消し、「名」と傍書す。
25斑　続本は「班」に作る。
26自　観本・中本・静本・九本・書本は「自」に作り、観本以外は「白歟」と傍書す。九本・書本は抹消符あり。続本・仏本は「白」に作る。
27細　書本は「細」、続本・仏本は（ママ）と傍書す。仏本は「細或停字」と注記す。
28之　仏本は「之帝本無」と注記す。
29支　諸本「支」に作る。以下同じ。『続日本後紀』承和十四年七月辛未条、『日本三代実録』貞観六年八月十三日丁卯条などでは「張友信」に作る。
30真　観本・中本・静本・九本・書本は挿入符あり。
31蕚　観本・中本・静本・九本・書本は「萼」に作る。仏本は「唐補陀落寺開山」と注記す。
32胎　続本・仏本は「船」に作る。
33今　続本・仏本は「今」に作り、続本は（岑歟）と傍書し、仏本は「岑歟」と注記す。
34椌　書本・続本・仏本は「控」に作る。
35伊　書本は「伊」に作るも抹消し、「巨」と傍書す。
36拖　続本は「柁」、仏本は「柂」に作る。
37絃　仏本は「絃字難解。絃張或張通事之和名歟」と注記す。
38鳥　仏本は「島」に作る。
39問　書本は「問」に作るも抹消し、「間」と傍書す。続本・仏本は「間」に作る。

嶋、九月三日、従東北風飛帆、其疾如矢、四日三夜馳
渡之間、此月六日未時、順風忽止、逆浪打艫、即
収帆投洗[40]〔沈〕石、而氿[41]〔沈〕石不著海底、仍更續儲断[42]〔料〕綱
下之、綱長五十餘丈、纔及水底、此時、波濤甚高
如山、終夜不息[43]、船上之人、皆惶失度、異口同音
祈願佛神、但見親王、神色不動、暁旦之間、風氣
微扇、乃觀日暉、是如順風、乍嘉行矴挑[44]帆、随
風而走、七日午尅、遥見雲山、未尅、著大唐明州之
揚[45]扇山、申尅、到彼岩[46]（石）丹[47]奥泊、石丹奥、明州池[48]（地）名也、即落帆下
矴、見其涯上、有人数十許、喫酒皆脱被、坐倚子、乃
看[49]船之来著、皆驚起、各衫[50]群立涯邊、見張支〔友カ〕
信問由縁、支〔友カ〕信答[51]云、此日本國求法僧徒等、於是彼
群居者、皆感歎、差使存問、兼献送彼土梨柿[52]甘

40洗　続本・仏本は「沈」に作る。
41氿　続本・仏本は「沈」に作る。
42断　九本・仏本は「斨」、続本は「料」に作る。仏本は「斨帝本作断」と注記す。
43息　観本・中本・静本・書本はこの上に「甚」と記すも抹消す。
44挑　九本・書本は「桃」に作る。
45揚　九本は「楊」に作る。
46岩　続本・仏本は「山石」に作り、仏本は「山石帝本作岩」と注記す。
47丹　書本は「母」に作る。
48池　九本は「池」に作るも「地」に訂正す。書本は「池」に作るも抹消し、「地歟」と傍書す。仏本は「地」に作る。
49看　仏本は「看帝本無」と注記す。
50衫　仏本は「衫」に作る。
51答　仏本は「答帝本作告」と注記す。
52柿　書本は「梯」に作り、「柿」と傍書す。

蔗沙糖白蜜茗茶等数般[53]、親王問支〔友カ〕信云、此何等人、支〔友カ〕信申云、此塩[54]商人也、親王歎曰[55]、雖是商人、躰貌用[56]〔閑カ〕麗如此也、即謝答、贈以本國立[57]〔土カ〕物数種、爰彼商人等辞退不肯、以更遣友[58]志、于時彼商人等唯[59]受[60]雑物、謝還金銀[61]之類云、異國珎物遍命固厚、不見此明州望海鎮、登之遊宴、此歳、大唐感[62]〔咸〕通三年九月十三日、明州、差使司馬李閑[63]、點撿船上人物、奏聞京城、其年十二月、勅以付[64]〔符カ〕到云、湏[65]〔須〕収彼器、或早随故許者[66]〔著カ〕越州、五年、彼州觀察使鄗[67]〔鄭〕暉略更為實録、轉以言上、五月十一日、巡礼所々、求法従客[68]、蒙親王教云、近来歴問天師之質我疑者、就此州節度使孤陶許、入京之奏者、爰陶許奏、時被許入京苻、九月到来、十二月、親王、宗

53般　書本は「船」に作る。
54塩　九本は「慍」に作る。仏本は「鹽」に作り、「鹽帝本作福」と注記す。
55曰　仏本は「云」に作る。
56用　仏本は「用」に作り、「用帝本作閑」と注記す。
57立　中本・静本・書本は「立」に作り、「土歟」と傍書す。続本・仏本は「土」に作る。
58友　書本は「友」に作り、「支」と傍書す。
59唯　観本以外は「雖」に作る。
60受　続本は「取」に作る。
61銀　九本なし。
62感　続本は「咸」に作る。以下同じ。
63閑　書本は「用」に作る。
64以付　書本は「以付」に作り、（符カ）と傍書す。続本・仏本は「符」に作る。
65湏　続本・仏本は「須」に作る。
66者　諸本「者」に作り、続本は（着歟）と傍書し、仏本は「着歟」と注記す。
67鄗　続本・仏本は「鄭」に作る。佐伯有清氏は「鄭暉略」について、咸通三～四年（八六二～三）に越州観察使であった鄭裔綽の字とする。
68客　書本は「容」に作る。

叡和尚、智聡、安展、禪念、及興[69]房、任仲元、仕丁丈[70]部
秋丸等、駕江舩牽索、傍水入京、但賢真、恵蕚[71]、
忠全、并小師弓午[72]（手）拖[73]（柁）師水手等、此年四月、自明
州令歸夲國畢、然親[74]（王脱カ）渡淮至細[75]（泗カ）州普光[76]（王脱カ）寺、此
僧伽和尚入定寺也、緑拝[77]（縁汴）河凍、不得進御、仍蹔[78]
寄住件寺、多銭物供養和尚霊像衆僧、六年
二月中旬、得凍解駕江舩、汴[79]河者[80]（著カ）、買鞍馬自
陸入京、但宗叡和尚、依有宿[81]自汴州相列[82]、取河中苻[83]（府）
道向五臺山、同晦頭、親王至洛陽、掩留五日、尋師聴
讀、无[84]人教授、即出自定斯[85]、過天津福[86]（ママ）橋白馬寺
槽[87]（ママ）等、五月廿一日、到長安城、入自眷門、安下[88]西明寺、即
夲國留學圓載法師、奏聞親王入城之由、皇帝感
歎、仰請来阿闍梨、令決難疑、經六箇月、問難闍梨、

69興　観本・中本・静本は「与」に作るも抹消し、「興」と傍書す。
70丈　仏本は「丈一本作大」と注記す。
71蕚　観本・中本・静本・九本・書本は「萼」に作る。
72午　続本・仏本は「手」に作る。
73拖　九本・仏本は「柂」、続本は「柁」に作る。
74親　仏本は「親下一本有王字」と注記す。
75細　続本は「細」に作り、(泗歟)と傍書す。
76光寺　続本は(王脱歟)と傍書す。
77緑拝　続本・仏本は「緑汴」に作る。
78蹔　九本は「蹔足」に作るも抹消し、「蹔」と傍書す。
79汴河　九本は「汴」を「汙」に作る。以下同じ。仏本は「河汴」に作る。
80者買　観本・中本・静本・九本・書本は「者曼」、続本・仏本は「者日買」に作る。続本は(有脱字歟)と傍書し、仏本は「者恐著字」と注記す。
81宿　東京大学史料編纂所所蔵『入唐五家伝　全』(彰考館文庫所蔵本を謄写)は(願脱ヵ)と傍書す。
82列　続本・仏本は「別」に作る。
83苻　仏本は「府」に作る。
84无　九本は「元」、仏本は「無」に作る。
85定斯　杉本直治郎・佐伯有清両氏は「定鼎」の誤記とす。
86福　佐伯有清氏は(ママ)と傍書す。
87槽　続本・仏本は(ママ)と傍書す。
88下　続本・仏本は「于」に作る。
89伺　続本・仏本は「同」に作り、仏本は「同帝本作伺」と注記す。
90且　仏本は「其」に作る。
91読　観本・中本・静本・九本・書本は「読」、仏本は「訖」に作るも、『大漢和辞典』にみえず。続本は「詵」に作る。仏本

不能撃蒙、伺[89]更令圓載奏可渡西天竺、且[90]事
勅許、官苻施行、廣州亦訖[91]、興房、此年十月九日、
於長安承仰事、獨身[92]却廻淮南、請取處々寄
附功徳雑物、或有不早還者、或有[93]詐相争者、由
斯通状掲府[94]、被許令糺之間、宗叡和尚、(咸)感通六年、
自長安歸来云、件雑物早請取、可向尚[95]廣州者、
興房此論淂[96]〔得〕雑物、欲忝[97]起廣州之間、任仲元将教
書来之、令待[98]興房、不遠進発有期、不可稽留、
仍[99]正月廿七日、率安展、圓覺、秋丸等、向西已了[100]、湏[101]〔須〕
停起[102]来、早駕李延孝舶〔帰脱カ〕卆[103]國者、因宗叡和尚、
興房等、同年六月、延[104]孝舶自大唐福州得順
風、五日四夜著(嘉脱カ)値嶋[105]、但智聡[106]法師、尚徃[107]大唐不来、
仍略記如件、記註申伊勢興房[108]之[109]、八十二千州内縣員三千三百七十二、國内市員在[110]十二、加長安士寸[111]〔寺カ〕

は「訖帝本作訖」と注記す。
92 身　仏本は「自」に作る。
93 有　九本なし。
94 府　九本なし。
95 尚　続本は「衍歟」と傍書し、仏本は「尚恐衍」と注記す。
96 淂　九本・続本・仏本は『得」に作る。
97 忝起　続本・仏本は「参赴」に作り、仏本は「参赴帝本作忝起」と注記す。
98 待　仏本は「侍」に作り、「侍帝本作待」と注記す。
99 仍　続本・仏本は「乃」に作り、仏本は「乃帝本作仍」と注記す。
100 已了　仏本は「已了帝本作也之」と注記す。
101 湏　書本・続本・仏本は「須」に作る。
102 起　続本は(赴歟)と傍書し、仏本は「赴歟」と注記す。
103 卆　続本は(歸脱歟)と傍書し、仏本は「本上脱歸字歟」と注記す。
104 延　続本はこの上に(有脱字歟)と傍書し、仏本は「延上恐脱駕字」と注記す。
105 値嶋　中本・静本は挿入符を付し「嘉歟」と傍書す。九本・続本・仏本は「値嘉嶋」に作る。書本は「値嶋」に作り、この上に挿入符を付して「遠歟」、「値嶋」の間にも挿入符を付して「嘉歟」と傍書す。
106 聡　中本・静本・九本・書本・続本は「聴」、仏本は「聰」に作る。
107 徃　続本・仏本は「往」に作る。仏本は「住歟」と注記す。
108 房　九本なし。
109 之　続本・仏本は「云」に作り、仏本は「云帝本作之」と注記す。
110 在　書本は「右」に作る。
111 士寸　中本・静本・書本は『士寸」、九本・続本・仏本は「寺」に作る。

員四十万八千七十二、塔寺廿[112]万千二、長安市内八十[113]六町、印内尼市
人[114]貞〔員〕二千九百六十八人、印[115]司長官四位、次官五位、録事七位、吏[116]生八位、
使部八十人、陽州出舉正税三千七百万束、明州出舉正税二百万束、
東越州陽州城去三千二百里、越州城去一千三百里、明州城去一千八百里、
雑三千百八里、渤海州城去四千里、百済州城去二千九[117]百里、大唐國相
従他國一千八百里（國カ）、中有皇國一千八國、无[118]皇國八百六十國、之中有職
國九百國、異國百六十國[119]、之中陸道六百六十八國、海道一千
二百國也、陽州一年稲二度殖苅、蠶養四度、絁[120]綿泰多无[121]比之、

在唐好真牒、好真伏聞、教興天竺、傳授支那、摩驣[122]
入漢、乗白馬以駄經、僧會呉[123]（来歟）、舍利以主乗、降續来
三蔵、不名言、聖典聿興、遐迩遍布、且好真伏[124]〔状〕困[125]（ママ）、頃[126]
年随師良大徳過[127]（適歟）獲届大唐、不幸和尚、在唐遷化、
好真因修駐留濫[128]（ママ）陪講、々[129]稚[130]〔雖〕以聴採、未苦深和、今伏
見上都崇聖寺長講經律弘舉大徳、志在傳燈、
偏[131]灑法雨、虔誠三[132]請[133]、願赴卆國之宗源、闡一乗

112 廿　中本・静本・書本は「女」に作り、書本は抹消して「廿」と傍書す。
113 十　仏本は「十帝本作千」と注記す。
114 貞　観本・中本は「貞」に作り、中本は「員ヵ」と傍書す。静本・九本・書本・続本・仏本は「員」に作る。
115 印　九本は「予」に作る。
116 吏　続本・仏本は「使」に作り、仏本は「使帝本作吏」と注記す。
117 九　仏本は「九帝本作五」と注記す。
118 无　仏本は「無」に作る。
119 國　仏本なし。
120 絁　続本・仏本は「施」に作り、仏本は「施帝本作絁」と注記す。
121 无　仏本は「無」に作る。
122 驣　観本・中本・静本・続本・仏本・日本は「騰」に作り、観本・中本・静本は抹消して「驣」と傍書す。
123 會呉　続本・仏本・日本は「會來呉」に作り、仏は「來帝本無。但傍有來歟二字」と注記す。
124 伏　観本以外は「状」に作る。
125 困　続本・仏本・日本は（ママ）と傍書す。
126 頃　九本は「頃」に作る。
127 過　観本・中本・静本・九本は「過」に作り、「適歟」と傍書す。観本は抹消符あり。続本・仏本・日本は「適」に作る。
128 濫　続本・仏本・日本なし。
129 々　観本・中本・静本は挿入符あり。
130 稚　続本・仏本・日本は「雖」に作り、仏本は「雖帝本作稚」と注記す。
131 偏　仏本は「徧」に作る。
132 三　観本・中本・静本は「之」に作るも抹消し、「三」と傍書す。
133 請　観本・中本・静本は「諸」に作り、「請」と傍書す。観本

之法相、伏蒙開慈悲之路、啓[134]提誘之方、免[135]許
降臨、親飛杖[136]錫、将数百巻之真語、官舩以解纜、
庶福龍圖、社稷祥耀遍霑雨、謹具事由申報、
伏乞柏公仁恩、特賜奏、牒件[137]状如前、謹牒、
　唐景福二年潤[138]五月十五日、在唐僧好真牒、

太政官苻、大宰府
　應給衣粮[139]大〔徳脱カ〕弘擧事
右[140]淂〔得〕在唐僧好真畿[141]牒偁、上都崇聖寺[142]長講
經律弘擧大徳、志在傳燈、偏灑法雨、虔誠三請、
願起[143]卆國、慈悲允[144]許、蔵錫解纜、謹具事由
申報、伏乞[145]仁恩、特賜奏、中納言兼右近衛大将
従三位行春宮大夫藤原朝臣時平宣、奉勅、如
好真弘擧大徳望、[146]湏〔須〕加勞来、以慰旅情者、府

は抹消符あり。
134 啓　観本・中本・静本は「破」に作るも抹消し、「砇」と傍書す。九本は「破」、続本は「砇」、仏本は「啓」に作る。
135 免　続本・仏本・日本は「允」に作る。仏本は「允帝本作免」と注記す。
136 杖　九本は「枝」に作る。
137 件　日本なし。仏本は「件帝本無」と注記す。
138 潤　仏本は「閏」に作る。
139 大弘擧　続本は〔弘擧大徳歟〕、日本は〔徳脱カ〕と傍書し、仏本は「大下恐脱徳字」と注記す。
140 淂　続本・仏本・日本は「得」に作る。
141 畿　続本・仏本・日本なし。仏本は一字空け、「真下帝本有畿字」と注記す。
142 寺　観本・中本・静本は「者」に作るも抹消し、「寺」と傍書す。
143 起　続本・仏本・日本は「赴」に作る。
144 允　仏本は「允帝本作免」と注記す。
145 乞　九本は「气」に作る。
146 湏　続本・仏本・日本は「須」に作る。

宜承知、量給生物、兼賜時觸事傍、苻到奉行、

寛[147]平五年八月十六日、正[148]七位下守右大夫[149]〔史〕兼春宮太屬生忌寸

従[150]上五位守右中弁

太政官苻、大宰苻[151]〔府〕

應[152]大唐商人周汾等六十人事

右淂[153]〔得〕七月廿三日解偁、件唐人、今月八日駕大舶来著、浮[154]（ママ）復有為合、監文室時實等発遣、爰時實牒偁、以廿一日於博多津、件唐舩、便風飛帆、到著此津者、即合進覧物帳、且差[155]（ママ）脚中雜物、子細勘録、追申上者、右大将中納言宣、奉　勅、宜准量供給者、府宜承知、依　宣行人[156]〔之カ〕、苻到奉行、

147 寛平五年～右中弁　年月日・位階・官職・人名の順に異同あり。観本・中本・静本・九本「寛平五年八月十六日正七位下守右大史兼春宮太属生忌寸／従上五位守右中弁」続本「従五位上守右中辨　正七位下守右大史兼春宮太属生忌寸／寛平五年八月十六日」仏本「従五位上守右中辨／正七位下守右大史兼春宮太属生忌寸／寛平五年八月十六日」日本「寛平五年八月十六日　従五位上守右中辨／正七位下守右大史兼春宮太属生忌寸」

148 正七位下　『御産部類記』寛平五年四月二日条には「右大史従六位下壬生忌寸望材為大属」とある。

149 夫　観本は「夫」、他は「史」に作る。

150 上五位　続本・仏本・日本は「五位上」に作る。

151 苻　続本・仏本は「府」に作る。

152 應　仏本は「應下恐脱給字」と注記す。

153 淂　続本・仏本は「得」に作る。

154 浮　続本・仏本は（ママ）と傍書す。

155 差　仏本は（ママ）と傍書す。

156 人　続本・仏本は「之」に作る。

延文二年丁酉四月廿二日、於東寺西院
僧房、以随心院御夲書寫了[157]、文字
誤多、遂可削直之、　大法師賢寶生廿五[158]
同廿六日、校合了、

157 了　九本なし。
158 生廿五　九本・続本・仏本なし。

【備考】

（1）観本には73行目（「夲國留學圓載法師…」）に裏書あり。
裏書　留學宣旨者可住唐土也／請益宣旨者可歸朝也

（2）書本は92行目（「在唐好真牒…」）以降を記さず。丁を改めて「右入唐五家傳東寺観智院所藏延文古夲也／文政二年丁巳潤月令門人中山信名就夲院写／之了　撿挍保己一」と奥書を記す。

五　霊巌寺和尚伝

霊巖寺和尚傳

傳燈大法師位圓行、左京一条人也、歳十一以元興寺歳榮律師師事、十六歳依華嚴宗年分得度、十七才[1]受有部具足戒、年[2]廿五就[3]高野贈僧正、受學両部大法、又随杲隣（弘法弟子）[4]法師入灌頂壇、承和五年（仁明天皇）、承入唐請益　勅命渡海、初到唐礼賓院、是大唐開成三年也、同[5]十二月、得到長安城、四[6]年正月十三日、依　勅青龍寺上座内供奉講論大徳沙門圓境等、迎入和尚、彼[7]寺灌頂座主内供奉義真阿闍梨率廿餘衆、机上焼海岸香、立五十賢瓶、出門迎和尚、即誦讃打鐃令入寺、[8]即拝故恵果阿闍梨廟塔、以献本國信物等、同月十五日、保

1才　続本・仏本は「歳」に作る。
2年　観本・中本・静本は「及」に作るも抹消し、「年」と傍書す。九本は「年／及」に作る。
3就　観本・中本はこの上に「随𨀁」と記すも抹消す。静本はこの上に「随𨀁」と記し、「𨀁」のみ抹消す。仏本はこの上に「随」と記し、「随一本無」と注記す。
4弘法大師　九本は「随」に続けて本文に挿入す。
5同　観本・中本・静本は挿入符を付して傍書す。続本なし。
6四　観本・中本・静本・仏本はこの上に「同」と記すも、仏本以外は抹消す。
7彼　観本・中本・静本はこの上に「於」と記すも抹消す。
8寺即　観本・中本・静本は「觀」に作るも抹消し、「寺即」と傍書す。仏本は「即一本無」と注記す。

壽寺内供奉臨壇大徳沙門光弁等、論談教門問難、玄義莫不通[9]、集會大徳等感悦、具以奏聞、同日[10]、左衛[11]〔街〕功徳使仇驃騎、青龍寺上座圓境召之、仰曰、日本国傳燈大法師圓行、可為内供奉講論大徳、即賜冬法服并緑綾六十疋[12]及日供[13]物等、遂以座主大阿闍梨義真、為師承事、研習真言宗義、稟承三密幽致、決疑両部之大旨、開悟諸尊之密法、潤[14]正月三日、随和尚授傳法阿闍梨位[15]潅頂、又傳法[16]門道具仏舎利等[17]、同[18]月四日、帰礼賓院欲帰朝、相送惜別、礼儀不可具記、同十二月六日、帰来[19]夲朝、即承和六年也、同廿九日、所請来法門一百廿三部、佛舎利三千粒等、公家奉進之、件舎利、義真和尚并中天三蔵難陀霊山大徳等所授和尚也、入[20]唐求法次第、具如請来録[21]、文徳天皇[22]仁壽二年三月[23]六日寅尅遷化、春秋五十四、夏臈三

9 不　観本・中本・静本はこの下に「會」と記すも抹消す。仏本は「不下一本有會字」と注記す。
10 日　九本なし。
11 衛　仏本は「衛恐街誤」と注記す。
12 疋　仏本は「匹」に作る。
13 供　仏本は「供帝本作禩」と注記す。
14 潤　観本・中本・静本はこの上に「即」と記すも抹消す。仏本は「即閏」に作る。
15 位　九本は□(欠字)に作る。
16 法　九本は挿入符を付して傍書す。
17 等　観本・中本・静本はこの下に縦線あり。
18 同　観本・中本・静本はこの上に「舎利等」と記すも抹消す。
19 来　観本・中本・静本は挿入符を付して傍書す。
20 入　観本は「入」、他は「大」に作る。
21 録　続本・仏本はこの上に「目」と記し、仏本は「目帝本無」と注記す。
22 文徳天皇　九本なし。
23 月　続本は「日」に作る。

十八、

付法弟子

延寂、三澄法師、摂津國郡北山思恒寺建立之、泰澄、教日和尚、

貞隆十禅師云々、

或血脉云、付法弟子二人、教日、真頂云々、

或血脉云、蓮臺[24]寺寛空僧正、初受神[25]日律師、

又習圓行和尚云々、南忠大徳、初受圓行、後受慈覚、

或記云、仁明天皇御宇、承和五年戊午、霊巖寺圓行和上入唐之次、実恵真雅等八ケ[26]大徳、附種々國信方物、贈青龍寺恵果和尚影前[27]、遥申孫弟之礼、仍次年開成四年相當日夲承和六年己未、正月廿[28]二日計[29]、渡[30]書状并方物等、爰同年閏正月、圓行歸朝之時、青龍寺門徒義真等十人、又以大唐方物、贈遣日夲國実恵等八人之許、状云、五鈷鈴一、三鈷杵一、獨鈷杵一、已上三事、故大徳恵果先師受持道具、宛[31]棨[32]阿闍

24臺　九本は「憂」に作る。寺名は『日本紀略』天徳四年九月丙午条を参照。
25神　続本は「初」に作る。
26ケ　続本は「个」、仏本は「箇」に作る。
27影前　観本・中本・静本は「影在之中」に作るも抹消し、「影前」と傍書す。
28廿　続本は「十」に作る。
29計　仏本は「計帝本作許」と注記す。
30渡　仏本は「濟」に作る。
31宛　仏本は「充」に作る。
32棨　続本・仏本は「海」に作り、この上に「空」を補う。仏本は「空帝本無」と注記す。

梨影前供養、乃至列十六種物、実恵[33]阿闍梨、与[34]圓行阿[35]サリ[36]、
九人同受用分散、謹状上、
　開成四年閏正月三日、傳法阿闍梨義真等云々、
私云、高野山奥院、安[37]置道具、併[38]圓行和尚帰朝之
剋所持来也、是任義真等素意、令安置高祖影
前者也、和漢雖境隔、門徒芳契志令[39]〔今カ〕可[40]
貴々々[41]、

【備考】
　観本・中本・静本には奥書あり。
　　観本
　　　寛保四甲子歳孟春廿二日遂修補了
　　　　　　　　　　僧正賢賀行年六十一
　　中本
　右入唐五家傳東寺観智院所藏延文古本也
文政二年丁巳潤月令門人中山信名就本院写

33恵　九本なし。
34与　続本なし。仏本は「與經本無」と注記す。
35阿　続本なし。
36サリ　続本・仏本は「闍梨」に作る。
37安　観本は「安」、他は「又」に作る。
38併　仏本は「併上帝本有人字、併字恐徳字」と注記す。
39令　諸本「令」に作る。仏本は「令帝本作今」と注記す。
40可　観本・中本・静本はこの上に二字(判読不能)記すも抹消す。
41々　仏本は「云」に作る。

之了　　　　　　　　撿挍保己一

静本

右入唐五家傳東寺観智院所藏延文古本也
文政二年丁巳潤月令門人中山信名就本院写
之了　　　　　　　　撿挍保己一

文政十三年十月十一日以瞽者撿挍保己一本令書写了
内藤廣(花押)

『入唐五家伝』書き下し案

一　安祥寺恵運伝

安祥寺恵運伝

故少僧都法眼和尚の家伝を注進するの事。

和尚、諱は慧運、俗姓は安曇氏、山城州の人なり。延暦十七年〈歳次戊寅〉の生まれなり。年始めて十より出家の意あり。遂に東大寺の泰基大法師并せて薬師寺の中継律師に随ひ、始めて大乗経典并せて法相の法文等を学習す。弘仁六年〈歳次乙未〉生年十八にして、得度して具足戒を受く。和尚進具の後、唯識无境の道に於いて、日夕剋念し、至極に入らむと欲す。その中間、秘法阿闍梨実恵少僧都勧奨して云はく、「夫れ法相大乗は教へ広く理深しと雖も、三大を超えず。得果すること尤も難し。不断種習、証理安在、徒然に馳騖すること多く、却って破臆し困躬す。唯三乗の外は神通乗の者あり。是れ三蔵の外は持明蔵なり。一たびこれを念ずれば、便ち三祇を経ずして九重の妄執忽ち清く、一たびこれを観れば、即ち磐石を掃はずして三重の曼荼頓に得。所謂即身成仏の秘術の者なり」と。和尚、阿闍梨の教誡に依りてその宗を鑽仰し、一紀の年覚えずして至る。忽然として勅あり、検校して一切経を坂東に写す。四箇年を歴て功畢はりて奉進す。天長十年、重ねて勅あり、鎮西府観音寺講師、兼筑前国講師を拝せられ、以て九国二島の僧統となり、特に大蔵経を写す事を勾当す。和尚固辞するも、許されず。強ひて任所に赴く。但翅に寸陰を競ひて顕らかに心仏の曼荼を得、寧楽に半紀を経て切りに首領の浮事となる。儻大唐商客李処人らの化来に値り、和尚他に就かむと要望すらく、「公の帰船に乗りて入唐し、薦福・興善の曼荼羅道場を巡礼し、青龍寺の義真和尚に見ゆるを得、秘宗を請益し、兼ねて南岳・五臺の聖迹を看む」と。船主許諾して云はく、「東西に命を任せて、駈馳随力す」

と。遂に則ち承和九年、即ち大唐の会昌二年〈歳次壬戌〉夏五月端午の日、両箇の講師を脱躧し、即ち観音寺を出で去り、大宰府博太の津頭に在りて始めて船に上る。肥前国松浦郡遠値嘉島那留浦に到りて、船主李処人ら唐来の旧船を棄つ。便ち島裏の楠木を採りて更に新織の船舶を作る。三箇月日、その功已に訖はんぬ。秋八月廿四日の午後、帆を上げ大陽海を過ぎて入唐す。〈正東の風を得ること六箇日夜、大唐温州楽城県玉留鎮府の前頭に流れ着く。〉五箇年を経て巡礼求学し、承和十四年、即ち大唐の大中二年〈歳次丁卯〉夏六月廿一日、唐人張友信・元静らの船に乗りて、明州の望海鎮頭より帆を上ぐ。〈西南の風を得ること三箇日夜、纔かに遠値嘉島那留浦に帰着す。纔かに浦口に入るに、風即ち止む。船を挙げ歎じて云はく、「奇快、奇快」と。〉旋りて本朝に帰る。その取り来たる儀軌・経論、仏菩薩・祖師像・曼荼羅の道具等。〈具に目録の如し。〉嘉祥元年〈歳次戊辰〉秋八月、前摂津国少掾上毛野朝臣松雄の山地を得て、五条太皇大后宮并せて四恩の奉為に、始めて安祥上下両寺を建立す。安置する所の界会仏像・一切経論并せて堂塔房舎等。〈員繁に依りてこれを記さず。〉仁寿元年〈歳次辛未〉春三月、五条太皇大后宮始めて七僧を置き、以て持念薫修す。同二年、穎稲一千斤、以て常灯分となす。即ち官符を下し、これを山城国に付す。斉衡元年〈歳次甲戌〉、勅ありて権律師位を賜ひ、二年言上して、件の寺に官額を編付し、三年、寺の四辺の山を施す。貞観元年〈歳次己卯〉夏四月上啓し、毎年僧を度し、以て恒に諸宗の法輪を転ぜしむるを請ふ。殿下允許す。遂に勝願を発して堂宇を建立し、尊像を図写して経論を繕写す。始めて三人の年分を度す。身は高峯に籠りて、山門を出でず。昼夜无間に妙法論を転じ、安居経を講ず。進んで維摩・最勝両会の立義、三会の聴衆等の人を出だす。是くの如き等の事は例格によるなり。毎年秋九月中の三箇日夜、昼は経疏等を講演し、夜は五十二位の賢聖尊方を称礼す。論義問答、三会の事に違はず。此の寺に修し、儀式は大唐に移す。同六年〈歳次甲申〉、勅ありて少僧都の号を授かる。同十一年〈歳次己巳〉秋九月廿三日遷す。〈生年七十二、夏臈五十二。〉所生の弟子は二百卌五人、受法の弟子は五十六人。爾より以降、師々相伝す。

門徒一味、仏法を興隆し、国家を誓護すること、今に止まず。
右件の家伝、注顕して進上すること件の如し。
延喜元年十一月廿七日　都維那師伝燈住位僧
寺主伝燈大法師　上座々々々々
検校々々々々　検校々々々々
右、安祥寺資財帳と比校し、不審の字はこれを直し了(を)はんぬ。賢宝これを記す。

二　禅林寺僧正伝

禅林寺僧正伝〈宗叡〉 勧修寺長者補任に云はく、「真紹の甥」と云々。
元慶八年三月廿六日〈丁亥〉、霜殞(ふ)る。僧正法印大和尚位宗叡卒す。宗叡俗姓は池上氏、左京の人なり。幼くして遊学し、音律を受習す。年甫(はじ)めて十四にして、出家入道す。内供十禅師載鎮に従ひて、経論を承受す。叡山に登り棲みて、復(また)還る情无(な)し。天長八年、具足戒を受け、広岡寺の義演法師に就きて、法相の宗義を稟学し、数年の後、叡山に帰り、心を廻らし大に向かひて菩薩戒を受け、天台宗の大義を諳究す。時に叡山の主神、口を人に仮りて、告げて曰はく、「汝の苦行、吾将に擁護せむとす。遠行すれば則ち双烏相随ひ、暗夜には則ち行火相照らさむ。此れを以て徴験となすべし」と。厥(そ)の後、宗叡越前国の白山に到る。双烏飛び随ひて、先後に在り、夜中には火ありて、自然に路を照らす。見る者これを奇とす。久しくして東寺に移住し、少僧都実恵に就きて、金剛界大法を受学し、少僧都真紹を詣でて、阿闍梨位灌頂を受け、内蔵寮より料物を給ふ。清和太上天皇儲弐(ちょじ)の初め、選ばれ入りて東宮に侍る。貞観四年、高岳親王西唐に入る。宗叡請ひ従ひて海を渡り、初め汴州の阿闍梨玄慶に遇ひ、灌頂を受けて、金剛界法を習ひ、五臺山に登攀して、聖跡を巡礼す。即ち西臺の維摩談ずる石の上に於いて、五色の雲を見、東臺の那羅延の窟の側に於いて、聖灯及び吉祥鳥を見、聖鐘を聞く。尋いで天台山に至り、次いで大花厳寺に於いて千僧に供養す。即ち是れ本朝の御願なり。青龍寺に至り、阿闍梨法全に随ひて、重ねて灌頂を受け、胎蔵界法を学びてその殊旨を尽くす。阿闍梨、金剛杵并せて儀軌・法門等を以て、宗叡に付し、用て印信に充つ。更に慈恩寺の造玄、興善寺の智恵輪らの阿闍梨を尋ね、秘奥を承けて幽賾を詢求す。廻りて洛陽に至り、便ち聖善寺の善无畏三蔵の旧院に入る。その門徒は三蔵の所持する金剛杵并せて経論・梵夾・諸尊・儀軌等を以てこれを授く。八年、明州の望海鎮に到り、適弟子延孝の、遙かに扶桑を指して将に一葉を泛べむとするに遇ひ、宗叡舟を同じくして順風に纜を解き、三日夜の間に本朝に帰着す。主上大いに悦び、遇するに殊礼を以てす。当時の法俗、皆和尚の金剛界法、胎蔵密教を伝へむことを望む。和尚東寺に於いてこれを授く。学びて後に数懐を傾けて説く。十一年春《正月廿七日》、権律師となり、十六年冬《十二月廿九日》、権少僧都に転ず。天皇に金剛界大毘盧遮那三摩地法・観自在菩薩秘密真言法を授け奉り、また国家の奉為に胎蔵金剛両部の大曼荼羅を造り、宮中修法院に安置して持念す。十九年、天皇清和院に遷御して、位を皇太子に禅り、仏道に帰念して、深く苦空を悟る。宗叡勅を太上天皇に奉り、華厳・涅槃等の大乗経を聴学せしむ。元慶三年夏四月、太上天皇円覚寺に遷御して、則ち落飾入道し、灌頂の法壇を設けて、仏性三摩耶密乗戒を受け、衣服・臥具・珍宝・車乗を以て、宗叡に儭施す。是に於いて東寺・東大・延暦等の諸寺に分捨して、一物も己に入れず。是の年の冬《十月廿三日》、僧正位に至る。太上天皇山城・大和・摂津等の国の名山・仏寺を巡覧す。宗叡旋り奉りて引導し、丹波国の水尾山に到り、以て終焉の地となす。和尚は性沈重にして、言談を好まず、斎に当たりては口に濃淡を言はず、未だ嘗て寝に衣裳を脱がず、念珠手を離れず。年七十六にして、禅林寺に終はると云々。

三　小栗栖律師伝

小栗栖律師伝〈并せて太元阿闍梨次第〉

続日本後記(ママ)第五に云はく、「丙申、《承和三年閏五月なり。》唐留学元興寺僧伝燈住位常暁に満位を授く」と。第八に云はく、「是の日、《承和六年九月辛丑なり。朔は己卯なり。》大宰府をして大唐より奉請せし所の大元帥画像を進上せしむ」と云々。第九に云はく、「丁未、《承和七年六月なり。朔は乙巳なり。》入唐請益僧伝燈大法師位常暁言すらく、『山城国宇治郡法琳寺、地勢閑燥にして、大法を修するに足る。望み請ふらくは、今般大唐より奉請せし大元帥霊像の秘法、此の処に安置し、修法院として、国家を保護するも、講読師の摂に関はらず』と。これを許す」と云々。

入唐根本大師記〈小栗栖寺〉

承和三年〈丙辰〉五月を以て、入唐の命を銜み、その年漂廻す。四年渡海を果たさず。五年〈戊午〉六月進発す。同八月岸に到り、淮南大都督府広陵館に住す。同年十二月、栖霊寺の大悲持念院に移住し、始めて文璨和尚に随ひて、金剛界并せて大道法を受く。同六年正月四日、二百の僧の斎を設け四衆に供す。同年二月十九日、灌頂位を受け、同廿一日、勅に准じて本朝に赴く。同九月二日上表す。同七年〈庚申〉より、小栗栖寺に居住す。同年六月三日を以て、小栗栖寺を以て修法院となすの由奏聞す。即ち裁下ありて、御願堂を建立し、尊像を安置す。別に詔旨を降され、太政官謹んで綸旨に依り、諸司に仰せて、始めて一百の利釼・一百の弓箭及び法壇の種々の道具を造らしむ。同七年より始めて嘉祥三年に至るまで、常寧殿に於いて此の法を修せらるること十一ヶ年。同十年《貞観六年二月十六日或記》を以て律師に任ぜらると云々。同十三年〈丙寅〉五月一日を以て、毎年正月、王宮裏に於いて、十五僧を請ひて此の法を修す。その用途の物は、一事已上、真言院の例に准ずるの由奏聞す。未だ裁下あらず。天安の聖主即ち仁寿元年より年に至るまで并せて百年。同年〈辛未〉十二月廿九日、此の旨を以て奏聞するに、卅日を以て宣旨を降され、「請ふに依れ。已に新式に載せて、永く国典とせむ」と。同二年十一月三日を以て、天判を請ひ、伝法阿闍梨位を寵寿法師に授く。斉衡年中、田邑天皇薬師堂を以て御願と定め、七仏薬師仏像を安置せらる。太元大道持ち来りてより以来、朝を経ること今上に及るまで十五代、承和六年〈庚申〉より、長元々年〈戊辰〉に至るまで、并せて一百九十年。唯し当寺建立以後、丁巳年《斉明天皇三年か》より長元二年に至るまで合せて三百七十三年。件の寺は是れ後岡本天皇《天智天皇》の奉為に、鈴間公成建立する所なり。後岡本は人王第三十八代と云々。《第卅八代斉明天皇は大和国岡本宮に都し、第卅九代天智天皇は岡本に五ヶ年都するの後、近江国志賀郡大津宮に遷る。》神泉院に於いて、斉衡三年《春三月と云々。》修し奉らる。祈雨の為なり。中央の幡に向かひて白竜係り、修善の間去らず。仍りて寺迎へ奉り、外護山に移し奉り了はんぬ。即ち山名を改めて福徳龍王山と云ふと云々。

入唐根本大師常暁上綱〈持阿闍梨廿七年。始めて阿闍梨宣旨を申し成すは〉
承和七年〈丙辰〉。御忌日は貞観八年〈丙戌〉十一月卅日。付法次第の解状、寵寿〈十禅師〉大師入滅の後、廿二日を経て宣旨を蒙る。

第二阿闍梨寵寿〈持阿闍梨廿一年。宣旨を蒙るは〉
貞観八年〈丙戌〉十二月廿二日。御忌日は仁和二年〈丙午〉正月廿八日。次第申すは四人、賢石僧都、済僊律師、元如、命藤。寵寿入滅の後、一年を経て宣旨を蒙る。

第三阿闍梨元如〈持阿闍梨十二年。宣旨を蒙るは〉

仁和三年〈丁未〉正月五日。御忌日は寛平九年〈丁巳〉九月廿三日。元如入滅の後、廿一日を経て宣旨を蒙る。

第四阿闍梨命藤十禅師〈持阿闍梨十四年。宣旨を蒙るは〉

寛平九年十月十四日。年五十九臈三十八にして始めて任ず。次第申すは四人、舒隆、元忠、泰舜、泰幽。命藤入滅の後、十五日を経て宣旨を蒙る。

第五阿闍梨舒隆〈持阿闍梨五年。持命廿四年。宣旨を蒙るは〉

延喜十年〈庚午〉十月五日。年五十一臈三十三にして始めて任ず。御忌日は承平四年〈甲午〉十二月廿三日。元忠に譲り附すは、延喜十五年〈乙亥〉九月廿三日。譲りを得る日、宣旨を蒙る。

第六阿闍梨元忠〈持阿闍梨六年。或本は十六年。宣旨を蒙るは〉

延喜十五年九月廿三日。年五十六臈卅五にして始めて任ず。御忌日は承平元年〈辛卯〉二月廿五日。但し舒隆の天命以前に入滅す。元忠入滅の後、卅五日を経て宣旨を蒙る。

第七阿闍梨泰舜上綱《或いは権律師》〈持阿闍梨十四年。持命十八年。宣旨を蒙るは〉

承平元年四月二日。年五十六臈三十四にして始めて任ず。御忌日は天暦三年〈己酉〉十一月三日。泰幽に譲り附すは、天慶七年〈甲辰〉七月十九日。次第申すは六人、泰幽、円照、行観〈不〉、如照〈不〉、観算〈不〉、誉好。

第八阿闍梨泰幽已講〈持阿闍梨三年。〉

天慶四年維摩会講師。宣旨を蒙るは天慶七年七月十九日。年七十臈五十にして始めて任ず。御忌日は天暦元年〈丁未〉二月廿八日。但し泰舜の天命以前に入滅す。泰幽入滅の後、二月余りを経て宣旨を蒙る。

第九阿闍梨円照上綱《或いは権律師》〈持阿闍梨廿七年。宣旨を蒙るは〉

天暦元年五月十九日。年五十一臈三十一にして始めて任ず。御忌日は天延二年〈甲戌〉三月廿六日。円照入滅の後、卌余日を経て宣旨を蒙る。
第十阿闍梨誉好十禅師〈持阿闍梨十五年。宣旨を蒙るは〉
天延二年五月十三日。年六十八臈四十七にして始めて任ず。御忌日は永祚元年〈己丑〉十二月廿五日。次第申すは七人、妙誉、賀仲、章助、仁聚、泉澍、法円、信源。誉好入滅の後、三ヶ日を経て宣旨を蒙る。
第十一阿闍梨妙誉〈持阿闍梨一年。或本は経四年。宣旨を蒙るは〉
永祚元年〈己丑〉十二月廿八日。年八十一臈卌五にして始めて任ず。御忌日は正暦元年〈庚寅〉四月十八日。妙誉入滅の後、十日を経て宣旨を蒙る。
第十二阿闍梨賀仲　持阿闍梨四年。宣旨を蒙るは
正暦元年四月廿八日。御忌日は長徳元年〈乙未〉正月八日。
第十三阿闍梨仁聚　持阿闍梨一年。宣旨を蒙るは
長徳元年八月《或本は二月》廿五日。御忌日は長徳元年十月廿四日。
第十四阿闍梨泉澍　持阿闍梨十年。宣旨を蒙るは
長徳元年十一月十日。年五十七臈三十八にして始めて任ず。泉澍入滅の後、三十四日を経て宣旨を蒙る。
第十五阿闍梨法円　持阿闍梨五年。宣旨を蒙るは
寛弘二年十月八日。年四十六臈卅二にして始めて任ず。御忌日は寛弘七年〈庚戌〉二月四日。法円入滅の後、十月を経て宣旨を蒙る。
第十六阿闍梨信源　持阿闍梨廿九年。宣旨を蒙るは
寛弘七年〈庚戌〉十二月廿七日。年四十五臈廿七にして始めて任ず。御忌日は長暦二年五月十五日。次第申すは三人、

進恩、源慶、禅快〈死去〉。源慶犯過あるに依りて逃亡す。信源入滅の後、八月を経て宣旨を蒙る。

第十七阿闍梨進恩　持阿闍梨八年。宣旨を蒙るは長暦二年〈戊寅〉十二月七日。年六十六臈五十一にして始めて任ず。御忌日は永承元年六月十一日。大賊に害せらる。

第十八阿闍梨尊覚　持阿闍梨十二年。進恩入滅の後、七月を経て宣旨を蒙る。永承元年十二月卅日。年七十臈五十二にして始めて任ず。御忌日は天喜五年五月十四日。

第十九阿闍梨信筭　持阿闍梨二年。宣旨を蒙るは、天喜五年十月十五日。康平二年十二月卅日追却す。

第廿阿闍梨真宗　持阿闍梨一年。宣旨を蒙るは、康平二年十二月卅日。同三年十二月廿九日追却す。

第廿一阿闍梨源慶　持阿闍梨十五年。宣旨を蒙るは、康平三年十二月廿九日。御忌日は承保二年五月八日。

第廿二阿闍梨宣経（慶イ）　持阿闍梨廿七年。宣旨を蒙るは、承保二年十二月卅日。御忌日は康和五年五月十四日。

第廿三阿闍梨定慶　持阿闍梨三年。宣旨を蒙るは、康和五年十二月廿九日。御忌日は長治二年四月四日。

第廿四阿闍梨宣覚　持阿闍梨一年。宣旨を蒙るは、嘉承元年。

第廿五阿闍梨良雅《小野範俊僧正の弟子／小野に住す》　持阿闍梨四年。宣旨を蒙るは、嘉承三年正月日任。
第廿六阿闍梨定覚《寛意僧都の弟子／仁和寺常林房阿闍梨》〈天永三年十二ー廿八ー任。持四年。〉
第廿七阿闍梨兼尊《仁和寺》〈永久四年任。持二年。〉
第廿八阿闍梨観恵《仁和寺寛助の弟子》〈仁和寺周防僧都、円楽寺別当。永久二年任。〉持八年。
第廿九阿闍梨林覚律師〈醍醐遍知院律師。醍醐義範僧都の弟子。〉持十一年。
第卅阿闍梨賢覚〈醍醐理性房法眼。醍醐勝覚僧正の弟子。〉持十三年。
第卅一阿闍梨真助《寛助の弟子》〈仁和寺常林房定覚アサリの弟子。山僧都。久安三年正月七日、補任了はんぬ。〉
第卅二阿闍梨覚耀〈仁和寺真助の弟子。已灌頂。〉

四　真如親王入唐略記

真如親王入唐略記
伝に云はく、「親王、命を覚路に帰し、形を沙門に混（まろか）して、東大寺に住す。機明敏楽にして、内外の真言秘教に渉り、幽玄に究竟（きうきやう）す。貞観四年、奏請して西唐に入らむことを擬る。適（たまたま）勅許を蒙り、乃ち一舶に乗りて唐に渡る」と。
高岳親王。〈平城天皇の太子、母は贈従三位伊勢継子、正四位下勲四等老人の女なり。〉
大同四年四月十四日、立ちて太子となる。弘仁元年九月十三日、太子を廃せられ、出家す。《清和》貞観四年、入唐す。
法名は真如。《陽成》元慶五年十月十三日、唐より遷化の由を申す。流沙に到り、羅越国に於いて亡（ほろ）ぶと云々。
頭陀親王入唐略記

貞観三年三月、親王入唐を許さる。六月十九日、池辺院より発して南行し、巨勢寺に御宿す。別当僧平海、徒衆を率ゐて将に迎へむとす。〈平海は、此れ親王の御弟子なり。〉親王甚だ卑下して、僧徒の迎候を要さず。此の寺に経暦すること廿日、時に七大寺の長宿の和尚、朝夕に鳩集す。七月十一日、巨勢寺より出でて、難波津を指す。名僧の数十人許り、遂に従ひて相送り、大和国葛上郡の旧国府に到る。爰に親王馬を駐めて、謝を僧徒に指して云はく、「此より応に却廻せらるべし」と。即ち僧徒馬を下りて拝別し、皆涙を垂れて云はく、「僧ら歯暮れに傾く。再展するは何れの日ならむ」と。親王答へて云はく、「彼れ此れ好在ならば、縁に随ひて相見えむ」と。その晩頭、難波津に到る。便ち大宰の貢綿帰船二隻を債り得。十三日、船に駕る。八月九日、大宰府鴻臚館に到著す。時に主船司香山弘貞、府に申す。即ち大弐藤原冬緒朝臣、筑前守藤原朝臣貞庭ら、随身・騎兵百余人を率ゐて到来し、頂拝して存問す。時に大唐の商人李延孝、在前より鴻臚北館に居す。大弐明旦府に帰る。貞庭朝臣を留めて云はく、「その間を求め、結番して逓ひに候はむ」と。親王、「我が望み此くの如きに非ず。今須く早く去るべし」といふ。九月五日、去きて壱伎島に向かふ。島司并せて講読師ら、亦来迎して囲繞す。親王弥此の事を厭ふ。此の事左右して、彼より渡りて小島に著く。〈此の小島の名、斑島と云ふと云々。〉是に於いて白水郎多く在り。仍りて細はしからず。更に肥前国松浦郡の柏島に移る。十月七日、唐通事張友信に仰せて、船一隻を造らしむ。四年五月、舶を造ること已に了はんぬ。時に鴻臚館に到る。七月中旬、宗叡和尚、賢真、恵蕚、忠全、安展、禅念、恵池、善寂、原懿、猷継、并せて船頭高丘真今ら、及び控者十五人、〈此れらは並びに伊勢氏の人なり。〉柁師・絃（ママ）、張友信、金文習、任仲元、〈三人は並びに唐人なり。〉建部福成、大鳥智丸、〈二人は並びに此の間の人なり。〉水手ら、僧俗合はせて六十人を率ゐ、舶に駕りて鴻臚館を離れ、遠値嘉島に赴く。八月十九日、遠値嘉島に著く。九月三日、東北の風によりて帆を飛ばす。その疾きこと矢の如し。四日三夜馳せ渡るの間、此の月の六日未の時、順風忽ち止み、逆浪艫を打つ。即ち帆を収めて沈石を投ず。而るに沈石海底に著かず。仍りて更に儲料の綱を続ぎてこれを下ろす。綱の長さは五十余丈、纔かに水底に及ぶ。此の時、波濤の甚だ高きこと山の如くにして、終夜息まず。舶上の人、皆惶れて度を失ふ。異口同音に仏神に祈願す。但し親王を見るに、神色動ぜず。暁旦の間、風気微かに扇ぐ。乃ち日暉を観るに、是れ順風の如し。嘉しながら碇を行げ帆を挑げ、風に随ひて走る。七日午の剋、遥かに雲山を見る。未の剋、大唐明州の揚扇山に著く。申の剋、彼の石丹奥の泊に到る。〈石丹奥は、明州の地名なり。〉即ち帆を落して碇を下ろす。その涯上を見るに、人の数十許りあり。酒を喫して皆被を脱ぎ、倚子に坐る。乃ち舶の来著するを看て、皆驚き起つ。各衫にして涯辺に群立し、張友信を見て由縁を問ふ。友信答へて云はく、「此れ日本国の求法僧徒らなり」と。是に於いて彼の群居する者、皆感歎す。使を差はして存問し、兼ねて彼の土の梨・柿・甘蔗・沙糖・白蜜・茗茶等を献送すること数般なり。親王、友信に問ひて云はく、「此は何らの人や」と。友信申して云はく、「此れ塩商人なり」と。親王、歎じて曰はく、「是れ商人と雖も、体貌閑麗此くの如し」と。即ち謝答して、贈るに本国の土物数種を以てす。爰に彼の商人ら辞退して肯ぜず。以て更に友志を遣はす。時に彼の商人ら唯雑物を受け、謝して金銀の類を還して云はく、「異国の珍物、遍命固厚にして、此の明州望海鎮に見えず。これを登せて遊宴せむ」と。此の歳、大唐の咸通三年九月十三日、明州、使司馬李閑を差はして、舶上の人物を点検せしめ、京城に奏聞す。その年の十二月、勅符到りて云はく、「須く彼の器を収め、或早く故に随ひ越州に著くを許すべし」と。五年、彼の州の観察使鄭〈暉略〉更に実録をなし、転じて以て言上す。五月十一日、所々を巡礼す。求法の従客、親王の教へを蒙るに云はく、「近来天師の我疑を質す者を歴問するは、此の州の節度使孤陶許に就きて、京に入るを奏せよ」てへり。爰に陶許奏し、時に入京を許さる符、九月到来す。十二月、親王、宗叡和尚、智聡、安展、禅念、及び興房、任仲元、仕丁丈部秋丸ら、江船に駕りて索を牽き、水に傍ひて入京す。但し賢真、恵蕚、忠全、并せて小師・弓手・柁師・水手ら、此の年の四月、明州より本国に帰らしめ畢はんぬ。然れば親王、淮を渡りて泗州普光王寺に至る。此れ僧伽和尚の入定の寺なり。汴河凍れるに縁りて、進御することを得ず。仍りて暫く件の寺に寄住し、多くの銭物を和尚の霊像・衆僧に供養す。六年二月中旬、凍解するを得て江船に駕り、汴河に著く。鞍馬を買ひて陸より入京す。但し宗叡和尚、宿(願)あるに依りて汴州より相列かれ、河中府の道を取りて五臺山に向かふ。同じく晦の頭、親王洛陽に至り、掩留すること五日、師を尋ねて聴読するも、人の教授するもの无し。即ち定斯(ママ)より出でて、天津福橋(ママ)・白馬寺槽(ママ)等を過ぎ、五月廿一日、長安城に到る。眷門より入りて、西明寺に安下せらる。即ち本国の留学円載法師、親王入城の由を奏聞す。皇帝感歎して、仰せて阿闍梨を請来し、難疑を決せしむ。六箇月を経て、難を闍梨に問ふも、蒙きを撃つこと能はず。伺ひて更に円載をして西天竺に渡るべきを奏せしむ。且つ事勅許せられ、官符施行し、広州亦読す。興房、此の年の十月九日、長安に於いて仰せ事を承り、独身淮南に却廻して、処々の寄附・功徳の雑物を請け取らむとするも、或いは早く還さざる者あり、或いは詐りて相争ふ者あり。斯に由りて状を通じて府に掲げ、詐りを糺さしめらるの間、宗叡和尚、咸通六年、長安より帰り来りて云はく、「件の雑物早く請け取り、尚広州に向かふべし」てへり。興房此に雑物を論じ得て、広州に添ひ起たむと欲するの間、任仲元教書を将ち来たり、「興房を待たしめども、遠からず進発の期あり、稽留すべからず。仍りて正月廿七日、安展、円覚、秋丸らを率ゐて、西に向かふこと已に了はんぬ。須く起ち来ることを停めて、早く李延孝の船に駕りて本国に帰るべし」てへり。因りて宗叡和尚、興房ら、同年六月、延孝の舶にて大唐福州より順風を得て、五日四夜にして値嘉島に著く。但し智聡法師、尚大唐に往きて来らず。仍りて略記すること件の如し。〈記註すらく伊勢興房申すに、「八十二千州内の県員は三千三百七十二。国内の市員は十二在り。加へて長安の寺員は四十万八千七十二。塔寺は廿万千二。長安の市内は八十六町。印内の尼市の人員は二千九百六十人。印司長官は四位、次官は五位、録事は七位、吏生は八位、使部は八十人。陽州の出挙・正税は三千七百万束。明州の出挙・正税は二百万束。東は越州・陽州城を去ること三千二百里。越州城を去ること一千三百里、明州城を去ること一千八百里、雑せて三千百八里。渤海州城を去ること四千里。百済州城を去ること二千九百里。大唐国に相従ふ他の国は一千八百国。中有皇国は一千八国。无皇国は八百六十国。この中有職国は九百国。異なる国は百六十国。この中陸道は六百六十八国。海道は一千二百国なり。陽州は一年に稲二度殖へ苅り、蚕養は四度。絁綿の泰だ多きこと、比ぶもの无し」と。〉

在唐の好真牒すらく、「好真伏して聞するに、教へは天竺に興り、支那に伝授す。摩騰漢に入り、白馬に乗りて駄経し、僧会呉に来り、舎利以て主乗とす。降りて続き来たる三蔵、名言さず。聖典事に興り、遐迩遍く布く。且つ好真状にいはく、『頃年師良大徳に随ひて適大唐に届るを獲。不幸にして和尚、唐に在りて遷化す。好真因りて修するに駐留し講に陪す。講以て聴採すと雖も、未だ苦深く和らがず。今伏して上都崇聖寺の長講経律弘挙大徳を見るに、志伝燈に在りて、偏に法雨を灑ぐ。虔誠して三たび請ひ、本国の宗源に赴きて、一乗の法相を闡かむことを願ふ。伏して蒙らまくに、慈悲の路を開き、提誘の方を啓かむことを』と。免許降臨す。親ら杖錫を飛ばし、数百巻の真語を将ちて、官船以て纜を解く。庶はくは竜図を福し、社稷祥耀して遍く雨に霑はむことを。謹んで事由を具に申報し、伏して柏公の仁恩を乞ひ、特に奏を賜らむ。牒する件の状前の如し。謹んで牒す」と。

唐景福二年潤五月十五日、在唐僧好真牒す。

太政官符す、大宰府

応に衣粮を大徳弘挙に給ふべきの事

右在唐の僧好真が牒を得るに偁はく、「上都崇聖寺の長講経律弘挙大徳、志伝燈に在りて、偏に法雨を灑ぐ。虔誠して三たび請ひ、本国に起たむことを願ふ。慈悲をかうむり允許せらる。錫を蔵めて纜を解く。謹んで事由を具に申報し、伏して仁恩を乞ひ、特に奏を賜らむ」と。中納言兼右近衛大将従三位行春宮大夫藤原朝臣時平宣すらく、「勅を奉ずるに、好真・弘挙大徳の望むが如く、須く労来を加へ、以て旅情を慰むべし」。てへれば、府宜しく承知して、量りて生物を給ひ、兼ねて時に触れて事傍を賜ふべし。符到らば奉行せよ。

寛平五年八月十六日、正七位下守右大史兼春宮太属生忌寸

従上五位守右中弁

太政官符す、大宰府

応に大唐商人周汾ら六十人の事

右七月廿三日の解を得るに偁はく、「件の唐人、今月八日大舶に駕りて来著す。復為合はすことありて、監文室時実ら発遣す。爰に時実の牒に偁はく、『廿一日を以て博多津に於いて、件の唐船、便風に帆を飛ばし、此の津に到著す』てへり。即ち物帳を進覧するに合はせ、且つ脚中の雑物、子細勘録し、追って申上す」てへり。右大将中納言宣すらく、「勅を奉ずるに、宜しく准量して供給すべし」。てへれば、府宜しく承知して、宣に依りてこれを行ふべし。符到らば奉行せよ。

延文二年〈丁酉〉四月廿二日、東寺西院僧房に於いて、随心院御本を以て書写し了はんぬ。文字誤り多く、遂に削りてこれを直すべし。　大法師賢宝〈生廿五〉

同廿六日、校合し了はんぬ。

五　霊巌寺和尚伝

霊巌寺和尚伝

伝燈大法師位円行は、左京一条の人なり。歳十一にして元興寺の歳栄律師を以て師事す。十六歳にして華厳宗年分により得度し、十七才にして有部具足戒を受く。年二十五にして高野贈僧正に就き、両部大法を受学す。また杲隣法師《弘法弟子》に随ひて灌頂壇に入る。《仁明天皇》承和五年、入唐請益の勅命を承りて渡海し、初め唐の礼賓院に到る。是れ大唐の開成三年なり。同十二月、長安城に到るを得。四年正月十三日、勅により青龍寺の上座内供奉講論大徳沙門円境ら、和尚を迎へ入る。彼の寺の灌頂座主内供奉義真阿闍梨廿余衆を率ゐ、机上に海岸香を焼き、五十賢瓶を立て、門を出でて和尚を迎ふ。即ち讃を誦へ鐃を打ちて寺に入れしむ。即ち故恵果阿闍梨の廟塔を拝し、以て本国の信物等を献ず。同月十五日、保寿寺の内供奉臨壇大徳沙門光弁ら、教門を論談して問難するに、玄義に通ぜざること莫し。集会の大徳ら感悦し、具に以て奏聞す。同日、左街功徳使仇驃騎、青龍寺の上座円境これを召す。仰せて曰はく、「日本国伝燈大法師円行を、内供奉講論大徳となすべし」と。即ち冬の法服并せて緑綾六十匹及び日供物等を賜ふ。遂に座主大阿闍梨義真を以て、師となして事を承る。真言の宗義を研習し、三密の幽致を稟承す。両部の大旨を決疑し、諸尊の密法を開悟す。閏正月三日、和尚に随ひて伝法阿闍梨位の灌頂を授く。また法門道具・仏舎利等を伝ふ。同月四日、礼賓院に帰して帰朝せむと欲す。相送りて別れを惜しむ。礼儀は具に記すべからず。同十二月六日、本朝に帰来す。即ち承和六年なり。同廿九日、請来する所の法門一百二十三部、仏舎利三千粒等、公家にこれを奉進す。件の舎利は、義真和尚并せて中天三蔵難陀・霊山大徳ら和尚に授くる所なり。入唐求法の次第、具に請来録の如し。《文徳天皇》仁寿二年三月六日寅の剋遷化す。春秋五十四、夏臈三十八。

付法の弟子

延最、三澄法師、〈摂津国郡北山に思恒寺を建立す。〉泰澄、教日和尚、貞隆十禅師と云々。

或血脈に云はく、「付法の弟子二人。教日、真頂」と云々。

或血脈に云はく、「蓮台寺寛空僧正、初め神日律師に受け、また円行和尚に習ふ」と云々。南忠大徳、初め円行に受け、後に慈覚に受く。

或記に云はく、「仁明天皇の御宇、承和五年〈戊午〉、霊巌寺の円行和上入唐の次いで、実恵・真雅ら八ケ大徳、種々の国信方物を附し、青龍寺の恵果和尚の影前に贈り、遥かに孫弟の礼を申す。仍ち次年開成四年〈日本の承和六年己未に相当す。〉正月二十二日計り、書状并せて方物等を渡す」と。爰に同年閏正月、円行帰朝の時、青龍寺の門徒義真ら十人、また大唐の方物を以て、日本国実恵ら八人の許に贈遣す。状に云はく、「五鈷鈴一、三鈷杵一、独鈷杵一。已上の三事は、故大徳恵果先師受持の道具にして、海阿闍梨の影前供養に宛てむ」と。〈乃至は十六種物に列す。〉実恵阿闍梨と円行阿サリと、九人に同じく受用分散す。謹んで状を上る。

開成四年閏正月三日、伝法阿闍梨義真ら云々。

私に云はく、「高野山奥院、道具を安置す。併びに円行和尚帰朝の剋に持ち来たる所なり。是れ義真らの素意に任せて、高祖の影前に安置せしむ者なり。和漢境隔つと雖も、門徒芳契の志、今貴ぶべし。貴ぶべし」と。

宮内庁書陵部所蔵

『入唐五家伝』写真版

右本朝神仙傳抜萃一巻以醍醐水本報恩院本寫之
延寶九年辛酉冬十月

入唐五家傳

未知誰人集

惠運　宗叡　常曉
眞如親王　圓行　賢宝

安祥寺恵運傳

注進故少僧都法眼和尚家傳事

和尚諱慧運俗姓安曇氏山城州人也延暦十七年（歳次戊寅）生也年始自十有出家之意遂随東大寺泰基大法師并薬師寺中継律師始学習大乗經典并法相法文等　弘仁六年（歳次乙未）生年十八得度受具足戒和尚進具之後於唯識无境之道日夕尅念欲入至極其中同秘法阿闍梨實

惠少僧都勸修云丈弦相大乘雖教廣理深而不超
三大得果尤難不斷種習證理安住徒然馳騖多
劫破膽因躬唯有三乘之外神通乘者是三藏
之外持明藏也一念之頃不經三祇而九重妄執
清一觀之即不掃盤石三重曼荼頓得所謂即
身成佛之秘術者也和尚依阿闍梨教誡鑽仰
其宗一紀之年不覺而至忽然右 天長十年 勅撿校寫一切經
於坂東閏曆四年施功畢奉進重右 勅被拜鎮

西府觀音寺講師兼統前國講師以為九國二
嶋之僧祇持為當傳大藏經之事和尚固辭
不許強赴任所但翹競才隆而顯得心佛之勇
蒂密經樂悟半紀而叨為首領之浮事僅值大
唐高客李處人等化來和尚就他要望乘帰
邪入唐巡礼靈積興善曼荼羅道場得見青龍
寺義真和尚請益於秘宗兼習南岳天臺之聖
迹彤王許諾云東西任命驅馳隨力遂則東和

浦

九年即大唐會昌二年歳次壬戌夏五月端午日脱
躧両箇講師即出去観音寺在太宰府博大津
頭始上船到於肥前國松浦郡遠值嘉島那留
浦而船主李處人等弃唐来舊船便採嶋裏
楠木更新織作船舶三箇月日其功已訖秋八月
廿四日午後上帆過大陽海入唐 得正東風六箇日夜著大唐温州
樂城縣玉留鎮府前頭 經五箇年巡礼求学承和十四年
即大唐大中二年歳次丁卯夏六月廿一日乗唐張友信
元淨等之船従明州望海鎮頭上帆 得西南風三箇日夜纔帰著遠值嘉嶋那留浦纔入
浦諷郎已舉船難云寄快之 旋帰本朝其取来儀軌
經論并祖師佛像曼荼羅道具等 負如日録 嘉祥元
年歳次戊辰秋八月得前攝津國少椽上毛野朝臣
松雄之山地奉為五條太皇太后宮并四恩始
建立安祥上下両寺所安置之衆會佛像一
切經論并堂塔房舎等 負依繁不記之 仁壽元年歳次
辛未春三月五条太皇太后宮始置七僧以持念

薫修同二年顛稲一千斤以為常燈分即下官
符付々山城國斉衡元年（歳次甲戌）有　勅賜權律
師位二年言上論付件寺官額三年施入旧邊山（寺之四）
貞觀元年（歳次己卯）夏四月上啓請毎年度僧以
令恒轉諸宗法將殿下免（允）許遂發勝願建立靈
宇圖寫尊像繕寫經論始度三人年分身籠高
峯不出山門晝夜无間轉妙法論講安居經進
出維摩最勝兩會立義三會聽衆等人如是等
事自例格也毎年秋九月中三箇日夜晝講演
經疏等夜稱礼五十二位賢聖尊方論義問答不
違三會事將於件寺儀式移大唐　同六年（歳次甲申）
有　勅授小僧都号　同十一年（歳次己巳）秋九月廿三日遷
生年七十二　夏臈五十三　所生弟子二百卅五人受法弟子五十六人
自介以降師々相傳門徒一味興隆仏法擁護國家
乎今不止
右件家傳注顯進上如件

延喜元年十一月廿七日　都維那師傳燈住位僧
寺主傳燈大法師　上座〃〃〃
檢校〃〃〃〃　檢校〃〃〃〃
右此校安祥寺資財帳不審字直之丿　見讀記之

禪林寺僧正傳　宗叡
勸修寺長吏補任云真紹之甥云〃

元慶八年二月廿六日丁亥殞霜僧正法印大和尚
位宗叡卒宗叡俗姓池上氏左京人也幼而遊學
受習音律年甫十四出家入道從内供十禪師載
鎮承受經論登棲叡山元復還情天長八年受
具足戒就廣岡寺義演法師稟學法相宗義數
年後歸叡山廻心向大受菩薩戒譜究天台宗大義
于時叡山主神假口於人告曰汝之昔行吾將擁
護遠行則雙烏相隨暗夜則行火相照以此可
行

為徴験厥後宗叡到越前国白山雙為随
在於先後夜中有火自然照路見者奇之久之
移住東寺就小僧都實恵受學金剛界大法
詣少僧都真紹受阿闍梨位灌頂自内蔵寮給
料物為清和太上天皇儲貳之初選入侍東宮
貞観四年高岳親王入於西唐宗叡請従渡海初
過汴州阿闍梨玄慶受灌頂習金剛界法登攀
五臺山巡礼聖跡即於西臺維摩詰石之上見五

色雲於東臺那羅延窟之側見聖燈及吉祥
鳥聞聖鐘尋至天台山次於大花厳寺供養千
僧即是本朝御願也至青龍寺随阿闍梨法全
重受灌頂學胎蔵并法盡其殊旨阿闍梨以金
剛杵并儀軌法門等付宗叡用充印信更尋慈
恩寺造玄興善寺智慧輪等阿闍梨求秘奥詢求
継嶺迴至洛陽便入聖善寺善无畏三蔵舊院
其門徒以三蔵所持金剛杵并経論梵夾諸尊儀

訖等授之八年到明州望海鎮適遇弟子延孝
遂相扶乗將從一葦宗叡同舟風解纜（上吉）三日夜間
歸著本朝　主上大悦遇以殊礼當時緇侶皆望和
尚之傳金剛界法胎藏密教和尚於東寺授之
學徒數百懐而説十一年（正月廿七日）春為權律師十六年
（十二月廿九日）冬轉權少僧都奉授天皇金剛界大毗盧遮那
三摩地法觀自在菩薩秘密真言法又奏為　國家
造胎藏金剛兩部大曼荼羅安置宮中修法院持
念矣　十九年　天皇遷御清和院禅位於皇太子歸
念仏道深悟苦空宗叡奉勸（勅）　太上天皇令懐（聽）学華
嚴涅槃等大乘經　元慶三年夏四月太上天皇
遷御円学（覚）寺剃（則）落入（錯）道設灌頂法壇受佛性三昧
耶戒棄以衣服臥具珍寶車乘儭施於宗叡
於是分捨東寺東大延暦等諸寺一物不入己焉
是年（十月廿三日）冬至僧正位　太上天皇見延覽山城大和攝
津等國名山佛寺宗叡奉旋引導到丹波國水

尾山以爲終焉之地和尚性沉重不好言談常於齋
口不言灑淩未嘗寢脱衣裳念珠離手年七
十六終於禪林寺云云

小栗栖律師傳 并太元阿闍梨次第

續日本後記第五云
丙申（承和三年五月也）授唐留學元興寺僧傳燈住位常曉滿位
第八云是日（承和六年九月辛巳也朔己卯也）令大宰府進上自大唐所奉請大元師
畫像云云
第九云丁未（承和七年六月也朔乙巳傳）入唐請益僧傳燈大法師位常曉言山
城國宇治郡法琳寺地勢因緣足從大法望請
今般自大唐奉請大元師靈像秘法安置此處
爲修法院保護國家不闕講讀師之撝許也云云

八唐根本大師記　小栗栖寺
以承和三年丙辰五月銜入唐命其年漂廻四年不
畢渡海五年戊午六月進發同八月到岸住淮
南大都督府廣陵官同年十二月移住栖靈寺
大悲持念院始随文璨和尚受金剛界并大道
法同六年正月四日設二百僧齋供四衆同年二月
十九日受灌頂位同廿一日准勅赴本朝同九月二
日上表自同七年庚申居住於小栗栖寺以同年六
月三日以小栗栖寺為修法院之由奏聞即有
裁下建立御願堂安置尊像別降　詔旨大政
官謹依　綸旨作諸司始造一百利劔一百弓箭
及法壇種々道具始同七年至于嘉祥三年（貞観六年正月廿六日戊記）
於常寧殿被修此法十一ケ年以同十年被任
律師々々以同十三年丙寅五月一日毎年三月於王
宮裏請十五僧於此法其用途物一事已上
准真言院例之由奏聞未有裁下天安聖主

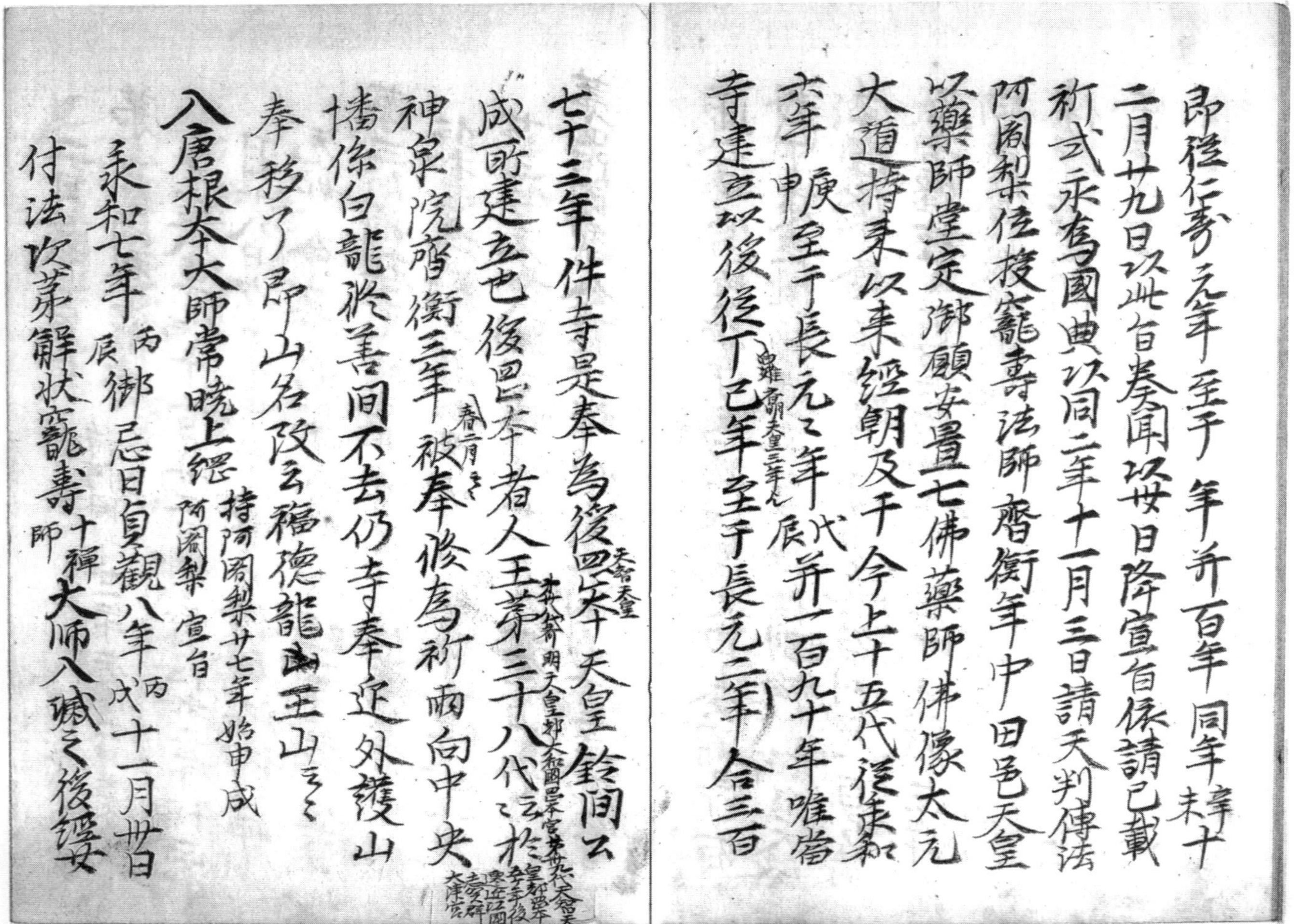

即位仁壽元年至于　年并百年　同年辛未十
二月廿九日以此旨奏聞以毋日降宣旨依請已載
祈式永為國典以同二年十一月三日請天判傳法
阿闍梨位授寵壽法師　齊衡年中田邑天皇
以藥師堂定御願安置七佛藥師佛像太元
大道持来以来經朝及于今上十五代従嘉祥
元年庚申至于長元々年戊辰并一百九十年唯當
寺建立以後従（白雉　齊明天皇三年也）丁巳年至于長元二年合三百

七十三年件寺是奉為後岡本（天智天皇）天皇鈴間云
成所建立也　後岡本（[illegible]）若人王第三十八代云々於[illegible]
神泉院齊衡三年（春二月之）被奉修為祈雨向中央
播係白龍於善間不去仍寺奉近外護山
奉移了即山名改云福徳龍王山云々
入唐根本大師常曉上經　阿闍梨　宣旨　持阿闍梨廿七年始申成
永和七年丙辰御忌日自觀八年丙戌十一月廿日
付法攻茅解状寵壽十禪師　大師入滅之後經安

二日蒙　宣旨

第二阿闍梨寵壽　持阿闍梨廿一年蒙宣旨　貞観八

貞観八年丙戌十二月廿二日御忌日仁和二年丙午正

月廿八日次第申四人賢石僧都治後律師

元如　命藤　寵壽入滅之後經一年蒙　宣旨

第三阿闍梨元如　持阿闍梨十二年蒙宣旨

仁和三年丁未正月五日御忌日寛平九年丁巳九月

廿三日元如入滅之後經廿一日蒙宣旨

第四阿闍梨命藤十禅師　持阿闍梨十三年蒙宣旨

寛平九年十月十四日年五十九　﨟三十八　始

任次第申四人舒隆　元忠　泰舜　泰鉉

命藤入滅之後經十十五日蒙宣旨

第五阿闍梨舒隆　持阿闍梨五年　持命藤四年蒙

宣旨

延喜十年庚午十月五日年五十一　﨟三十三

始任御忌日　承平四年甲午十二月廿三日讓附

元忠　延喜十五年乙亥九月廿三日得讓日蒙宣旨

第六阿闍梨元忠　持阿闍梨廿六年　或本十六年　蒙宣旨

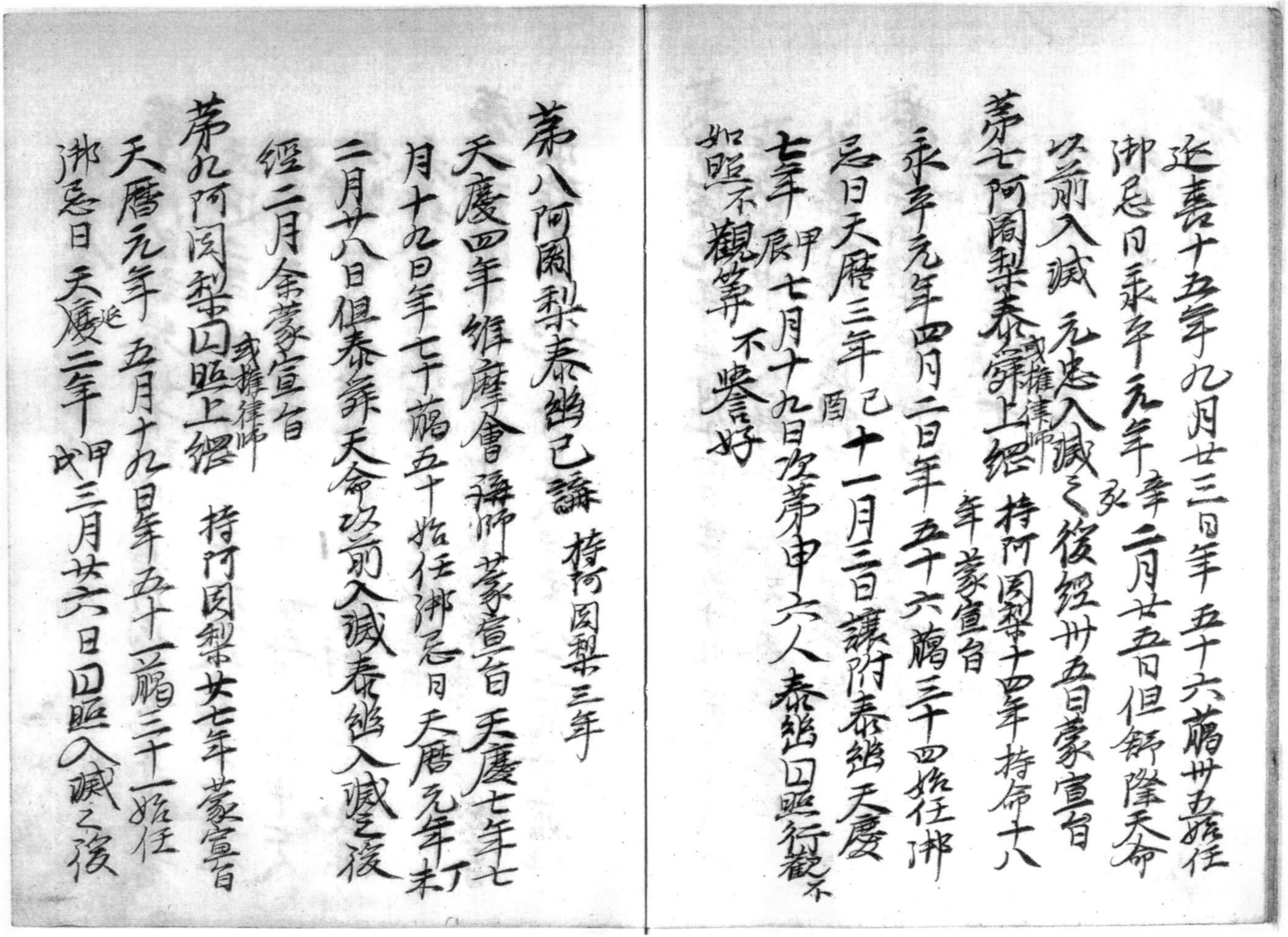

延喜十五年九月廿三日年五十六臈卅五始任
御忌日承平元年辛卯二月廿五日但餝隆天命
以前入滅 元忠入滅之後經卅五日蒙宣旨
第七阿闍梨泰舜上綱 或権律師 持阿闍梨十四年 持命十八
年蒙宣旨
承平元年四月二日年五十六臈三十四始任御
忌日天暦三年己酉十一月三日譲附泰然天慶
七年甲辰七月十九日次第申六人泰然日照行觀不
如照不觀算不譽好

第八阿闍梨泰然已講 持阿闍梨三年
天慶四年維摩會講師 蒙宣旨 天慶七年七
月十九日年七十臈五十始任御忌日 天暦元年丁未
二月廿八日但泰舜天命以前入滅泰然入滅之後
經二月余蒙宣旨
第九阿闍梨日照上綱 或権律師 持阿闍梨廿七年蒙宣旨
天暦元年五月十九日年五十一臈三十一始任
御忌日 天延慶二年甲戌三月廿六日日照入滅之後

經世奉日蒙宣旨
第十阿闍梨誉好十禪師　持阿闍梨廿四年　蒙宣旨
天延二年五月十三日年六十八臈四十七始任
御忌日永祚元年己丑十二月廿五日次第申七人
妙鑒（誉）賀仲　章助　仁聚　泉澍　清円　俊源（信）
誉好入滅之後經三ケ日蒙宣旨
第十一阿闍梨妙鑒　持阿闍梨一年（或本經四年）蒙宣旨
永祚元年己丑十二月廿八日年八十一臈卅五始任

御忌日正暦元年庚寅四月十八日（誉好カ）妙鑒入滅之後
十日蒙宣旨
第十二阿闍梨加（賀）仲　持阿闍梨四年　蒙宣旨
正暦元年四月廿八日　御忌日　長徳元年乙未正月
八日妙鑒（誉）入滅之後經十日蒙宣旨
第十三阿闍梨仁聚　持阿闍梨五年　蒙宣旨
長徳元年（或本二月）八月廿五日　御忌日長保元年十月晦
第十四阿闍梨泉澍　持阿闍梨十年　蒙宣旨

長徳元年十一月十日年五十七臈三十八始任
泉涌入滅之後經三十四日蒙宣旨
第十五阿闍梨法円　持阿闍梨五年蒙宣旨
寛弘二年十月八日年四十六臈廿二始任拂忌日
寛弘七年庚戌二月四日法円入滅之後經十月蒙宣旨
第十六阿闍梨信源　持阿闍梨廿九年蒙宣旨
寛弘七年庚戌十二月廿七日年四十五臈廿七始任
仏忌日　長暦二年五月十五日　改第申三人

進恩　源慶　禅快死去　源慶依有犯過迯巳
信源入滅之後經八月蒙宣旨
第十七阿闍梨進恩　持阿闍梨八年蒙宣旨
長暦二年戊寅十二月七日年六十六臈五十一始任
仏忌日　永承元年六月十一日大賊破宮
第十八阿闍梨尊覚　持阿闍梨十二年進恩入滅之
後經七月蒙宣旨　永承元年十二月廿日年七
十臈五十二始任拂忌日天喜五年五月十四日

第十九阿闍梨信筭　持阿闍梨三年　灌頂天喜
五年十月十五日　康平二年十二月廿日退却
第廿阿闍梨真宗　持阿闍梨一年　灌頂康平二
年十二月廿日　同三年十二月廿九日退却
第廿一阿闍梨源慶　持阿闍梨十五年　灌頂康
平三年十二月廿九日　沸忌日承保二年五月八日
第廿二阿闍梨宣經（慶イ）　持阿闍梨廿七年　灌頂承
保二年十二月廿日　沸忌日康和五年五月晦
第廿三阿闍梨定慶　持阿闍梨三年　灌頂康
和五年十二月廿九日　沸忌日長治二年四月四日
第廿四阿闍梨宣覚　持阿闍梨（一年）　灌頂嘉承元年
勧修寺範俊僧正弟子
第廿五阿闍梨良雅　持阿闍梨（四年）　灌頂嘉承
任少録
三年四月四日任
勝覚僧都弟子
第廿六阿闍梨定覚　仁和寺常林房阿闍梨　天承元年十二月十八日任　持四年
仁和寺
第廿七阿闍梨兼尊　永久元年四月任　持三年
仁和寺寛助弟子
第廿八阿闍梨寛恵（観恵）　仁和寺周防僧都四楽寺別当　永久二年任　持八年

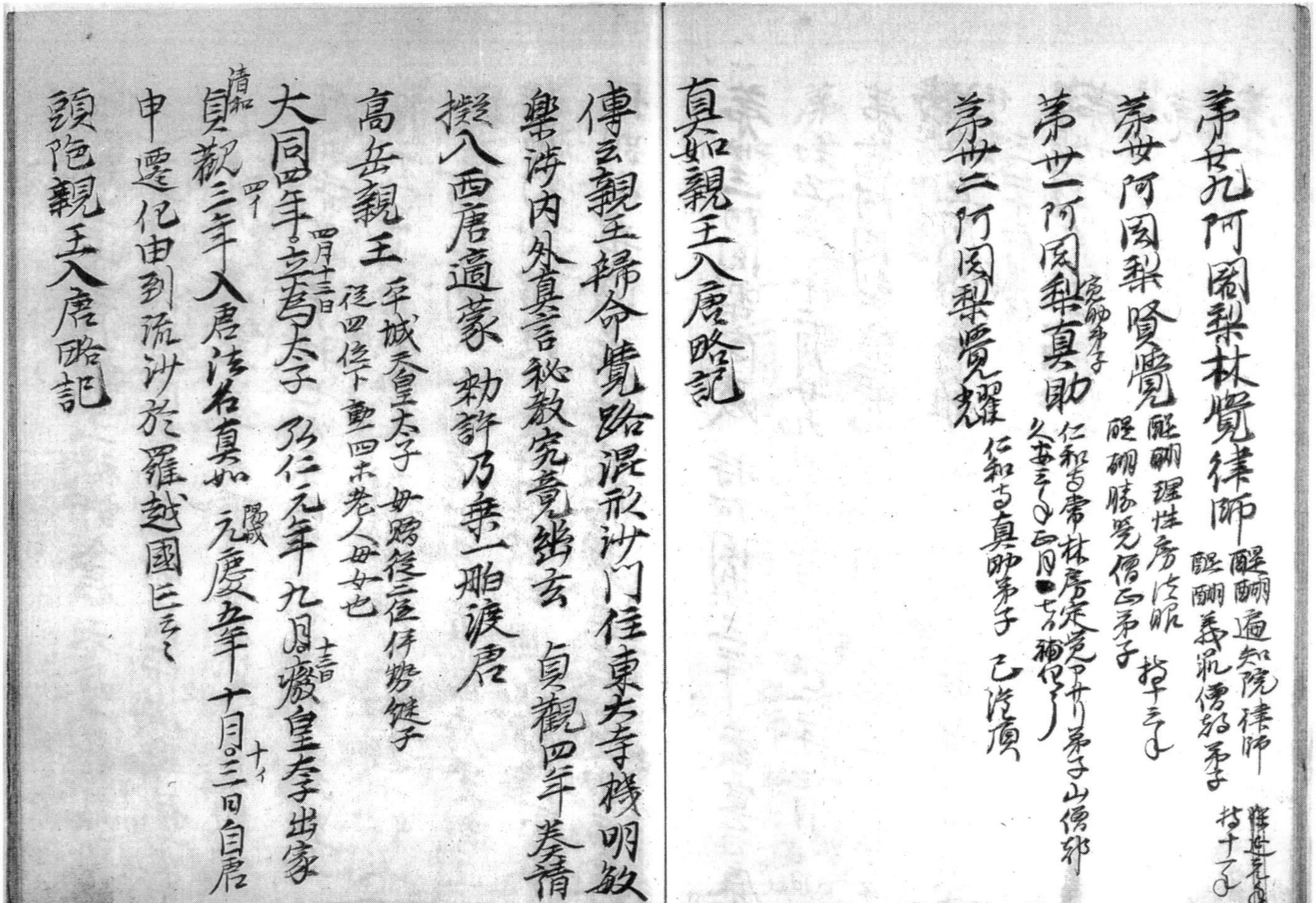

第卅九阿闍梨林覺律師 醍醐遍知院律師 醍醐義範僧都弟子

第卅阿闍梨賢覺 醍醐理性房法眼 醍醐勝覺僧正弟子

第卅一阿闍梨真助 仁和寺常林房定覚アサリ弟子 山僧都 久安三年正月[illegible]七日補任了

第卅二阿闍梨覺耀 仁和寺真助弟子 已灌頂

真如親王入唐略記

傳云親王歸命覺路混形沙門住東大寺機明敏

樂涉内外真言秘教究竟幽玄 貞觀四年奏請

擬入西唐適蒙 勅許乃乗一船渡唐

高岳親王 平城天皇太子 母贈従三位伊勢継子 従四位下勲四等老人母女也

大同四年四月十三日立為太子 弘仁元年九月十三日廢皇太子出家

貞観三年入唐法名真如 元慶五年十月十三日自唐

申還化由到流沙於羅越國已云々

頭陀親王入唐略記

貞觀三年三月親王被許入唐 六月十九日發自池
邊院南行御宿巨勢寺別當僧平海率徒衆將
迎平海此親王御弟子親王甚早下不要僧都（徒）之迎依經
歴此寺女日午時七大寺長宿和尚朝夕鳩集七
月十一日出自長（巨）勢寺指難破津名僧數十許人
遂從相送到大和國葛上郡 舊國府吏親王
駐馬相謝僧徒云從此應被却廻即僧徒下馬
拜別皆垂淚云僧等齒頽暮再展何日親王答

云彼此好在隨縁相見其晩頭到難破津便債
得大宰貢綿帰船二隻十三日駕船八月九日到
着大宰府鴻臚館于時主船司香山弘貞申
府即大貳藤原冬緒朝臣筑前守藤原朝臣貞
庭等率随身騎兵百餘人到来頂拝存問
于時大唐商人李延孝在前居鴻臚北館大貳
明旦帰府留貞庭朝臣云求其間結番逓作
親王我望非如此今須早去九月五日去向壹伎

嶋〻司并講讀師等亦来迎圍繞親王旅館此
事〻〻尤右自波渡著小嶋此小嶋石云班嶋 於是自白ん
水郎多在仍不細更移肥前國松浦郡之柏嶋
十月七日作唐通事張友信令造船一隻四箇五
月造船已了時到鴻臚館七月中旬率宗叡和
尚賢真忠全安虔禪念恵池善寂原懿猷
継并船頭高丘真今等及梢者十五人此等並伊勢氏人也

柁師絃張友信金文習任仲元三人並唐人 建部福成
大鳥智丸二人並此間人 水手等僧俗合六十人駕船離
鴻臚館赴遠値嘉嶋八月十九日著于遠値嘉
嶋九月三日從東北風飛帆其疾如矢四日三夜馳
渡之間此月六日未時順風忽止逆浪打艫即
收帆投沈石而沈石不著海底仍更續儲料繩
下之繩長五十餘丈纔及水底此時波濤甚高
如山終夜不息船上之人皆惶失度異口同音

祈願佛神但見親王神色不動曉旦之間風氣
嶽扇乃觀日暉是如順風乍嘉行矴掛帆隨
風而之七日午尅遙見雲山未尅着大唐明州之
楊扇山申尅到彼岸丹奧泊石丹奧明州地是也即落帆下
矴見其涯上有人數十許喫酒皆脫被坐亭子乃
看船之来着皆驚起各被群立涯邊見張支
信問由緣支信答云此日本國求法僧徒古旋是彼
群居者皆感歎差使存問無献送彼土梨柿菓
蔗沙糖白蜜茗茶等數般親王問支信云此何
許人支信申云此塩商人也親王歎曰雖是商人
解見用謝意即謝答贈以本國之物數種爰
彼商人等辞退不肯以更遣支志乎時彼商人
申雖受雜物謝還金銀之類云異國珎物遍命
固厚不見此明州望海鎮登之遊宴此感大唐
感通三年九月十三日明州差使司馬李閑點
檢船上人物　奏聞京城其年十二月勅以付到云

須收彼器式早随故許者越州五年彼州觀察
使鄭昈暉更為實錄牒以言上五月十一日巡礼所
〻求法從客豪親王故云近來唐同天師之賀我
疑者就此州節度使孤陶許入京之奏者爰
陶許奏時被許入京府九月到來十二月親王宗
叡和尚智聰安展禪念及与興房任仲元仕丁大部
秋丸市舊江船奉宗傍水入京但賢真惠萼
忠全并小師弓午抱師水手小此年四月自明

州令歸本國畢然親渡淮至細州普光寺山
僧伽和尚入定寺也緑拜河凍不得進仍暫
寄住件寺多錢物供養和尚靈像衆僧六年
二月中旬得凍解駕江船泝河者買鞍馬自
陸入京但宗叡和尚依有宿自泗州相列取河中府
道向五臺山同晦頭親王至洛陽掩留五日尋師聽
讀无人教授即出自定斯過天津橋白馬寺
槽木五月廿一日到長安城入自春門安下西明寺即

本國留學四載法師奏聞親王入城之由皇帝感
歎作請來阿闍梨令決疑經六箇月間難闍梨
不能擊蒙伺更今四載奏可渡西天竺且事
勅許官符施行廣州示訖興房此年十月九日
於長安承作事獨身却廻淮南請取處々寄
附切德雜物或有不早還者或有詐相爭者由
斯追状捐府被詐令糺之間宗叡和尚感道六年
自長安歸來之件雜物早請取可向尚廣州者

興房此論得雜物欲參起廣州之間任仲元將敎
書來之令待興房不遠廷發有期不可稽留
仍正月廿七日辭安展四貴秋九才向西已了須
停起來早駕李廷孝船本國者国宗叡和尚
興房等同年六月廷孝船自大唐福州得順
風五日四夜著　値嶋但智聽法師尚往大唐不来
仍略記如件
記註申伊勢興房之八十二年州内縣負
三千三百七十二國内市負在十二加長安寺
負四十万八千七十二塔寺女万千二長安市内八十六町中内尼市
人負二千九百六十人市司長官四位次官五位錄事七位史生八位

使部八十人陽州出擧正税三千七百万東明州出擧正税二百万束
東越州陽州城去三千二百里越州城去一千三百里明州城去二千八百里
雑三千百八里渤海州城去四千里百濟州城去二千九百里大唐國相
従他國一千八百里中有皇國一千八國无皇國八百六十國之中有職
國九百國異國百六十國之中陸道六百六十八國海道一千
二百國也陽州一年稲二度殖苅蠶養四度絶綿恭多无之
在唐好真牒好真伏聞教興天竺傳授支那摩騰（騰）
入漢乗白馬以馱經僧會呉（朱れ）舍利以呈乗降續來
三藏不名言聖典聿興遊迹遍布且好真伏囲塡
年随師良大法邁（適之）獲届大唐不幸和尚在唐遷化
好真因從駐留盤陰孫之雅以聽採未若深和今伏
見上都崇聖寺長講經律弘擧大德志在傳燈
偏灑法雨良誠之（三請）諸願赴本國之宗源闡一乗
之法相伏蒙開慈悲之路破（叔）提誘之方免許
降臨親飛杖錫將數百巻之真語寔以解覽
庶禱龍圖祛穢祥耀遍露雨謹具事由申報
伏乞柏公仁恩特賜奏牒件状如前謹牒
唐景福二年潤五月十五日　在唐僧好真牒

太政官府大宰府
應給衣粮大弘峯事
右得在唐僧好真牒偁上都崇聖者（寺）長講
經律弘擧大德志在傳燈偏遵法而虔誠三請
願赴本國慈悲允許藏錫解覽謹具事由
申報伏乞仁恩特賜奏中納言兼右近衛大將
從三位行春宮大夫藤原朝臣時平宣奉勅
好真乃擧大德宜須加勞来以慰懐情者府
宜承知量給生物兼賜時饌事傍符到奉行
寛平五年八月十六日 正六位下守右大史兼春宮大屬生[illegible]
從上五位守右中弁

太政官府大宰府
應大唐商人周汾等六十人事
右得七月廿三日解偁件唐人今月八日駕大舶
来著浮復有為合監文室時實等敷遣要
時實牒偁以廿一日於博多津件唐取便風飛

仍到着此津者即令進覧物帳且羌脚中
雑物子細勘録進申上者右大将中納言宣
奉勅宜准量供給者府宜承知依宣行之
符到奉行

延文二年丁酉四月廿三日於東寺西院
僧房以陸心院御本書写了文字
謬多遂不糾直之
大法師賢宝 廿五
同廿三日校合了

靈巖寺和尚傳

傳燈大法師位圓行左京一條人也歳十一以元興寺歳榮律師師事十六歳依華嚴宗年分得度十七受有部具足戒及(年)廿五随業就高野贈僧正受學兩部大法又随杲隣(弘法弟子)法師入灌頂壇(仁明天皇)承和五年筆入唐請益 勅命渡海初到唐礼賓院是大唐開成三年也十二月(同)得到長安城同四年正月十三日依 勅青龍寺上座内供奉講論大德沙門圓鏡等延入和尚於彼寺灌頂座主内供奉義真阿闍梨寧女餘衆机上燒海岸香立五十賢瓶出門延和尚即誦讃打鐃令入勸(寺主郎)拜故惠果阿闍梨廟塔以獻本國信物于同月十五日保壽寺内供奉臨壇大德沙門光弁于論談教門同雖云義莫不會通集令大德于國悅見以奏同日左衛功德使仇驛騎青龍寺上座圓鏡等之作日日本國傳燈大法師圓行可為内供奉講論大德即賜冬法服并綠綾六十疋及日供物

等遂以摩主大阿闍梨義真為師兼事研習真
言宗義兼三密総致決疑兩部之大旨用捨法
等之密法閏正月三日陸和尚授傳法阿闍梨位
灌頂文傍法門道具仏舎利等——
舎利等同月四日歸礼賓院致歸朝相送惜別
礼儀不可具記同十二月六日進奉納所兼和六年
也同廿九日所請来法門一百廿三部仏舎利三千粒
等至家奉進之件舎利義真和尚於中天三蔵
陀靈山大徳等所授和尚也大唐求法沙弥具請来録
文徳天皇
仁寿二年三月六日寅剋遷化春秋五十四夏臘三
十八
付法弟子
延最　三澄法師（摂津国郡北山恩恒寺遠之）泰澄　教日和尚
真隆十禅師云々
或血脈云付法弟子二人教日真頂云々
或血脈云蓮華寺寛空僧正初受戒日律師

又円行和尚之 南忠大徳弘安四行後受慈覚
或記云仁明天皇治宇承和五年午代 霊巌寺円行和上
入唐之次実恵大徳等八个大徳附託之国信方物贈
青龍寺恵果和尚[illegible]影前 室中孫弟之礼仍設
斎開成四年 於当日本承和六年己未 正月廿二日計渡書状并方物
於大唐同年閏正月円行和尚之時青龍寺門徒義
真等十人又以大唐方物贈遣日本国実恵等
八人之許状云五鈷鈴一 三鈷杵一 独鈷杵一

已上三事 於大唐青龍寺先師受持道具充彼阿闍
梨影前供養 乃至列十六種物 実恵阿闍梨与円行阿闍梨
九人同受用分散讃快之
開成四年閏正月二日 伝法阿闍梨義真等十人
於高野山奥院又置道具併円行和尚将来之
劍所持来也是任彼等素意令安置為秘蔵
前云々 和漢隔境備門徒芳契志令[illegible]也
貴之

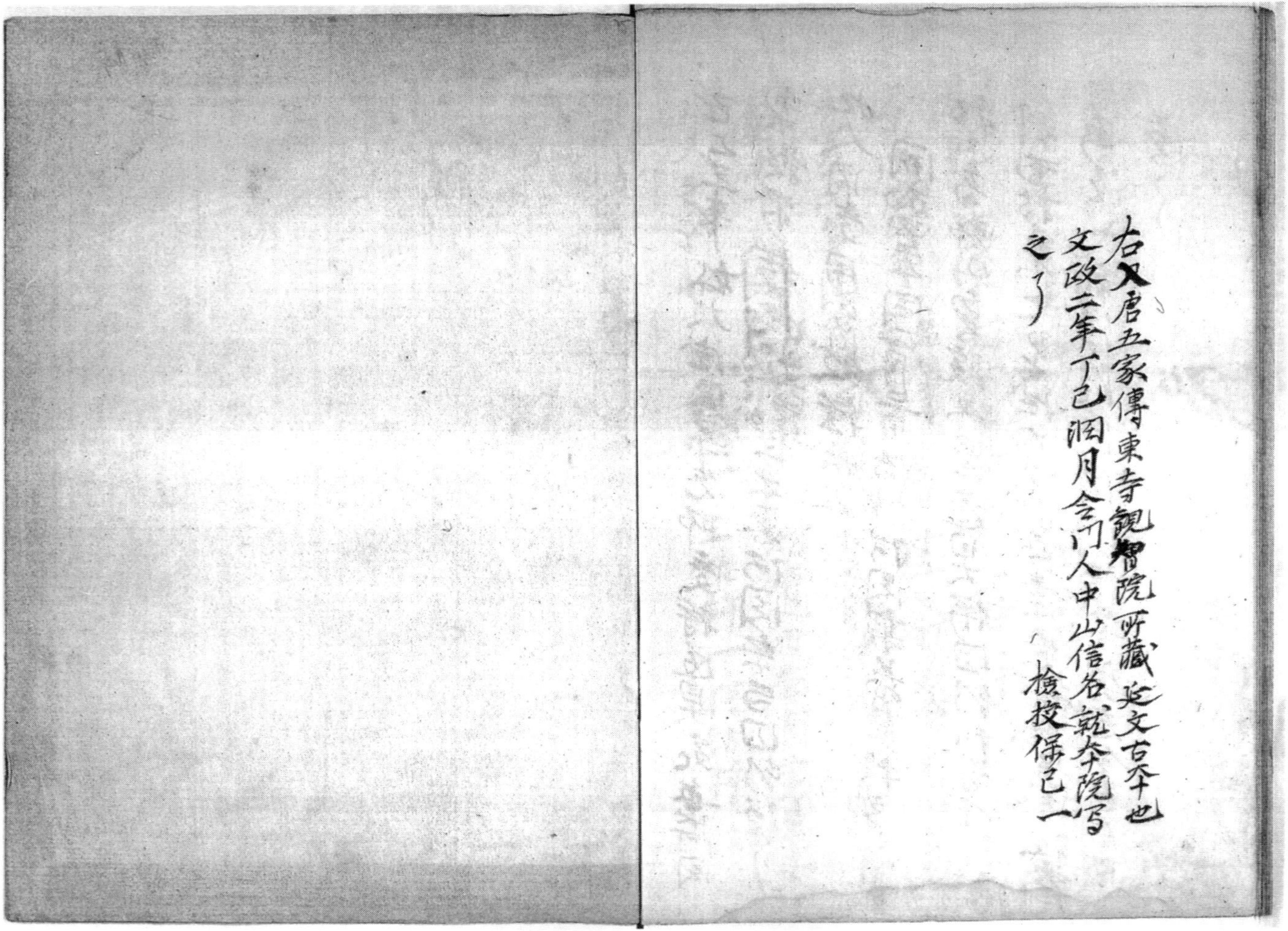
右又唐五家傳東寺観智院所藏延文古本也
文政二年丁巳閏月令門人中山信名就本院写之了
検校保己一

執筆者一覧

佐藤長門　奥付上掲載

富井　修（とみい おさむ）　一九六七年生れ、集英社学芸編集部辞典学術書『訳注日本史料』編集事務局。［主な著書論文］「官職名に付く『代』」（十世紀研究会編『中世成立期の政治文化』東京堂出版）

立花真直（たちばな まなお）　一九七七年生れ、私立高校非常勤講師。［主な著書論文］「藤原実頼・頼忠にみる関白の政治的意味」（『国史学』一九七号）

西村健太郎（にしむら けんたろう）　一九八八年生れ、國學院大學大学院博士課程後期。［主な著書論文］「「またの名」攷―古代人名に関する一試論」（『続日本紀研究』四〇五）

山﨑雅稔（やまさき まさとし）　一九七三年生れ、國學院大學文学部助教。［主な著書論文］『日韓交流の歴史―先史から現代まで―』（共著・明石書店）、「新羅国執事省牒からみた紀三津「失使旨」事件」（木村茂光編『日本中世の権力と地域社会』吉川弘文館）、「唐における新羅人居留地と交易」（『國學院大學紀要』第五三号）

馬　一虹（マー イーホン）　一九六五年生れ、二〇一〇年没。元中国社会科学院歴史研究所副研究員。［主な著書論文］『靺鞨、渤海与周辺国家、部族関係史研究』（中国社会科学出版社）

山岸健二（やまぎし けんじ）　一九六八年生れ、国史学会会員。［主な著書論文］「摂関期の賀茂祭関係記事（その一）―『小右記』を中心とする古記録部類作成へ向けて㈢―」（三橋正・山岸健二『明星大学研究紀要―人文学部―日本文化学科』第二十二号）、『小右記註釈　長元四年』上・下巻（共著・小右記講読会発行・八木書店発売）

中　大輔（なか だいすけ）　一九七六年生れ、國學院大學兼任講師。［主な著書論文］「平安初期における律令交通システムの再編」（『国史学』一九一号）、「北宋天聖令からみる唐の駅伝制」（鈴木靖民・荒井秀規編『古代東アジアの道路と交通』勉誠出版）、「アズマへの道と伊賀国」（鈴木靖民・吉村武彦・加藤友康編『古代山国の交通と社会』八木書店）

河野保博（かわの やすひろ）　一九八一年生れ、学習院大学東洋文化研究所客員研究員。［主な著書論文］「唐代交通の宿泊施設―宗教施設の供給機能を中心として―」（『國學院大學大学院紀要』第四一輯）、「唐代交通路と「巡礼」の道復原」（『旅の文化研究所研究報告』第二一号）、『訳註日本古代の外交文書』（共著・八木書店）

田中史生（たなか ふみお）　一九六七年生れ、関東学院大学経済学部教授。［主な著書論文］『国際交易と古代日本』（吉川弘文館）、『越境の古代史』（ちくま新書）、『倭国と渡来人』（吉川弘文館）

小林　聖（こばやし ひじり）　一九七六年生れ

溝口優樹（みぞぐち ゆうき）　一九八六年生れ、國學院大學大学院特別研究員。［主な著書論文］『日本古代の地域と社会統合』（吉川弘文館）、「天平宝字三年の遣唐使「白牛養」について」（『続日本紀研究』三九〇）

『入唐求法巡礼行記』関係文献目録(稿)

国学院大学古代史研究会　編

A. 写本

1　「東寺観智院」本

正応4年(1291), 京都円山長楽寺の法印大和尚兼胤が鈔写。その原本については不詳。「寛円僧正」本(現存せず)によって校訂。明治中期になって東寺観智院にて発見され, 現在, 安藤鉦司氏所蔵(国宝)。

・東京大学史料編纂所…東寺観智院本を明治27年(1894)に謄写。

・静嘉堂文庫…東寺観智院本を明治32年(1899)に謄写。

2　「津金寺」本(「池田」本)

文化2年(1805), 信濃国佐久郡津金寺の大僧都長海が「比叡山飯室谷松禅院」蔵本(現存せず)を鈔写。のち池田長田氏所蔵。現在, 所在不明。

B. 影印本

1　『東洋文庫論叢』第7所収(東洋文庫, 1926)

「東寺観智院」本の写真複製。岡田正之氏の解説が別冊として附属。

C. 活字本

1『続々群書類従』第12輯　宗教部所収(1907):「観智院」本の翻刻。

2『四明余霞』第329号附録(1914)　:「津金寺」本の翻刻。

3『大日本仏教全書』遊方伝叢書1所収(1915):「観智院」本を底本に「津金寺」本で校訂。

4「台北・文海出版社」刊本(1971, 1976再版):『大日本仏教全書』の復刻。

5「上海古籍出版社」刊本(1986)　:「観智院」本を底本に諸本で校訂。

6「広西師範大学出版社」刊本(2007)　:「観智院」本の翻刻。

D. 訳注本

1　堀一郎訳『国訳一切経』和漢撰述部 史伝部25所収(大東出版社, 1939, 1963補訂)

2　E.O.Reischauer “Ennin's Diary The Record of a Pilgrimage to China in Search of the Law” (Ronald Press Company, New York, 1955)

3　堀一郎抄訳『古典日本文学全集』15所収(筑摩書房, 1961)

4　小野勝年『入唐求法巡礼行記の研究』1～4 (鈴木学術財団, 1964～69, 法蔵館, 1989復刊)

5　壬生台舜抄訳『叡山の新風』(筑摩書房, 1967)

6　足立喜六訳注・塩入良道補注『入唐求法巡礼行記』1・2 (平凡社東洋文庫157・442, 1970・1985)

7　木内堯央抄訳『最澄・円仁』(『大乗仏典』中国・日本篇，中央公論社，1990)
8　深谷憲一訳『入唐求法巡礼行記』(中央公論社中公文庫，1990)
9　申福龍訳『訳注入唐求法巡礼行記』(1992)
10　周一良審閲・白化文・李鼎霞・許徳楠修訂校註『入唐求法巡礼行記校註』(花山文藝出版社，1992，2007 修訂再版)
11　日比野丈夫・小野勝年抄訳『五台山』(座右宝刊行会，1942，平凡社東洋文庫593，1995 復刊)

E．論文・文献
1　荻野仲三郎「国宝入唐求法巡礼行記と行歴抄」(『歴史地理』11 － 1，1908)
2　来馬琢道『慈覚大師入唐巡路図(稿本)』(1913，平和書院)
3　高楠順次郎「慈覚大師と入唐求法巡礼行記」(『四明余霞』326，1913)
4　岡田正之「(講)慈覚大師の入唐紀行に就いて」(『史学雑誌』24 － 10，1913)
5　妻木直良「唐代の訳場に参したる唯一の日本僧」(『東洋学報』3 － 3，1913)
6　妻木直良「日本霊仙三蔵訳経事蹟」(『新仏教』14 － 11，1913)
7　薗光轍編纂『華芳余輝』(附慈覚大師一千五十年御忌法要次第，1913)
8　天台宗顕揚会編『慈覚大師』(天台宗顕揚会，1914)
・三上参次「慈覚大師の入唐に就て」
・権田雷斧「新義真言宗より見たる慈覚大師」
・福田堯顕「慈覚大師の密教」
・高楠順治郎「慈覚大師の入唐巡礼記」
・末広照啓「念仏門より見たる慈覚大師」
・末広照啓「円戒弘通に於ける慈覚大師の功績」
・大屋徳城「慈覚大師と声明」
・境野黄洋「平安朝仏教の大勢と慈覚大師」
・鷲尾順敬「慈覚大師伝研究の価値及其古写本」
・荻野仲三郎「国宝入唐求法巡礼記に就て」
・来馬琢道「慈覚大師入唐求法順路図に就て」
9　松本文三郎「日本国訳経沙門霊仙」(『無尽灯』20 － 1，1915，のち『仏教芸術とその人物』所収，同文館，1923)
10　大屋徳城「日本国訳経沙門霊仙三蔵に関する新史料」(『無尽灯』20 － 1，1915，のち『日本仏教史の研究』所収，法蔵館，1928)。なお上の著書には「霊仙と其の後の史料」も収録されている。
11　今津洪嶽「日本国翻訳沙門霊仙筆受心地観経に就て」(『仏教研究』7，1915)
12　松本文三郎「清涼寺釈迦像に就て」(『史林』1 － 4，1916)
13　松本文三郎「加州隠者明覚と我邦悉曇の伝来」(『芸文』8 － 5，1917，のち『仏教芸術とその人物』所収，同文館，1923)
14　松本文三郎「再び霊仙及び明覚に就いて」(『芸文』9 － 5，1918，のち『仏教芸術とその人物』所収，同文館，1923)
15　高楠順次郎「霊仙三蔵と常暁律師」(『宗教研究』2 － 8，1918)

16　岡田正之「慈覚大師の入唐紀行に就いて—1～4—」(『東洋学報』11－4～13－1, 1921～23)
17　高楠順次郎「霊仙三蔵行歴考」(『仏教学雑誌』3－9, 1922)
18　松本文三郎「霊仙入唐年代考」「同補遺」(『仏教芸術とその人物』所収, 同文館, 1923)
19　小野玄妙「五台山金閣寺含光大徳と霊仙三蔵」(『密教研究』11, 1923)
20　小野玄妙「平安朝の文化と入唐僧霊仙三蔵—大乗本生心地観経と大元帥法の紹介者—」(『現代仏教』2—13, 1925)
21　常盤大定「我が東台密の発源地たる唐の青竜寺につきて」(『宗教研究』新2－5, 1925)
22　上田進城「入唐僧円載」(『密宗学報』170, 1927)
23　那波利貞「(評)影印入唐求法巡礼行記」(『史林』12－3, 1927)
24　三島一「(評)入唐求法巡礼行記(東洋文庫刊)」(『史学雑誌』38－6, 1927)
25　今西龍「慈覚大師入唐求法巡礼行記を読みて」(『新羅史研究』近沢書店, 1933, 1970復刊)
26　赤堀又次郎「慈覚大師の入唐求法巡礼行記」(『書物展望』7－11～12, 1937)
27　竹内理三「四天王寺初代別当円行和尚伝」(『四天王寺』1, 1938)
28　道端良秀「宿房としての唐代寺院」(『支那仏教史学』2－1, 1938)
29　上田実隆「大元帥明王の研究」(『密教研究』67, 1938)
30　三上諦聴「五台山紀行」(『支那仏教史学』4－3, 1940)
31　諏訪義譲「山東省正定県城調査手記」(『支那仏教史学』4－4, 1941)
32　亀川正信「会昌の廃仏に就いて—特に原因の考察—」(『支那仏教史学』6－1, 1942)
33　小川貫弌「入唐僧霊仙三蔵と五台山」(『支那仏教史学』5－3～4, 1942)
34　小野勝年「慈覚大師の中国旅行記に就いて」(『学芸』37, 1948)
35　西村貞「秋篠寺古今記—上・下—」(『大和文華』12・13, 1953～54)
36　小野勝年「晋陽の童子寺—入唐求法巡礼行記の一節について—」(『仏教美術』21, 1954)
37　石田瑞麿「顕揚大戒論における一二の問題」(『印度学仏教学研究』3－1, 1954)
38　板橋倫行「初めて五台山に登った日本僧」(『日本歴史』82, 1955)
39　E. O. Reishauer “Ennin's Travels in T'ang China” (Ronald Press Company, New York, 1955)
40　小野勝年「(評) Reischauer 教授の Ennin's Diary『(英訳)入唐求法巡礼行記』について」(『東洋史研究』14—3, 1955)
41　小野勝年「『入唐求法巡礼行記』研究についての概報」(『大和文化研究』3－2, 1955)
42　小野勝年「長安の西明寺とわが入唐僧」(『仏教美術』29, 1956)
43　小野勝年「知玄と円仁—『入唐求法巡礼行記』研究の一節—」(『東洋史研究』15－2, 1956)
44　森田幸門「清涼寺釈迦胎内五蔵研究序説」(『日本医史学雑誌』7－1～3, 1956)

45　渡辺幸三「清涼寺釈迦胎内五臓の解剖学的研究―中国伝統医学よりの研究―」(『日本医史学雑誌』7－1～3，1956)
46　北西弘「円仁と円珍」(家永三郎編『日本仏教思想の展開―人とその思想―』所収，平楽寺書店，1956)
47　堀池春峰「円載・円仁と天台山国清寺および長安資聖寺について」(『日本仏教史』3，1957，のち『南都仏教史の研究』諸寺篇所収，法蔵館，1982)
48　長島健「円仁の入唐とその帰国」(『早稲田大学高等学院研究年誌』2，1957)
49　松本功「唐通事の研究―特に訳司統譜・唐通事会所日録を中心として―」(『法政史学』10，1957)
50　藤井晃「円仁小論―特にその念仏をめぐって―」(『九州史学』7，1958)
51　堀池春峰「興福寺霊仙三蔵と常暁」(『歴史評論』105, 1959, のち『南都仏教史の研究』諸寺篇所収，法蔵館，1982)
52　千々和実「末法思想高潮の誘因―大陸仏教危機の展望と経塚の創始―」(『東京学芸大研究報告』11，1960)
53　大庭脩「唐元和元年高階真人遠成告身について―遣唐使の告身と位記―」(『東西学術研究所論叢』41，1960，のち『高橋先生還暦記念東洋学論集』所収，関西大学東西学術研究所，1967)
54　小野勝年「入唐求法巡礼行記に見える仏教美術関係の記事について」(『仏教芸術』44，1960)
55　小野勝年「訳註入唐求法巡礼行記稿」(『大和文化研究』5－12，1960)
56　森川隆「在唐記梵字註の構成とその解釈」(『国語国文』29－10，1960)
57　小野勝年「山東における円仁の見聞」(『塚本博士頌寿記念仏教史学論集』所収，1961)
58　牛場真玄「入唐求法巡礼行記における『断中』の語について」(『東方学』22，1961)
59　延時英至「(講)日中関係と貨幣法―唐代貨幣法と日唐関係―」(『法制史研究』11，1961)
60　馬淵和夫「円仁『在唐記』梵字対注の解釈について」(『国語学』43，1961)
61　Roger Lovy “Ennin Journal d'un Voyageur en Chine au IXe Siecle” (ALbin Michel，1961)
62　小野勝年「断中の語義について牛場氏の所説を読む」(『東方学』23，1962)
63　小野勝年「三千院本慈覚大師伝」(『仏教芸術』48，1962)
64　小野勝年「円仁入唐求法の研究」(『史泉』25，1962)
65　那波利貞「焚黄儀節考―慈覚大師円仁の入唐に関連して―」(『史窓』20，1962)
66　エドウィン.O.ライシャワー／田村完誓訳『世界史上の円仁―唐代中国への旅―』(実業之日本社，1963，1984復刊，1999講談社学術文庫にて復刊)
67　山田恵諦編『慈覚大師讃仰集』(比叡山延暦寺，1963)
・山田恵諦「慈覚大師を讃迎して」
・福井康順「慈覚大師奉讃の意義」
・古川英俊「入唐前の慈覚大師」

・三浦義薫「慈覚大師と密教」
・藤支哲道「大戒論を拝読して」
・山口光円「慈覚大師の浄土門」
・清田寂雲「慈覚大師の悉曇学」
・片岡義道「引声阿弥陀経に関する諸問題」
・都築玄妙「入唐求法巡礼行記について」
・小野勝年「慈覚大師の入唐巡礼」
68　荻原貞興編『日光山輪王寺』20(日光山輪王寺門跡執事局, 1963)
・関口真大「慈覚大師と日光山」
・菅原信海「円仁和尚入当山記」
・服部清道「慈覚大師誕生伝説地盥窪考」
・田向隆純「慈覚大師の真の誕生地に就て」
・田島隆純「慈覚大師誕生地考」
・福井康順「五臺山巡拝行記」
・福井康順「山西仏蹟紀行」
・牛場真玄「慈覚大師と五臺山文殊信仰」
・福井重雅「滄波の客―慈覚大師在唐外使―」
・谷萩弘道「下野薬師寺と慈覚大師」
・林慶忠「慈覚大師と下野」
69　佐伯有清「入唐求法巡礼行記にみえる日本国使について」(『日本歴史』187, 1963, のち『日本古代の政治と社会』所収, 吉川弘文館, 1970)
70　小野勝年「『前唐院見在書目録』とその解題」(『大和文化研究』10 − 4, 1964)
71　福井康順編『慈覚大師研究』(早稲田大学出版部, 1964)
・曽我部静雄「入唐求法巡礼行記に見える唐代僧侶の公課について」(のち『中国律令史の研究』所収, 吉川弘文館, 1971)
・根本誠「歴史家のみた円仁の巡礼行記―とくに開成四年二月の条の解釈について―」
・森克己「慈覚大師と新羅人」
・那波利貞「唐代史補闕発疑小攷」
・景山春樹「円仁の根本如法経と横川の発達」
・神田喜一郎「慈覚大師将来外典攷証」
・佐藤哲英「前唐院見在書目録について―慈覚大師将来仏典は如何に伝持されたか―」
・荻野三七彦「赤山の神と新羅明神」
・窪徳忠「慈覚大師のみた会昌の廃仏―地方の徹底について―」
・小野勝年「円仁の見た唐の仏教儀礼」
・飯田利行「慈覚大師将来の新漢音について」
・頼惟勤「声明と声調との関連について」
・牛場真玄「『入唐求法巡礼行記』の俗語について」
・大山公淳「慈覚大師の密教思想」
・三崎良周「慈覚大師の密教における一, 二の問題」
・池山一切円「法華総持院について」

・山口光円「慈覚大師の浄土教と円戒について」
・清水谷恭順「慈覚大師と蘇悉地法」
・堀一郎「宗教民俗学から見た『入唐求法巡礼行記』」
・勝野隆信「慈覚大師入定説考」
・道端良秀「中国仏教と食人肉の問題」
・横超慧日「顕揚大戒論雑感」
・平了照「四組門下隣昭記『無量義経疏』について」
・春日礼智「慈覚大師と長安仏教」
・瀧善成「教団発展史上における円仁」
・古江亮仁「日本上代史料としての入唐求法巡礼行記」
・服部清道「慈覚大師をめぐる東国出身の天台僧」
・長島健「長安における円仁」
・井川定慶「慈覚大師流円戒と浄土宗の相承」
・石田充之「慈覚大師と日本の浄土教」
・永井義憲「慈覚大師の和歌」
・片岡義道「仁和寺本阿弥陀経について―声点と声明博士との関連―」
・上村真肇「断中についての私見」
・大橋俊雄「慈覚大師と法然上人―円頓戒の相承と不断念仏を中心として―」
・塩入良道「慈覚大師相伝の懺法について」
・福井重雅「入唐求法巡礼行記と旧唐書武宗本紀」
・田村完誓「ライシャワー大使の慈覚大師研究をめぐって」
・清水谷善照「慈覚大師と観音信仰」
・百田師恵「武蔵国における慈覚大師の足跡」
・牧田諦亮「慈覚大師将来録より観たる唐仏教の一面」
・小笠原宣秀「山西蒲州仏教と慈覚大師」
・関口真大「慈覚大師讃仰の一側面」
・福井康順「慈覚大師別伝の形成」
・清田寂雲「慈覚大師将来全雅悉曇章について」
72　福井重雅「(評)田村完誓訳・ライシャワー著『世界史上の円仁―唐代中国への旅』」(『東方宗教』23, 1964)
73　牛場真玄「『入唐求法巡礼行記』に見える『断中』についての再考―小野・上村両教授の反論に答えて―」(『東方学』31, 1965)
74　星野慎一「円仁の日記を読んで」(『国文学　言語と文芸』42, 1965)
75　岩佐貫三「シナ司命思想の日本的受容―泰山府君と赤山明神を例として―」(『東洋学研究』1, 1965)
76　佐和隆研「最澄円仁の請来した美術」(『仏教美術』61, 1966)
77　山田英雄「書儀について」(『対外関係と社会経済』所収, 塙書房, 1968, のち『日本古代史攷』所収, 岩波書店, 1987)
78　小川貫一「宋代の受戒制と六念・戒牒」(『龍谷大学論集』385, 1968)
79　本間研一「『土佐日記』と『入唐求法巡礼行記』」(『西尾光雄先生還暦記念論集日

本文学叢攷』所収,東洋法規出版,1968)
80 薗田香融「山の念仏」(『日本浄土教史の研究』所収,平楽寺書店,1969)
81 小西瑛子「元興寺僧常暁の入唐求法」(『元興寺仏教民俗資料研究所年報』3,1969)
82 金岡照光「再論文溆法師―俗講の諸様相―」(『東洋学研究』3,1969)
83 堀大慈「円仁の横川開創試論」(『史窓』28,1970)
84 塚本善隆「小野勝年著『入唐求法巡礼行記の研究』」(『鈴木学術財団年報』5～7,1971)
85 藤本光城『円仁入唐』(光風社書店,1971)
86 奈良弘元「山の念仏について―とくに,円仁の五台山念仏移入の問題をめぐって―」(『精神科学』10,1971)
87 小野勝年「『円仁三蔵供奉入唐請益往返伝記』について」(『東方宗教』40,1972)
88 森克己「入唐・入宋僧侶の旅行記について」(『仏教史研究』6,1972)
89 木内央「(評)足立喜六訳注・塩入良道補注『入唐求法巡礼行記』」(『仏教史研究』6,1972)
90 仲尾俊博『日本初期天台の研究』(永田文昌堂,1973)
91 小野勝年「長安の西明寺と入唐求法僧」(『仏教史学研究』17－2,1975)
92 仲尾俊博「慈覚大師円仁の入唐―1―」(『密教学研究』7,1975)
93 速水侑『平安貴族社会と仏教』(吉川弘文館,1975)
94 堀池春峰「入唐留学僧と長安西明寺」(『日本宗教史論集』所収,吉川弘文館,1976,のち『南都仏教史の研究』諸寺篇所収,法蔵館,1982)
95 小野勝年「唐の開元時代の旅行証明書について」(『東洋学術研究』16－3,1977)
96 仲尾俊博「寂光大師円澄と慈覚大師円仁―1―」(『密教文化』119,1977)
97 仲尾俊博「円載―1―」(『密教学研究』9,1977)
98 仲尾俊博「円載―2―」(『高井隆秀教授還暦記念論集　密教思想』所収,種智院大学密教学会,1977)
99 蔵中進「入唐僧円仁の見た『過海和尚碑銘』―『唐大和上東征伝』と『過海和尚碑銘』―」(『水門』10,1977)
100 小山田和夫「円仁帰朝後の日本天台宗と光定に関する一試論」(『宗教社会史研究』所収,雄山閣出版,1977)
101 雨宮義人『慈覚大師―中国へ求法の大旅行者―』(下野新聞社,1978)
102 佐伯有清「『入唐求法巡礼行記』所載人名考異―円仁をめぐる無名の人々―」(井上光貞博士還暦記念会編『古代史論叢』下所収,吉川弘文館,1978,のち『日本古代氏族の研究』所収,吉川弘文館,1985)
103 小山田和夫「円仁と円珍との関係についての一試論」(『日本仏教』47,1978)
104 佐伯有清『最後の遣唐使』(講談社現代新書,1978,のち講談社学術文庫1847,2007)
105 池田魯参「円仁と円珍の中国旅行」(『大法輪』46－2,1979)
106 守屋省吾「円仁と日記」(『日本文学』43,1979)

107　渡辺秀夫「日記文学の発生—『入唐求法巡礼行記』をめぐって」(『東横国文学』11, 1979, のち『平安朝文学と漢文世界』所収, 勉誠出版, 1991)
108　西尾賢隆「円仁の見聞した会昌廃仏—上—」(『鷹陵史学』5, 1979, のち『中国近世における国家と禅宗』所収, 思文閣出版, 2006)
109　西尾賢隆「円仁の見聞した会昌廃仏—下—」(『花園大学研究紀要』11, 1980, のち『中国近世における国家と禅宗』所収, 思文閣出版, 2006)
110　高見寛恭「入唐八家の密教相承について(三)」(『密教文化』130, 1980)
111　木内堯央「慈覚大師円仁の修道論」(『印度学仏教学研究』28 − 2, 1980)
112　上野英子「『入唐求法巡礼行記』の記述様式にみる自己表出性」(『実践国文学』20, 1981)
113　小野勝年「日本の求法巡礼僧たちが見た中国の仏寺」(『龍谷史壇』79, 1981)
114　志田諄一「田村麻呂・慈覚大師伝説と天台宗—常陸における天台宗の流入と展開—」(『北茨城史壇』1, 1981)
115　頼富本宏「入唐僧霊仙三蔵—不空・空海をめぐる人々（三）—」(『木村武夫教授古稀記念僧伝の研究』所収, 永田文昌堂, 1981)
116　尾崎雄二郎「円仁『在唐記』の梵音解説とサ行頭音」(『白川静博士古稀記念中国文史論叢』所収, 立命館大学人文学会, 1981)
117　塩入良道「入唐求法巡礼行記—求道—」(『国文学』46 − 1, 1981)
118　小林明美「円仁の記述するサンスクリット音節 Ca の音価—九世紀日本語音推定の試み—」(『大阪外国語大学学報』52, 1981)
119　上野英子「『入唐求法巡礼行記』における編纂意識」(『文学・語学』95, 1982)
120　齊藤圓眞「慈覚大師の入唐求法に関する一考察—慈覚大師の見た仏牙会—」(『天台学報』24, 1982, のち『天台入唐入宋僧の事跡研究』所収, 山喜房仏書林, 2006)
121　青木孝『円仁『入唐求法巡礼行記』の書状』(青山学院女子短期大学学芸懇話会, 1982)
122　小林明美「九世紀の日本人が聞いたサンスクリットの長母音と二重母音」(『密教文化』137, 1982)
123　王文楚「圓仁《入唐求法巡禮記》東返日本航路再探」(『歴史地理』2, 1982)
124　齊藤圓眞「円仁『巡礼行記』に於ける貨幣問題の再検討」(『大正大学大学院論集』7, 1983, のち『天台入唐入宋僧の事跡研究』所収, 山喜房仏書林, 2006)
125　齊藤圓眞「慈覚大師将来の声明に関する一考察」(『天台学報』25, 1983, のち『天台入唐入宋僧の事跡研究』所収, 山喜房仏書林, 2006)
126　佐伯有清「承和の遣唐使をめぐる諸問題」(『日本古代政治史論考』所収, 吉川弘文館, 1983, のち『日本古代氏族の研究』所収, 吉川弘文館, 1985)
127　石田尚豊「円仁の揚州求法について」(『青山史学』8, 1984)
128　佐伯有清「菅原道真と慈覚大師伝」(『日本歴史』434, 1984)
129　石上英一「古代国家と対外関係」(『講座日本歴史』2 所収, 東京大学出版会, 1984)
130　齊藤圓眞「慈覚大師見聞の俗講とその意味の再検討」(『天台学論集』第一集,

1984，のち『天台入唐入宋僧の事跡研究』所収，山喜房仏書林，2006）
131　齊藤圓眞「赤山明神に関する一考察」(『天台学報』26，1984，のち『天台入唐入宋僧の事跡研究』所収，山喜房仏書林，2006）
132　苫米地誠一「円仁の密教に於る一・二の問題」(『智山学報』34，1985）
133　阿部肇一「円仁のみた唐代寺院経済」(『仏教経済研究』14，1985）
134　頼富本宏「五台山見聞記」(『仏教史学研究』28－1，1985）
135　加藤栄司「西方・南海・東華斎法比較　義浄と円仁の報告より」(『東方』1，1985）
136　渡辺秀夫「『入唐求法巡礼行記』生命を賭する旅」(『国文学』50－8，1985）
137　木内堯央「円仁の入唐伝密について」(『壬生台舜博士頌寿記念仏教の歴史と思想』所収，大蔵出版，1985）
138　田中日佐夫「開基伝承のテリトリーを追って―9―円仁・徳一の開基伝寺院」(『古美術』77，1986）
139　京戸慈光「円仁―入唐求法の旅―」(薗田香融編『＜宗派別＞日本の仏教・人と教え1天台宗』所収，小学館，1986）
140　NHK取材班・鎌田茂雄『仏教聖地・五台山―日本人三蔵法師の物語―』(日本放送出版協会，1986）
141　上野英子「『入唐求法巡礼行記』に於ける文体上の特色について―自称表現と日付にみられる日次記からの離脱性を中心に―」(『実践国文学』30，1986）
142　佐伯有清『慈覚大師伝の研究』(吉川弘文館，1986）
143　小山田和夫「円仁と円珍との関係」(『論集日本仏教史』3所収，雄山閣出版，1986）
144　福井康順「「入唐求法巡礼行記」発疑小攷」(『天台学報』28，1986）
145　福井康順「入唐求法巡礼行記」(『東洋の思想と宗教』3，1986）
146　藤井教公「五台山の概容と唐代における五台山仏教」(『大倉山論集』19，1986）
147　山野上純夫『比叡山開創　最澄と円仁』(朱鷺書房，1986）
148　松原哲明『中国祖師巡歴の旅―あつき心の留学僧―』(佼成出版社，1987）
149　藤原克己「円仁の『入唐東法巡礼行記』について」(『国語と国文学』64－11，1987）
150　渡辺三男「霊仙三蔵―嵯峨天皇御伝のうち―」(『駒沢国文』24，1987）
151　鎌田茂雄「慧蕚伝考―南宗禅の日本初伝―」(『松ヶ岡文庫研究年報』1，1987）
152　小林明美「円仁のインド文字学習記録」(『国文学　解釈と鑑賞』53－1，1988）
153　坂上早魚「九世紀の日唐交通と新羅人―円仁の『入唐求法巡礼行記』を中心に―」(『文明のクロスロード』28，1988）
154　小林明美「円仁のインド文字学習記録」(『国文学　解釈と鑑賞』53－1，1988）
155　平野邦雄「遣唐使・留学僧にあてられた国費―その種別と用途について―」(『比較文化』35－1，1988）
156　渡部真弓「六観音信仰の成立―円仁と藤原氏を中心に―」(『神道宗教』133，1988）
157　塩沢裕仁「中国赤山の神と赤山寺院」(『法政史論』14，1988）

158　松田智弘「円仁の『入唐求法巡礼行記』にみえる道教」(『古代日本道教受容史研究』所収，人間生態学談話会，1988)
159　中村裕一「赦害日行五百里」(『武庫川女子大学文学部史学研究室報告』7，1988，のち「円仁の実見した制書伝達」と改訂し，同著『唐代制勅研究』に所収，汲古書院，1991)
160　白井優子「円仁の弘法活動について―『入唐求怯巡礼行記』によって―」(『古代史研究の課題と方法』所収，国書刊行会，1989)
161　大曾根章介「『入唐求法巡礼行記』―中国への求法の旅―」(『国文学　解釈と鑑賞』54－12，1989，のち『日本漢文学論集』2所収，汲古書院，1998)
162　渡部真弓「中臣祓と日本仏教」(『国学院雑誌』90－10，1989)
163　佐伯有清『円仁』(吉川弘文館，1989)
164　山下克明「遣唐請益と難儀」(『古代文化史論攷』9，1989)
165　佐藤道子「法華八講会」(『文学』7－2，1989)
166　東野治之「大宝令成立前後の公文書制度―口頭伝達との関係から―」(『律令制社会の成立と展開』所収，吉川弘文館，1989)
167　妹尾達彦「唐代長安の盛り場(中)」(『史流』30，1989)
168　佐伯有清「円仁書状の史的背景―太政大臣藤原良房の不安―」(『成城大学文芸学部創立三十五周年記念論文集』所収，成城大学文芸学部，1989)
169　徐冬昌「圓仁従日本到揚州的一段旅程―《入唐求法巡禮行記》讀後―」(『東南文化』2，1989)
170　劉永忠「日僧圓仁與登州赤山法華院的因縁」(『法音』1990－9〈総第73期〉，1990)
171　花野憲道「随心院蔵「無畏三蔵禅要」訓読並ヒニ解説―平安中期再筆点―」(『訓点語と訓点史料』83，1990)
172　天納久和「梵唄についての一考察」(『天台学報』32，1990)
173　速水侑「「円仁」佐伯有清，「円珍」佐伯有清」(『日本歴史』516，1991)
174　佐藤長門「太元帥法の請来とその展開―入唐根本大師常暁と第二阿闍梨寵寿―」(『史学研究集録』16，1991)
175　小山田和夫「慈覚大師円仁と『慈覚大師伝』研究の歴史」(『立正史学』69，1991)
176　小山田和夫(研究代表者)『平安前期天台教団と慈覚大師円仁の研究』(平成2年度文部省科学研究補助金一般研究(C)研究成果報告書，1991)
177　坂上早魚「日本・唐・新羅における授戒制度について」(『史論』44，1991)
178　長谷川一郎「『入唐求法巡礼行記』の天象記録」(『季刊星の手帖』53，1991)
179　中村裕一「『入唐求法巡礼行記』にみえる情報伝達」(『唐代官文書研究』中文出版社，1991)
180　水上文義「慈覚大師円仁の仏身観における一問題」(『天台学報』33，1991)
181　齊藤圓眞「円仁見聞の俗講―講経との関連において―」(『天台思想と東アジア文化の研究』所収，山喜房仏書林，1991，のち『天台入唐入宋僧の事跡研究』所収，山喜房仏書林，2006)

182　小山田和夫「『叡山大師伝』の研究の現状とその問題点の整理」(『立正大学文学部論叢』96, 1992)
183　佐伯有清「唐と日本の仏教交流―入唐巡礼僧と来日伝法僧―」(池田温編『古代を考える　唐と日本』所収, 吉川弘文館, 1992)
184　崔在錫「九世紀の在唐新羅租界の存在と新羅租界の日本人保護―唐国家で展開した韓国と日本との関係―」(『東方学志』75, 1992)
185　中小路駿逸「『仏国記』と『入唐求法巡礼行記』とに見られる, 仏法および航海の記事について―祈願の対象, および航走法の問題―」(『追手門大学文学部東洋文化学科年報』7, 1992)
186　後藤昭雄「『入唐求法巡礼行記』の円仁は何を見, 何を思ったか」(『国文学　解釈と教材の研究』38－2, 1993)
187　佐伯有清『最澄とその門流』(吉川弘文館, 1993)
188　新川登亀男「入唐求法の諸様相―義湘そして円仁・道昭―」(『日本古代の人と文化』所収, 高科書店, 1993, のち『日本古代の対外関係と仏教』所収, 吉川弘文館, 1999)
189　富井修「『臨時官司』としての遣唐使について」(『史学研究集録』18, 1993)
190　田中史生「入唐僧(生)をめぐる諸問題―平安時代を中心として―」(『史学研究集録』18, 1993)
191　李炳魯「九世紀における「環シナ海貿易圏」の考察―張保皐と対日交易を中心として―」(『神戸大学史学年報』18, 1993)
192　松原哲明『マルコ・ポーロを超えた男　慈覚大師円仁の旅』(佼成出版社, 1993)
193　田中松雄「古代の国際交流　入唐求法巡礼行記に学ぶ」(『日本私学教育研究所紀要』28－1, 1993)
194　牛致功「試論《入唐求法巡禮行記》的史料價值」(『人文雑誌』2, 1993)
195　木内堯央「天台宗円密行法の成り立ち―中国からの輸入による―」(『儀礼文化』20, 1994)
196　佐藤長門「入唐僧円行に関する基礎的考察」(『国史学』153, 1994)
197　高田淳「国学院大学図書館蔵　入唐僧円行関係文事の紹介―付,円行小伝―」(『国学院大学図書館紀要』6, 1994)
198　丸山茂「唐代文化研究基礎資料『入唐求法巡禮行記』札記―円仁的人物評議―」(『日本大学人文科学研究所研究紀要』48, 1994)
199　佐伯有清「類聚国史と慈覚大師伝の残簡」(『成城大学文芸学部創立四十周年記念論文集』所収, 成城大学文芸学部, 1994)
200　董志翹／衣川賢次訳「『入唐求法巡礼行記』の言語」(『仏教史学研究』37－1, 1994)
201　荒槇純隆「慈覚大師生誕地考」(『天台学報』36, 1994)
202　田村晃祐「最澄から円仁へ」(『東洋学研究』31, 1994)
203　竹内信夫「揚州および長安における円仁の悉曇学習―時に宝月「シッダン字母」をめぐって」(『比較文化研究』33, 1994)

204　武覚超編「慈覚大師(円仁)略年譜」(『叡山学院研究紀要』16，1994)
205　壬生町立歴史民俗資料館第5回特別展『慈覚大師円仁』(1994)
206　小野勝年「『入唐求法巡礼行記』に見える仏教美術関係の記事について」(『密教大系』10，密教美術1，1994)
207　周一良「評《入唐求法巡禮行記校注》」(『學術集林』1，1994)
208　竹内信夫「日本悉曇学の系譜に関する基礎研究—空海・円仁・安然—」(文部省科学研究費補助金一般研究(B)研究成果報告書，1994)
209　成島行雄『求法曼荼羅』(日本図書刊行会，1994)
210　任林豪「《入唐求法巡禮行記》及所反映的天台宗問題」(『東南文化』2，1994)
211　張志宏「圓仁入唐散論」(『文史哲』1，1994)
212　小山田和夫「エドウィン・O・ライシャワー著『世界史上の円仁—唐代中国への旅—』—アメリカ知識人の見た日本古代社会における僧侶—」(『国文学　解釈と鑑賞』60－5，1995)
213　水上文義「慈覚大師円仁の仏身観と法身説法説」(『天台学報』37，1995)
214　木内堯央「円仁の入唐伝密について」(『密教大系』6，日本密教3，法蔵館，1995)
215　丸山茂「『入唐求法巡礼行記』的文学性」(『日本大学文理学部人文科学研究所紀要』50，1995)
216　深沢徹「円仁筆『入唐求法巡礼行記』と『江談抄』の吉備入唐譚—生成される「讖緯」の言説日本篇—」(『仏教文学』19，1995)
217　李濟滄「圓仁與李徳裕—《入唐求法巡禮行記》所記揚州的李徳裕—」(『首都師範大学學報(社會科學)』2，1995)
218　徐琛「圓仁入唐求法通如之旅路綫考」(『東南文化』4，1995)
219　董志翹「《入唐求法巡禮行記》語言研究」(『俗語言研究』2，1995)
220　山岸健二「『入唐求法巡礼行記』にみえる過所・公験」(『史学研究集録』21，1996)
221　石野雅彦「遣唐使の中の傔従(傔人)—『入唐求法巡礼行記』を中心に—」(『史学研究集録』21，1996)
222　小山田和夫「円仁—唐代中国揚州の習わしを中心に」(『国文学　解釈と鑑賞』61－10，1996)
223　齊藤圓眞「赤山法華院の現況等について—『巡礼行記』などに見られる山東諸寺院の歴史と現状—」(『天台学報』38，1996，のち『天台入唐入宋僧の事跡研究』所収，山喜房仏書林，2006)
224　荒槙純隆「円仁と禅門宗」(『天台学報』38，1996)
225　池田晃隆「赤山法華院の現況等について」(『天台学報』38，1996)
226　徐琛／鈴木靖民訳「円仁の入唐求法経路考—中国江蘇省南通・如皐における上陸地と経路—」(『日本古代の国家と祭儀』所収，雄山閣出版，1996)
227　朱亞非「從《入唐求法巡禮行記》看唐代山東的對外交往」(『文献』4，1996，のち『アジア文化交流研究』3，2008所収)
228　曹小雲「《入唐求法巡禮行記》中的概數詞“来”」(『古漢語研究』2，1996)

229　董志翹「《入唐求法巡禮行記校注》商兌(1)」(『俗語言研究』3, 1996)
230　齊藤圓眞「慈覚大師と楊卿・楊郎中・斐郎中」(『天台学報』39, 1997, のち『天台入唐入宋僧の事跡研究』所収, 山喜房仏書林, 2006)
231　董志翹「《入唐求法巡禮行記校注》商兌(2)」(『俗語言研究』4, 1997)
232　武振玉「《入唐求法巡禮行記》中所見的語法成分」(『古漢語研究』4, 1997)
233　董志翹「《入唐求法巡禮行記》疑難詞語考辨」(『唐研究』3, 1997)
234　黄清連「圓仁與唐代巡檢」(『中央研究院歴史語言研究所集刊』68, 1997)
235　堀敏一「在唐新羅人の活動と日唐交通」(『東アジアのなかの古代日本』所収, 研文出版, 1998)
236　堀敬一「在唐新羅人居留地と日本僧円仁の入唐の由来」(『古代文化』50－9, 1998)
237　荒槇純隆「円仁の五台山受法について」(『天台学報』40, 1998)
238　斎藤忠『中国五台山竹林寺の研究―円仁(慈覚大師)の足跡を訪ねて―』(第一書房, 1998)
239　中小路駿逸「唐詩の日本古代史像・補足―阿倍仲麻呂・空海・橘逸勢・円仁・円載らの参与」(『アジア文化学科年報』1, 1998)
240　董志翹「《入唐求法巡禮行記校注》商兌(3)」(『俗語言研究』5, 1998)
241　田正祥編著『圓仁三赴赤山―慈覚大師千年足跡考察録―』(山東友誼出版社, 1998)
242　佐伯有清『悲運の遣唐僧―円載の数奇な生涯―』(吉川弘文館, 1999)
243　呉玲「九世紀日唐貿易における東アジア商人群」(『アジア遊学』3, 1999)
244　馬一虹「古代東アジアのなかの通事と訳語―唐と日本を中心として―」(『アジア遊学』3, 1999)
245　濱田耕策「新羅王権と海上勢力―特に張保皐の清海鎮と海賊に関連して―」(『東アジア史における国家と地域』所収, 刀水書房, 1999)
246　川村一彦「北嶺の双峰「円仁と円珍」」(『在野史論』7, 1999)
247　松本昭彦「五臺山獅子の跡の土―円仁説話の成長」(『国語国文』68－10, 1999)
248　鮮于煌「杜甫日記禮詩歌和日本圓仁《入唐求法巡禮行記》比較研究」(『貴州文史叢刊』1, 1999)
249　兪鋼「園仁聞見的會昌法難」(『上海師範大学學報(哲學社會科學)』28, 1999)
250　井上泰也「円仁の『日記』を読む―沙金の消息―」(『立命館文学』564, 2000)
251　浅井成海「慈覚大師円仁の浄土教」(『龍谷大学論集』5, 2000)
252　橋本章彦「『入唐求法巡礼行記』の編纂原理―宗教民俗的記事を手がかりにして」(『説話・伝承学』8, 2000)
253　大原正義「霊仙研究ノート「入唐求法巡礼行記」にみる霊仙三蔵像」(『大阪薫英女子短期大学研究紀要』35, 2000)
254　玉城妙子『円仁求法の旅』(講談社, 2000)
255　小島岱山「仏教の霊山　五台山―入唐僧もめざした仏教の聖地―」(『月刊しにか』11－8, 2000)

256　有馬嗣朗「入宋僧と接待所について―入宋僧心地覚心と紀伊歓喜寺―」(『印度学仏教学研究』48－2，2000)
257　高橋聖「遣唐僧による請来目録作成の意義―円仁の三種の請来目録を中心に」(『史学研究集録』26，2001)
258　金文経／高慶秀訳「在唐新羅人社会と仏教―入唐求法巡礼行記を中心にして」(『アジア遊学』26，2001)
259　濱田寛「最後の遣唐使と円仁」(『アジア遊学』27，2001)
260　阿倍光正「慈覚大師円仁と赤山法華院」(『日本医事新報』4021，2001)
261　木内堯央「基調講演　慈覚大師円仁にまつわる伝説と信仰」(『山家学会紀要』4，2001)
262　湯沢質幸『古代日本人と外国語：源氏・道真・円仁・通訳・潮海・大学寮』(勉誠出版，2001)
263　『天台三祖入唐求法の旅―最澄・円仁・円珍―』(滋賀県立琵琶湖文化館，2001)
264　齊藤圓眞「最後の遣唐使船の入唐僧に対する誤解」(『アジア遊学』27，2001，のち『天台入唐入宋僧の事跡研究』所収，山喜房仏書林，2006)
265　中田伸一「円仁の入唐求法について―天台山へ行けなかった理由」(『小山工業高等専門学校研究紀要』34，2002)
266　桑谷祐顕「訪中記片々録(二)―石家荘・太原・五台山・大同・承徳―」(『叡山学院研究紀要』2－4，2002)
267　董志翹『《入唐求法巡禮行記》詞彙研究』(佛光山文教基金會，2002)
268　蓑輪顕量「中国における講経と唱導」(『東アジア仏教研究』1，2003)
269　坂上雅翁「五台山大聖竹林寺について」『印度学仏教学研究』51－2，2003)
270　馬一虹「円仁入唐求法山東之旅路線調査記」(『唐代史研究』6，2003)
271　大原正義「『入唐求法巡礼行記』にみる霊仙三蔵像」(『東アジア比較文化研究』2，2003)
272　古瀬奈津子『遣唐使の見た中国』(吉川弘文館，2003)
273　沖森卓也「円仁著『在唐記』の音韻記述をめぐって」(『立教大学日本学研究所年報』3，2004)
274　小峯和明「円仁の旅と赤山法華院」(『立教大学日本学研究所年報』3，2004)
275　高崎譲治「中国盛唐期の国際性・開放性・盛強制・先端性と日本の遣唐使―「政教一致」の時代の70カ国の使節団と太宗・高宗・武則天・玄宗の行政策と円仁『入唐求法巡礼行記』とE・O・ライシャワーの経済史・宗教史の一考察」(『東日本国際大学研究紀要』9－2，2004)
276　濱田寛「『入唐求法巡礼行記』廃仏記事の構成―中国皇帝に対する呼称の分析を通じて」(『中古文学』74，2004)
277　濱田寛「『入唐求法巡礼行記』勅文の引用を巡って」(石原昭平編『日記文学新論』勉誠出版，2004)
278　『仏教を歩く〈円仁・円珍〉』18(朝日新聞社，2004)
279　藤善真澄『隋唐時代の仏教と社会―弾圧の狭間にて―』(白帝社，2004)
280　前田雅之「慈覚大師円仁『入唐求法巡礼行記』」(『国文学』70－5，2005)

281　酒寄雅志「円仁の足跡を訪ねて—山東半島—」(『栃木史学』19, 2005)

282　日下部公保「慈覚大師の見た夢について—『巡礼行記』に依拠して—」(『天台学報』47, 2005)

283　田中史生(研究代表者)『『入唐求法巡礼行記』に関する文献校定および基礎的研究』(平成13年度〜平成16年度科学研究費補助金(基礎研究C(2))研究成果報告書, 2005)

・鈴木靖民「入唐求法巡礼行記の世界の背景—渤海国家の交易と交流—」

・田中史生「承和期前後の国際貿易—張宝高・文室宮田麻呂・円仁とその周辺—」

・近藤浩一「九世紀中葉・聖住寺と新羅王京人の西海岸進出」

・中大輔「『入唐求法巡礼行記』にみる唐の通行許可証—「公験」の再検討—」

・呂英亭／平澤加奈子訳「宋麗関係と密州板橋鎮」

284　奈良弘元「天台座主安慧の生没年代について」(『印度学仏教学研究』53－2, 2005)

285　北進一「円仁　五台山文殊を見聞す—五台山文殊像の成立をめぐって—」(『和光大学表現学部紀要』6, 2005)

286　清水擴「円仁による延暦寺横川の開創とその実態」(『日本宗教文化史研究』9－2, 2005)

287　立花真直「遣唐使官人の外国官兼帯」(『史学研究集録』30, 2005)

288　小峯和明「円仁の求法の旅」(『国文学』71－3, 2006)

289　平澤加奈子「ケース・スタディ　歴史学研究におけるデジタルアーカイブの活用—『入唐求法巡礼行記』データベースの開発事例から—」(『月刊IM』45－10, 2006)

290　斎藤忠『求法僧の仏跡の研究—中国・インド・アフガニスタン等を訪れて—』(第一書房, 2006)

291　平澤加奈子「円仁の足跡を訪ねて(II)—山東から河北へ—」(『栃木史学』20, 2007)

292　濱田寛「円仁の帰朝—『入唐求法巡礼行記』の方法—」(『国文学研究』151, 2007)

293　周懐宇／遠藤隆俊訳「中世紀中国と日本の文化に関する二つの史書の比較研究」(『高知大学学術研究報告人文科学』55, 2007)

294　『慈覚大師円仁とその名宝』(NHKプロモーション, 2007)

295　阿南・ヴァージニア・史代／小池晴子訳『円仁慈覚大師の足跡を訪ねて—今よみがえる唐代中国の旅—』(ランダムハウス講談社, 2007)

296　『入唐求法巡礼行記』(广西師苑大学出版社〈桂林〉, 2007)

297　妹尾達彦「円仁の長安—9世紀の中国都城と王権儀礼—」(『中央大学文学部紀要』221, 2008)

298　鈴木靖民編『古代日本の異文化交流』(勉誠出版, 2008)

・馬一虹「東アジア異文化間交流における山東の位置付け」

・中大輔「九世紀山東における在唐新羅人社会の構造と儀式・言語—『入唐求法巡礼行記』を中心に—」

・塩沢裕仁「赤山神について」
・菊地照夫「赤山明神と新羅明神—外来神の受容と変容—」

299 田中史生「円仁の足跡を訪ねて(Ⅲ)—河北から山西へ—」(『栃木史学』22, 2008)

300 畑中智子「円仁伝における赤山明神関連記事の変遷」(住吉大社編『遣隋使・遣唐使と住吉津』東方出版, 2008)

301 住谷芳幸「円仁『在唐記』の諸本」(『岐阜女子大学紀要』37, 2008)

302 馬渕和夫「円仁と悉曇」(特集 円仁と仏教美術)(『仏教芸術』300, 2008)

303 小峯和明「五臺山逍遥—東アジアの宗教センター—」(『巡礼記研究』5, 2008)

304 武覚超「比叡山経蔵の歴史—とくに慈覚大師将来典籍の保存について—」(『比叡山仏教の研究』所収, 法蔵館, 2008)

305 東舘紹見「円仁の入唐求法と法会の始修—九世紀天台宗における法会催行とその歴史的意義—」(『大谷大学史学論究』14, 2008)

306 中田美絵「五臺山文殊信仰と王権—唐朝代宗期における金閣寺修築の分析を通じて—」(『東方学』117, 2009)

307 鈴木靖民編『円仁とその時代』(高志書院, 2009)

・本田諭「古代東国の寺院と仏教」
・木本雅康「円仁と三鴨駅」
・林慶仁「入唐求法以前の円仁」
・酒寄雅志「下野国の慈覚大師円仁ゆかりの史跡」
・酒寄雅志「入唐求法の僧, 円仁」
・王海燕「円仁がみた長安」
・石見清裕「円仁と会昌の廃仏」
・千田孝明「円仁入唐求法の目的について」
・河野保博「円仁の足跡と唐代の交通路」
・佐藤長門「円仁と遣唐使・留学生」
・平澤加奈子「『入唐求法巡礼行記』の伝来」
・金文経「円仁と在唐新羅人」
・馬一虹「円仁が目にした唐人の群像」
・田中史生「円仁と慧蕚」
・入江多美「円仁が請来した曼荼羅」

308 佐藤長門「円仁の足跡を訪ねて(Ⅳ)—江蘇省—」(『栃木史学』23, 2009)

309 中村太一「遣唐使の道—大運河を中心に—」(『東アジア世界史研究センター年報』2, 2009)

310 河野保博「日本古代における入唐僧の求法・巡礼—東アジアの国際交流の一側面—」(釜山慶南史学会編『歴史と境界』40, 2009)

311 河内春人「入唐僧と海外情報」(『専修大学アジア世界史研究センター年報』3, 2009)

312 田中史生『越境の古代史—倭と日本をめぐるアジアンネットワーク—』(筑摩書房, 2009)

313　遠藤純一郎「華厳教学と中国密教—入唐家の顕密教判の視点から—」(『蓮花寺仏教研究所紀要』2，2009)
314　中村裕一『中国古代の年中行事　春』(汲古書院，2009)
315　中村裕一『中国古代の年中行事　夏』(汲古書院，2009)
316　石見清裕「円仁の足跡を訪ねて(Ｖ)—西安—」(『栃木史学』24，2010)
317　鈴木靖民「遣唐使研究と東アジア史論」(『専修大学アジア世界史研究センター年報』4，2010)
318　河野保博「唐代交通の宿泊施設—宗教施設の供給機能を中心として—」(『国学院大学大学院紀要—文学研究科—』41，2010)
319　鈴木靖民(研究代表者)『『入唐求法巡礼行記』校訂と現地調査に基づく古代日本・東アジア交流史研究』(2009年度国学院大学特別推進研究助成金研究成果報告書，2010)
・高玉山「日本高僧圓仁留蹤乳山」
・葛継勇「『入唐求法巡礼行記』にみえる揚州白塔寺」
・溝口優樹「『入唐求法巡礼行記』開成五年三月七日条にみえる日本国使「白牛養」について」(のち『続日本紀研究』390，2011に掲載)
・桜田真理絵「唐代の通行証—過所・公験の検討—」
・桑折恭一郎「『入唐求法巡礼行記』からみた過所，公験発給の権限」
・河野保博「円仁の上陸地点をめぐって—江蘇省連雲港市の現地調査から—」
320　赤間恵都子「中国旅行記「円仁の旅」—青島から五台山へ—」(『十文字国文』16，2010)
321　一文字昭子「円仁の足跡を辿る旅—赤山法華院跡および五台山」(『瞿麦』25，2010)
322　中村裕一『中国古代の年中行事　秋』(汲古書院，2010)
323　森公章『遣唐使の光芒　東アジアの歴史の使者』(角川学芸出版，2010)
324　遣唐使船再現シンポジウム編『遣唐使船の時代』(角川学芸出版，2010)
325　鈴木靖民「入唐僧円仁に関する新資料の出現—法王寺釈迦舎利蔵誌—」(『日本歴史』750，2010)
326　山崎雅稔「唐代登州赤山法花院の八月十五日節」(『史海』57，2010)
327　酒寄雅志「嵩山法王寺舎利蔵誌と円仁」(氣賀澤保規編『洛陽学国際シンポジウム報告論文集—東アジアにおける洛陽の位置—』汲古書院，2011)
328　鈴木靖民編『円仁と石刻の史料学—法王寺釈迦舎利蔵誌—』(高志書院，2011)
・齊藤圓眞「日中文化交流史上の円仁と天台」
・酒寄雅志「法王寺釈迦舎利蔵誌の史料性と解釈」
・田中史生「法王寺石刻「釈迦舎利蔵誌」の調査」
・石見清裕「唐代石刻の避諱と空格」
・葛継勇「円仁石刻をめぐる諸問題」
・裴建平／宇都宮美生訳「石刻の真偽の鑑定分析と登封法王寺「円仁石刻」の製作時期」
・呂宏軍／劉志強訳「隋唐時代嵩山の寺院・石刻と交通」

・趙振華/宇都宮美生訳「唐代武宗廃仏の物証と中日僧侶の護法活動」
・田凱/賈佳訳「法王寺二号塔地下宮殿およびその関連問題」
・肥田路美「仏舎利の荘厳具と迦陵頻伽盒」
・塩沢裕仁「東都洛陽と鄭州を結ぶ道筋」
・佐藤長門「入唐僧の情報ネットワーク」
・鈴木靖民「円仁石刻の史料性と法王寺の沿革」

329　河野保博「円仁の足跡を訪ねて(Ⅵ)―山西省・五臺山・忻州・太原―」(『栃木史学』26, 2012)

330　李炳魯「平安初期における北東アジア世界の交渉と現況―張保皐と円仁を中心として―」(『北東アジア研究』22, 2012)

331　金成愛「九世紀における在唐新羅人社会の相互連携―円仁『入唐求法巡礼行記』の記事を手掛かりとして―」(『歴史文化社会論講座紀要』9, 京都大学大学院人間・環境学研究科歴史文化社会論講座, 2012)

332　笹生衛「円仁の足跡を訪ねて(Ⅶ)―山西省―」(『栃木史学』27, 2013)

333　三船順一郎『遙かなる遣唐使の道』(ミヤオビパブリッシング, 2013)

334　林韻柔「唐代社會網絡中的宗教性場域―以圓仁巡禮行歷中的人物交往為例―」(『駿台史学』149, 2013)

335　河上麻由子「清和天皇の受菩薩戒について」(『日本仏教綜合研究』11, 2013)

336　藤本誠「唐代の仏教施設名称について―八・九世紀を中心として―」(『水門』25, 2013)

337　髙瀬奈津子「中唐期における五台山普通院の研究―その成立と仏教教団との関係―」(『札幌大学総合論叢』36, 2013)

338　柿島綾子「円仁の足跡を訪ねて(Ⅷ)―洛陽・登封(嵩山)・鄭州―」(『栃木史学』28, 2014)

339　田中史生編『入唐僧恵蕚と東アジア　附　恵蕚関連史料集』(勉誠出版, 2014)

【編者略歴】
佐藤 長門(さとう ながと)
1959年生れ　國學院大學文学部教授

主な著書・論文
『日本古代王権の構造と展開』(吉川弘文館)、「入唐僧の情報ネットワーク」(鈴木靖民編『円仁と石刻の史料学』高志書院)、「円珍の入唐動機に関する学説史的検討」(『椙山林継先生古稀記念論集　日本基層文化論叢』雄山閣出版)、「円仁と遣唐使・留学生」(鈴木靖民編『円仁とその時代』高志書院)

遣唐使と入唐僧の研究－附 校訂『入唐五家伝』－

2015年11月10日第1刷発行

編　者　佐藤長門
発行者　濱　久年
発行所　高志書院

〒101-0051 東京都千代田区神田神保町2-28-201
TEL03(5275)5591　FAX03(5275)5592
振替口座　00140-5-170436
http://www.koshi-s.jp

印刷・製本／亜細亜印刷株式会社

ISBN978-4-86215-152-0